KB140308

아르케
북스

212

글쓴이 (게재 순)

윤용택 尹龍澤 Yoon, Yong-Taek
제주대학교 철학과 교수
동국대학교 철학박사
이메일: sumsaram@jejunu.ac.kr

정광중 鄭光中 Jeong, Kwang-Joong
제주대학교 교육대학 초등사회과교육전공 교수
일본 일본대학 이학박사
이메일: jeongkj@jejunu.ac.kr

전영준 全暎俊 Jeon, Young-joon
제주대학교 사학과 교수
동국대학교 문학박사
이메일: inhistory@jejunu.ac.kr

박찬식 朴贊殖 Park, Chansik
제주와미래연구원 제주역사연구소장
서강대학교 문학박사(한국사)
이메일: cheju4843@hanmail.net

오영주 吳榮周 Oh, Young-Ju
제주한라대학교 국제관광호텔학부 교수
독일 Jutus-Liebig 기센대학교 영양학박사
이메일: sustainable@hanmail.net

강경희 姜京希 Kang, Kyung-Heui
(사)제주역사문화진흥원 연구원
일본 동경대학 총합문화연구과 박사과정 수료
이메일: jabikang@hanmail.net

백영경 白英瓊 Paik, Young-Gyung
제주대학교 사회학과 부교수
미국 존스 홉킨스대학교 인류학박사
이메일: paix@jejunu.ac.kr

김창민 金昌民 Kim, Chang-Min
전주대학교 교양학부 교수
서울대학교 인류학박사
이메일: cmkim@jj.ac.kr

쓰하 다카시 津波高志 Tsuha, Takashi
일본 류큐(琉球)대학 명예교수
일본 쓰쿠바(筑波)대학 문학박사
이메일: tsuhatt@gmail.com

가와노 에이지 川野英二 Kawano, Eiji
일본 오사카시립대학 교수
일본 오사카대학 박사(인간과학)
이메일: kawanoeiji0@gmail.com

이지치 노리코 伊地知紀子 Ijichi, Noriko
일본 오사카시립대학 교수
일본 오사카시립대학 문학박사
이메일: ijichin66@gmail.com

이인자 李仁子 Lee, Inja
일본 도호쿠(東北)대학 교육학연구과 부교수
일본 교토(京都)대학 인간환경학박사
이메일: inja.lee.d1@tohoku.ac.jp

유철인 庾喆仁 Yoo, Chul-In
제주대학교 명예교수
미국 일리노이대학교 인류학박사
이메일: jejuanthro@gmail.com

옮긴이 (게재 순)

강경희 姜京希 Kang, Kyung-Heui
(사)제주역사문화진흥원 연구원 · 문화인류학 전공

전은휘 全㥋輝 Jeon, Eunhwee
오사카시립대학 도시문화연구센터 연구원 · 인문지리학 전공

민속원 아르케북스 212 minsokwon archebooks

인류학과 제주학의 시선으로 제주도를 읽다

| 윤용택 · 정광중 · 강경희 엮음 |

민 속 원

머리말

늘 청년 같던 유철인 교수(1956~)께서 2022년 2월말 정년을 맞는다고 합니다. 믿기지 않지만 받아들일 수밖에 없습니다. 그는 서울대 인류학과를 졸업하고, 미국 뉴욕주립대에서 인류학 석사, 일리노이대에서 인류학 박사학위를 받고, 인문학도로서는 비교적 이른 나이인 만 27세에 제주대 사회학과 전임강사가 되었습니다. 그로부터 어느덧 38년이 흘러 이제 교수직을 마치게 되었습니다. 제주대에 인류학과가 없다 보니 그는 사회학과와 철학과에 적을 두면서 제주사람의 삶과 제주문화의 정체성을 규명하기 위해 헌신했습니다.

그와 함께 제주도를 연구해 온 이들이 글을 모아 유철인 교수 정년퇴임 기념 책 한 권을 펴내기로 하였습니다. 모두 제주도와 제주사람에 대한 글들이지만 서로 전공 분야가 달라 하나로 꿰기가 쉽지 않았습니다. 인류학자인 그가 제주도를 연구했다는 것을 감안하여 책 제목을 『인류학과 제주학의 시선으로 제주도를 읽다』로 정했습니다. 인류학 차원에서 본다면 제주섬을 다루는 제주학은 그것의 일부이지만, 제주도의 자연, 인문, 사회분야를 아우르는 제주학의 관점에서 본다면 인류학은 그것의 한 부분입니다.

여기에 실린 글들 가운데 4편은 새롭게 쓴 글이고, 7편은 학술지나 연구보고서에 실렸던 것인데, 보내온 글의 제목을 단행본에 그대로 싣기에는 다소 어려움이 있어서 일부는 본래 취지를 해치지 않는 범위에서 약간의 손질을 하였습니다. 이를 허락해준 필자들에게 고마움을 전합니다. 목차는 제주도의 환경과 역사를 논한 다음에 사회와 공동체를 논하는 것이 바람직하다 생각하여 큰 틀에서 1부 제주학의 시선, 2부 인류학의 시선, 3부 제주도와 유철인 순으로 정리하였습니다.

〈1부 제주학의 시선〉에서는 제주도의 환경과 역사를 다루고 있습니다. 윤용택은 「기후 환경적 측면에서 본 제주 민간신앙」에서 다른 지역에 비해 제주섬에 신, 신당, 신화, 무속의례들이 많은 이유를 제주도가 삼재三災의 섬으로 불릴 정도로 비, 바람, 가뭄 피해가 일상적이었고, 따뜻한 지역이어서 제주인들이 인간으로서 어찌 할수 없는 재난과 질병 감염에 시달려야 했기 때문으로 보았습니다. 그리고 그는 제주민간신앙이 근대적 합리성에 비춰본다면 비합리적이라 할지라도 그 속에 그 나름의합리적 이유가 있기에 오랫동안 전통문화로 이어졌다고 분석하고 있습니다.

정광중은「지석묘 분포지역의 지리적 환경」에서 제주도 지석묘의 분포 상황과 밀집 정도를 파악하여 지석묘 분포지역의 지리적 환경을 검토·분석하였습니다. 제주도의 지석묘는 일정 지역에 편중적으로 분포하거나 특정 지구에 집단적으로 밀집하고 있는데, 위치와 영역, 지형적 조건, 토질, 음용수, 기후조건 등을 바탕으로 검토해본 결과, 지리적 환경의 유리성이 작용하고 있었습니다. 특히 용담, 삼양지역이나 외도·광령지역은 선사인들의 집단적인 거주와 더불어, 다수의 지석묘를 축조하는 데도 현실적으로 매우 유리한 지리적 환경에 놓여 있었다는 것입니다.

전영준은「여말선초 제주의 기와수공업」에서 항파두리 토성 발굴 현장에서 다량으로 수습된 기와와 명문와는 고려시대 제주도의 기와수공업 존재 여부나 제작술의전승 등에 중요한 단서를 제공하며, 광양로터리 인근에서 발굴된 와요지瓦窯址가 고려시대의 유구로 파악되고 있어서 여말선초 시기에 제주도에 기와수공업이 실재했음을 주장하고 있습니다. 그리 본다면 고려시대 제주에 창건되었던 사찰과 여말선초 시기의 제주 행정관서에 대한 발굴 결과를 반영하여 여말선초의 제주 기와수공업에 대한 새로운 시각을 가질 필요가 있습니다.

박찬식은「일제강점기 출가해녀 입어 및 해녀어업조합」에서 일본 상인들이 객주와 결탁하여 해녀들의 채취물을 헐값으로 사들여서 일본인이 세운 해조회사에 넘김으로써 일제강점기 출가 해녀들의 실수입은 2할 정도밖에 안 될 정도로 착취당하고있다는 것을 알게 된 제주도 유지들이 해녀들의 권익을 보호하기 위해 1920년 4월창립한〈제주도해녀어업조합〉에 대해 정리하고 있습니다. 그는 해녀박물관에 소장된 '제주도해녀어업조합 연혁'(1929년 작성), '제주도 해녀 입어문제 경과'(1935년 경남과 전남 행정당국의 협정내역), '제주도어업조합 규약'(1936년 규약)의 해제를 통해 경남지역에 제주해녀들의 출가물질이 급증하면서 생겨난 갈등 해결 과정을 보여줍니다.

오영주는「제주시 칠성로 다방문화의 식문화사적 의미」에서 제주도 신문화의 도래지였던 칠성통과 그 주변에 성업했던 다방의 도입, 발전과 흥성, 쇠퇴와 소멸을 시계열적으로 들여다보고 그 속에서 다양한 음식문화의 현상과 그 의미를 찾고 있습니다. 그는 일제강점기 제주도 다방의 시작이라 할 수 있는 1930년대의 '카페 긴스이', 미군정기 칠성통의 첫 다방인 '칠성다방', 한국전쟁 당시 엘리트 피난민과 문인 지망생들의 만남 장소인 '동백다방', 칠성통을 중심으로 한 1960~80년대 다방의 대중화 과정, 1990년대 이후 신제주로 상권이 이동하면서 '칠성골'이 공동기억의 공간으로 묻히는 80년 동안의 다방 식문화 역사 속에서 원도심 재생사업의 혜안을 찾자고 제안합니다.

〈2부 인류학의 시선〉에서는 제주도의 공동체와 재일제주인을 다루고 있습니다. 강경희는「제주성 일대 옛길의 가치규명과 활용」에서 제주성 일대 옛길의 실태에 대한 구체적이고 실증적 조사 연구를 실시하여 그것의 역사적 가치와 의미를 규명하고 있습니다. 제주성 일대 원도심은 탐라국 시대부터 조선시대를 거쳐 현대에 이르기까지 제주도 정치, 경제, 사회, 문화의 중심지 역할을 해온 곳입니다. 그는 일제강점기와 산업화시기를 거치면서 제주를 상징하는 대표적 축조물이 대부분 사라졌지만, 제주성 일대에 남아있는 옛길은 제주의 역사적 정체성을 확인시켜 주고 원도심을 특징짓는 핵심적인 도시공간이기 때문에 제주도의 역사와 문화를 고찰하는 귀중한 자원으로 활용할 것을 제안합니다.

백영경은「공동체적인 삶과 '유산'」에서 제주도 선흘마을 사회적 협동조합 사례를 통해 공동체와 유산, 정체성과 커먼즈 사이의 상호작용을 통해서, 유산을 공동체의 공동자원으로 볼 필요가 있음을 강조합니다. 그는 유산은 그것을 의미 있게 만들어주는 삶의 형태 속에서만 가치가 있고, 그것을 지키고 실제로 삶 속에서 살아낼 수 있는 사람들이 있어야 하며, 자칫 유산화가 가져올 지도 모르는 소외와 불평등의 발생과 심화를 막으려면 공동체 구성원들의 삶의 가능성을 확대시키고 새로이 창출되는 가치에 대해서는 공평한 몫을 가질 수 있도록 하는 다양한 방식을 모색해야 한다고 주장합니다.

김창민은「조합장 선거에 나타난 제주문화의 정치성」에서 제주도의 단위농협 조합장 선거 사례를 통해 선거가 그 직위를 맡기에 적합한 전문성, 정책 실행능력, 정치적 이념 등이 아니라 현실적인 전략에 따라 이뤄진다는 것을 보여주고 있습니다. 그는 제주도의 선거에서 공동체의 중요성이 드러나고 있고, 마을이 일차적 단위가 되고 궨당과 갑장 등의 사회적 관계망이 적극적으로 활용되기 때문에 지지 구도가 명백하게 드러나는 경향이 강하며, 후보자의 정책이나 이념보다 사회적 관계망의 대결이라는 구도를 가진다는 점을 강조하고 있습니다.

쓰하 다카시는「애월읍 납읍리의 제사분할」에서 현지조사를 통해 1920년경까지는 장남이 제사를 독점하다가 그 이후부터 형제들에게 분할되기 시작된 것으로 확인하고 있습니다. 그는 제주도 서북쪽 지역에 널리 분포하는 장남봉사변화형의 제사분할은 장남봉사가 성립되기 이전 자녀윤회봉사의 전통을 이어가는 것이 아니라, 촌락사회를 둘러싼 환경이 크게 변화함에 따른 문화변화의 일환이며, 제사분할의 개시 시기 및 분포를 통해 가족별 경제적 기반의 배경을 알 수 있다고 주장합니다.

가와노 에이지와 이지치 노리코는「일본인과 재일코리안 고령자의 네트워크와 건강」에서 제주 출신자가 가장 많이 거주하는 오사카시 이쿠노구에서 실시한 고령자 조사결과를 바탕으로 네트워크와 건강에 대해 분석했습니다. 그들은 재일코리안 고령자는 일본인 고령자에 비해 소득이 평균적으로 낮고, 복지서비스 이용률이 낮으며, 네트워크도 친족 네트워크로 한정된 경향이 있고, 가족으로부터의 정서적 도움에서는 일본인 고령자와 큰 차이가 없지만 우울 경향은 높기 때문에 그들의 네트워크를 이웃이나 친구 등으로 확대해야 된다는 것을 과제로 제시하면서, 공공정책이 에스니시티ethnicity에 관련된 편향이 있을 경우에는 정정할 필요가 있다고 지적하고 있습니다.

이인자는「제주출신 재일동포 1세의 삶의 현장과 영면의 터전」에서 토장土葬문화를 가진 재일동포 1세 중에서 제주도 고내리 출신의 '생장生葬' 사례를 통해서 재일동포들의 삶과 죽음에 대해 이야기합니다. 그는 죽어서도 절실하게 고향으로 돌아가려 했던 한 이주인의 이야기를 통해서 재일동포뿐만 아니라 오늘날 고향을 상실한 도시인들에게 고향이란 무엇인가를 다시 생각하게 하고, 재일동포의 정체성과 민족교육도 중요하지만 그들의 연속적 삶에 초점을 맞춘 연구도 필요하다는 것을 역설하고 있습니다.

〈3부 제주도와 유철인〉에는 유철인의「제주도에 대한 자기 민족지와 학문적 생애사」와 그의 약력과 연구업적이 실렸습니다. 유 교수는 광주에서 태어나고 서울과 미국에서 공부한 후 제주대에서 문화인류학을 가르치고 연구하였습니다. 그는 제주섬의 도서성島嶼性, 제주사람의 문화적 정체성, 제주해녀, 제주4·3 등을 연구하면서 제주해녀와 제주4·3 희생자의 이야기를 구술채록하여 해석을 시도하였고, 제주사람들이 살아가는 모습을 우리나라 본토 사람, 재일제주인, 재미한인, 오키나와 사람 등이 살아가는 모습과 비교하면서 그 정체성을 구명하려 했습니다.

그는 한라산생태문화연구소와 제주4·3연구소 소장을 맡아서 제주지역 문화와 역사 연구에 기여하였고, 역사문화학회, 제주학회, 한국문화인류학회, 한국구술사학회 등 여러 전국 규모 학술단체의 회장직을 맡아 봉사하였으며, 문화인류학자로서 제주해녀문화를 유네스코 인류무형문화유산으로 등재하는 데 큰 힘을 보탰고, 유네스코 인간과생물권계획MAB 한국위원회, 국가어업유산 자문위원회, 제주특별자치도 농어업유산위원회, 제주여성가족연구원에서 다양한 자문을 하기도 했습니다.

제주도는 섬이지만 작은 대륙이라 할 정도로 자연과 문화가 다양하고 독특한 지역입니다. 세계는 지금 경제성장과 물질적 풍요를 누리면서 생겨난 기후 위기, 환경오염과 생태계 파괴로 인한 생태 위기, 4차 산업혁명으로 인한 일자리 위기, 빈부격차와 양극화로 인한 공동체 위기, 외래문화와 지역문화의 충돌로 인한 정체성 위기 등을 겪고 있습니다. 게다가 우리는 남북분단으로 이념적 갈등이 여전히 종식되지 않고 있습니다. 한 학자가 그러한 문제들이 응축되어 수많은 현안 문제를 안고 있는 제주도에서 국립대 교수를 지내면서 연구할 수 있었다는 것은 대단한 행운입니다.

　이제 유 교수께서 학계와 지역사회에서 그가 가진 재능과 능력을 다 쏟아붓고 파란만장했던 교수직을 내려놓습니다. 하지만 그의 제주도에 대한 연구와 봉사는 아직 끝나지 않고 계속 이어지리라 확신합니다. 유 교수의 정년을 진심으로 축하드립니다.

2021년 11월
엮은이를 대표하여
윤용택

차례

1부

제주학의
시선

——

제1장

기후 환경적 측면에서 본 제주 민간신앙 [1]

윤용택

1. 머리말

인간은 생각에 대한 생각을 하는 존재이다. 그렇기 때문에 인간은 생각의 꼬리에 꼬리를 무는 생각을 하게 되고 오감을 넘어서 추상적, 형이상학적, 초월적 사유를 할 수 있다. 그러한 인간은 현존하는 것에 만족하지 못하고 당위當爲를 추구하고, 구체적인 것 속에서 보편적인 것을 찾으려 하며, 보이는 현상에 머물지 않고 그것의 근원을 찾으며, 죽음 이후의 삶을 걱정하고, 무한과 영원을 지향한다. 신화적 사고는 현실적 한계를 넘어서려는 데서 시작한다. 과학이 세계의 모든 현상을 설명하진 못하기 때문에 과학기술시대에도 여전히 신화는 필요하다. 신화는 세계가 창조되는 과정에서부터 시작하여, 이 세계現世뿐만 아니라 저 세계(前世와 來世)까지 이야기하고, 생사生死와 오욕칠정五慾七情의 문제까지도 묘사하고 설명한다. 우리는 신화를 통해 여러 가지 현실적, 이론적 제약을 넘어서 상상의 나래를 폄으로써 과학적 합리성에

---

1   이 글은 제주학회에서 발행하는 『제주도연구』 제44집(2015년 8월)에 실린 「기후 환경적 측면에서 본 제주 민간신앙」을 다듬은 것이다.

대한 강박관념으로부터 벗어나 심리적 안정을 되찾게 된다. 우리는 과학으로 설명할 수 없는 현상을 신화로 설명하려 하고, 의학으로 치유할 수 없는 질병을 신화적 방법으로 치유하려 한다.

근대 이전 사회에서는 자연물이나 자연현상뿐만 아니라 인간사까지도 신령스런 존재가 좌지우지한다고 보았다. 하늘, 땅, 바다, 인간 등도 신이 만들었고, 동식물뿐만 아니라 바위나 동굴에도 신령이 깃들어 있으며, 비, 바람, 가뭄, 지진, 화산, 해일 등의 자연현상과 생육, 질병, 죽음까지도 신의 의지에 달려 있다고 보았다. 그런 점에서 볼 때 애니미즘과 샤머니즘은 특정 지역의 고유한 문화라기보다는 보편적 인류문화의 한 모습이다. 자연현상에 대한 과학적 이해가 없던 전근대인은 인간뿐만 아니라 다른 생명체들, 물, 바람, 흙, 바위 등과 같은 무기물, 그리고 대지, 산, 바다, 강 등과 같은 집합체에게 영靈이 깃들어 있다고 보았다. 자연은 우리에게 풍요로움을 안겨주지만 때로는 건강과 목숨을 앗아가기 때문에 순응의 대상이자 극복의 대상이고 한편으론 경외의 대상이다.

제주섬은 온대와 아열대의 전이지대에 있는 화산섬이라는 지리적 특성 때문에 바람이 강하고, 비가 많으며, 가뭄이 심해서 삼재三災(風害, 水害, 旱害)의 섬이라 불릴 만큼 재해가 많았다. 그리고 사람들이 주로 거주하던 해안지대에는 일 년 내내 미생물 번식이 가능하기 때문에 방역이 미비하던 시절엔 질병위험이 상존했는데, 대부분 민간신앙을 통해 그것을 이해하고 문제를 해결해야 했다. 이는 조선 중기(1530년)의 『신증동국여지승람』의 "제주에는 옛날부터 음사淫祀를 숭상하여 산의 숲, 하천과 못, 언덕, 무덤, 물가 등의 나무나 돌에 신사神祀를 만드는 풍속이 있다"는 기록에서도 확인되며, 그 이후로 제주에 부임했던 관리나 유배인들의 여러 제주풍토지에서도 찾아볼 수 있다.

옛 제주인들도 다른 지역의 전근대인들처럼 신神 또는 영靈이 질병과 죽음을 초래하고 건강과 풍요를 가져다준다고 믿고 제례의식을 통해 기복祈福과 제액除厄을 염원했다. 진성기(2008: 21, 24, 58)에 따르면, 1960년경에 제주섬에는 300여 개 신당神堂, 400여 명 심방巫覡, 500여 편 본풀이巫歌, 1만 8천신이 남아 있었다. 전통문화연구소(2009)

의 제주섬(추자도 제외) 신당조사 결과에 따르면, 제주섬에는 449개 신당이 있으며, 그 가운데 350개소가 정상 유지되는 것으로 확인되었다. 그리고 윤용택(2014)이 제주도민을 대상으로 민간신앙에 대한 의식을 조사한 결과 무속을 '미신'(46%), '전통문화'(29%), '전통신앙'(23%) 등으로 인식하는 것으로 나타났다. 이는 제주섬에는 무속신앙이 지금까지도 비교적 강하게 남아있다는 것을 보여준다. 제주섬이 '신들의 고향'이라 불릴 만큼 신과 신화와 무속의례들이 많은 것은 인간의 의지로는 어찌할 수 없을 만큼 환경이 열악했기 때문으로 보인다.

재해와 질병은 인간의 생사와 존망이 걸린 문제였기에 옛 제주인들은 신들의 내력담인 본풀이나 역易과 음양오행陰陽五行 사상에 바탕을 둔 도참서圖讖書에서 재해와 질병의 근거를 찾았고, 그것을 토대로 초복招福과 제액除厄을 위한 의례를 행했으며, 길吉한 날과 방위를 택하면서 일상생활을 영위하였다. 하지만 과학적 사고를 하게 되면서 태풍, 홍수, 가뭄, 해일 등의 재해가 합리적으로 이해할 수 있는 자연현상이고, 소화기질환, 호흡기질환, 피부질환 등의 질병이 미생물 감염에 의한 것이라 알게 되었다. 그런데도 오늘날까지 제주섬에 무속의 잔영이 짙게 남아있는 것은 그만큼 무속이 오랫동안 제주인의 삶과 정신을 지배하고 있었다는 사실을 잘 보여준다.

제주 민간신앙도 인류문화의 보편성과 제주섬 기후환경의 특수성 측면에서 살펴보아야 한다. 제주 민간신앙 속에는 한반도뿐만 아니라 동아시아의 유교, 불교, 도교, 무속 등의 영향을 받은 것들이 있을 수 있기 때문에 민간신앙과 기후환경의 밀접한 상관관계 가설을 입증하기 위해서는 제주섬과 상황이 비슷한 다른 지역과 비교연구가 필요하다. 하지만 일단 여기서는 제주섬의 민간신앙과 기후의 상관관계를 중심으로 살펴보고자 한다.

2. 제주섬의 민간신앙

1) 제주섬 신들과 민간신앙 의례

제주섬에서는 통상적으로 1만 8천신이 있다지만 실제로 그 숫자를 헤아릴 수는 없다. 현용준·최길성·장주근(1974: 95-106)에 따르면, 제주섬에서 숭배되는 신은 크게 일반신, 마을신, 집안신 등으로 나뉜다. 여기서 일반신이란 일월日月, 산해山海, 생육, 질병, 죽음, 농경, 어로, 빈부 등 자연현상과 인간생활의 일반적 사상事象을 좌우하는 신이다. 그리고 마을신은 한 마을 안의 토지 및 마을주민의 제반 생활을 지배하는 신이고, 집안신은 한 가구나 한 씨족의 제반 생활을 수호하는 신이다. 이처럼 신들은 기능과 역할이 나눠져 있다.

표 1. 제주섬의 신들

| 인격신 | 일반신 | 옥황상제(하늘차지神), 지보스천[地府四千]대왕(땅차지神), 산신대왕·산신백관(산차지神), 대서[大使], 용궁[용왕](바다차지神), 영등할망(바람神), 서산대사·육관대사(절차지神), 삼승할망[멩진국할망](産育神), 홍진국대별상·서신국마누라(痘神), 날궁전·들궁전(일월신), 초공(巫祖神)과 권속, 이공[꽃감관](서천꽃밭 神)과 권속, 삼공(전상[前生]神)과 권속, 시왕[十王]과 하위신[진광대왕, 초강대왕, 송제대왕, 오관대왕, 염라대왕, 변성대왕, 태산대왕, 평등대왕, 도시대왕, 전륜대왕, 지장대왕, 생불대왕, 좌두대왕, 우두대왕], 차사(十王使者: 일직사자, 월직사자, 어금부도사, 금부도사, 이원차사, 강림차사, 용왕국차사, 용궁차사, 객사차사, 비명차사, 결정차사엄사차사, 화덕차사, 멩두멩감삼차사, 구불법차사), 삼멩감(冥府使者), 세경(농신: 조청비[중세경], 문도령(상세경), 테우리(정수남이[하세경]), 성주(가옥신), 문전(문), 칠성(富: 안칠성[고팡], 밧칠성[뒤뜰], 조왕(부엌), 오방토신(청대장군[동], 백대장군[서], 적대장군[남], 흑대장군[북], 황대장군[중앙]), 주목지신·정살지신(집안출입로神), 울담지신·내담지신(울타리神), 눌굽지신(낟가리神), 칠성[북두칠원성군](壽福), 구삼싱(兒魂), 칙도부인(변소) 등 |
| | 마을신 | 儒式神
포신(酺神): 마을주민의 생명, 재산, 토지, 생업을 보호하는 신
       (洞社之神, 里社之神, 守士之神, 街衢之神, 土地之神 등)
제석(帝釋): 농업 관장, 보호하는 신
해신(海神): 용왕 및 하위 잡신, 어업하다 죽은 고혼, 도깨비

堂神
본향당신: 마을토지 및 지역민 생활전반 수호하는 신
일뤳당신: 육아, 눈병, 피부병, 복통 등의 치료신
여드렛당신: 부(富)를 갖다 주는 뱀신
해신(海神): 어촌마을 어업신(갯당할망, 용녀부인, 용왕 등)
농신(農神): 중산간마을 농업신(세경)
산신(山神): 산간마을 수렵신(산신대왕, 산신백관) |

		집안신	군웅[구눙, 군눙, 구눙일월]: 공통 근원의 신 조상[조상일월]: 공통 근원으로부터 갈라진 신
인격	신	영혼	영혼(영신): 죽은 지 3년 지난 사령(死靈) 혼백(눌혼): 죽은 지 3년 미만 사령
		잡혼 잡귀	군병: 삼별초(김통정)란, 임진왜란, 방성칠란, 이재수란, 2차세계대전, 4·3사건, 　　　한국전쟁 등 전란 때 비명에 죽은 사령 군졸: 산, 물, 배 등을 관장하는 신의 뒤를 따르는 잡귀 척귀: 사랑(소원)을 못 이루거나 원한을 풀지 못해 죽은 원혼
	도깨비		도채비(비상한 힘과 재주를 가진 잡귀)
비인격	邪魔		질병이나 재해를 준다는 새[邪]와 매[魔]

　제주섬의 당신堂神들은 대체로 한라산출생계 신은 수렵신, 풍우신적 성격을 띠고, 송당계 신들은 수렵신, 농신적 성격을 띠며, 외래신은 영웅신적 성격을 띠고, 일뤳당계 신은 돼지숭배 잔재, 여드렛당계 신은 뱀숭배 잔재를 나타낸다. 한편 제주인도 다른 지역에서와 마찬가지로 인간이 죽게 되면 육체와 영혼이 분리된다고 믿었고, 사후 3년 미만은 눌혼魂魄, 3년이 지나면 영신靈神이라 하는데, 그것들은 원칙적으로 선한 것으로 생시와 같은 인격으로 보았다. 한편 비명에 죽거나 원한을 품은 채 죽어서 저승과 이승 사이를 떠돌다가 인간에게 빙의憑依하여 그 원한을 푸는 사령死靈들도 있다(현용준·최길성·장주근, 1974: 95-106; 현용준, 1982: 1; 2013: 14-20). 이 외에도 비상한 힘과 재주를 가져 사람을 홀리고 짓궂은 장난이나 험상한 짓을 많이 하는 잡귀인 도채비(도깨비)와 질병이나 재해를 준다는 새邪와 매魔가 있다(문무병, 1990: 210-213).

　한편 하순애(2003: 107-112)는 336개 신당의 신들을 조노기한집에서 문국성상오부름웃도에 이르기까지 총 264종으로 나누고, 그것들을 본향당신(한집류) 31종, 관직 및 지위와 관련 신 25종, 바다신 31종, 불교신 17종, 단순한 할망하르방신 60종, 한라산신 15종, 일뤳당신 35종, 여드렛당신 8, 기타 42종으로 분류한 바 있다.

　그리고 현용준·최길성·장주근(1974: 107)은 제주섬 신들의 성격을 다음과 같이 정리하고 있다.

① 제주섬 신들은 옥황상제를 최상위로 하고 눌굽지신을 최하위로 하는 위계가 있다. 그렇다고 해서 상위신이 하위신에게 직능상이나 행위 면에서 지시나 제지나 인솔을 하지 못한다. 각 신은 자기가 맡은 바 사물에 대해서 독자적인 권리를 갖는다. 한 신이 다른 신의 직능에 대하여 간섭이나 억압을 하지 않고 독자성을 갖는다.

② 선신善神이라 해서 무한대 선심을 갖는 게 아니라 자신을 푸대접하거나 잘 숭앙하지 않거나 금기를 어기거나 기타 부당한 행위를 한 경우에 노여워서 그에 상응하는 질병이나 재해를 인간에게 내려 괴롭힌다. 그래서 그 인간이 사죄하고 치제致祭할 때 그 노여움을 풀어 질병이나 재해를 거둔다. 그러나 악신惡神인 잡귀雜鬼, 새邪, 매魔 등은 성격이 다르다. 이러한 악신들은 질병을 주거나 재해를 줄 뿐 복을 갖다 주지는 않는다. 심방은 이 악귀를 대접하고 위로하여 물러나게 하지만 그저 물러나기를 바랄뿐 그것들이 복을 내려주는 법은 없다. 하지만 선신은 질병재해를 주기도 하지만 이를 거둬들인 후 다시 복을 내려주는 점에서 다르다.

도깨비는 신출귀몰하고 변화무쌍한 초능력을 가지고 있어서 원하는 것은 무엇이든 다 만들어내며, 으슥한 폐가, 동굴, 숲, 고목 등 음산한 곳, 특히 비가 오는 밤에 잘 나타나는 잡귀로 그와 화해하면 부와 풍요를 가져다주지만 불화하게 되면 질병과 파괴를 통해 망하게 한다. 통상적으로 밤에 묘지나 습한 곳 등에서 인燐 따위의 작용으로 나오는 푸른빛을 도깨비불이라 하는데, 다른 지역보다 온난다습한 제주에서는 그러한 도깨비불을 도깨비(도채비)와 연결시켜 생각할 여지가 더 많았을 것이다. 도깨비는 사람처럼 건망증과 소유욕이 있으며 곤경에 빠지면 도와주기도 하고 배신을 하면 보복하기 때문에 일반적으로 부富나 재물 신의 성격을 가진다. 문무병(1990: 210-213)에 따르면, 제주섬의 도깨비신은 일반신, 당신堂神, 조상신祖上神의 세 부분에 걸쳐 있으며, 부신富神, 풍어신豊漁神, 씨족수호신氏族守護神, 야장신冶匠神, 역신疫神 등의 성격을 지닌다.

제주섬의 신들은 우주법칙의 지배하에 인간과 별반 다를 바 없는 환경적 조건하에 인간적 성격을 지니고 생활해가는 존재이지만 제주인들은 신들이 인간에게 좋든

궂든 영향을 미치고, 그로 인해 길흉화복이 있기에, 그들에게 초복招福과 제액除厄을 염원하지 않을 수 없었다. 한편 하순애(2003: 112-114)는 제주도 당신堂神은 자연신이 차지하는 비중보다 할망 하르방 계통의 인신人神이 차지하는 비중이 높고, 남신보다 여신이 두 배 이상 높기 때문에 제주도 민간신앙은 한반도 전체와는 다르게 접근해야 한다고 주장한다.

현용준은 마을주민 전체가 그들 전체의 복리를 위해 공동으로 의례하는 마을제당을 유식제단儒式祭壇과 무식제당巫式祭堂으로 나눈 바 있는데 이를 정리하면 다음과 같다(현용준, 2013: 45; 문무병, 1990: 215; 제주전통문화연구소, 2008-2009).

표 2. 제주섬 마을신앙의 제단

구분	유식(儒式) 제단				무식(巫式) 신당				
구분	포제단	제석제단	해신제단	기타	본향당	해신당	일뤳당	여드렛당	도채비당
신격神格	마을수호신	농업수호신	어업수호신	목축신 등	마을수호신	어업수호신	육아질병신	뱀신(富)	부·재앙신
신체神體	위패(位牌),지방(紙榜) 등				신목(神木)/신석(神石)/신혈(神穴)/신상(神像)/신물(神物)/돌궤/동굴/돌담/위패/제단/무덤 등				
형태	제단 수(1개/2개/3개 이상)				신목형/신석형/신혈형/신상형/당집[堂宇]형/석원(石垣)형/돌궤형/위패형/제단형/복합형, 기타형				
	모양 (장방형, 반월형, 혼합형)								

제주인은 인간사의 길흉화복은 신의 뜻에 따라 전개된다고 보았고, 어떻게 대접하느냐에 따라 신은 화禍도 주고 복福도 준다고 믿었다. 그리고 제주섬 신들의 역할과 기능이 제각기 다르기 때문에 특정 신을 위한 무속의례도 있지만, 상황에 따라 다양한 무속의례가 행해져야 했다. 민간신앙의 의례는 사안에 따라 집안이나 가족끼리 개별적으로 행해지기도 하고 마을회, 어촌계, 해녀회 등에서 주관하여 집단적으로 행해지기도 했다.

그리고 의례는 세시歲時와 절기節氣에 따라 정기적으로 행해지기도 하고, 사안이 발생했을 경우마다 임시적으로 행해졌다. 마을 수호신을 모시는 포제나 마을제, 어업을 관장하는 해신을 모시는 용왕제, 자연재해와 관련된 기우제나 기청제, 돌림병 퇴치굿이나 메구굿 등은 마을회나 어촌계, 해녀회 등이 주관하여 행해졌다. 하지만 그 이외의 대부분의 초복招福과 제액除厄을 위한 의례는 개별적으로 행해졌다. 길흉화복에 따른 제주인의 민간신앙 의례를 정리하면 다음과 같다(이은주, 1989: 69-70; 현용준, 2013: 14-20; 고영자, 2014: 498-499).

표 3. 길흉화복에 따른 민간신앙 의례

기원 내용	의례 집전	개별 (집안, 가족)		집단 (마을, 계원)
초복	儒式			포제(무을제): 정월 丁日 또는 亥日 제석제(농사풍년): 백중 전후 백중코스(우마번식): 백중 그물코스(어망풍등)
	심방	정기	문전제, 철갈이, 멩감코스, 돗제, 요왕제 등	신과세제(정월), 영등제(2월), 마불림제(7월), 시만국대제(10월), 용왕제
		임시	불도맞이, 아기비념, 성주풀이, 산신놀이, 연신맞이, 칠성제, 신굿 등	
	보살/ 점쟁이	재수(사업, 학업, 건강, 혼인), 사주, 각종제일, 택일, 불도맞이, 성주풀이, 칠성제, 철갈이, 문전제, 토신제 등		
	정시/ 지관	이사방위 결정, 각종제일 택일, 양택(집터)		설촌, 위인생가(풍수), 각종 마을제일 택일
	기타	신구간: 대한 후 5일~입춘 전 3일 입춘(새철드는날), 동짓날 일뤳당(육아): 매월 초7, 17, 27일 여드렛당(富): 매월 초8, 18, 28일		
제액	심방	넉들임, 푸다시, 액막이, 구삼승냄, 두린굿 (정신병치), 불찍굿(화재후액막이), 영감놀이 (도채비퇴치), 귀양풀이, 시왕맞이, 칠성새남, 마누라배송(홍역, 천연두 치료), 새도림		마을돌림병 퇴치굿(질병, 화재예방), 메구굿, 4·3무혼굿, 해원상생굿, 기우제, 기청제, 산신제(액막이)
	보살	넉들임, 푸다시, 액막이, 병굿(정신병 및 불치병), 귀양풀이, 수명점		
	정시/ 지관	음택풍수(묘지)		음택풍수(마을묘지), 방사탑
	기타	제사 때 문전제		입춘굿(1999년 복원), 백조일손 제사

2) 무속신앙 속의 질병들

생육, 질병, 죽음은 인간이 풀어야 할 가장 어려운 문제이다. 생물학이나 의료지식이 없던 시기에 그것들을 초자연적 힘에 의한 것으로 보는 것은 인류 공통적인 현상이다. 클레멘츠F. E. Clements는 샤머니즘 질병을 잡귀 침입이나 신령이 들어와 생긴 빙의현상, 사회적 규범인 터부를 어겼을 때 생긴 금기침해, 넉(넋)나는 경우와 같은 영혼상실, 몸에 해를 끼치는 것이 침입하여 생긴 물침입, 저주로 생긴 병주술 등으로 나누고 있다(이은주, 1989: 64-65).

신화적 사고에 젖은 옛 제주인도 어떤 초자연적인 신령, 즉 일반 신이나 조상의 영혼이나 잡귀 등이 생육, 질병, 죽음을 좌우한다고 믿었다. 그들은 제주섬 곳곳에 1만 8천신이 편재編在해 있고, 그와 관련된 이야기가 본풀이 속에 있다고 보고, 심방이 집전하는 무속 의례를 통해서 생육, 질병, 죽음의 문제를 해결하려고 하였다. 현용준은 제주섬 무속에 등장하는 질병을 크게 신격神格이 주는 질병과 영혼에 의한 질병으로 나누고, 전자를 다시 어린이 질병, 뱀신이 주는 질병, 당신堂神이 주는 질병, 도깨비신이 주는 질병 등으로 나눴다(현용준, 1965).

제주인들은 어린이의 생육生育은 삼승할망, 그리고 어린이 질병과 죽음까지도 구삼승할망의 의지에 따른 것이라 믿기에 그들이 할 수 있는 것은 그에게 비념을 통해 무사안녕을 기원하는 것이었다. 그리고 인간은 영혼이 육체에서 일부가 나가게 되면 넉(넋)나고, 영혼이 전부 나가게 되면 죽게 되며, 시체를 떠난 영혼이 생시에 어떤 원한이 있거나 횡액橫厄으로 죽었을 경우에는 저승에 못 가서 중간에서 헤매는 사령死靈 이른바 '죽산이(죽었어도 죽지 못하고 살아 있는 이)'가 되고 그것들이 생시의 원한을 풀기 위해 형제나 친족에게 빙의憑依하여 질병이 된다고 믿었다(현용준, 1965). 제주섬에는 지금도 장례를 치르고 나서 영혼은 좋은 곳으로 가도록 귀양풀이를 하는데, 이는 몸은 죽어도 영혼은 이승과 저승, 어딘가에 있다고 믿는 제주인의 영혼관에 기인한다.

제주인은 심리적 질병뿐만 아니라 육체적 질병까지도 그 원인은 본질적으로 심적인 데 있다고 생각했다. 자신의 영혼 일부가 빠져 나가거나 죽은 이의 영혼이나 잡귀가 빙의되어 생기는 병뿐만 아니라, 어린이 질병, 천연두, 홍역, 피부병, 설사병, 감기 등도 구삼승할망, 마누라, 칠성, 일뤳당신, 여드렛당신, 백주또 등 제반 신들의 노여움, 장난으로 생기는 것이기에 굿을 통해서 치유할 수 있다고 보았던 것이다. 질병과 관련된 신과 제주 무속의례를 정리하면 다음과 같다(현용준, 1965; 이은주, 1989; 진성기, 2008)

표 4. 생육 및 질병 관련 신과 제주 무속의례

신	기능	의례
삼승할망	기자(祈子), 해산(解産), 육아	산후 3일, 7일, 백일, 돌 할망상, 아기비념, 불도맞이
구삼승할망	어린이 병역(病疫)	구삼승내기
(큰, 작은)마누라	천연두(큰-), 홍역(작은-)	마누라배송
(안, 밧)칠성	뱀피부	칠성새남
일뤳당신	눈병, 설사, 옴, 허물 등	당굿
여드렛당신	처녀 급질(急疾)	
백주또	잔칫집 설사병	돗제, 결혼 전 의례
도깨비(도채비)	빙의	영감놀이
전상차지신	일탈행동	전상놀이(삼공맞이)
영혼	넉(넋)남	넉(넋)들임
사령(죽산이)		두린굿, 곱가름
잡귀	정신병, 빙의	푸다시(벌풀이, 신풀이, 끌레기치송)
새[邪], 매[魔]		새도림
새[邪]	15세 이상 소년 중병	물막개방쉬(막잡은 방쉬)
	액운	대악막이(방쉬굿)
멍청이 귓것	감기	동짓날 팥죽

하지만 그러한 제주인의 질병관도 크게 본다면 전근대적 사회의 보편적 현상 중의 한 사례이다. 다시 말해서 제주섬의 민간신앙도 샤머니즘이라는 인류의 보편적

문화현상 가운데 하나라는 것이다. 이은주(1989: 73-77)는 클레멘츠의 샤머니즘 질병 분류에 따라 제주무속의례를 다음과 같이 분류하고 있다.

표 5. 샤머니즘 질병 분류에 따른 제주무속의례

분류	특징	무속의례
빙의현상 (Spirit Kitrusion)	잡귀의 침입이나 신령이 들어와 생긴 질병	영감놀이, 전상놀이(삼공맞이), 푸다시 (푸닥거리), 두린굿, 새도림, 구삼승냄, 아기비념, 불도맞이, 마누라배송, 당신(堂神)의례
금기침해 (Reach of Taboo)	사회적 규범인 터부를 어겼을 때 생긴 질병	칠성새남
영혼상실 (Soul-loss)	영혼의 상실로 생긴 질병	넉들임, 액막이
물침입 (Object Intrusion)	몸에 해를 끼치는 것이 침입하여 생긴 질병	아기가 경기할 때 피뽑기
병주술 (Disease Sorcery)	저주나 마술로 생긴 질병	쇠고기방쉬, 물막개방쉬

3) 살아있는 제주 민간신앙

제주 민간신앙은 과학기술문명시대에도 박제화 되지 않고 여전히 살아있다. 논자가 2014년 제주도민을 대상으로 민간신앙에 대한 의식을 조사한 바에 따르면, 제주도민은 제주무속을 '미신'(46%), '전통문화'(29%), '전통신앙'(23%) 등으로 인식하는 것으로 나타났다. 제주에는 무속을 미신으로 보는 이가 많지만, 과학기술시대인 요즘에도 제주의 전통문화나 전통신앙으로 인식하는 이도 적지 않은 것을 확인할 수 있다.

'무속'을 '미신'으로 인식하는 도민은 서귀포시 동지역(61%)과 읍면지역(62%), 중졸(52%), 기독교인(60%), 회사원(56%)인 도민들에서 많았고, '전통문화'로 인식하는 도민은 제주시 지역(35%), 대재(36%), 대졸이상(37%), 종교 없음(34%) 도민들에서 많았다. 이는 제주칠머리당굿이 1980년에 국가지정 중요무형문화재로 지정되고, 2009년에 유네스코 인류무형문화유산으로 등재된 영향으로도 볼 수 있다. 그리고 '무속'을

'전통신앙'으로 인식하는 도민은 제주시 읍면지역(33%), 서귀포시 동지역(30%), 초졸(47%), 불교인(37%) 도민들에서 비교적 많은 것으로 나타났다.

제주도민에게 '일이 잘 안 풀릴 때 굿을 해야 하는지'를 물은 결과 제주도민의 8% 만이 동의하고, 대부분(87%) 도민은 굿하는 것에 대해 동의하지 않는 것으로 조사되었다. 그리고 (여자의 경우) 본인 / (남자의 경우) 아내(또는 어머니)가 당堂에 다니는지를 물은 결과, 도민의 8%만이 '그렇다'고 대답했고, 69% 도민은 '당에 가지 않는다'는 것으로 보아 오늘날 신당을 찾는 도민이 많이 줄었음을 확인할 수 있다. 하지만 아직도 제주도민의 40%는 사고가 나서 정신적 쇼크를 받아 넉(넋)났을 경우에, 심방(무당)을 불러 넉(넋)들여야 한다고 생각하고 있고, 도민의 25%는 장례를 치르고 난 후 망자의 영혼을 보내는 이른바 귀양풀이를 해야 한다고 생각하는 것으로 나타났다. 개명천지 시대인데도 제주섬에 여전히 무속신앙이 어느 정도 살아있다는 것을 보여주는 사례이다.

'결혼하거나 이사할 때 반드시 택일해야 하는지' 물은 결과, 도민의 43%가 '동의'하고 있는데, 서귀포시 동지역(50%), 60대 이상 (65%), 초졸(87%), 불교인(64%), 농어업 종사(60%), 무직계층(68%) 도민에서 많은 것으로 나타났다. 그리고 '힘들거나 어려운 일이 있을 때 점술가를 찾아가는지' 물은 결과, 도민의 16%가 '찾아간다'고 응답했고, 서귀포시 동지역(18%)과 읍면지역(19%), 여성(23%), 60대 이상(30%), 초졸(37%), 불교인(32%), 제주출생 제주거주(22%) 도민에서 비교적 많은 것으로 나타났다.

1960년대까지 마을구성원들의 안녕을 기원하던 마을제(포제, 리사제, 동사제, 당굿)는 마을공동체의 단합을 꾀하는 역할을 하였다. 새마을운동 이후 한때 사라졌던 마을제가 최근에 다시 부활되는 조짐도 보인다. 마을제에 대한 도민의 생각을 물은 결과, '우리 마을에서 마을제를 지내는 것이 좋다'(37%), '잘 모르겠다'(35%), '아니다'(28%)로 나타났다. '마을제를 지내는 것이 좋다'는 도민은 제주시 읍면지역 (59%), 50대 (47%)와 60대 이상(55%), 초졸(57%)과 중졸 (64%), 불교인(54%), 농어업 종사(55%), 무직계층(64%), 제주출생 제주거주(47%)와 제주출생 육지거주 10년 이상(46%), 성장지역이 제주시 읍면(45%), 서귀포시 읍면(50%) 도민들에서 많은 것으로 나타났다. 마을제 참여

여부를 물을 결과, 도민의 15%만이 마을에서 마을제를 지내는 경우에 참여하는 것으로 나타났다. '마을제에 참여하지 않는다'는 도민은 85%이며, 이 가운데는 '마을제 자체를 모르는 경우'(14%)도 포함되어 있다. '마을제에 참여한다'는 도민은 제주시 읍면지역(31%), 서귀포시 읍면지역(22%), 50대(26%)와 60대 이상(22%), 중졸(36%), 농어업 종사(35%) 도민들에서 비교적 많은 것으로 나타났다.

각 마을에 남아 있는 신당이나 당집을 지방자치단체에서 지원·보존하는 것에 대해 긍정적으로 인식하는 도민은 24%, 판단을 유보한 도민은 50%, 부정적으로 보는 도민은 26%로 조사되었다. 당집을 도에서 지원과 보존해 주는 것에 대해 긍정적으로 보는 도민은 제주시 읍면지역 (37%), 60대 이상(38%), 초졸(47%) 도민들에서 많은 것으로 나타났다. 새마을운동 때 미신타파 운동으로 신당을 파괴하고 굿을 하지 못하게 하였다. 제주도민을 대상으로 '새마을운동 당시에 당과 굿을 없앤 것은 잘한 일인가'를 물은 결과, 도민 45%가 동의하였고, 20%는 '잘못되었다'고 평가하고 있으며, '잘 모르겠다'고 유보적인 의견을 보이는 도민은 35%였다. '당과 굿을 없앤 것은 잘한 일'로 보는 도민은 제주시 동지역(50%)과 서귀포시 동지역(52%), 40대(52%)와 50대(51%), 천주교인(53%)과 기독교인(60%) 등의 도민에서 많은 것으로 나타났다.

제주칠머리당굿은 어부와 해녀들의 생업과 마을주민의 평안을 위한 당굿으로 2009년 9월에 유네스코 인류무형문화유산으로 등재되었다. 이에 대해 의견을 물은 결과, 많은 도민이 제주칠머리당굿이 인류무형유산으로 등재된 것을 '자랑스럽게 생각한다'(61%)고 하였고, '잘 모르겠다'(25%), '자랑스럽게 생각하지 않는다'(14%)고 응답했다. 제주칠머리당굿이 인류무형유산으로 등재된 것을 자랑스럽게 생각하는 도민은 제주시 동지역(62%)과 읍면지역(63%), 남성(67%), 30대(70%), 불교인(76%) 도민들에서 비교적 많았다.

그리고 제주에는 다른 지역에서는 찾아보기 힘든 '신구간(대한 후 5일 입춘 전 3일, 즉 1월 25일~2월 1일)'에 이사하거나 임대계약을 하는 풍습이 있다. 그러한 신구간 풍속이 바람직한 지를 물은 결과 27%가 '그렇다'고 동의하였고, 61%가 반대하였다. 1980년대 후반 도민에게 신구간에만 이사를 하거나 집을 고치는 것이 더 좋다고 생각하느냐 설문조사에서도 '그렇다'(28%)와 '그렇지 않다'(57%)로 나타난 바 있다. 신구간 풍속과 관련해서 30년 전과 크게 다르지 않은 것을 고려할 때 점차 바뀌긴 하겠지만 그렇다고 금방 사라질 것 같지는 않다.

첨단과학시대를 살아가는 오늘날에도 민간신앙은 여전히 제주인들의 삶을 어느 정도 지배하고 있다. 민간신앙이 본래 열악한 자연 환경에서 비롯되었더라도 오랫동안 지속된 결과 하나의 문화현상으로 굳어져서 제주인의 삶과 정신을 지배하는 세계관과 사회환경으로 작용하고 있다. 자연현상을 합리적으로 이해하고, 대부분의 질병을 의술로 치유할 수 있는 시대가 되었는데도 제주 민간신앙이 살아있는 이유는 과학의 변화에 비해 세계관의 변화가 늦게 진행되기 때문일 것이다.

특정한 과학이론이 변하면, 언젠가는 그에 상응하는 세계관도 변하지만, 한 시대를 지배하던 과학이론이 변했다 해서 곧바로 세계관이 변하지는 않는다. 과학이론이 바뀌는 기간에 비해 세계관이 변하는 기간은 훨씬 더 길다. 이는 진화론이 나온지 150년이 지났고, 상대성이론이 나온 지 100년이 지났는데도 아직도 그것에 바탕을 둔 세계관이 아직도 보편화되지 않았다는 것만으로도 확인된다. 마찬가지로 자연현상이나 질병을 과학적으로 이해할 수 있다고 해서 곧바로 오랫동안 이어져 온 제주 민간신앙을 일시에 단절시킬 수는 없는 것이다.

뿐만 아니라 근대적 합리성에 바탕을 둔 과학기술문명이 자원고갈, 생태계파괴, 환경오염 등을 초래하고, 주체와 대상, 인간과 자연, 정신과 물질 등으로 분리하는 이분법적 사고가 한계를 드러내면서 이성중심적인 근대적 세계관에 반성을 촉구하고 있다. 더 나아가 인간과 자연, 정신과 물질이 서로 밀접하게 연결되어 있고, 인간뿐만 아니라 개별 생명체들, 물, 바람, 흙, 바위 등과 같은 무기물, 그리고 대지, 산, 바다, 강 등을 살아있는 것으로 보는 네오애니미즘neo-animism을 요청하고 있다. 그런 추세가 과학기술문명시대인 오늘날에도 제주섬의 민간신앙이 미신으로 폐기되지 않고 전통문화와 전통신앙으로 살아남게 하는데 한 몫을 하고 있다고 본다.

3. 제주섬의 기후환경 특성

1) 빈번한 자연재해

제주섬에 신과 신화와 무속의례들이 많은 것은 그만큼 환경이 열악했기 때문으로 보인다. 제주섬 기후는 크게는 우리나라를 둘러싼 기단들, 즉 온난건조한 대륙성 열대기단인 양쯔강기단(봄, 가을), 고온다습한 해양성 열대기단인 북태평양기단(여름), 한랭습윤한 해양성 한대기단인 오호츠크해기단(장마철), 고온다습한 해양성 적도기단(태풍), 한랭건조한 대륙성 한대기단인 시베리아기단(겨울)의 영향을 받는다. 하지만 제주섬의 기상은 온대와 아열대 전이지대에 위치한 지리적 특성과 가운데에 거의 2000미터에 달하는 한라산이 솟아 있는 화산섬이라는 지형적 특성을 반영하고 있어서 한반도와는 사뭇 다르다.

제주섬은 한라산과 해양 등 지형적 영향으로 기온, 바람, 강우량 등에서 동서남북 기상변화와 편차가 매우 심해서 자연재해가 많았고, 예보능력이 뒤떨어졌던 예전에는 요즘보다 훨씬 심했다. 『조선왕조실록』, 『증보문헌비고』, 『비변사등록』, 『승정원 일기』, 『속음청사』, 『제주계록』, 『탐라기년』 등 사료에는 제주기상과 관련된 다수의 기록이 존재하며, 주로 농업과 관련된 바람, 비, 가뭄 등의 특이기상과 관련된 기록이 전해지고 있다.

제주섬은 예로부터 삼다도三多島와 삼재도三災島라 불렸다. 삼다(風多, 石多, 雨多)와 삼재(風災, 水災, 旱災)에서 모두 '바람風'이 들어가고 있다.[2] 여름철 태풍과 겨울철 북서풍뿐만 아니라 사면이 바다로 둘러싸여 있어서 하루에도 육지와 해양의 열용량 차에 의한 해륙풍 순환이 뚜렷하다. 연평균 풍속은 초속 3~6미터로 본토보다 1~2미터

---

2   나비박사이자 제주학의 선구자로 알려진 석주명(1968)은 제주도의 삼다(三多)를 '돌, 바람, 비'라 하고, 거기에 '말 또는 여자'를 추가하여 사다(四多), 그리고 거기에 '까마귀, 진드기, 고사리'를 추가하여 팔다(八多)라 하고 있다. 논자는 '돌, 바람, 비'가 많은 제주도의 자연환경을 삼다(三多)로 설정한 것은 설득력이 있다고 본다.

강하며, 서부지역의 평균 풍속이 초속 6.9미터, 북부지역은 3.8미터, 동부와 남부지역은 3미터이고, 순간 최대풍속 (고산)은 초속 60미터로 기록된 바 있다. 그리고 강풍, 풍랑, 호우, 폭풍해일 등을 동반하는 태풍이 일 년에 3개 정도 영향을 미치며 주로 7월~9월에 내습한다. 제주섬은 태풍의 길목에 있어서 우리나라 다른 지역에 비해 태풍피해가 가장 심한 편이다.

하지만 태풍 못지않게 겨울의 북서계절풍이 많은 피해를 남긴다. 그렇기 때문에 제주인은 음력 2월에는 바람신인 영등할망이 오는 영등달이라 하여 바닷사람들의 무사안녕을 기원하는 영등굿을 하였다. 장주근(1992: 86)은 제주 영등굿에 대해 다음과 같은 해석을 내리고 있다.

> 제주도에서는 2월을 영등달이라고 하는데, 150여년 전 홍석모洪錫謨의 『동국세시기』나, 500년 전 노사신盧思愼에 의해 편찬된 『동국여지승람』에서도 대규모의 영등굿을 언급하여 "제주도의 풍속에는 이달(2월)에 배타는 것을 금기로 한다濟州俗是月 禁乘船"고 간략하게 기록하고 있다. 해상사고를 예방하기 위해서 종교의 이름으로 강하게 금기를 내리고 있는 해양기상학적 관심을 볼 수가 있다. 그런데 이상한 것은 제주도 통계연보의 기상관계 자료를 보면, 실제로 태풍이나 그에 따른 피해는 주로 8월에 많고 2월에는 별로 두드러지지 않는다는 사실이다. 제주도 사람들의 말에 따르면, 2월 보름 되는 무렵 전후에는 대체로 소라, 전복, 떡조개, 고막 등 조개류의 속이 빈다고 하는데, 이러한 현상과 영등굿의 '씨드림' 같은 것이 근원적으로 어떤 관계를 갖고 있는 게 아닐까 하는 생각을 하게 한다. 어떻든 제주도 영등굿은 제주도는 지리성, 해양기상, 해녀사회가 그들의 생업과 끊임없이 함수관계를 가지는 가운데 발생하여 전승되어 온 것으로 여겨진다. 영등신의 근원적 연유에 대해서는 앞으로 구체적으로 밝혀지겠지만, 지금은 이 정도로 이해해 둘 수밖에 없을 듯하다.

제주섬에서 태풍피해가 큰 것은 사실이다. 하지만 대부분의 태풍은 여름철에 내습하고, 워낙 강한 바람이라 인간의 힘으로는 어찌 할 수 없기에 태풍의 조짐이 보일 때는 아예 바닷일을 안 한다. 따라서 바람으로 인한 불의의 조난사고는 여름보다 북서계절풍이 부는 겨울에 훨씬 더 많다.

제주섬의 일년 평균 풍향의 분포는 북서-북풍 성향이 뚜렷하며, 특히 겨울철에 고산에서는 북풍이 40%, 성산포에서는 북서풍이 27%를 차지하고 있으며, 12월부터 이듬해 3월까지 북서풍이 심하게 불고 있다. 그러다보니 제주도 주변해역에서 발생하는 해양사고도 하절기보다는 기상특보 및 해양기상 급변이 심한 동절기에 많이 발생하는 것으로 나타나고 있다(안영화 외, 2001: 25).

제주섬 땅에서는 일 년 중 2월초에 기온이 최저로 내려가고, 바다에서는 대체로 3월을 전후하여 수온이 최저로 내려간다(제주기상청, 2003: 22). 땅에서 묵은 절기와 새 절기가 바뀌는 시기가 대한과 입춘 사이라 한다면, 바다에서는 그로부터 한 달쯤 뒤에 묵은 절기와 새 절기가 바뀌는 것이다. 다시 말해서 영등달(음력2월) 초하루에서 보름 사이가 바다의 신구간인 셈이다. 제주인들은 바람의 신인 영등할망이 영등달 초하룻날 귀덕으로 바람을 몰고 들어와서 땅과 바다에 씨를 뿌리고 보름날 우도로 빠져나간다 하며, 제주칠머리당에서는 해마다 영등달 초하룻날이 되면 제주를 찾아오는 영등신을 맞이하여 '영등환영제'를 하고, 열나흘날에는 영등신을 떠나보내는 '영등송별제'를 한다. 이즈미 세이치泉靖一에 따르면, 영등할망은 바다 저쪽에서 건너오는 풍신이지만 이를 모시지 않으면 광풍이 일어 논밭에도 피해가 미치므로 예전에는 중산간 사람들도 영등제를 지냈다. 양산촌에서는 심방이 영등배를 만들어 내창(천)이나 물웅덩이에 띄우는 것을 원칙으로 하나 바람받이 상산에 배를 안치해서 돌아오는 경우도 있었다(이즈미 세이치, 1999: 255).

영등할망이 떠나가면 움츠렸던 바다의 겨울은 가고 새봄이 열리는 것이다. 그리 본다면 해상기상이 급변하여 조난사고 위험이 높고, 잡을 물건이 없는 영등달은 어부의 승선과 해녀의 물질을 금하면서 영등굿을 통해 새 철을 준비하는 것은 합리적인 선택이었다. 제주인들은 땅에서는 신구간(대한 후 5일 입춘 전 3일)에, 바다에서는 영등달(음력 2월)에 묵은 철에서 새 철로 넘어간다고 믿고 새 철을 맞이할 채비를 하였던 것이다.

바람 다음으로 제주섬에 재해를 가져오는 것은 호우이다. 연강수량은 산간

(4,000mm 내외), 남부(2,000mm 내외), 서부(1,200mm 미만) 등에서 지역편차가 심한 편이다. 한라산 산악효과로 푄현상이 발생할 때에는 산남과 산북 사이에 기온과 강우량의 차이가 뚜렷해서 서로 다른 날씨를 보이기도 한다. 대부분의 호우는 한라산 산악효과로 풍상 측에서 발생하지만, 경우에 따라서는 풍하 측에서도 기류 수렴지역에 2차 호우가 발생하기도 한다. 제주지역의 연 강수일수는 120~140일 정도이고, 여름철 비가 많이 내리는 장마는 일반적으로 6월 중순에 시작하여 7월 중순경까지 약 한 달간 지속되는데, 여름작물 수확기에 장마가 질 경우엔 그 피해가 이루 말할 수 없었다.

제주섬에서는 '장마', '안개', '축축한 물건에 돋는 검푸른 곰팡이'를 '마'라고 하였다. 장마가 지거나 안개가 끼고 습한 날씨가 이어질 때 '마친다' 하고, 장마가 시기가 지나 비 날씨가 걷히는 것을 '마걷다'고 하며, 오랜 장마가 걷혀 날씨가 맑은 날을 잡아 온 집안의 가재도구에 생긴 곰팡이를 볕과 바람에 말려 털어내고 정리하는 것을 '마불린다'고 하였다. 다시 말해서 '마불린다'는 것은 장마철에 돋아났던 '마' 즉 '곰팡이'를 바람에 날려 보낸다는 뜻이다.

제주무속에서는 음력 7월 14일 전후하여 당굿의 이름으로 '마불림제'를 행하였다. 습기 차서 곰팡이가 생긴 신의神衣들을 말리고, 마을 설촌 조상인 당신堂神에게 가을곡식의 풍년을 기원하는 제를 올렸다. 백중(음력 7월 15일)은 24절기 가운데 처서(양력 8월 23일경)를 전후한 시기가 되는데 오행五行의 계절분류(春, 夏, 長夏, 秋, 冬)에 따르면 '장하長夏'에 해당하며 모든 곡식이 열매를 맺고 여물어가는 시기로 이때의 기상이 추수의 풍흉을 결정한다. 현용준(2013: 27)에 따르면, '백중제'는 유식儒式마을제의 백중코스와 같이 우마牛馬의 증식을 비는 제이다. 이는 '백중제' 역시 '마불림제'로 해석되고 있음을 보여준다. 시기적으로 한여름인 음력 칠월보름(백중)에 행해지는 '마불림제'는 육지에서 '조상 영혼의 천도薦度와 일꾼들의 여름철 농촌축제'가 제주 기후환경에 맞게 변형되어 '말馬불림增殖'과 '마(곰팡이)불림(바람에 날려보냄)'이라는 뜻을 가진 제례로 된 것으로 보인다. '마불림제'는 일종의 동음이의어인 셈이다.

한편 화산회토로 덮인 제주섬의 토양은 보습력이 약해서 열흘만 비가 안 와도 가뭄현상이 나타나기 때문에 가뭄 피해는 비 피해 못지않게 제주인들에게 혹독한 고통을 안겨주었다. 이처럼 기상에 의한 자연재해는 어느 한 개인이나 가정의 몫은 아니었다. 제주섬의 각 마을 본향당에서는 마을단위로 일 년에 네 차례 마을 굿을 행하였다. 즉 마을주민의 무사안녕과 풍농풍어를 기원하는 정초의 포제나 과세문안제, 이월의 영등굿, 칠월의 마불림제나 백중제, 시월의 시만곡대제 등 의례를 행했다. 다른 지역에 비해 제주섬에서 세시의례를 더 철저히 지켰던 것은 그만큼 다른 지역에 비해 바람 피해, 비 피해, 가뭄 피해 등이 더 심했기 때문인 것으로 추측할 수 있다.

2) 온난다습한 기후

기상학적 계절 구분에 따르면, 겨울은 일평균기온 5℃ 이하(최저기온 0℃ 이하)를, 봄・가을 일평균기온 5~20℃를, 여름은 일평균기온 20℃ 이상(최고기온 25℃ 이상)을 말한다. 제주섬은 연중 온난다습하고 일교차가 본토에 비해 작으며, 최한월인 1월에는 서울보다 8~10℃ 따뜻하다. 그리고 통상적인 동절기에 해당하는 12월, 1월, 2월에도 사람들이 많이 거주하는 해안지대에는 일평균기온이 대부분 5℃를 넘는다. 그렇기 때문에 제주인들이 많이 거주하던 해안지대에는 기상학적으로 겨울은 없고, 봄, 여름, 가을 세 계절만 있는 셈이다.

제주섬 기후가 육지부와 확연히 다르다는 사실은 조선시대에 중앙에서 파견된 관리나 유배왔던 선비들의 기록에도 나타난다. 1601년 안무어사安無御使로 파견되었던 청음淸陰 김상헌金尙憲은 『남사록』에 다음과 같이 기록하였다(김상헌, 1992).

한 지역민土人에게 물으니 "봄과 여름 낮에 안개가 끼면 섬이 온통 시루 속에 있는 것과 같아 지적을 분간하지 못합니다. 사람이 마주보고 앉았어도 다만 말소리만 들릴 뿐 그 얼굴을 볼 수 없습니다."고 한다. 내가 (음력)9월에 닻을 내리고 정월에 출항하였으니, 바로 이 가을 겨울이 하늘이 개는 때인데 그 사이 5개월간 해와 달과 별을 볼 수 있었던 것은 불과 수십일이다. 이밖에는 항상 흐리고 비가 오거나 눈이 내렸고, 바람이 불지 않은 날이 없었다. 섬사람들은 몹시 가난하고 옷이 없는 자가 많다. 망석網席을 뚫어 만든 도롱이를 입고 겨울

추위를 막는다. 대개 그 땅이 북쪽 본토에 비해서 대단히 따뜻하기 때문이다. 서울에서 죄를 짓고 들어가서 옷 없이 벌거벗은 자도 역시 풍속에 따라 추위를 견디는 것인데 이는 살기가 어려워 어쩔 수 없는 것이다. 또한 백성은 곱추병과 상처와 헌데가 온몸에 나 있는 자가 많은데 이는 반드시 풍토가 나쁘기 때문일 것이다. 그리고 충암冲庵 김정金淨(1486~1521)의 『충암록』에 따르면, 이 읍의 풍토는 유별나고 모든 일이 다르다. 문득문득 감탄하고 놀라게 된다. 겨울은 따뜻하고 여름은 시원한데, 변화하거나 어긋나서 일정치가 않다. 기후는 따뜻한 것 같은데 옷 입은 사람은 매우 불편하다. 의식衣食을 절도있게 하기가 어렵기 때문에 병에 걸리기 쉽다. 더군다나 구름과 안개가 항상 음침하고 찌고 습하고 끓는 듯하고 울적하다. 땅에는 벌레들이 많은데 파리와 모기가 더욱 심하다. 지네와 개미와 지렁이 등 모든 굼실거리는 것들이 모두 겨울나도 죽지 않으니 가장 견디기 어려운 것이다.

한편 대정에서 10여 년간(1614~1623) 유배 생활했던 동계桐溪 정온鄭蘊 역시 「대정위리기」에서 비슷한 이야기를 하고 있다(이증, 2001: 159-160).

한 지역민에게 다음과 같이 들었다. "제주瀛洲는 둘러가며 전역이 바다 가운데 있는 어려운 섬이다. 그런데 이 대정현은 바닷가에 더욱 가까워 지형이 낮아 풍토병의 독한 기운이 제주 삼읍 중에서 가장 심하다. 봄 여름이 바뀔 때부터 가을 8월초에 이르기까지 장마가 들면 계속 축축하여 개지 않아 눈병이 발생하고 때도 없이 지독한 안개가 침침하게 막아 지척을 가리지 못한다. 사람과 물건들이 이때가 되면 기둥 서까래와 창벽에 물방울이 흐르는 게 샘처럼 하여 옷과 갓이며 상과 돗자리가 번지르하게 습기가 져서 뗏물과 같다. 이러므로 비록 옷, 재물, 곡물이 있다 해도 여름이 지나면 썩어버려 끝내는 못쓰게 돼버리고 만다. 문지도리 쇠에 이르기까지 몇 년이 지나면 모두 삭아 썩는다. 하물며 피와 살이 있는 신체에서야 … 우리야 여기서 성장하여 습관과 성격이 이뤄지지만 내지內地의 조관朝官이야 어찌 견딜 곳이겠는가." 가을 기운이 끝나가고 북풍이 일어나려고 하면 장려瘴癘라는 풍토병이 조금 개고 양기陽氣가 드러나는데 정말 요즘과 같다. 그런데 겨울에 간혹 춥지 않고 여름에 간혹 덥지를 않아 기후가 서로 어겨 추위와 더위가 거꾸로 놓인다. 입는 것과 먹는 것이 조절하기 어려워 질병이 일어나기 쉽다. 그리고 뱀, 지네, 땅강아지, 지렁이 등 꿈틀거리는 생물들이 모두 겨울을 지나도 죽지를 않는다. 이는 풀과 나무, 무우, 부추, 마늘, 상치 등 모든 씨 뿌려 심는 종류는 비록 깊은 겨울에도 여러 나물을 밭에서 구해다 쓸 수 있는 것만 봐도 알 수 있다.

그리고 조선 후기에 8년 3개월(1840. 9-1848. 12)동안 제주섬에 유배되었던 추사秋史 김정희金正喜는 제주섬에서 많은 잔병치레를 하였다는 기록이 있다(양진건, 2011: 207-209).

> "눈병, 다릿병이 한결같은데다 소화불량증까지 더 하니 천백 가지가 맵고 쓰곤 하여 갈수록 견더낼 수 없다오." … "가래, 기침이 크게 더쳐서 그 기침이 급하여 기가 통하지 않을 때는 혈담까지 아울러 나오는데, 이는 모두 장습瘴濕이 빌미가 된 것이네. 게다가 수천도 좋지 않아서 답답한 기운이 뱃속에 가득 차서 풀리지 않고, 눈이 어른어른 한 증세도 더하기만 하고 줄지 않네." … "누인의 병은 그 사이에 또 담체가 더치어 수십일 동안을 크게 앓고도 소화불량으로 먹지를 못할 뿐더러 신기가 전혀 수습되지 않으니 답답하외다." … "나는 구창과로 했을 때 입안이 헤어지고 혓바늘이 돋기도 하고 입술 주위에 물집이 잡히기도 하는 병으로 오래 신고ㅎ니 민망ㅎ다 겨오 그런다." … "나는 아직 흔 모양이오 나 피풍[피부에 발진 없이 심한 가려움증을 앓는 피부소양증]으로 소양이 지금까지 낫지 못ㅎ아 밤을 매양 새와 나오니, …"

물론 추사가 호소하는 이러한 질환들이 생사여탈을 결정하는 치명적인 병도 아니고, 이러한 질병들이 모두 제주섬의 기후환경과 직접 연관이 있다고 보기는 어렵지만, 제주섬의 풍토와 무관하다 보기도 어렵다.

지금도 육지에서 온 관광객들은 제주섬에서 겨울에도 들판의 푸른 채소와 상록 가로수를 보면서 이국적이라고 생각한다. 온난다습한 기후는 겨울에도 식물 성장이 가능하다는 장점도 있지만, 그 이면에는 일 년 내내 미생물이 증식할 수 있기 때문에 질병의 위험이 도사리고 있었다. 맨눈으로는 볼 수 없는 미생물은 담수, 지하수, 해

수, 바위, 대기권, 식물세포 표면과 속, 동물의 피부와 장관腸管 등 지구상의 모든 곳에서 서식한다. 그렇기 때문에 온난다습한 기후환경에서 사는 제주인들은 어디를 손대도 늘 감염성 질병에 시달렸다는 것을 추측해볼 수 있다.

미생물에 대한 지식이 없을 때 감염성 질병을 신의 조화로 인한 동티動土로 보는 것은 전혀 이상한 일이 아니다. 사실 서양에서도 1861년 파스퇴르L. Pasteur가 미생물이 어떤 신비로운 힘으로부터 기원하는 것이 아니라는 것을 입증하고, 1876년 코흐R. Koch가 미생물(세균)이 질병을 일으키는 원인이라는 것을 밝혀냄으로써 19세기 후반에 와서야 질병이 신의 천벌이라고 믿어왔던 속신으로부터 벗어나게 되었다.

제주인들은 고온다습한 기후로 인해 재해와 질병에 시달리면서 살아왔기 때문에 일상생활에서도 제주의 기후환경적 특성을 잘 이해하고 대비해야 했다. 제주섬의 일별 기온분포를 보면 1971~2000년을 기준으로 2월 2일이 가장 낮은 4.3℃이고, 8월 1일이 가장 높은 27.6℃를 보이고 있다(제주기상청, 2003: 78). 제주인들은 속담과 신화를 통해서 미생물 감염으로 인한 질병을 경계해야 했다. 제주에는 "오뉴월에는 아진 방석도 못 고쳐 안나(오뉴월에는 앉아 있던 방석에서도 자리를 옮기지 못한다)"는 속담이 있다. 무더운 장마시기인 오뉴월에는 (미생물에 의한 감염이 높기 때문에) 앉아 있던 방석에서도 옮겨 앉지 말아야 할 정도로 조신해야 한다는 말이다. 이는 고온다습한 시기에 물건을 옮기거나 이사하면 반드시 뒤탈이 난다는 것을 경고하는 속담이다.

인체 병원균의 대부분을 차지하는 중온성 미생물들은 체온과 유사한 37±1℃에서 최적의 증식을 하고, 5℃이하가 되면 거의 증식을 할 수 없게 된다. 따라서 바이러스에 의한 설사나 호흡기 질환을 제외하면 추운 겨울에는 미생물 번식에 의한 감염병의 위험은 줄어들게 된다(김영권 외, 2008; 임진숙 외, 2009).

3) 제주도에만 있는 신구간

신구간, 즉 대한 후 5일부터 입춘 전 3일(양력 1월 25일부터 2월 1일)까지는 제주섬의 기후적 특성을 가장 잘 드러내주는 기간이다. 제주섬에서 신구간은 가장 추운 기간으로 1년 중 일평균기온이 5℃ 이하로 내려가는 거의 유일한 기간이다.

　제주인들은 신구간에는 지상에 신이 없다고 생각하여 평소에 동티날까봐 두려워서 못했던 건물 증개축, 통시[화장실] 수리, 이사 등을 했다. 그들은 이 기간에는 옥황상제의 명을 받아 지상의 일을 관장하던 신舊官들이 하늘로 올라가고 새로 임명받은 신新官들이 아직 내려오지 않아서 지상에 신이 없기 때문에 신이 두려워서 못했던 일들을 해도 아무런 탈이 없지만 평소에 그러한 일들을 했다가는 동티動土가 나서, 그 집에는 큰 가환家患이 닥치고 액운厄運을 면치 못하게 된다고 믿었다. 진성기(1997: 383-388)는 신구간 풍습에 대해 다음과 같이 기술하고 있다.

　　우리의 생활 주거지를 중심으로 늘 우리의 생활과 관계있다고 믿는 신으로서는 대개 본향本鄕 토주관土主官 한집을 비롯해서 성주신, 조왕신, 문 전신, 토신, 신장, 마두직이, 올래마두, 정살직이, 칙간신, 나무벌목신, 석상신, 칠성신, 정주목신 따위로, 이들은 일체의 지상신으로서 심방들은 지신地神으로 보고 있는 듯하다. 아무튼 제주인들은 이 신구간이 아닌 다른 시기에 부엌, 문, 변소, 외양간, 집중창 등을 고치거나, 울타리 안에서 흙을 파고, 울담을 고치고, 나무를 자르는 따위의 일을 하면 동티가 생긴다는 것이다. 이러한 동티로 인해 잘 아프게 되는 증상으로는 대개 다리, 눈, 머리, 목, 가슴 등이 아프거나, 전신불구 따위로 그 아픈 증상이 한결같지 않으며, 급한 동티가 생겼을 때는 심방을 청해다가 빌 사이도 없이 죽는다는 것이다. 이러한 일들이 있기 때문에 사람들은 특별한 주의를 하여 이사나 집 수리 따위는 반드시 이 신구간에 하게 된다. 이것은 평상시에 그러한 일들에 대해서 신의 노여움을 사지 않으려 매우 조심스럽게 살아가는 것이다.

　　이러한 신구간은 옥황상제의 임명을 받아 내려온 여러 신격神格들의 임기가 다 끝나게 되어 구관舊官은 옥황으로 올라가고, 거기서 다시 신관新官이 서로 부임해 내려오는 이른바 신관구관이 교대되는 기간이다. 이 기간에는 지상의 모든 신들이 일 년 동안 인간 세계에 있었던 온갖 일들을 옥황상제님 앞으로 총결산을 함과 아울러 그 일의 성과에 따라 새로운 임지로 발령도 받게 된다. 제주도민은 여러 신들이 옥황상제에게로 오가고, 또 그 신들이 많은 일거리들을 처리하느라고 인간세계를 보살필 겨를이 없는 분망한 틈을 타서 신들의 눈을 피해 쓰러져 가는 가옥을 다시 고쳐 세우고 또한 새로운 살림살이를 꾸며온 것이다.

신구간 풍속은 『천기대요』와 『산림경제』의 '세관교승歲官交承'에서 비롯됨은 의심의 여지가 없다. 즉 신구간 풍속은 "대한 후 5일부터 입춘 전 2일은 곧 신구세관新舊歲官이 교승하는 때이다. 입춘일을 범하지 말고 반드시 황도일黃道日과 흑도일黑道日을 가려서, 먼저 조상의 신주神主에게 길吉한 방향으로 피해서 나가도록 청해야 한다. 이때에는 산운山運에도 거리낌이 없어 모든 흉살이 극복되므로, 임의로 가택을 짓고 장사를 지내도 불리함이 없다大寒後五日 立春前二日 乃新舊歲官交令之際 不犯立春日 須擇黃黑道 先請祖 先神主出避吉方 不忌山運 被克及諸般凶殺 起造葬埋 任意爲之 無不利"는 데서 기인한다는 것이다(대한역법연구소, 1981: 131-132; 홍만선, 1986: 639-640). 여기서 "대한 후 5일부터 입춘 전 2일에 신구세관이 교승하는 때"라는 표현은 "대한 후 5일이면 지상의 신들이 (하늘로 올라가서) 없고, 입춘 전 2일이면 다시 신들이 (지상으로 내려와서) 있다"는 것이다. 그렇기 때문에 대한이 1월 20일이고, 입춘이 2월 4일 경우, 신구간은 1월 25일부터 2월 1일까지이다.

한편 신구간의 유래를 알 수 있는 『천기대요』는 역학易學과 오행설五行說에 바탕을 둬서 상장喪葬, 기조起造, 혼인, 이사 등을 할 때 택일과 방위를 결정하는 법을 기술한 도참서로 조선시대에는 조정에서부터 일반 백성에 이르기까지 널리 사용되었다. 우리나라에서는 『천기대요』를 명明나라 임소주林紹周가 편찬한 것을 인조14년(1636)에 성여훈成汝德이 도입하여 간행하였고, 영조13년(1737)에 지백원池百源이 증보본을 만들고 영조39년(1763)에 지일빈池日賓이 신증본 『천기대요新增參贊秘傳 天機大要』를 간행한 것으로 알려져 있다. 하지만 중국에서는 원말명초元末明初의 역리학자 동덕창董德彰이 『천기대요增補參贊秘傳 天機大要』를 편찬한 것으로 되어 있어서 이에 대한 서지학적 연구가 필요하다.

그리고 조선후기 실학자 홍만선洪萬選(1643~1715)이 펴낸 『산림경제』는 농업과 일상생활에 관한 복거卜居(주택의 선정과 건축), 섭생攝生(건강), 치농治農(곡식과 기타 특용작물 재배법), 치포治圃(채소류·화초류·담배·약초류 재배법), 종수種樹(과수와 임목 육성), 양화養花·양잠양蠶養·목양牧羊 등 꽃, 가축, 가금, 벌, 물고기 양식법, 치선治膳(식품저장·조리·가공법), 구급救急·구황救荒, 선택選擇(길흉일과 방향 선택), 잡방雜方(그림·글씨·도자기 손질법) 등을 기술한 가정보감家庭寶鑑이다.

『천기대요』와 『산림경제』가 전국적으로 널리 읽혔고, 육지사람들도 '세관교승'을 알고 있었을 텐데 육지에 신구간이 없는 이유는 이때가 전국적으로 가장 추운 한겨울이기 때문이다. 온난한 제주섬에서는 가장 추운 이 기간을 묵은 철을 정리하고 새 철을 준비하는 기간으로 삼았지만, 육지에서는 너무 추운 시기여서 이사를 하거나 집을 수리한다는 것은 상상조차 할 수 없었던 것이다. 기후환경적으로 볼 때 제주섬에서는 '세관교승'을 문자 그대로 받아들여 신구간 풍속으로 정착시킬 수 있었다.

이처럼 신구간 풍속이 제주도에만 있었던 데는 단순히 미신으로 돌려버릴 수는 없는 기후환경적 요인들이 있다. 신구간 풍속이 제주섬에만 있었던 것은 제주인들의 전통적인 무속적 성향, 그로부터 한시적으로나마 일탈을 가능하게 해준 '세관교승'의 유입, 기후환경적으로 실증적인 효과 등이 어우러졌기 때문이다.

무속신앙이 제주섬에만 있는 것은 아니다. 하지만 제주섬은 우리나라 다른 지역에 비해 비가 많고, 화산회토로 이뤄져서 조금만 가물어도 가뭄을 타고, 태풍의 길목이어서 바람 피해가 심했고, 고온다습한 기후는 1년 내내 세균의 번식이 가능해서 제주인은 늘 질병의 위험을 안고 살아야 했다. 과학기술과 의료기술이 미비한 시대에 다른 지역보다 빈번한 자연재해와 질병에 시달리며 살아야 했던 옛 제주인들은 그것들을 인간의 의지로는 어찌할 수 없는 불가항력으로 받아들여야 했다. 그러기에 옛 제주섬 사람들은 우리나라의 다른 지역에 비해 무속적 성향이 높을 수밖에 없었다.

본토와 멀리 떨어진 제주섬은 아주 먼 과거의 무속문화를 흡수하고 분화해서 보존해온 우리나라 무속문화의 종착적인 집결처이고, 그렇기 때문에 다른 지역보다 무속신화가 가장 풍부하고 무속의례의 원형을 잘 보여주고 있는 것이다.

4. 맺음말

과학은 세계에 대해서 많은 것을 어느 정도 설명할 수 있지만, 모든 것을 다 설명할 수는 없고, 기술은 많은 문제를 해결해주지만 모든 것을 다 해결해주지는 못한다. 과학기술시대에도 신화가 필요한 이유가 여기에 있다. 그리고 우리는 신화를 통해 여러 가지 현실적, 이론적 제약을 넘어서 맘껏 상상의 나래를 폄으로써 과학적 합리성에 대한 강박관념으로부터 벗어날 수 있고, 과학으로 설명할 수 없는 현상들에 대해서 일상언어로 설명하며, 의학으로 치유할 수 없는 질병에 대해서도 신화적 방법으로 치유하려 한다.

인간의 힘으로는 어찌할 수 없는 영역이 많이 남아있는 사회일수록 신화의 힘은 더 강하게 작용한다. 전근대사회에서는 자연물이나 자연현상뿐만 아니라 인간사까지도 신령스런 존재가 좌지우지한다고 보았다. 하늘, 땅, 바다, 인간 등도 신이 만들었고, 동식물이나 바위나 동굴 등에도 신령이 깃들어 있으며, 비, 바람, 가뭄, 지진, 화산, 해일 등의 자연현상과 삶, 질병, 죽음까지도 신의 의지에 달려 있다고 보았다. 그런 점에서 볼 때 애니미즘, 샤머니즘, 무속 등은 특정 지역의 고유한 문화라기보다는 인류문화 차원에서 볼 때 보편적인 것이다.

제주섬 민간신앙 가운데는 유교, 불교, 도교 등에서 유래된 것도 있고, 무속에서 유래된 것도 있다. 그 가운데는 다른 지역에서도 유사한 형식으로 행해지는 경우도 있지만, 이미 육지에서 사라졌거나 다르게 변형된 것들도 있다. 이는 제주인들이 외래문화를 흡수하면서 제주섬의 자연환경에 맞게 변형시켰거나 외부와의 접촉이 드물어서 한번 형성된 문화는 오랫동안 유지되어 그 원형을 잘 보여주기 때문이라고 추측된다. 특히 영등굿, 마불림제, 신구간 풍속 등은 제주섬의 기후환경을 직접적으로 반영한 세시의례라 할 수 있다.

제주섬의 민간신앙이 우리나라 다른 지역에 비해 강하고 오랫동안 지속될 수 있었던 것은 그만큼 자연환경이 열악했다는 것을 보여준다. 온대와 아열대의 전이지대에 위치한 화산섬에 사는 제주인은 여름철 태풍과 겨울철 북서풍을 견디면서 비

바람과 가뭄을 안고 살아야 했다. 한라산은 연강수량이 4,000밀리미터가 될 정도로 다습하여 다양한 토양미생물들이 잘 자랄 수 있는 제주섬의 뭇 생명들을 키우는 자궁 역할을 한다. 그렇기에 한라산은 제주인에게 단순한 물리적 존재를 넘어서 어머니 같은 존재였고 할로산신(한라산신)이 거주하는 정신적 본향이 되었다.

사람이 주로 거주하는 해안지대에는 겨울에도 따뜻하여 병원미생물들이 번식할 기회도 그만큼 많았다. 특히 미생물 번식이 무성한 돗통시는 생활폐기물들을 돗거름으로 전환하는 장소이기도 했지만 병원성 세균들의 들끓는 장소였다. 제주인들은 문전본풀이에서 남선비의 본부인인 여산부인이 조왕(부엌)신이 되고 첩인 노일저대귀의 딸이 측간(변소)신이 되었다는 이야기를 통해 세균이 많이 번식하는 변소와 그로 인한 감염 우려가 높은 부엌은 멀리해야 한다는 것을 가르쳤다.

식량이 부족하던 시절에 먹이사슬과 먹이그물에서 주요한 위치를 차지하는 뱀들은 곡식을 해치는 벌레들과 어렵게 수확한 곡식을 축내는 쥐를 잡아먹음으로써 식량을 지켜주는 역할을 하였다. 제주섬에서 뱀신앙이 유독 강하고, 뱀이 가정의 부富를 지켜주는 안칠성과 밧칠성, 그리고 여드렛당신이 될 수 있었던 것도 제주의 기후환경 탓이 컸다고 본다.

근대화를 추구하던 행정관료들은 제주의 전통문화를 미신으로 폄훼하면서 무속과 신구간 등을 대표적 악습으로 규정하여 적극적으로 폐지운동을 펼쳤다. 하지만 그것들이 근대적 합리성에 비춰본다면 비합리적이라 할지라도 그 속에 그 나름의 합리적 이유가 있었기 때문에 오랫동안 지속될 수 있었다. 이를테면 신구간에는 지상을 관장하는 신이 없기 때문에 평소에 신이 두려워서 못 하던 일들을 하더라도 별탈이 없다는 속신은 일평균기온이 5℃ 미만으로 내려가는 신구간에는 중온성 세균 감염으로부터 자유로울 수 있었기에 평소에는 세균감염 우려 때문에 못했던 일들을 해도 괜찮다는 합리적 근거와도 부합되는 것이다. 제주인들은 신들의 내력담인 본풀이에 근거하여 금기taboo를 통해 어찌할 수 없는 자연재해와 질병에 대해서 경계하고, 세시의례를 통해 정기적으로 조신하면서 예방하려 하였고, 그래도 닥쳐온 재해와 질병들에 대해서는 무속의례를 통해 치유하려 하였다.

기상학적으로 묵은 철과 새 철이 바뀌는 시기에는 땅에서는 신구간을 마치고 입춘굿을 하였고, 바다에서는 영등달에 영등굿을 하면서 새 철을 준비하였다. 따라서 바다에서 바람이 강하게 부는 시기에 출어를 금하고 무사안녕을 기원하는 영등굿을 올리고, 백중(음력 7월 15일)에 지루한 장마에 곰팡이가 핀 옷가지와 물건들을 꺼내어 뜨거운 햇볕에 말리는 '마불림제'와 잘 여물어가던 곡식들이 8, 9월 태풍으로 한 순간에 흉작이 될 수도 있기에 풍농을 기원하는 '백중제' 역시 제주 기후환경과 관련이 있다. 제주섬은 우리나라 다른 지역에 비해 비, 바람, 가뭄 피해가 잦고, 가장 따뜻하기 때문에 과학적 지식이 부족하고 방역이 미비하던 시절 제주인들은 자연스레 삼라만상을 경외의 대상으로 여겼다. 오늘날까지도 제주섬에 많은 신당이 남아 있고, 신구간 풍속이 지켜지는 등 육지부에 비해 제주섬에 민간신앙이 강하고 오래 지속된 것은 그만큼 제주섬이 열악한 자연환경이었다는 것을 반영한다.

자연재해가 심한 지역일수록, 온난다습해서 미생물 감염으로 인한 질병이 많은 지역일수록, 애니미즘과 샤머니즘에 토대를 둔 민간 신앙이 강할 수밖에 없다. 제주인들 못지않게 일본인들도 숭배의 대상이 될 수 있다고 생각되는 것은 모두 신(神, かみ)으로 떠받든다. 그들은 모든 곳 모든 대상에 영혼이 있어서 그곳 또는 그것을 지배한다고 생각하면서 수많은 창조신과 조상들뿐만 아니라, 식물, 바위, 동물, 물고기, 새 등의 생물과 무생물들도 모두 신앙의 대상으로 삼는다. 일본에서는 수많은 신을 일컬을 때 보통 "八百万(やおよろず)の神(かみ)"이라 한다. 일본인들이 800만신을 이야기하고 10만 신사神社를 만들어 추앙하는 것은 그만큼 지진, 화산, 태풍, 해일 등 인간으로서 어찌할 수 없는 자연재해가 심하고, 아열대에서 아한대에 이르는 폭넓은 기후대에서 살아가는 자연환경의 탓이 크기 때문이라 추측해볼 수 있다.

하지만 기후환경이 제주 민간신앙에 영향을 미친다는 가설이 보다 설득력을 얻으려면 제주섬 자연재해와 민간신앙의 상관관계에 대한 보다 면밀한 검토, 무속의례로 치유하는 질병들에 대한 의학적 차원의 재해석, 자연재해가 많은 다른 지역의 민간신앙과 비교분석 등이 이뤄져야 한다. 하지만 그에 대한 연구는 차후의 과제로 남긴다.

제2장

지석묘 분포지역의 지리적 환경[1]

- 제주시 지역을 사례로 -

정광중

1. 머리말

이 글은 지석묘의 분포 상황과 밀집 정도를 전제로 제주도濟州島의 지리적 환경을 검토·분석한 것이다. 다시 말하면, 지석묘가 많이 분포하며 또 그것이 밀집된 특정 지역이 지석묘 사회를 구축하는 과정에서 어떠한 지리적 환경을 살리고 있었는지를 분석하기 위한 글이다. 지금까지의 고고학적 연구결과에 따르면, 제주도내의 지석 묘는 골고루 분포하는 것이 아니라 일정 지역에 편중적으로 분포하거나 특정지구에 집단적으로 밀집하는 것으로 보고되고 있으며, 동시에 출토되는 유물도 반도부의 지 석묘에 비하면 상대적으로 적은 것으로 알려진다(양종렬, 1993). 그렇지만 배기동(2009: 36)이 지적하는 바와 같이 한반도의 지석묘가 '한국문명의 시작'이라고 볼 수 있다 면, 제주도 내에 분포하는 지석묘는 '탐라(제주) 문명의 시발점'이라 볼 수 있다는 점 에서 지석묘의 분포 상황이나 출토 유물의 수에 관계없이 탐라 문명의 발달사와 관

---

1   이 글은 2016년에 발표한 「제주시 지석묘 분포지역의 지리적 환경 고찰」(『濟州考古』 3: 5-19)을 부 분적으로 수정하고 보완한 것임을 밝힌다.

런하여 매우 중요한 일면을 띤다고 말할 수 있다.

이러한 관점에서 볼 때, 제주도 내 지석묘의 분포 상황과 밀집 정도에 따른 지리적 환경의 검토는 상당히 유의미한 작업이 될 것으로 생각한다. 그러나 필자는 인문지리학을 주 전공으로 하는 연구자이기 때문에, 자연지리학적인 전문지식이 부족한 입장에서 본고에서 다루고자 하는 지리적 환경을 완벽하게 소화해낼 수 있는 여력이 없다. 따라서 본고는 어디까지나 시론적 성격에 지나지 않음을 밝혀둔다. 한 가지 분명한 사실은 선사인이든 현대인이든 인간의 정주와 일상생활, 그리고 죽음과 관련된 일련의 행위들은 지표상의 일정한 장소와 공간을 활용하여 이루어진다는 점에서 분명히 지리학적인 견해가 필요한 것으로 판단된다.

이 글은 기존에 연구된 고고학적 연구결과를 바탕으로 지리학적인 관점에서 자주 강조하는 몇 개의 개념적 지식과 지리적 요소를 배경 삼아 작성되었다. 더불어 앞으로의 고고학적 발굴과 조사결과에 따라서는 지리학적 측면의 다양한 해석과정이 동반될 수도 있을 것으로 판단된다. 본고가 그러한 상황을 조성해 가는데 작은 디딤돌이 되기를 희망한다.

이 글의 작성은 기존에 발표된 고고학 및 지리학 연구 성과를 기본적으로 활용하면서 지석묘 분포지역을 답사한 자료와 정보를 바탕으로 이루어졌다. 그리고 제주도내의 지석묘 분포지역에 대한 현지조사는 2007년 10월 13일, 2014년 6월 6일, 2016년 8월 14일, 8월 20일 및 10월 9일 등 수차례에 걸쳐 행하였음을 밝힌다.

2. 지석묘 사회 중심지의 지리적 환경과 특징: 제주시 중심부의 경우

오늘날 제주 섬의 중심도시인 제주시는 선사시대로부터 현재에 이르기까지 사람들의 거주와 교류가 빈번한 지역적 특성을 지니고 있다. 그 배경은 일단 지리적 위치와 생활 환경적 조건의 탁월성에 기인하는 것으로 이해할 수 있다. 그렇다고 하더라도 선사시대로부터 오늘날의 제주시 중심부(1도동, 2도동 및 3도동)에 상대적으로 많은 인구가 거주하는 상황이었다면, 당시 선사인들은 제주 섬 내에서도 현재의 제주시 중심부가 지리적인 위치나 생활 환경적 조건의 장점을 어느 정도로 인식하며 활용했을지 쉽게 가늠하기는 어렵다. 이와 관련된 배경을 알려주는 지표가 바로 당시의 시대적 상황을 가늠케 하는 외부와의 교류 또는 교역을 입증하는 유적과 유물의 존재라 할 수 있다.

제주지역에서도 신석기시대 유적을 포함하여 청동기시대, 탐라성립기(B.C. 300~A. D. 300년) 및 탐라시대(A.D. 300~A.D. 900년)(김경주, 2009: 167)의 유적에서 외부와의 교류·교역을 통해 수입된 동경銅鏡, 검(銅劍 및 鐵劍), 옥, 화폐(五銖錢 등) 등이 출토되면서 당시 선사인들이나 혹은 탐라인들이 지리적인 위치의 중요성과 생존을 위한 환경적 조건의 유리성을 충분히 인식하고 있었음을 확인할 수 있다. 이들 유적에서 발굴된 동경, 검, 옥 및 화폐 등은 기본적으로 탐라(제주)에서는 산출되지 않거나 제작되지 않는 유물들이다. 말하자면 이 유물들은 당시 한반도나 주변지역 국가들과의 교류와 교역을 통해서만 입수할 수 있는 것들이다.

이러한 상황을 고려해 볼 때, 당시 탐라에서는 일부 지배 계층이나 특정집단 수장의 필수품으로서, 아니면 사후의 부장품으로 사용할 위신재威信材 및 장신구裝身具의 수입과 함께 화폐의 통용을 위한 대외 창구가 당연히 필요했을 것이다. 결과적으로 오늘날의 제주시 중심부에는 대외교류와 교역을 전제한 포구가 반드시 존재해야 한다는 것이다. 결국 당시 선사인들이나 탐라인들의 집단 주거지를 비롯한 주요 생활 무대는 해안가나 해안에서부터 가까운 지역에 입지해야만 한다는 결론이 나올 수밖에 없다. 물론 해안가나 해안지역에 공동 주거지를 조성하는 것은 대외교류나 교역 이외에 다양한 수산자원과 더불어 음용수를 확보하는 데도 절대적으로 유리한 조건임은 두말할 필요도 없다.

제주도는 고구마 형태의 동서로 긴 해안선을 지닌 화산섬으로, 한반도의 남쪽 해상에 멀리 떨어져 위치하여 고립된 자연환경을 지니고 있다. 그렇지만 대외교류 및 교역을 전제한 포구는 동서남북의 해안선에 입지할 수 있는 지역적인 조건이 동시에 작용하고 있기 때문에 북쪽으로는 한반도, 서쪽으로는 중국 대륙, 동쪽으로는 일

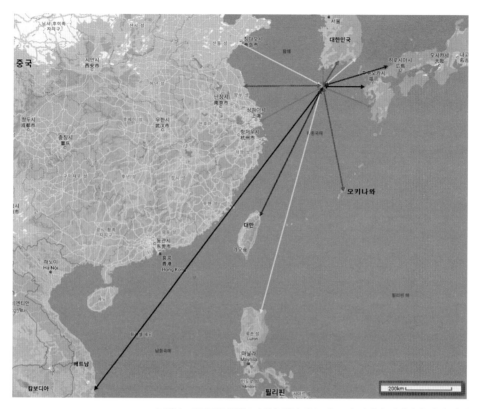

그림 1. 제주도와 한반도 남부 해안지역 및 주변 지역과 지리적인 거리 관계
(자료: Google 위성사진을 토대로 편집)

본 열도, 남쪽으로는 오키나와(류큐), 대만, 필리핀, 베트남 등과도 교류할 수 있는 위치적인 강점도 존재한다(그림 1). 이와 같이 해양을 중심권역으로 확인되는 제주 섬의 지리적 환경의 유리성은 과거는 물론 현재에도 한반도를 비롯한 중국, 일본 및 동남아 여러 국가와의 교류·교역의 중심 기능을 담당하는 배경을 제공하고 있는 것이 분명하다(국토교통부 국토지리정보원, 2012: 8).

이러한 상황 속에서 오늘날의 제주시 중심부는 지리적으로 가장 인접한 주변지역, 즉 한반도와 중국대륙, 일본열도(특히 큐슈, 대마도, 오키나와 등) 등과의 교류·교역의 중심지로 성장할 수 있는 지리적인 위치와 환경적인 제반 조건을 갖춘 지역으로 평가할 수 있다. 이와 관련된 자료를 한번 살펴보기로 하자.

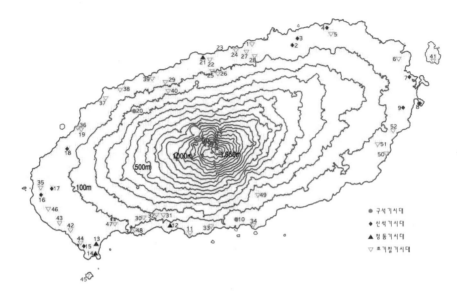

그림 2. 제주도의 선사시대 유적지 분포실태 (자료: 국립제주박물관 2001: 256)

[그림 2]는 제주도의 선사시대 유적들을 개략적으로 나타낸 분포도이다. 이 자료에 근거를 두자면, 제주도 선사시대 주거지의 형성과정과 특성을 어느 정도 파악해낼 수 있다(정광중, 2004: 528). 첫째로, 제주지역 선사시대의 유적들은 전체적으로 볼 때 해발고도 100m 이하 지역에 대거 밀집되어 분포한다는 사실이다. 이러한 사실은 선사시대로부터 해안지역에 마을이나 농경지 등 생활 근거지를 마련하고 있었음을 이해할 수 있다. 두 번째로, 선사시대의 다양한 유적들 중에서도 초기 철기시대(B.C. 200~A.D. 200년)의 유물이 압도적으로 많은 가운데, 지석묘(고인돌) 유적의 분포가 단연 돋보인다는 사실이다(국립제주박물관, 2001: 256).

여기서 초기 철기시대는 김경주(2009)가 주장하는 탐라성립기에 속하는 시기에 포함된다.[2] 이러한 배경은 제주도에서도 청동기 시대로 들어와 친족 단위 또는 씨족 단위의 정착생활이 가능해졌고 동시에 인구증가가 현저해지면서 거주 공간(마을)이 분

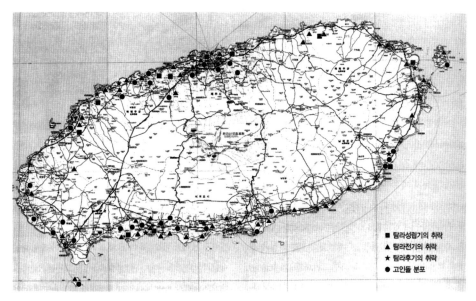

탐라성립기의 취락
▲ **탐라전기의 취락**
★ **탐라후기의 취락**
● **고인돌 분포**

그림 3. 탐라성립기(B.C. 300~A.D. 300)~탐라시대(A.D. 300~A.D. 900)의 취락 분포(자료: 김경주, 2009: 168)

리·독립하는 경향이 강해진 것으로 해석할 수 있다. 결국, 초기 철기시대(또는 탐라성립기)에는 제주시 중심부라 할 수 있는 제1도, 제2도 및 제3도를 중심으로 마을 형성과 함께 단계적 성장에 의해 주변지역으로 확산되는 경향을 띠게 된 것으로 이해할 수 있으며, 그에 따른 수장자首長者는 물론 씨족 공동의 집단 묘역墓域도 등장한 것으로 추정할 수 있다.[3] 세 번째로는 선사시대 유적의 입지나 분포 밀도에서 볼 때, 제주도 동부지역에 비하여 상대적으로 서부지역에 훨씬 많다는 사실이다. 이러한 사실은 [그림 3]에 제시된 탐라성립기의 취락 분포도에서도 재확인할 수 있는데, 결과적으로 당시 선사인들에게는 상대적으로 동부지역보다는 서부지역이 집단적인 주거지로서

2   여기서 한 가지 유념할 것은 [그림 2]를 작성한 시점이 2000년도 전후이기 때문에, 그 이후에 발굴 보고된 유적들(약 15~16년간의 발굴 성과)은 포함되어 있지 않다는 점이다. 그러나 최근까지의 발굴성과를 토대로 한다고 해도, 선사시대의 유적들 중에서는 초기 철기시대(또는 탐라성립기)의 것이 압도적으로 많다고 할 수 있다.

3   이러한 주장은 신용하 교수(2001: 33)가 주장하는 고대국가 탐라국의 건국시기(B.C. 100~A.D. 100년)와도 어느 정도 일치한다고 말할 수 있다.

혹은 친족 또는 씨족 공동체(즉 마을)의 결성에도 유리했음을 전제해 볼 수 있다.

이러한 추정을 전제한다면 다소의 위험성을 안고 있기는 하지만, 제주도 내의 여러 지역(특히 제1도, 제2도, 제3도를 중심으로 제주도 서부지역)에 친족이나 씨족 공동체를 중심으로 마을이 형성되기 시작한 시점은 초기 철기시대(B.C. 200~A.D. 200년) 정도로 이해할 수 있다. 이러한 정황을 뒷받침할 수 있는 구체적인 유적으로는 삼양동 선사유적(B.C. 300~A.D. 200년)을 비롯하여 삼양2동 삼화지구유적(B.C. 300~A.D. 300년), 용담동유적(B.C. 300~A.D. 300년, 사적 제522호) 등을 사례로 들 수 있다. 이처럼 초기 철기시대에 이르러서는 인구증가를 배경으로 마을 규모도 한층 확대된 양상을 보이는 것이 큰 특징이라 할 수 있으며(김경주, 2009: 167-172), 나아가 마을의 확대·확산과정에서의 핵심지는 앞서 지적한 유적지를 통해 볼 때 오늘날의 1도, 2도 및 3도동으로 구성되는 중심부라 할 수 있을 것이다.

그렇다고 한다면, 앞에서 지적한 바와 같이 선사시대의 유적들이 대부분 해발고도 100m 이하의 저평한 해안지역에 밀집되어 분포하는 배경에는 나름대로 공동체 생활에 유리한 환경적인 요인이 작용한 것으로 이해할 수 있다(정광중, 2002: 42-44). 여기서 당시 선사인들이 주로 해안지역에 집단 주거지를 조성할 수 있었던 환경적인 요인은 어떤 것이었는지 오늘날의 제주시 중심부와 관련지어 정리해 보기로 하자.

첫째로, 해발 100m 이하의 해안지역은 경사도가 낮은 평탄한 지형이 넓게 전개되는 동시에 하천수나 용천수의 발달이 매우 탁월하다. 따라서 인간생활에 필수조건이라 할 수 있는 주거지의 조성은 물론 음용수의 확보에서 해발고도가 높은 중산간 지역과 산간지역에 비해 상대적으로 유리하기 때문에 해안지역에는 많은 인구가 거주할 수 있고 동시에 다수의 마을이 형성될 수 있는 조건을 갖추고 있다. 이러한 연유로, 이청규(1995: 56)는 해발 100m 이하의 해안지역에 선사인들이 남긴 유적이 집중하는 것이라 지적한 바 있다.

이와 관련하여 해발 100m 이하의 제주시 중심부는 오늘날에도 대부분의 모든 택지가 들어선 지역으로 탐라국시대부터 고려시대와 조선시대를 이어오는 오랜 역사 속에서도 주요 관아건물과 그 외의 중심시설들이 입지할 정도로 평탄한 용암대지의 특성을 보인다. 물론 제주시 중심부에는 관문포구關門浦口라 할 수 있는 산지포(건들개, 현 제주항)를 건설할 수 있으며 또 풍부한 용천수와 함께 산지천, 한천, 병문천, 화북천(별도천), 외도천(광령천, 무수천) 및 도근천 등 주요 하천들이 대거 한라산(남쪽) 방향에서 해안(북쪽) 방향으로 흘러드는 양호한 조건을 갖추고 있다. 제주도의 여러 해안지역 중에서도 많은 사람들이 음용수를 이용하는데 이처럼 양호한 조건을 갖춘 지역은 거의 없다고 해도 과언이 아니다.

둘째로, 평탄한 해안지역은 농경지를 조성하고 확보하는 데도 매우 유리한 조건을 제공한다. 농경지의 조성과 확보는 많은 인구를 부양하고 가족 노동력을 증가시키기 위한 절대적인 조건이다. 더불어 농경지의 다소多少는 공동체 사회의 크기와 위상을 나타내는 배경적인 요소가 되기도 한다. 결과적으로 친족이나 씨족 단위를 중심으로 한 공동체 사회는 농업생산에서 매우 협업적이고 조직적인 노동력 투하가 가능하여 생산량의 증대를 가져올 수 있다. 궁극적으로 농경지의 조성과 확보문제는 특정 공동체의 규모나 위세威勢의 차이를 판가름하는 근간이 되기 때문에, 일차적으로는 드넓은 농경지의 확보가 중요하고 이차적으로는 생산량 증대를 위한 노동력 교환과 효율적인 협업 관계의 유지를 위해서라도 거리적으로 가까운 생활지구 내에 농경지를 조성하는 것이 중요하다고 할 수 있다.

이처럼 농경지의 조성과 확보라는 관점에서 보면, 오늘날의 제주시 중심부는 초기 탐라시대부터 공동체 사회의 심장부라 할 수 있는 제1도, 제2도 및 제3도 지구를 중심으로 해안가의 동서지역을 포함한 해발 100~150m 사이의 남쪽지역에 넓은 평지와 아주 완만한 경사지가 전개되는 지리적 특성을 지니고 있다. 따라서 이미 선사시대로부터 오늘날에 이르기까지 마을에서는 비교적 근거리 상에 많은 농경지를 조성하며 확보할 수 있었을 것으로 유추된다.

세 번째로, 해안지역은 바다를 끼고 있기 때문에 일상생활에서 언제든지 바다를 손쉽게 이용할 수 있고 또 다양한 해산물을 채취할 수 있어서 생활 경제적으로도 매우 유리하다. 나아가 포구 건설을 통해 주변부의 여러 지역이나 국가(한반도, 중국대륙, 일본열도, 대만, 베트남, 필리핀제도 등)와의 교류를 위한 거점橋頭堡을 확보할 수 있기 때문에 해안지역에 공동 거주지의 건설은 필수 불가결한 조건이라 할 수 있다. 결국 해안지역은 바다의 이용과 해산물의 채취, 한반도나 주변지역과의 교류·교역을 위한 공동체 사회의 희망과 목적을 충족시킬 수 있는 무한대의 장점을 지닌 생활공간으로 부각된다.

이상과 같은 배경과 관련지어 볼 때 오늘날 1도동, 2도동 및 3도동을 포함하는 제주시 중심부는 선사시대로부터 중심취락 가까이에 연안바다를 끼고 있었기 때문에, 한반도와 주변지역과의 인적·물적 교류를 전제한 중심포구(산지포)가 입지하여 발달하게 되었다. 특히 산지포의 축조와 변화는 오랜 세월을 거치면서 제주 섬 자체의 성장과 발전의 맥을 같이해 왔다. 이와 같은 사실은 결코 우연히 얻어진 결과가 아니다. 제주시 중심부는 선사시대로부터 집단 공동체의 터를 잡는데 당시의 수장이나 공동체의 지도자가 깊은 고민과 나름의 지혜를 발휘한 결과의 산물이다. 물론 이 과정에서는 공동체 구성원들의 한결같은 추종과 협력체계가 동반되었을 것이다.

네 번째로, 평탄한 지형적 조건을 가진 해안지역은 공동체와 공동체 즉 마을과 마을이 서로 수평적으로 혹은 수직적으로 연결될 수 있는 공간이기 때문에 잉여 생산물의 물물교환을 비롯한 다양한 생산 활동에서 노동력 교환과 협업체계 구축이 보다 용이하게 이루어질 수 있고, 동시에 자연재해나 외부 침입에 따른 공동방어와 대응에도 매우 효과적이다. 이와 같은 사회적·경제적 조건은 시간의 흐름과 더불어 공동체의 규모를 더욱 확대시키고 더불어 구성원들의 사회적 결속을 한층 더 고양시킬 수 있는 배경이 된다.

이처럼 제주시 중심부는 다수의 공동체 사회가 성립될 수 있는 지형적 조건과 함께 하천수와 용천수 등을 통한 음용수의 취득, 드넓은 농경지의 조성 및 포구 축조 등에 절대적으로 유리한 환경을 지닌 공간으로 주목할 수 있다. 그 결과로써 오늘날 1~3도동으로 구성되는 제주시 중심부는 선사시대로부터 다수의 공동체가 발현되기 시작하였고, 공동체의 주거지와 개인(특히 수장) 혹은 상위 계층의 지석묘들이 개별적으로 또는 집단적으로 출현하게 된 것으로 이해할 수 있다.

3. 지석묘 밀집 분포지역의 지리적 환경과 특징

오늘날의 행정구역으로는 용담동, 삼양동, 외도동과 광령리가 서로 다르게 편제되어 있지만, 시대를 초월하여 지역의 보편성과 특수성을 논하는 과정에서는 행정구역의 편제가 사실상 아무런 의미가 없다. 제주 섬에서 지석묘의 묘제가 도입되고 유지되던 B.C. 200~A.D. 300년 사이는 여러 지역에 집단적 공동체가 발흥되고 이윽고는 탐라국이라는 독립된 국가의 발흥과 초기 성장이 이어지는 시기로 추정할 수 있다.[4] 이처럼 제주도 지석묘의 묘제 양식이 반도부에 비하면 상대적으로 도입이 늦고 동시에 그 양식이 오랫동안 지속돼 온 상황은 여러 요인이 내재되어 있겠지만, 근본적으로는 제주도가 대륙과는 멀리 떨어져 있는 도서지역의 특수성을 반영하는 것으로 이해할 수 있다.

고고학적 연구 성과에 따르면, 제주시 지역에서도 비교적 작은 공간적 범위 안에 지석묘가 밀집 분포하는 지역이 확인되고 있는데 바로 본고에서 다루고자 하는 용담(9기), 삼양(도련동 지석묘 포함 5기), 외도(8기), 광령(13기) 지역이다. 여기서 한 가지 소박한 의문은 왜 이들 지역에 주로 지석묘가 밀집되어 분포하느냐 하는 점이다. 그 궁극적인 이유와 배경은 고고학자는 물론 지석묘 연구의 전문가들이 같이 풀어야 할 과제이기는 하지만, 지리학적인 관점에서는 일단 지리적 환경의 유리성을 전제로 논의할 수 있을 것으로 판단된다. 이러한 지리적 환경의 유리성에 대한 논의는 지석묘의 조영 행위가 완료된 시점에서 검토하는 것이기 때문에 결과론적 관점에 지나지 않을 수도 있다. 그렇지만 지석묘의 밀집 분포의 원인과 배경을 다양한 학문적 시각에서 분석·점검함으로써 나름대로 의미 있는 결론을 찾아내는 작업은 필요하리라 판단된다.

---

4 제주도의 지석묘 편년은 양종렬(1993: 41)에 의해 구체적으로 명시된 사례가 있으나, 본 연구에서는 그 이후에 진행된 이청규의 연구결과를 수렴하여 B.C. 200년~A.D. 300년으로 설정하여 접근하였다. 여기서 상한선은 양종렬이 제시한 B.C. 200~100년(양종렬, 1993: 41)에서 유추하였고, 하한선은 이청규(1995: 344)가 제시한 A.D. 0~300년(탐라전기 1기)에서 유추하여 설정한 것이다.

먼저 본고에서 다루는 지역의 일부 지석묘에 대한 연구는 일찍이 이청규(1985: 25-74)가 분석한 바 있다. 이청규는 광령지역 주변에 분포하는 23기의 지석묘를 분석하여 동일한 침향枕向(상석의 장축방향)을 취하는 지석묘의 분포밀도를 근간으로 광령리의 지석묘 사회는 적게는 2개, 많게는 4개의 집단으로 구성되었을 것으로 추정하고 있다. 그리고 23기의 지석묘 중에서 상석이 약 7t에 이르는 사례를 바탕으로, 당시 광령지역 일대에는 300여명의 인구가 거주했을 것으로 추산하였다. 이러한 시도는 당시 제주도 지석묘 사회의 마을 구성이나 배후인구의 규모를 구체적으로 추산하여 제시했다는 점에서 인문지리적 환경을 일부나마 구체화시킨 연구 성과로 평가할 수 있다.

이 장에서는 용담, 삼양 및 외도·광령지역을 행정구역의 편제와는 관계없이 하나의 권역으로 설정하여,[5] 이들 지역에 지석묘가 많이 분포할 수 있었던 지리적 환경의 유리성을 거시적인 시각에서 검토해 보고자 한다. 여기서 검토하는 지리적 환경은 제주도 내 다른 지역과의 상대적인 측면을 강조하는 형태가 되겠지만, 어느 정도는 관련성이 미치고 있음을 이해하게 될 것이다.

용담, 삼양 및 외도·광령지역에 지석묘가 밀집 분포하는 이유와 배경에 대해 첫째로 주목할 수 있는 지리적 환경의 유리성은 위치位置와 영역領域의 관점이다. 용담, 삼양 및 외도·광령지역은 제주 섬 내에서도 북부 중앙지역에 위치한다. 용담지역을 중심으로 볼 때, 삼양지역까지는 직선거리로 약 7.2km 내외(도보로는 1시간 50분 거리)를 보이고, 외도·광령지역까지는 직선거리로 약 7.5km 내외(도보로는 1시간 53분 거리)를 보인다.[6] 이처럼 용담지역을 중심지로 설정했을 때 위성사진(Naver) 상에서 확인되

5　외도·광령지역은 '제주시 외도동'과 '애월읍 광령리'로 행정구역이 다르게 편제되어 있기 때문에 거리상으로도 많이 떨어져 있는 것처럼 인식되지만, 사실은 작은 농로를 사이에 두고 바로 인접해 있는 상황이다. 따라서 본고에서는 두 지역이 지리적 성격이 동일한 공간으로 설정하여 접근하고자 한다.

6　용담-삼양지역 간 거리는 용담동 해안지역의 지석묘 위치(제주대 사대부고 내)에서 삼양동 지석묘(1, 2호기)가 위치하는 지점을 직선으로 연결한 거리이고, 용담-외도·광령지역 간 거리는 앞에 제시한 동일한 지석묘의 위치에서 외도·광령 지석묘 밀집지역의 중간 지점을 직선으로 연결한 거

는 두 지역 간 직선거리는 대략 비슷하게 나타난다.

　이들 지역은 제주 섬의 거의 중앙에 자리 잡은 한라산 산체山體로부터 상당한 거리를 두고 있어서 산세山勢로 인한 생활상의 악영향을 받는 일은 거의 없다. 이와는 반대로, 해안과의 거리는 매우 가깝거나 상대적으로 근접해 있는 까닭에 선사인들이 보금자리를 틀기에는 더없이 좋은 지역이라 할 수 있다. 따라서 기본적으로 한라산 방향으로는 노루나 사슴, 멧돼지 등의 사냥활동은 물론 식용식물과 야생열매의 채집 등에도 매우 유리하고 또 연안바다에서는 다양한 어류를 포함한 톳, 미역 등의 해초류와 고둥, 소라, 전복 등의 패류를 채취하여 영양분을 보충하는데 절대적으로 유리한 환경을 제공받을 수 있다.

　나아가 이미 앞에서 검토한 바와 같이, 선사인들의 마을이 해안지역에 위치해야 하는 또 하나의 궁극적인 이유는 자신들이 장기간에 걸쳐 공동체 생활을 유지하면서 공동사회 혹은 계급(계층) 사회의 체제 유지를 위해서는 외부와의 교류·교역이 절대적으로 필요했다는 사실이다. 결과적으로 해안을 끼고 있어야만 손쉽게 포구 축조를 통해 외부인과의 접촉이나 물자교역을 시도할 수 있는 것이다.

　그런데 오늘날 지석묘가 밀집 분포하는 용담, 삼양 및 외도·광령지역은 동서 방향으로 다소 간에 거리를 두고 위치하면서, 동시에 화산섬의 형성과정에서 흘러내린 용암류의 양과 분포정도에 따라 지형적 조건은 다르게 나타난다. 더불어 세 지역의 마을 중심부와 해안과의 거리도 당연히 차이를 보인다. 결과적으로 산정할 때 용담과 삼양지역은 해안과의 거리가 약 0.3~1.2㎞(직선거리)로 상대적으로 가까운 반면, 외도·광령지역은 용담과 삼양지역보다도 멀리 떨어진 약 2~2.3㎞(직선거리)로 파악된다. 그렇다고 해서 외도·광령지역이 마을 중심부로부터 해안으로의 접근이 열악한 상황이라 할 수는 없다. 다시 말하면, 필요에 따라서는 얼마든지 연안 수역을 이용하

　리이다. 아울러 두 지역 간 직선거리와 도보거리는 Naver 위성지도 상에서 제시하는 기준에 따른 것이다.

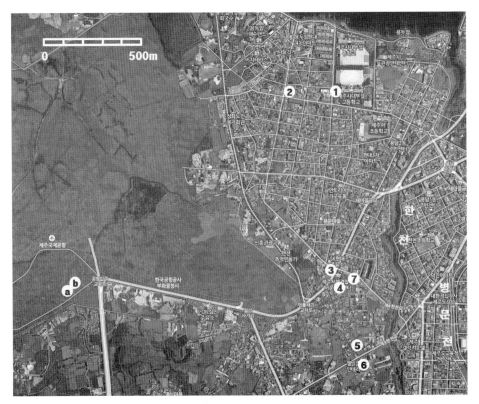

그림 4. 용담지역의 지석묘 분포(ⓐ~ⓑ는 이전한 지석묘, 공항 내)(자료: Naver 위성사진을 토대로 편집)

며 생계를 유지하는데 큰 문제가 없다는 것이다.[7]

영역적인 측면에서도 용담, 삼양지역이나 외도·광령지역은 공동체 생활을 영위하는데 자연적인 장애요소 없이 비교적 드넓은 평지를 끼고 있다는 사실을 확인할 수 있다(그림 4~6).[8] 따라서 공동체 사회를 유지하기 위한 거주 공간의 확보는 물론 농

---

7   직선거리를 기준으로 할 때 마을 중심부에서 해안까지는 도보로 약 30~35분 정도가 소요되는 거리이다.

8   [그림 4]~[그림 6]에서 알파벳(ⓐ, ⓑ 및 ⓐ, ⓑ)과 한글(㉮~㉰)의 구분은 다른 장소로 이전한 지석묘([그림 4])이거나 또는 행정구역의 차이(삼양2동과 도련2동 또는 외도동과 광령리, [그림 5~6])에 따른 구분이다.

그림 5. 삼양지역의 지석묘 분포(ⓐ는 삼양 지석묘, ①~②는 도련 지석묘)(자료: Naver 위성사진을 토대로 편집)

경지 조성, 공공장소나 공동 의례(제사)를 위한 장소 확보, 묘역 조성 등 다양한 사회적 기능을 담당할 수 있는 생활공간 확보가 보다 용이한 특성을 가지고 있다. 이영문·신경숙의 주장(2014: 60-61)에 따르면, 청동기시대에는 이들 공간이 모두 하나의 마을 안에 입지하는 것으로 파악되기 때문에 제주도의 사례에서도 참고할 만한 배경을 제공한다고 말할 수 있다.

　이들 세 지역에 있어서 용담과 삼양지역은 북쪽 방향으로 해안을 끼고 있기 때문에 농경지는 주로 동서지구와 남쪽지구로 전개되었을 것으로 추정되고(그림 4·5), 외도·광령지역은 해안과는 다소 떨어진 지구에 마을이 형성되었다고 전제할 때 농경지는 마을을 중심으로 동서남북 지구로 전개되는 상황이었을 것으로 추정된다(그림 6).

　이상과 같이 용담, 삼양 및 외도·광령지역은 위치와 영역의 관점에서 파악되는

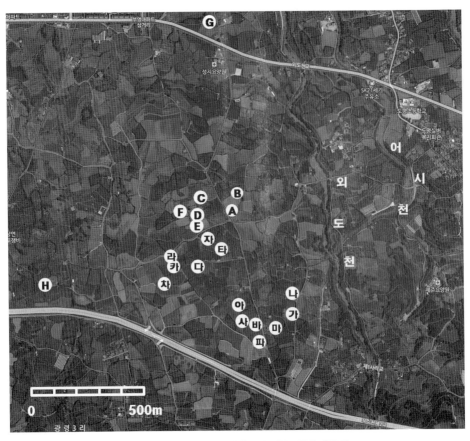

그림 6. 외도·광령지역의 지석묘 분포(Ⓐ~Ⓗ는 외도 지석묘, ㉮~㉲는 광령 지석묘)
(자료: Naver 위성사진을 토대로 편집)

지리적 환경의 유리성은 교류·교역을 위한 포구 축조 및 연안수역의 이용을 전제한 해안과의 절대적 거리, 공동체의 다양한 기능을 담보할 수 있는 충분한 공간 확보라는 점과 연계시켜 볼 때 상당히 유리한 측면을 띠는 것으로 이해할 수 있다.

이어서 지형적 조건과 관련지어 용담, 삼양 및 외도·광령지역이 지니는 지리적 환경의 유리성은 어떠한지를 검토해 보자. 여기서 강조하는 지형적 조건을 크게 산지山地, 구릉지丘陵地 및 평지平地로 구분해 볼 때, 지석묘의 밀집 분포지역인 용담, 삼양 및 외도·광령의 세 지역은 모두가 평지에 해당하는 유리한 조건을 지니고 있다.

지형의 경사도傾斜度는 전체적으로 한라산 방향으로부터 해안 방향으로 완만하게 낮아지는 남고북저南高北低 형을 띠고 있으나, 지석묘의 밀집 분포지역을 중심으로 볼 때 경사도의 차이는 크게 나타나지 않는다. 따라서 마을을 건설하고 농경지를 조성하며, 공동체 생활을 위한 다양한 공간을 확보하는 과정에서 크게 장애를 초래하는 자연적 요소自然的 要素는 확인되지 않는다. 이러한 사실은 공동체 구성원들이 손쉽게 자신들의 주거지와 농경지, 그 외 다양한 사회적 기능을 지닌 시설을 구축하는데 지형의 고저高低나 경사도의 차이에 의해서 많은 노동력을 동원하지 않아도 된다는 것을 의미한다.

지형적 제반조건과 관련지어 볼 때, 용담, 삼양 및 외도·광령 세 지역의 공통적인 지형구성 요소는 크든 작든 모두가 남→북 방향으로 가로지르는 하천이다. 먼저 용담지역은 지석묘 밀집지구의 동쪽으로 한천漢川이 흐르며, 또 한천과는 다소 거리를 두고 병문천屛門川이 흐른다(그림 4). 삼양지역은 지석묘 분포지구를 중심에 놓고 볼 때 동쪽으로는 음나물내, 서쪽으로는 삼수천이 흐르면서 삼양지역의 지석묘 분포지구를 감싸는 듯한 형국을 이루고 있다(그림 5). 거리적으로는 삼수천보다도 음나물내가 좀 더 가깝다. 외도·광령지역은 지석묘 밀집 분포지구의 바로 동쪽으로 외도천外都川이 흐르는데 해발 60m 지점에서부터는 외도천에서 분기分岐한 어시천이 같은 방향인 해안 쪽으로 흘러 들어간다. 외도·광령지역의 경우는 외도천과 어시천의 분기 지점이 나름대로 중요한 의미를 띨 것으로 생각된다.

이처럼 지석묘의 밀집 분포지구와 주변 하천이나 계곡의 유무 관계는 매우 밀접한 관련성이 존재하는 것으로 알려진다(이영문, 1993: 44-48). 그것은 하천변에서 지석묘의 상석(上石: 덮개돌)을 채석할 수 있는 장소를 제공받거나 공동체 생활에 필요한 음용수를 손쉽게 확보할 수 있기 때문이다. 실제로 이청규의 연구(1985: 72)에서는 외도·광령지역 지석묘 상석의 채석은 부근에 위치한 외도천 단애斷崖에서 채석한 것으로 파악되고 있다. 지석묘의 상석은 거리적으로 멀리 떨어진 산지(産地=採石場)로부터 채석하여 끌어오는 것보다도 주변의 하천변에서 채석하는 것이 훨씬 노동력이나 재원 공급 차원에서 볼 때 유리하다. 즉 주변 하천변에서 캐낸 상석은 일단 목적지까

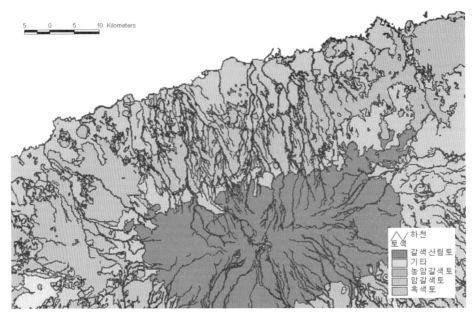

그림 7. 제주지역 북부-북서부 지역의 토양 분포(자료: 안중기, 2006: 19.)

지 운반하는데 거리가 가깝고, 또 산지山地에 비해서는 중간 중간에 장애요소를 훨씬 적게 만나기 때문에 인력 동원이나 각종 물자(식량, 식수, 통나무, 밧줄 등)의 조달적 측면 에서도 훨씬 절약할 수 있다는 것이다.

　이어서 토양조건에서 파악되는 지리적 환경의 유리성은 어떠한지를 살펴보자. 토 양조건은 가구 단위 혹은 공동체 사회의 많은 인구를 부양하기 위한 전제에서도 매 우 중요한 사안이 될 수 있다. [그림 7]을 참고로 살펴보면, 제주도의 토양은 토색土色 에 따라 크게 농암갈색토, 암갈색토, 흑색토 및 갈색산림토 등 4개의 토양으로 구분 할 수 있다. 이들 중 암갈색토는 현무암이 오랜 세월에 걸쳐 풍화하여 생성된 비화산 회토非火山灰土이고, 나머지 3개의 토양은 화산회토火山灰土로서 말 그대로 화산재에 의해 생성된 토양의 특성을 지닌다(안중기, 2006: 19). 따라서 제주도민들은 오래전부터 밭작물을 주로 재배하는 2가지 토양, 즉 암갈색토와 농암갈색토를 구별하여 흔히 전 자를 '관땅', 후자는 '뜬땅'이라 불러왔다. 여기서 말하는 '관땅'은 농업생산력이 가장 높은 제1급지 토양을 가리키는 것으로 제주도 내의 농경지 중에서는 40.5%를 차지하는 것으로 파악된다(강만익, 2013: 35).[9] 그렇기 때문에 암갈색토의 농경지에서는 과거로부터 보리, 조, 피, 콩 등 제주도의 주요 식량작물을 재배하는데 가장 적합한 토양으로 주목받아왔다(정광중, 2010: 30).

이와 같은 토양조건을 근거로 보자면, 용담, 삼양 및 외도·광령지역은 바로 암갈색토가 집중 분포하는 지역에 위치하는 것으로 파악된다. 다시 말해 농업생산력이 가장 뛰어난 암갈색토의 분포지역은, 오늘날의 제주시 동지역을 포함하여 애월읍, 한림읍, 한경면 등의 북서부지역과 대정읍을 중심으로 한 남서부지역에 주로 분포하는 경향을 보인다. 특히 암갈색토는 해발 200m 이하 지역에 주로 분포함으로써 농업활동을 행하는 사람들로 하여금 접근도를 쉽게 하는 동시에, 단위면적 당 생산력과 노동력 투하를 적게 할 수 있는 배경을 제공하고 있다. 따라서 지석묘가 밀집 분포하는 용담, 삼양 및 외도·광령지역은 거의 대부분 암갈색토가 차지함으로써 과거 선사인들의 다양한 작물생산에도 무난한 토양환경을 제공한 것으로 이해할 수 있다.

다음으로 음용수 취득 조건과 관련된 세 지역의 지리적 환경의 유리성은 어떠한가. 선사인들에게도 음용수 취득은 피할 수 없는 필수요소라 할 수 있다. 앞에서 하천의 존재 유무가 선사인들의 마을 형성에도 매우 중요한 배경으로 작용한다고 지적했지만, 하상河床에 고인 물만으로는 많은 인구를 수용할 수 없다. 어디까지나 하천수는 위기 극복이나 특별한 상황을 전제로 보조용 수원水源이라 할 수 있다. 따라서 해안가에서 용출하는 용천수가 존재한다면, 그야말로 공동체 생활에는 더할 나위 없이 좋은 생활환경을 제공받을 수 있는 것이다.

〈표 1〉에서는 용담, 삼양 및 외도·광령지역에 분포하는 용천수의 분포정도를 확인할 수 있다. 물론 선사인들이 지석묘를 축조하며 생활하던 당시와는 용천수의 위치나 수량 및 수질과 많은 차이가 있을 것으로 예상되지만, 일단 여기서는 세 지역에

---

9   제주도의 주요 농경지를 구성하는 토양의 비율은 암갈색토 40.5% 외에 농암갈색토 45.5%, 흑색토 14.0%로 파악된다(강만익, 2013: 35-36).

서 많은 사람들이 공동체 생활을 영위하기 위한 배경을 파악하는 단서로서 살펴보고자 한다.

표 1. 용담, 삼양 및 외도 · 광령지역을 중심으로 본 표고별 용천수의 분포

동별	5m 이하	5~10m	10~50m	50~100m	100~200m	200~300m	300~400m	400~600m	600~1000m	1000~1500m	1500m 이상	합계
건입동	1	3	—	1	—	—	—	—	—	—	—	5
노형동	—	—	—	1	4	5	—	1	2	1	—	14
도두동	8	1	—	—	—	—	—	—	—	—	—	9
봉개동	—	—	—	2	—	—	1	1	—	—	—	4
삼도1동	—	—	—	1	—	—	—	—	—	—	—	1
삼도2동	5	—	—	—	—	—	—	—	—	—	—	5
삼양동	14	3	—	—	—	—	—	—	—	—	—	17
아라동	—	—	—	—	11	6	2	—	2	1	—	22
연동	—	—	—	—	—	3	—	—	—	—	—	4
오라동	—	—	—	—	2	—	—	3	—	1	1	7
외도동	4	1	9	1	—	—	—	—	—	—	—	15
용담1동	3	1	—	—	—	—	—	—	—	—	—	4
용담2동	8	2	—	—	—	—	—	—	—	—	—	10
이도1동	—	—	2	—	—	—	—	—	—	—	—	2
이도2동	—	—	—	2	—	—	—	—	—	—	—	2
이호동	6	2	2	—	—	—	—	—	—	—	—	10
일도1동	—	—	1	—	—	—	—	—	—	—	—	1
일도2동	—	—	—	1	—	—	—	—	—	—	—	1
화북동	6	1	1	1	—	—	—	—	—	—	—	9
합계	55	14	15	10	17	14	3	6	4	3	1	142
광령리	—	—	—	2	3	2	—	—	3	1	2	13

(자료: 제주도, 1999: 37-39) (단위 : 개소)

〈표 1〉을 참고하자면, 용담지역의 용천수는 14개소(용담1동 4개소, 용담2동 10개소), 삼양 지역은 17개소, 외도지역은 15개소 그리고 광령지역(애월읍)에는 13개소가 각각 분

포하고 있다. 이들 지역에 분포하는 용천수는 기본적으로 사람들이 인위적으로 만들어낸 수원水源이 아니기 때문에, 선사인들이 활동하던 당시에도 상당한 의미를 가질 수 있을 것으로 판단된다. 여기서는 용천수의 수량과 수질은 차치하더라도, 용천수의 분포수分布數로는 제주시 동지역 안에서도 삼양동이 2위, 외도동이 3위, 용담2동은 공동 5위를 차지하면서 과거로부터 사람들이 대거 밀집할 수 있는 배경을 충분히 제공하는 것으로 이해할 수 있다(정광중, 2005: 67).

용천수의 분포수에서는 광령리도 대동소이하다. 광령리는 애월읍 내에서는 하귀리(22개소)와 애월리(14개소)에 이어 3위(13개소)에 오를 정도로 용천수가 많이 확인된다. 물론 광령리의 경우는 해발 600m 이상 지점에 위치하는 용천수도 포함되고 있어서 단순히 숫자로만 논하기는 어렵다. 그렇다손 치더라도 광령지역은 해발 200m 이하의 용천수가 5개소나 된다는 배경은 당시 선사인들의 인구수를 상정해 볼 때 그래도 충분한 숫자로서 납득할 수 있다.

기후조건에서는 어떠한 지리적 환경의 유리성이 작용하고 있었을까. 제주도는 위도 상으로 볼 때 한반도보다도 남위南緯 지역(32°N)에 위치하기 때문에 온대 몬순monsoon 기후의 특징을 보인다. 이 몬순 기후의 특징은 기본적으로 강수량이 많고, 기온이 높다는데 있으며 따라서 제주도가 아열대 기후대에 속하는 이유도 그러한 특징과 관련된다. 한편, 겨울철 시베리아기단(한랭건조)의 영향과 여름철 북태평양기단(고온다습)의 영향 그리고 난류인 쿠로시오 해류가 통과하는 도서지역의 특성 등이 반영되면서 한반도에 비해 겨울철 기온이 영하로 떨어지는 일수가 적으며, 상대적으로 여름철에 장마전선의 형성과 함께 강풍과 태풍의 내습으로 생활에 많은 피해를 가져오기도 한다(국토교통부 국토지리정보원, 2012: 40).

지석묘를 축조하며 공동체 사회를 영위하던 B.C. 200~A.D. 300년 사이의 제주도는 오늘날의 기후조건과 거의 유사했을 것으로 판단된다. 지구적 차원의 기후대의 특성과 변화를 감안하면, 청동기 시대의 기후 특징은 오늘날과 강수량이나 기온의 차이에서 대체적으로 큰 변화가 없다는 것이 대체적인 시각이다. 기후요소의 하나인 기온을 구체적으로 추정해 본다면, 청동기 시대 전기 보다는 후기가 1℃ 정도 낮

표 2. 제주도 4개 지역별 기후요소의 연 평년값

관측소	기 온(℃)	강수량(㎜)	상대습도(%)	일조시간(h)	풍 속(㎧)
제 주	15.5	1,457.0	73.3	1,898.9	3.8
서귀포	16.2	1,850.7	70.7	2,055.8	3.1
성산포	15.2	1,840.9	75.2	2,146.2	3.1
고 산	15.5	1,094.7	76.5	2,054.3	6.9
평 균	15.6	1,560.8	73.9	2,038.8	4.2

(주: 고산 기상자료는 12년간의 평균치(1988~2000년), 제주, 서귀포 및 성산포 기상자료는 30년간(1971~2000년)의 평균치임) (자료: 제주지방기상청, 2003: 279)

았을 정도여서, 상록활엽수림대(조엽수림대)는 한반도의 남부와 제주도를 비롯한 남부 도서지역에만 형성되었을 것으로 보는 주장들도 보인다(小泉 格, 2007; 안재호, 2012: 40에서 재인용). 그만큼 당시도 오늘날만큼 기후가 온화하고 강수량이 풍부하여 사람들이 장기간 거주하는데 큰 불편함이 없었음을 뒷받침한다.

〈표 2〉는 최근 제주도의 기후요소와 관련된 연 평년값이다. 이를 토대로 당시의 기후를 예측해보면, 제주시 지역은 기온이 약 15℃ 전후, 강수량이 약 1,457㎜ 전후, 상대습도가 약 73.3% 전후, 일조시간은 약 1,899 시간 전후 그리고 풍속은 약 3.8㎧ 전후로 추정된다. 결과적으로 지석묘가 출현하던 B.C. 200~A.D. 300년 사이에도 이와 유사한 기후조건이었다면, 당시 선사인들의 생활에는 큰 지장이 없었을 것으로 추정해볼 수 있는 것이다.

4. 맺음말

본고에서는 제주도 북부지역의 지석묘 분포 실태와 밀집 정도를 근간으로 넓게는 현재의 제주시 지역, 좁게는 용담지역, 삼양지역 및 외도·광령지역이 갖고 있는 지리적 환경의 유리성에 대하여 검토하였다. 지리적 환경을 분석하는 과정에서는 몇 가지 지리학적 주요 개념과 요소를 바탕으로 검토하였는데 그것은 위치와 영역, 지형적 조건, 토질, 음용수, 기후조건 등 크게 다섯 가지이다.

앞에서 제시한 다섯 가지 지리학적 개념과 요소를 바탕으로 검토해 본 결과, 제주도 내에서도 지석묘가 밀집 분포하는 오늘날의 제주시 지역은 나름대로 지리적 환경의 유리성이 작용하고 있음을 확인할 수 있었다. 특히 공간적인 범위를 좁혀서 검토해 본 용담, 삼양지역이나 외도·광령지역은 선사인들의 집단적인 거주와 더불어, 다수의 지석묘를 축조하는 데도 현실적으로 매우 유리한 지리적 환경에 놓여 있었음을 십분 이해할 수 있었다.

그렇지만 이러한 분석 결과는 어디까지나 결과론적인 측면의 해석에 불과하다는 사실에 유념할 필요가 있다. 따라서 앞으로는 제주도 내 여러 지석묘 분포지역의 성립에 대한 배경적 조건과 지리적 환경을 비교 분석하는 작업이 뒤따라야 할 것이다. 더불어 고고학을 비롯한 인접학문 분야의 연구가 보다 치밀하고 체계적으로 진행된 이후에 서로 대비시켜 검토하는 과정도 필요할 것으로 판단된다.

제3장

여말선초麗末鮮初 제주의 기와수공업[1]

전영준

1. 머리말

최근 수년에 걸쳐 제주에서는 항파두리 토성 발굴조사를 순차적으로 진행하고 있다. 그동안의 관련 연구 성과를 반영하는 항파두리 조사 현장의 확대는 삼별초의 제주 입거와 관련하여 매우 다양한 논의들을 전개할 수 있다는 점에서 그 결과를 매우 주목하고 있다. 특히 현장에서 다량으로 수습되는 고려시대 기와와 명문와는 고려시대 제주의 기와수공업 존재 여부나 제작술의 전승 등에 중요한 단서를 제공한다는 점에서 매우 주목된다. 이와 함께 2015년 초 광양로터리 인근의 숙박시설 신축 부지 내에서 발굴된 2기의 와요지瓦窯址는(제주고고학연구소, 2015) 고려시대의 유구로 파악되고 있어서 늦어도 여말선초 시기 제주에는 기와수공업이 실재했음을 확인할 수 있다.[2]

---

1   이 글은 『역사와 실학』 59호(역사실학회, 2016. 4.)에 게재되었던 논문이나, 기념논문집 편집 기준에 맞추어 수정하고 내용을 보완하였음을 밝힌다.
2   와요지의 조성 시기에 대한 이견異見은 있지만, 늦어도 고려 후기에는 기와를 생산하였다고 보는 견해가 다수이다.

그러나 현재까지도 여말선초 시기 제주의 수공업에 대한 일반적인 인식은 대부분 조선 초기 유배인들이 남긴 시문詩文의 시각을 반영하고 있어서 제주의 수공업 생산 능력을 외면하고 있다는 점에서 아쉬움이 있다. 이에 대해서는 여말선초 시기 기와 수공업에 대한 접근 방식을 고려시대 제주에 창건되었던 사찰의 수공업을 내륙 사찰과 비교 검토하거나, 여말선초 시기의 제주 행정관서에 대한 일련의 발굴 결과를 반영한 새로운 시각으로 교정할 필요가 있다. 즉, 지난 1991년부터 제주대학교 박물관에서는 제주목 관아지를 발굴하였고, 여기에서 출토된 여러 종류의 기와와 상감 청자·분청사기 및 백자 등의 도자유물은 조선 초기 때부터 중·후기, 그리고 일제 강점기에 이르기까지 각 시기별로 뚜렷한 변천 과정을 보인다고 밝혔다(제주대학교박물관, 1993). 아울러 법화사와 수정사 및 원당사는 그 창건연대를 확실히 단정 지을 수는 없지만, 법화사의 경우에는 사찰 창건 후 일정 기간이 지난 시점에서 원元의 중창 사실을 전하고 있다는 점은 이미 제주에 사찰이 창건되어 운영되었음을 의미한다. 특히 발굴 과정에서 수습된 다량의 기와는 제주에서 필요한 만큼의 기와를 생산하였던 생산시설의 존재를 가시화할 수 있는 내용이라 할 수 있다(제주대학교박물관, 1992; 2000). 이러한 사실들을 근거로 이미 발굴된 제주목 관아의 여러 건물의 조영과 영선營繕에 필요한 수공업 시설의 운영은 이미 이전 왕조가 제주를 관할하였을 때부터 운영·전승되었을 가능성이 충분하다.

이와 함께 고려시대 제주 사회의 편제 방식을 제주민의 활동과 연관하여 분석한 연구(김일우, 1998; 2007)나, 여말선초 시기 제주의 제지수공업 존재 가능성에 대한 연구(전영준, 2012: 227-248) 및 삼별초의 항파두리 토성 입거 과정에서 활용된 기와 연구(전영준, 2015: 193-220)에서도 제주 사회의 수공업이 일정한 수준에 도달하였을 것으로 보았기 때문에 여말선초 시기의 제주 수공업에 대한 기존의 시각은 재고할 여지가 있다. 아울러 기왕에 수습된 제주목 관아지 및 항파두리 토성 출토 고려시대 기와에 대한 고고학적 연구 성과를 반영하여 여말선초 시기 제주의 기와수공업 존재 양상을 살펴보고자 한다.

2. 문헌으로 본 여말선초 제주의 기와수공업

제주 지역의 여러 수공업 양상을 전하는 기록은 많지 않지만, 『신증동국여지승람
新增東國輿地勝覽』 권38의 「제주목」에는 당시까지의 제주 연혁을 정리한 내용이 있다.
이보다 앞선 기록으로 1520년에 작성된 충암 김정冲庵 金淨의 기록에 의하면 가옥은
기와집이 거의 드물어 정의현과 대정현의 2개 관사도 띠茅로 지붕을 덮었다고 하며,
지극히 제한적인 신분층에서 기와와 온돌을 사용하였다고 한다.[3] 또 『신증동국여지
승람』에는 당시의 기와 사용과 관련하여 우선적으로 확인되는 내용으로, [궁실] 항목
의 홍화각弘化閣과 [누정] 항목의 관덕정觀德亭에 대한 기사가 그것이다. 먼저 홍화각
의 기록을 보겠다.

> 가) 성안에 있는데, 崔海山이 세운 것이다. 곧 옛날 안무사의 營인데 지금은 절제사의 營
> 廳이 되었다. 高得宗의 記에, "…다음 해에 풍우가 철에 맞게 내리고 순조로워 곡식이 풍
> 년들어 백성은 배를 두드리며 즐기고 말은 크게 번식하였으니, 우리 전하께서 어진 사람을
> 가리신 은혜가 깊고 또 지극하다. 공이 정사가 성취되고 인심이 화평해지자, 관청의 퇴폐
> 하고 허물어진 것을 수축하려고 문 닫은 절의 재목과 기와를 가져다가 먼저 거처하는 집을
> 일으키니, 거문고 치는 당과 욕실·부엌·낭사의 위치가 갖추어졌다. 조금 서편으로 집 세
> 칸을 세워서 당을 만들고 또 그 서쪽에 집 세 칸을 세우고 겹처마로 보충하니, 그 규모가 광
> 대하고도 정밀하고 그 제도가 웅장하고도 화려하였다. 그 남쪽에 半刺(군의 보좌관)의 당을
> 세우고 그 북쪽에는 나라에 바치는 말의 마구를 두고, 동쪽에는 창고를 두고, 서쪽에는 온
> 돌방을 두었다. 또 그 남쪽에 따로 門樓를 지어 아래로는 드나들게 하고 위에는 종과 북을
> 달았고, 藥창고와 旗 두는 곳이 동서에 서로 대치하게 하였다. 모두 담으로 둘렀으니, 집이
> 도합 2백 여섯 칸인데 집들이 서로 연접하지 않은 것은 화재를 예방하기 위한 것이다. 그

---

3   金淨, 『冲庵集』 「濟州風土錄」, "人居皆茅茨不編 鋪積屋上而以長木橫結壓之 瓦屋絶少 如兩縣官舍
      亦茅蓋也."

경영과 위치와 제작이 적당함을 얻은 것은 모두 공의 지시와 계획에서 나왔다.…"[4]

가)에 따르면 홍화각의 중수는 1435년(세종 17) 도안무사 최해산崔海山의 부임 이듬해에 이루어졌으며, 총 206칸의 건물을 완성하였다. 최해산은 화재로 소실된 관청 내에 거처할 곳이 없음을 탄식하고 머리 깎은 죄수와 번을 사는 사람들만을 동원하여 새롭게 중수한 것이다(이원진, 『耽羅志』, 濟州 宮室條). 이에 따르면 최해산의 중수 이전에 이미 관청 건물이 있었는데 기록만으로는 제주목 관아시설의 구체적인 범위와 내용을 알 수 없고 다만, 1435년의 정비는 제주목 관아시설의 일대 전환점을 이루는 계기였음이 확인된다(김동전, 1993: 37). 이때 새롭게 중수된 홍화각에 쓰인 기와는 당시 폐사廢寺의 것을 재활용하였다는 점이 고려되어야 하지만, 대부분은 도로나 담장과 같은 부수적인 시설에 제한적으로 사용되었을 것으로 보고 있다.

1435년 이전의 관청 규모가 파악되지 않는다 하더라도 이미 기와를 사용하였던 관청 건물이 있었다는 사실과, 소실된 건물의 중수를 기록한 위 인용문은 이미 이전 시기부터 기와수공업의 존재 가능성을 말하는 것이다. 특히 폐사된 사찰의 건축 부재를 중수에 활용하였다는 것은 1435년 이전인 고려시대부터 이미 사찰이 운영되었음을 자연스럽게 증명하는 것이다. 특히 제주도 3대 사찰의 중창 시기를 감안해 보면 초창 연대는 확실하지 않더라도 발굴된 유물의 연대를 고려하여 이미 11세기 후반에는 사찰이 존재(김경주, 2016: 152)했음을 추론하거나, 1058년에는 고려의 사찰 창건을 위한 벌목과 조영에 탐라민이 동원되었던 기록에 따르면,[5] 이 시기의 탐라에서도 이미 탐라왕국 후반기에 불교의 전래와 함께 사찰이 조성되어 운용되었을 가능성이 있다. 즉, 홍화각 중수 이전에도 제주에서는 기와를 사용한 건물이 있었으며, 건물의 위격位格을 상징하는 기와집瓦屋의 존재를 상정할 수 있다.

---

4   『新增東國輿地勝覽』卷38,「濟州牧」宮室, 弘化閣條, '高得宗 記'.
5   『高麗史』세가8, 문종 12년 8월 (乙巳). "(…) 且耽羅, 地瘠民貧, 惟以海産, 乘木道, 經紀謀生, 往年秋, 伐材過海, 新創佛寺, 勞弊已多, 今又重困, 恐生他變, 況我國文物禮樂, 興行已久, 商舶絡繹, 珍寶日至, 其於中國, 實無所資, 如非永絶契丹, 不宜通使宋朝, 從之."

한편, 홍화각의 중수 때 같이 마련된 건물은 모두 206칸으로 상당한 규모이다. 많은 건물을 중수하거나 신축할 때는 상당한 양의 건축 부재를 필요로 하는데, 기와 또한 상당량이 필요하였을 것이다. 또, 폐사된 사찰의 기와를 사용하였다고는 하지만 그 사용처가 담장지에 제한적으로 쓰였다(제주대학교박물관, 1992; 1993; 1998)는 발굴 결과를 반영한다면, 신축 건물에 쓰였을 것으로 생각되는 기와는 새롭게 제작되었다고 할 수 있다. 인용문에서 기와를 직접 구웠다는 내용은 없으나, 206칸의 건물에 필요한 기와의 공급은 필수불가결한 일이었으므로 대규모 생산이 가능한 와요 또는 생산시설이 동시에 운영되지 않고서는 중수에 필요한 기와 공급은 원활하지 않았을 것으로 보인다(홍영의, 2012; 조형근, 2014: 2-4).[6]

아울러 이때의 기와제작에 참여했던 장인들은 대체로 사찰에 소속된 승장僧匠일 가능성이 높다. 왜냐하면 조선 건국 후 중앙정부는 관영수공업의 복구에 집중하고는 있었지만 완비된 상태는 아니어서 고려 후기에 확대되었던 사원수공업의 지원을 받는 상황이었다(전영준, 2004a; 2014).[7] 때문에 제주의 경우에도 관청에 소속된 장인이 동원되었을 가능성보다는 사찰에 소속된 승장이 관급공사에 동원되었다고 볼 수 있을 것이다. 그런가 하면, 다음의 기록에서는 관청 소속의 기와수공업이 존재했을 가능성도 상정할 수 있다.

나) 弘化閣 남쪽에 있다. 辛淑晴이 세웠고, 成化 경자년에 목사 梁瓚이 중수하였다.

○ 辛碩祖의 기문에, "동지중추원사 高相公이 내게 말하기를, '우리 고을 제주가 비록 먼 곳에 있으나 특별히 성스러운 임금의 덕화를 입어서, 가르치고 다스려서 文에 대한 일이나 武에 대한 방비가 모두 갖추어지지 않은 것이 없다. 安撫使營 남쪽에 射廳 한 구역이

---

6   고려시대의 와요는 제작 특성상 공사구역 내이거나 인근에서 생산되었다는 점을 감안한다면 제주목 관아지 주변에 대한 추가적인 확인도 필요할 것으로 생각된다.

7   정부는 무엇보다도 시급한 당면과제인 신도(新都) 건설을 효율적으로 추진하기 위해 민정의 징발로 인한 폐단을 최소한으로 줄이면서 이를 대신 혹은 보충하려는 방편으로 승도를 동원하거나 뛰어난 기술력을 보유한 승장들을 적극적으로 발탁, 활용하는 방안을 강구하지 않을 수 없었다. 이러한 관점에서 볼 때, 신도를 건설하는 데 승려들이 적극적으로 참여하고 있는 사실은 주목할 만하다.

있는데 사졸을 훈련하는 곳이다. 예전부터 집이 없어 보기에도 장엄하지 못할 뿐만 아니라, 실로 추위와 더위에도 가릴 것이 없으므로 사람들이 모두 한스럽게 여겼다. 지금 안무사 辛侯가 정사를 시작한 다음해 무진년 가을에, 일이 닦아지고 풍년이 들어 노는 목수들을 불러서 재목을 모으고 기와를 굽고, 돌을 쌓아 臺를 만들고 새 정자를 그 위에 일으키고, 이름을 觀德이라 하였다. 모두 세 칸이고, 앞 퇴를 달고 좌우에 날개를 벌려 넓게 하고 약간 단청을 가하니, 크고 넓고 선명하며 높고 화려한 것이 제도에 알맞아서 참으로 한 고을의 장관이었다. 고을 사람들이 기뻐하고 경사로 여겨 모두 사문에 의탁하여 뒤에 오는 사람에게 보이기를 원하니, 자네는 나를 위하여 그 전말을 써주게나.' 하니, 글이 졸하다고 사양할 수 없었다."[8]

나)에 의하면 관덕정은 1448년(세종 30) 목사 신숙청이 군사들의 훈련청으로 창건한 건물로, 1480년(성종 11)에 목사 양찬梁瓚이 중수한 뒤 여러 차례에 걸쳐 중수되었던 사정을 확인할 수 있다. 특히 이 기록에서는 앞의 인용문 가)에서 보이지 않았던 건축 공장工匠, 즉 목수의 존재와 기와를 직접 구웠다는 내용도 확인된다. 이때 기와 제작에 참여하였던 이들의 소속은 정확히 밝혀지지는 않았지만, 사찰 소속의 승장僧匠이거나 태종~세종대에 사찰통폐합의 과정에서 양인의 신분으로 풀렸던 승장들이 민간수공업의 와장瓦匠으로 전환되었을 가능성도 생각해 볼 수 있다. 때문에 고려 후기에 무너진 관영수공업 체제가 복구되지 않은 조선 초기에 대규모의 토목공사를 진행하였다는 것은 가용할 수 있는 인적 자원을 파악하고 있었다는 점이다. 반면 지방에서는 건축 관련 수공업자의 존재가 사찰에 소속되거나 민간의 기술자로 한정되어 동원되었을 가능성이 있다. 그러므로 관덕정의 중수에 참여한 공장들은 이미 이전 왕조에서부터 건축·토목 등의 관급공사에서 활동하였을 것이고, 고유한 도제교육의 틀에서 기능 전수가 이루어졌을 것이다(전영준, 2004a). 따라서 앞의 가)와 나)의 기록을 종합하여 보면 홍화각과 관덕정의 수축 시기가 그리 떨어져 있지 않는다고

---

8   『新增東國輿地勝覽』卷38,「濟州牧」樓亭, '觀德亭記'.

볼 수 있으며, 이는 기와를 공급하였던 수공업 장인들이 관덕정 중수 시기에 이르러서는 관영수공업에 소속되어 활동했을 가능성이 높다.

앞에서 언급한 바와 같이 홍화각과 관덕정을 포함하는 관청 건물의 중수에는 재활용된 기와와 함께 새롭게 제작된 기와가 사용되었음이 확인된다. 그런데 홍화각의 수축 때는 보이지 않던 와장들이 관덕정 수축 때 갑자기 동원되어 기와를 구워냈다는 사실은 쉽게 납득할 수 없다. 이것은 이전부터 기와 제작과 관련한 공장들과 수공업 집단이 다양한 양상으로 존재하고 있었으며, 이들의 상황을 알고 있었던 지방정부가 토목공사에 동원했다고 할 수 있겠다.

이와 관련하여 생각해 볼 것은 중앙정부도 건국 초기부터 도성 건설을 위한 일련의 정책들을 시행하고 있었다는 점이다. 천도 결정이 확정된 이후 태조는 1394년(태조 3) 9월 초에 신도궁궐조성도감新都宮闕造成都監을 설치함과 동시에 권중화·정도전 등을 파견하여 종묘사직과 궁궐·관아·시전·도로 등의 계획을 작성케 하여, 같은 해 10월 25일 각조各曹마다 2명씩을 잔류시키고 백관유사百官有司를 대동하여 천도를 단행하였다.[9] 태조는 한양 천도를 당면한 최대 급무로 삼고 있었음에도 불구하고, 신도 건설은 계획대로 진행되지 않고 있었다. 따라서 이러한 난관을 타개하기 위한 일환으로 정부는 각도의 승도들을 징발·동원하고 기술력이 뛰어난 승장들을 초치招致하는 정책을 시행하기에 이르렀다.[10]

1394년 11월에 정부는 공작국工作局을 설치함과 동시에 도평의사사의 상서를 따라 종묘와 궁궐 및 도성 건설을 추진하였다.[11] 이를 위해서는 반드시 민정의 징발이 고

---

9 『太祖實錄』권6, 태조 3년 9월(己未) ; 同 10월(辛卯).

10 『太祖實錄』권7, 4년 2월 19일(癸未). "放宮闕造成諸道丁夫 以僧徒代之. 初大司憲朴經等上書曰 宮室之制 燕寢有殿 而百官供奉 各有所止 間閣之數 不下於千 其工匠卒徒 當用數萬人矣. 必用農民 以充其數 農必失時 不可不慮也. 士大夫營一家 必請僧以役者 手段熟習 且無家計而用工專也 僧亦樂於趨事者 以其有資於衣食也. 況創立宮闕 豈可容拙手於其間哉 徒廢農業 而緩於工役. 國家度僧 初無定額 僧之於民 居十之三 而其可赴役者 亦不下三之二焉. 蓋僧之品有三 食不求飽 居無常處 修心僧堂者 上也; 講說法文 乘馬奔馳者 中也; 迎齋赴喪 規得衣食者 下也 臣等竊謂下等之僧 其於國役也 赴之何害 願令攸司 集僧赴役 更不徵民 以遂其生 則工役不廢而邦本固矣. 上兪允 故有是."

11 『太祖實錄』권6, 태조 3년 11월 초3일(己亥). "都評議使司狀申 寢廟所以奉祖宗而崇孝敬 宮闕所以

려되었지만 백성들의 부담을 최소화시켜 반발을 사지 않아야 했기 때문에, 그 대안으로 승도의 동원이나 승장의 초치가 불가피하게 거론될 수밖에 없는 현실이었다. 이러한 논의를 거쳐 12월 3일 종묘·궁궐의 기공식을 거행하면서 하늘과 땅의 산수제신山水諸神에게 제사 드린 데 이어, 다음 날에는 공역승들을 모아 국가 토목공사를 착수했다.[12] 물론 민정 징발에 관한 기록이 없는 것은 아니나, 신도의 건설 과정에 민정보다 승도가 먼저 동원되었다는 사실은 당시 한재와 수재가 빈발하여 식량 확보가 절박한 상황에서 민정 징발은 매우 어려운 결정이었다.[13]

그런 이유로 태조 이래 국가에서 필요한 토목공사와 각종 영선에서 사찰 소속의 공역승을 모집하여 역역役에 종사하게 하였던 것은 국가 토목공사를 긴급하게 진행했던 당시의 사정을 반영한 것으로 볼 수 있다. 예컨대, 태종 1년 5월 태상왕의 명에 따라 승인과 승군을 동원하거나,[14] 동년 7월의 궁궐 조영에 승인을 동원한 사례,[15] 태종 6년 8월에 있었던 경복궁의 영선에서 지신사 황희의 요청으로 각 도의 유수승 6백여

示尊嚴而出政令 城郭所以嚴內外而固邦國 此皆有國家者所當先也. 恭惟殿下 受命啓統 俯從輿望 以定都于漢陽 萬世無疆之業 實基於此. 然而寢廟未成 宮室未作 城郭未築 殆非所以尊京師而重根本也. 殿下雖重民力 不欲興工 然此三者 皆不可不作. 宜命攸司 董治其役 以營寢廟 作宮室 築都城 申孝敬於祖宗 示尊嚴於臣民 且使國勢永固 然後一國之規模始備 而萬世之貽謀 益遠矣. 伏惟殿下施行焉. 王旨依申."

12　『太祖實錄』권6, 태조 3년 12월 4일(己巳).

13　태조대의 旱災와 관련한 기록으로는 모두 10건이 있었으나 水災와 겹쳐서 발생하였고, 특히 태조 3년에 집중되었다. 『太祖實錄』권5, 태조 3년 4월 11일(庚辰);『太祖實錄』권5, 태조 3년 5월 6일(甲辰); 5월 8일(丙午); 5월 9일(丁未). 이와 함께 조선 초기 신도의 건설이 완료되던 세종대에는 한재와 수재가 집중되었고, 여러 해 동안 지속되는 경우도 많았다.

14　『太宗實錄』권1, 태종 1년 5월(己酉). 東北面都巡問使 姜思德이 조목을 건의하였는데, 태상왕이 釋王寺 서쪽에 25칸 규모의 宮을 조영함에 따라 동북면의 진영에 있는 工匠과 僧人 80명을 동원하고 후에 督僧軍 50명을 더하였다.

15　『太宗實錄』권2, 태종 1년 7월(戊申). 궁궐을 조영하기 위하여 각 도에서 僧人 150명과 木手, 石手 각 10명씩을 차출하여 구성하였다.

명을 사역하게 하고,[16] 연이어 사직단장 및 창고, 태평관도 조영한 것[17] 등은 앞에서 언급한 내용을 반증하는 것이다. 또 태종 7년 5월에는 각 처의 영선을 쉬게 하고 부역승도를 모두 방환하였고,[18] 흥천사 탑을 수리하는 데에도 승도를 사역하는 것이 마땅하다고 하였다.[19] 또 태종 12년 3월 행랑조성에 승인을 동원한 사례[20]와 해인사에서 대장경을 인경하기 위하여 승려 200명에게 삭료를 지급하고 사역에 동원한 사례[21] 등은 당시 국가 토목공사나 기타 공역에 승도들을 동원하여 경제적·사회적 이익을 취하였던 것으로 볼 수 있겠다.

이러한 조치와 함께 추진된 것은 관영수공업 체제의 복구 노력이다(전승창, 2004; 전영준, 2014). 고려 후기에 이미 무너진 관영수공업 체제의 완전한 복구는 어려웠지만, 조선의 건국 초기부터 이에 대한 정부의 관심은 지대하였다. 도성건설을 위한 다양한 수공업 관청이 설치되었고 동서와요東西瓦窯도 그중의 하나였다. 1392년(태조 1년) 7월에 문무백관의 관제를 정하면서 동·서 요직窯直에 각 1명을 두었다는 기록[22]으로도 기와 제작 시설이 존재했음을 확인할 수 있다. 그러나 동서와요에서 생산되는 기

---

16 『太宗實錄』권12, 태종 6년 8월(辛卯). 각도의 세곡미를 보관하는 풍저창과 광흥창의 營造에서 흉년을 당한 백성을 대신하여 遊手僧을 사역시킨 일을 말한다. 이것은 당시 사용하지 않던 경복궁의 행랑을 수리하여 국가 토목공사와 민폐를 동시에 해결했던 기록이다. 또 여기서 주목되는 내용으로 '役僧'의 개념을 '宗門僧'이 아닌 '山僧'으로 정의하고 있다. 즉, 山僧이라는 표현으로 당시 조정 관료들의 승도에 대한 인식이 교리를 탐구하는 승려와 임의 출가한 승려로 구체화하고 있다.

17 『太宗實錄』권13, 태종 7년 4월(壬辰).

18 『太宗實錄』권13, 태종 7년 5월(壬申).

19 『太宗實錄』권19, 태종 10년 5월(庚辰).

20 『太宗實錄』권23, 태종 12년 3월(戊申). 행랑조성공사를 위하여 각 도에서 차출한 목공과 僧人들 중 행랑의 역사에 동원된 부역 일수를 채운 목공 200명은 각 도로 돌려보내고, 僧人은 제외하였다. 승도들은 부역일수와 상관없이 공사에 참여시키고 있으며 태종 원년 7월에 있었던 태상왕의 25칸 新宮을 조영하는 예에 비추어 볼 때, 행랑조성에 동원된 목공이 200명에 달한다면 승도의 수는 훨씬 상회할 것으로 보인다. 이때 조성된 행랑은 惠政橋에서 昌德宮 洞口에 이르는 것으로 800여 칸이 조성되었고, 같은 해 7월에는 행랑 增建을 위한 의정부의 啓請에 따라 僧軍 1천명과 木工 200명을 징집하였다.

21 『太宗實錄』권25, 태종 13년 3월(庚寅). 태조의 명복을 빌기 위해 印經되었고, 開慶寺에 안치되었다.

22 『太祖實錄』권1, 태조 1년 7월 28일(丁未). "東西大悲院 副使一錄事二 社稷壇直二 東西窯直各一 江陰銀川開城廣州牧監直各一."

와만으로는 도성건설에 필요한 막대한 수요를 감당할 수 없었고, 더구나 도성 내의 민가를 기와로 이을 상황은 더욱 아니었다. 이러한 상황은 전 왕조였던 고려시대에도 화재 이후 기와를 보급했던 정황으로 확인해 볼 수 있다.[23] 특히 1426년(세종 8년)에 있었던 화재는 조정에서 계속 회자될 정도여서,[24] 태종은 일찍부터 도성의 대규모 화재 발생을 염려하여 1406년 1월에 별와요를 설치하고 민·관 수요의 기와 수급 문제를 해결하고자 하였다. 즉, 1406년(태종 6)에 승려 해선海宣의 청원을 받아들여 별와요를 처음으로 설치하고 관청 조영에 필요한 관수용 기와와 민수용 기와의 수급을 동시에 해소하고자 하였다. 이것은 도성 건설의 시급함에도 불구하고 도성내의 민가에 기와를 이어 도시미관을 정돈하고 화재 방지를 강구하였다는 점에서 해선의 별와요 설치 청원은 관영수공업 체제가 미처 확립되기 이전에 국정 운영에 기여했던 사원수공업이라는 점에서 더 큰 의미를 지닌다(전영준, 2004a: 128).[25] 다음의 기록을 확인하겠다.

　　다) <u>別瓦窯를 처음으로 설치하였다.</u> 參知議政府事 李膺을 提調로, 전 典書 李士穎과 金光寶를 부제조로 삼고, 중 海宣을 化主로 삼았다. 해선이 일찍이 나라에 말하기를, "新都의 大小人家가 모두 띠茅로 집을 덮어서, 中國 사신이 왕래할 때에 보기가 아름답지 못하고 또 화재가 두렵습니다. 만약 별요를 설치하고 나에게 기와 굽는 일을 맡게 하여 사람마다 값을 내고 이를 사가도록 허락한다면, 10년이 차지 아니하여 성안의 여염이 모두 기와집瓦屋이 될 것입니다" 하니, <u>나라에서 그렇게 여겨 여러 道에서 승려와 장인을 차등 있게 징발해</u>

23　『高麗史』세가7, 문종 5년 2월 12일(癸巳). "京市署火 延燒一百二十戶 命有司 給材瓦."

24　『世宗實錄』권31, 세종 8년 2월 29일(癸巳);『世宗實錄』권45, 세종 11년 9월 30일(癸酉);『世宗實錄』권52, 세종 13년 4월 10일(甲辰);『世宗實錄』권121, 세종 30년 9월 22일(乙巳);『端宗實錄』권10, 단종 2년 3월 10일(辛酉).

25　사찰수공업의 여러 업종 중 우수한 분야로는 製紙業과 琉璃業 및 印刷業, 製瓦業이 손꼽혔다. 특히 製瓦는 사찰에서 건물의 미관과 장엄을 위하여 사용하였던 주요 건축 자재였다. 때문에 사찰은 자체적인 佛事에 필요한 기와의 원활한 공급을 위해 직접 瓦窯를 운영하였다. 따라서 해선의 별와요 설치와 기와 공급은 고려 이래로 잘 유지되어 온 사찰수공업의 전승에 연유한다.

서 그 役에 나아가도록 하였는데, 충청도·강원도에서 각각 僧 50명과 瓦匠 6명이요, 경상

도에서 僧 80명과 瓦匠 10명이요, 경기·풍해도에서 각각 僧 30명과 瓦匠 5명이요, 전라도

에서 僧 30명과 瓦匠 8명이었다.[26]

다)에서와 같이 해선은 태종에게 별와요의 설치를[27] 청원하고(강만길, 1967: 25) 화주

化主의 직임을 수행하였다.[28] 세종대에 이르러 도대사都大師의 지위에 이르지만, 그가

화주로서 활동하였다는 것은 당시 전국의 사찰마다 특화된 수공업의 존재를 알고

있었다는 의미이다. 특히 화주는 사찰과 관계된 불사佛事에서 설법·모연문 등을 통

해 시물施物이나 노동력을 취할 수 있는 민간의 동의를 전제로 활동하거나, 혹은 관官

과 결탁하여 백성으로부터 강제로 수렴하는 경우도 있었다.[29] 이러한 사실로 미루어

보았을 때, 별와요 운영에서도 화주는 재원 마련에 다양한 방법을 동원하였을 것이

26　『太宗實錄』 권11, 태종 6년 1월 28일(己未). "始置別瓦窯 以參知議政府事李膺爲提調 前典書李士穎
金光寶爲副提調 僧海宣爲化主. 海宣嘗言於國曰 '新都大小人家 皆蓋以茨 於上國使臣往來 瞻視不美
且火災可畏. 若置別窯 使予掌以燔瓦 許人人納價買之 則不滿十年 城中閭閻 盡爲瓦屋矣.' 國家然之
發諸道僧匠有差 使赴其役. 忠淸江原道各僧五十名瓦匠六名 慶尙道各僧八十名瓦匠十名 京畿豊海道各
僧三十名瓦匠五名 全羅道僧三十名瓦匠八名."

27　별와요의 설치 목적이 도성의 미관과 화재예방에 있었던 만큼 그 기능 역시 관영수공업장의 역할
로 제한되었을 것이겠지만, 실상은 그렇지가 않았다. 해선이 化主로서 별와요의 운영 권한을 국가
로부터 얻어내고 명분을 내세워 민간에 기와의 실비 판매를 시도하였다. 이것은 별와요가 체제상
으로는 관영수공업장으로 편입되어 있었지만, 그 생산품의 제작과 판매에 대한 전권을 승려가 담
당하여 영리를 추구하였다는 점에서 당시의 일반적인 관영수공업장과는 다른 위치를 점한다.

28　化主는 보통 施物을 얻어 절의 양식을 대는 화주승들을 지칭하는데, 용·례로 보면 특정한 佛事를 책
임지거나 그에 준하는 일들을 도맡아 하였다. 化主는 기념비적인 일을 관장하거나 공물대납·매
매행위 등을 통해 이득을 취하기도 하였다(「禪源寺毘盧殿丹靑記」, 『東文選』 권65; 李穡, 「五冠山
興聖寺의 轉藏法會 記文」, 『牧隱文藁』 권2; 『世宗實錄』 권88, 세종 22년 2월 16일(己丑); 『文宗實錄』
권7, 문종 1년 4월 13일(辛巳); 『成宗實錄』 권15, 성종 3년 2월 28일(乙未); 『仁祖實錄』 권29, 인조
12년 2월 18일(乙亥); 『孝宗實錄』 권8, 효종 3년 4월 18일(己未); 姜銑, 『연행록』, 己卯年 12월 초2
일(丙寅)).

29　『世祖實錄』 권46, 세조 14년 5월 6일(乙丑). "內贍寺正孫昭拜辭 其齎去事目 一 圓覺寺佛油社長及洛
山寺化主僧等 作弊於官家及民間 此社長及僧人等 訪問於僧守眉處及民間 隨捕隨繫 鞫問以啓 … 一
諸邑守令 聽上項僧人社長言 發官差收斂民間者 囚禁推鞫 若堂上官及功臣 議親 則啓聞囚禁 … 一 洛
山寺營建所備 皆出公家 如有私齎募緣文者 盡數收取以啓 並於諸道 移文收取."

다. 예를 들어, 세종이 홍천사興天寺 중수의 책임을 화주승 홍조洪照에게 맡겨놓고 공사가 끝난 이후에야 비용을 지원할 방법을 묻는다거나,[30] 화주에게 일을 맡기면 국비를 허비하지 않아도 된다는 언급에서[31] 확인된다. 이러한 사례가 별와요 운영과 직접적인 관계는 없으나, 국가가 추진하는 사업을 화주승에게 맡기고 있다는 점에서는 대동소이하다. 때문에 화주 해선은 별와요의 일을 책임지고 운영하면서도 재정도 스스로 해결해야 했고, 관수용 기와의 마련과 더불어 도시미관 및 화재 예방을 위한 기와 보급 명분으로 설치된 별와요임에도 불구하고 기와를 판매할 수밖에 없었던 이유가 여기에 있다.

한편, 대규모의 역사에 민정을 동원할 경우 백성들의 농사에 영향을 주는 등 농업을 기간산업으로 채택한 조선의 입장에서는 선택하기 어려운 결정이었고, 당시 사원을 중심으로 발달한 수공업장의 승장과 공역승들의 뛰어난 기술력과 조직력도 승도동원의 이유가 되었다(전영준, 2004a: 104-105). 때문에 해선을 별와요의 책임자로 임명한 것은 조선 초기의 사회 상황을 파악하는 맥락에서 이해된다.

이와 같은 당시의 중앙정부 입장을 반영하여 보면 제주의 관영건축에 필요한 자원 동원에도 사원의 역할이 필요하였을 것으로 생각된다. 홍화각이 건축될 시기의 제주 지역에는 고려시대부터 운영되었을 것으로 생각되는 사찰이 상당수가 존재하였으며 특히, 수정사는 법화사·원당사와 함께 고려시대 제주의 3대 사찰로 손꼽혔다. 1408년(태종 8)에는 의정부에서 제주도 비보사찰인 법화사와 수정사의 노비수를 정하였던 기사가 보이는데,[32] 이때 몇몇 사찰을 제외한 다른 사찰들은 통폐합되거나

---

30 『世宗實錄』권89, 세종 22년 4월 23일(乙未). "傳旨承政院 興天寺 祖宗所創也 累經年紀 多有圮毀 予命重修 今者工已告訖 其化主僧洪照等欲於夏月 爲設慶讚 請之不已 予惟興天 旣祖宗之所創 則慶讚之辦 亦不可專委於僧而視之恝然也 往在祖宗之時 亦行此事 今乃何委諸僧而不之顧乎 將官給米布補其不足耶 抑亦國家專辦其事 不藉於僧乎 爾等審議以聞."

31 『宣祖實錄』권117, 선조 32년 9월 26일(壬申). "備邊司啓曰 邢軍門生祠堂 銅柱 石碑等事 非但姜良棟言之 軍門差官連續來到 每問其建置與否 … 若得僧人勤幹者一人 使之隨便建立 則不費公家之力而成之甚易 且石碑事 … 亦令義嚴【此總攝僧人】擇定化主僧人 隨便爲之 亦似無妨 敢啓."

32 『太宗實錄』권15, 태종 8년 2월 28일(丁未), "議政府啓定濟州法華修正二寺奴婢之數. 啓曰 '據濟州牧使呈 州境神補二處 修正寺見有奴婢一百三十口 法華寺見有二百八十口. 乞將兩寺奴婢 依他寺社例

폐사되었을 가능성이 높다고 볼 수 있다. 그러므로 홍화각 수축에 폐사된 사찰의 기와를 재활용하였다는 기록은 역설적으로 이미 고려시대 제주에는 상당수의 사찰이 운영되었음을 확인하는 것이다.

또 고려 말 공민왕, 우왕 무렵 완도와 제주에 살았던 승려로 여러 편의 시를 남긴 혜일慧日의 행장에서[33] 확인되는 사찰은 묘련사·서천암·보문사·법화사이며, 산방굴사를 직접 창건하였다는 기록은 고려시대부터 존속하였던 사찰이었음을 말하는 것이다. 이외에도 월계사·문수사·해륜사·만수사·강림사·소림사·관음사·존자암 등의 寺名도 확인된다(한기문, 1998; 전영준, 2004b).[34] 이로 보더라도 고려시대 제주에는 상당수의 사찰이 존재하였음을 말하는 것이다. 그런데 이 사찰들은 기본적인 가람의 규모를 갖춘 경우도 있었겠지만, 그렇지 않은 경우도 있었을 것이다. 그러나 이미 고려시대의 사찰들은 자체적으로 필요한 승물의 제작이나 건축에 필요한 물자들을 생산할 수 있는 기술력을 갖추고 있었으며(최영호, 2001; 전영준, 2005), 이는 제주에서 운용되었던 사찰에서도 그 기능을 유지하고 있었던 것으로 생각된다. 그러한 이유로 홍화각의 수축에 폐사의 기와를 적절하게 재활용할 수 있었던 것이다. 그리고

各給三十口 其餘三百八十二口 屬典農.' 從之."

[33] 승려 慧日의 행장을 직접 확인할 수는 없지만 몇 가지의 단서를 통해 생몰연대를 추정해 볼 수 있다. 『新增東國輿地勝覽』권37 전라도, 康津縣에 그의 시가 많이 소개되어 있다. ①산천 조「萬德山」, ②불우 조「白蓮社」, ③고적 조「仙山島」④고적 조「法華菴」⑤제영 조에 다수가 전한다. 특히 ③고적 조 선산도에는 그의 出自를 알 수 있는 대목이 소개되어 있다. "고려의 正言 李穎이 완도에 귀양을 왔는데, 그의 작은 아버지인 승려 혜일이 따라와서 찾아보고 곧 섬으로 들어가 절을 세우고 살았다(高麗正言李穎 謫莞島 其叔父僧慧日 隨而訪之 仍入島創寺以居)."라고 밝히고 있다. 따라서 혜일은 이영의 작은 아버지이다. 李穡의 『牧隱文藁』권20,「吳소傳」에도 이영이 나오는데, "李穎이라는 자가 있었는데, 그는 오동의 外兄弟이다. 그도 글씨를 잘 썼는데, 安常軒 곧 安震 선생이 그를 사위로 맞이하고 가르침을 베풀었다. 그 뒤에 과거에 뽑혀 正言에 임명되고 禮部員外郎으로 자리를 옮겼다가 나중에는 숨어 살면서 나오지 않았다. 그가 지금 어떻게 되었는지 알 수가 없다. 興國寺 남쪽에 산봉우리 하나가 우뚝 솟아 있는데, 그 동쪽 벼랑 쪽에 오동과 이영이 살고 있었다."는 기록에서 보아 여기서의 이영이 정언을 역임했던 바로 혜일의 조카이다. 따라서 이영은 목은 이색(1328~1396)과 동시대 인물임을 알 수 있다. 또한 이영이 완도에 귀양 와서 살았다는 사실은 丁若鏞의 『茶山詩文集』권5 詩,「남당포를 지나며(過南塘浦)」에도 확인할 수 있다.

[34] 관음사는 당시 조천포에 있었으며, 행인의 왕래가 잦은 곳에 사찰을 건립하는 고려시대의 특징을 확인할 수 있다는 점에서 더 주목된다.

이것은 사찰 자체의 수공업 생산 기능으로만 설명될 것은 아니며, 고려시대의 관청 또한 필요한 물자를 공급할 수 있는 수공업 체제는 일정 수준 이상으로 갖추었을 것이라 생각된다. 그런 점에서 관청과 사찰에서 필요한 만큼의 기와는 자체적인 생산이 가능하였을 것이다. 그것은 탐라왕국 시기에 유통되었던 각종 토기(국립제주박물관 탐라실 소장유물검색, http://jeju.museum.go.kr/_prog/collection/index.) 제작을 담당했던 장인 집단이 고려시대 제주사회에 필요한 수공업 기능을 습득하였을 것이라 판단되기 때문이다. 이것은 1105년(숙종 10) 제주가 고려의 지방정부로 편입된 후 지속적으로 강화되는 중앙의 현령관 파견은 관청수공업의 기능을 확장하는 계기가 되었을 것으로 생각된다. 이후 삼별초의 제주 진입과 함께 유입되었을 각종 수공업 기술은 기존의 사원수공업과 함께 여말선초 제주의 수공업 발달에 영향을 주었을 것이다.

3. 고고자료로 확인하는 여말선초 제주의 기와수공업

여말선초 제주의 기와수공업의 양상을 살펴볼 수 있는 고고학 분야의 연구는 상당량 축적되어 있지만, 그중에서도 제주목 관아지와 항파두리 토성 관련 보고서를 비롯한 수정사지 · 법화사지 · 원당사지 · 존자암지 발굴보고서가 대표적이다. 방대한 양을 모두 확인할 수 없지만, 고려시대에 창건되어 운영되었을 사찰과 제주목 관아지를 중심으로 제주의 기와수공업을 살펴보고자 한다.

고려시대에 운영되었을 사암寺庵에 대한 기록은 『신증동국여지승람』에 수록되어 있는데, 수정사 · 법화사 · 원당사 · 묘련사 · 서천암 · 보문사 · 산방굴사 · 존자암 · 월계사 · 문수사 · 해륜사 · 만수사 · 강림사 · 소림사 · 관음사의 15처 정도로 확인된다. 이들 사찰 중 수정사지 · 법화사지 · 원당사지(현, 불탑사) · 존자암지에 대한 기와의 발굴보고서를 확인하면, 대체로 10세기에서 12세기에 해당하는 유물이 다수 발굴되었고, 이를 근거로 사찰의 창건 연대를 고려시대 전반기로 추정하고 있다(제주문화예술재단, 2007).

수정사의 초창 연대에 대해서는 의견이 분분하지만 조선 태종 때까지도 비보사찰로서 130여 명의 노비가 두어질 정도로 제주에서는 법화사에 이어 그 규모가 매우 큰 사찰이었다. 다음의 인용문은 당시 제주의 비보 사찰로 법화사와 수정사가 운용되고 있음을 말하는 내용이다.

라) 議政府에서 제주의 法華·修正(水精) 두 절의 노비의 수를 아뢰어 정하였다. 의정부에서 아뢰기를, "제주 목사의 呈文에 의거하면 주의 경내에 비보사찰이 두 곳인데, 修正寺에는 현재 노비 1백 30구가 있고, 法華寺에는 현재 노비 2백 80구가 있으니, 비옵건대, 두 절의 노비를 다른 寺社의 例에 의하여 각각 30구를 주고, 그 나머지 3백 82구는 典農에 붙이소서." 하니, 그대로 따랐다.[35]

이 두 사찰에는 각각 노비가 130구와 280구를 두고 있었는데, 이때의 결정으로 각각 노비 30구만을 두고 나머지는 전농시에 소속시키고 있음이 확인된다. 이 기록만으로 보더라도 수정사의 위상은 고려 말에서 태종 8년에 이르는 시기에 가장 번성하였음을 알 수 있다(제주문화예술재단, 2007: 103). 수정사는 이때에 노비 수가 줄어들게 되자 법화사와 마찬가지로 폐사될 때까지 사세가 축소되었고, 비보 사찰의 성격은 유지하였으나 그 위상은 많이 약화되어 있었다.

수정사지 발굴조사는 1998년과 2000년에 이루어졌는데, 조사된 유구는 건물지 12동, 도로와 보도, 탑지, 석등지, 담장지, 폐와무지, 적석유구 등이 확인되었다. 옛 수정사는 금당지를 가장 높은 곳에 두고 이 건물을 중심으로 중정中庭 형태의 건물을 회랑식으로 배치했으며, 중정 내에 탑과 석등을 두었다. 금당지를 축으로 보도, 문루, 종루를 배치하였다. 그리고 경사진 면을 다듬어 크게 세 개의 축대로써 각 건물 간의 조화를 고려한 배치로 파악되었다(제주대학교박물관, 2000). 발굴 과정에서 출토된 유물은 북송대의 화폐와 11세기 청자류가 출토됨으로써 초창 연대는 적어도 12세기

---

35 『太宗實錄』권15, 8년 2월 28일(丁未).

이전에 창건된 탐라 고찰임을 알 수 있다.

이상의 기록에서 확인되는 몇 가지 사실은 각종 명문와와 함께 제작 시기가 이른 토기 및 시유도기, 자기류가 다량 출토된다는 점이다. 특히 기와는 고려시대 전 시기에 걸쳐 사용되었던 일휘문日暉文 막새가 포함되어 있는 것으로 보아 수정사의 초창 및 중창에 사용된 기와는 고려시대 와장들이 제작하였던 것으로 판명된다는 점이다. 130구의 노비가 있었다는 것과 조사된 12동의 건물지 유구를 고려하면 수정사의 초창과 여러 차례의 중수에는 고려의 와장이 직접 제작하였거나, 기와제작술을 습득한 이들에 의해 직접 제작된 기와가 사용되었음이 분명하다. 더구나 이것은 사원수공업의 확장과 관련하여 보면 더욱 명료해진다.

법화사 또한 비보 사찰의 위상으로 존재하였는데 규모로는 수정사보다 훨씬 컸었다고 한다. 총 8차에 걸친 조사에서 건물지 10동, 계단시설, 보도시설, 폐와무지, 담장, 추정 연지 등을 비롯한 수많은 유구가 확인되었다. 출토유물로는 명문와를 비롯한 각종 기와, 청자를 비롯한 각종 도자기, 도기, 청동 등잔, 화폐 등이 다량 출토되었다. 또한 법화사지는 총 4단계의 시설 변화가 있었음을 지적하고 있는데, 그중에서도 1차시기의 유물 중 '至元六年己巳始重刱十六年己卯畢'의 명문와는 1269년 중창을 시작하여 1279년에 마쳤다는 의미로 중창이 완료되기 이전에 사찰의 존재를 시사하고 있다(제주문화예술재단, 2007: 101-102). 중창 시기인 1269년 즉, 13세기 중반 이전의 중요 유물은 개원통보, '法華經前燈盞此樣四施主朱景'명 청동등잔과 청자양각연판문 대접, 고급 도기 등이다. 개원통보는 뒷면 상단에 초승달 모양이 새겨진 형식으로 이 양식의 사용 시기는 무종 회창년간武宗 會昌年間(841~846)이다. 출토 유물 중 가장 이른 시기의 것이며, 일부 도기 중에는 10세기 이전의 제작 수법을 가진 것들이 있다. 청동등잔 또한 남송 때의 등잔과 유사하여 10~11세기 유물로 판단하고 있다. 또한 폐와무지에서 발견된 청자도 비교적 이른 시기의 녹청자 계열로 11세기경을 중심연대로 하는 것이어서 12세기 이전에 법화사가 운용되었음을 알려주는 고고자료인 것이다(제주문화예술재단, 2004: 59). 이처럼 법화사의 유물이 비교적 이른 시기의 것이고, '至元'銘 명문와의 존재는 법화사의 초창을 미루어 짐작할 때 자체적으로 생산한 기와의 사용을 알려주는 내용인 셈이다. 즉, 상당히 고급 기물이 사용되었다는 점에서 이미 사찰의 초창부터 건축자재로 사용되었을 기와는 수준 높은 제작 단계에 이르렀을 것으로 생각된다.

함께 발굴된 용과 봉황문이 장식된 원식元式 기와는 배면에 포목흔이 보이지 않는다는 점에서 원의 와장에 의해 제작된 막새기와임을 밝히고 있다. 이와 같은 막새기와를 사용하여 축조된 건축물은 원의 목수 및 기술자들이 제주에 이주하여 조영하였다는 것을 의미하며, 원세를 비롯한 원의 기술자에 의해 원 세조의 피난궁이 건립되었을 것으로 추정하고 있다(김경주, 2016: 160). 이것은 원의 기술자가 투입되어 제작된 원식기와나 원나라 상도 궁성에서 확인되는 주좌각원 주초석의 축조 및 용과 봉황문 막새의 사용은 원나라 황실 건축 기술이 그대로 적용된 건물이었음을 의미하며, 원 순제의 피난궁은 법화사 경내에 존재하고 있었다고 보고 있다(김경주, 2016: 165).

원당사도 10세기 중반경에 제작된 청자를 비롯하여 주로 11~12세기에 제작된 청자발과 청자대접을 근거로 창건 시기를 추정하고 있으며, 이곳에서 출토된 수막새 2종은 1993년부터 2006년까지 실시된 제주목 관아지 발굴조사에서도 출토된 바 있다(제주대학교 박물관, 1993). 이와 함께 원당사지에서 발견되는 평기와는 고려 중기의 기와 제작 수법을 보이고 있는데 온전한 상태의 기와는 적으나, 복원 결과 어골문과 결합되는 중심문양이 대부분 기와 중앙에 위치하고 있는 것으로 보아 고려 중기 이후에 제작된 것으로 보고 있다(제주문화예술재단, 2007: 95-99). 이와 함께 묘련사지 조사에서도 출토된 명문와 기와를 분석하여 창건 시기를 고려 중기로 잡고 있다. 특히 '同願此處官李員村'과 '萬戶李' 등이 시문된 기와는 1991년 제주목 관아지 발굴조사에서도 출토된 일이 있으며, 1987년 제주시 외도동 수정사 절터에서도 확인된 일이 있음을 밝혔다(문화재연구소, 2004: 80-81).

한편, 항파두리 토성 내·외성지에 대한 발굴에서 축적되는 자료들은 삼별초의 제주 입거 당시의 상황을 잘 설명할 수 있는 근거를 제공하고 있어서 주목된다(제주고고학연구소, 2014). 항파두리 토성과 관련하여 볼 때 직접 관련 있는 기와 가마터도 확인되었는데, 2기의 가마터를 살펴보면 다음과 같다. 우선 제주시 애월읍 상귀리 항파

그림 1. 시계방향으로 항파두리 내 와요지(왼쪽)-어골문 수키와(우측 위)-복합문 암키와(우측 아래)

두리성 북편 200m 지점에 있는 것으로, 주변에는 구시물과 서쪽 방향에 장수물이라고 전해지는 용천수가 있다. 이 기와 가마터의 지형은 동쪽이 높고 서쪽이 낮다. 가마는 지형을 따라서 축조된 듯하며, 현재 노출되어 있는 것은 화구火口 부분이라고 생각되는 곳뿐이며 소성실과 굴뚝은 2~3m 두께의 흙에 묻혀 있다. 노출된 부분으로 보아 가마는 넓적한 현무암 잡석과 진흙을 빚어서 축조한 것으로 보인다. 가마는 통가마였을 것으로 추정되며 내부는 반원형으로 되어 있다. 가마의 외부와 좌우측 토층에는 기와 조각들이 많이 흩어져 있다.

대체적으로 어골문과 복합문이 나타나고 있는데, 이는 항파두리성 내의 것과 흡사한 것들이다. 가마의 화구 부분을 제외한 나머지 부분이 묻혀 있어 전체의 형태를 정확히 알 수는 없으나, 천정이 위로 향하고 있는 것으로 보아 산등성이 비탈길에 굴모양으로 길게 만든 등요登窯 형식의 가마로 추정되고 있다. 1989년 당시 흙무더기 속에 수키와 완형들이 돌출되어 있었는데 지금은 유실되어 어골문이나 복합문 등의 조각들만 눈에 띤다. 출토된 기와 조각들만 보았을 때는 1271년 전후 대몽항쟁기 항파두리성에서 출토된 것과 흡사하며 구전으로도 삼별초군이 조성한 가마터라 전해지고 있다(한국학중앙연구원, 「향토문화전자대전(http://jeju.grandculture.net)」; 제주도, 1997).

이와 함께 항파두리성 내 동남쪽 지경에 속칭 '장털'이라 칭하는 곳에 와요지가

그림 2. '장털' 와요지 수습 와편

있다. 와요가 있었던 지형은 서쪽이 높고 동쪽이 낮다. 현재는 와요의 축조를 확인하는 흔적은 없지만, 자연경사를 그대로 이용해 축조되었을 것이라 이해된다. 여기에서는 많은 양의 기와가 만들어졌을 것으로 생각되며, 이 기와들은 항파두성 내의 건물에 사용되었고, 성굽에도 일부 쓰였던 것으로 보인다. 와요지를 중심으로 날기와 및 기와편들이 넓게 산포되어 있으며 가마의 내화재였을 것이라 추측되는 용융된 현무암 등을 확인할 수 있었다. 기와편들의 문양은 무문이나 어골문이 많으며 어골원문과 어골과문도 보이고 있다. 기와편은 대체로 작으며 완형은 찾아 볼 수 없지만 매립된 지표 하부에는 완전한 기와들이 있을 것으로 생각된다. 기와의 두께는 보통 2.5cm이며 얇은 것은 1.5cm도 있다.

주변에는 남문 추정지가 있고 바로 아래쪽인 동쪽에 연못이었던 자리가 있다. 이 연못지는 개간되거나 잡풀로 덮여 있어서 그 크기를 정확히 알 수 없지만, 기와를 만들 때 필요한 물은 이 연못으로부터 공급받았을 것으로 생각된다(한국학중앙연구원,「향토문화전자대전(http://jeju.grandculture.net)」; http://cafe.daum.net/myjeju.com). 아울러 촌락명이 직접 시문되어 있는 명문와들이 보여주는 타날판의 특징 또한 고려시대에 전반적으로 사용되었던 문양이다.

이외에도 조선시대의 가마터로 알려지는 조천읍 함덕리 서우봉 '와막팟' 와요지를 비롯하여 구좌읍 덕천리 '흘렛동산'지경 와요지, 대정읍 무릉리 인항동 '조롱물' 서쪽 경작지 와요지, 남원읍 신례2리 공천포구와 일주도로 사이 와요지, 서귀포시 신효동 '외왓' 지경 와요지 등이 확인되는데, 이들 중 함덕리 '와막팟' 와요지에서 확인되는 기와편의 문양으로 보아 고려시대에 축조되어 이용되었던 것으로 보인다. 이 와요지는 함덕리 해변의 동쪽 서우봉 밑에 위치해 있다. 서우봉의 완만한 경사를 이용하여 약 10도의 경사를 이루며 동서로 길게 축조되었고, 서쪽이 낮으며 외부의 길이는 유실 부분이 270㎝, 남아 있는 부분이 710㎝이다.

그림 3. 함덕 서우봉 '와막팟' 와요지 근경

화구는 유실되었으나 부장의 흔적은 남아 있고 소성실 뒷면은 묻혀 있는 것으로 보인다. 굴의 내부 바닥에는 모래가 쌓여 있어 정확한 크기를 측정하기 어려우나 앞에서 보이는 굴의 입구 부분의 넓이는 120㎝, 높이 56㎝이며, 굴 안에서 잴 수 있는 굴의 넓이는 216㎝, 높이 147㎝, 길이 490㎝이다. 굴은 꽤 단단하게 축조되었고 열 손실이 적도록 보토바름이 두텁게 되어 있어 천장의 두께가 80㎝에 이른다. 굴벽도 현무암, 잡석, 진흙으로 만들어져 있으며 소성실의 현무암 용융 상태로 보아 기와의 소성 온도도 꽤 높았던 것으로 보인다. 이곳에서 확인되는 기와들은 '날기와'(형태를 만들고 굽지 않은 것)와 '군기와'(가마에서 구워진 것)가 있으며, 문양은 어골문이 주류를 이루고 있는 가운데 무문, 어골사각문, 어골원문, 어골격자문, 복합문 등이 있다(한국학중앙연구원, 「향토문화전자대전(http://jeju.grandculture.net)」; 북제주군, 1998).

현재까지 제주에서 확인되는 기와 가마의 특징으로 볼 때, 자연경사면을 활용한 등요 형식의 와요로 확인된다. 대체로 이들 와요에서는 제주도내의 관아·사찰·주택용 기와를 생산하여 공급하였던 것으로 이해되며, 와요를 축조하는 방법에서도 내륙의 가마와는 다르다는 것을 입증해 주고 있다. 와요의 구조 방식은 제주도산 현무암으로 가마의 벽과 천정을 구성하고 있다는 점이 독특하다. 이는 현재 대정읍 무릉리에 복원된 제주옹기 가마와 거의 흡사하다는 점에서 기와와 생활용기의 상관관계도 함께 검토할 필요가 있다고 생각된다. 아울러 와요에서 만들어진 기와들은 우리

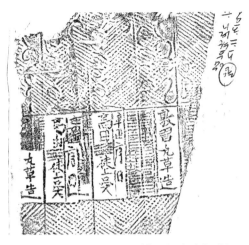

그림 4. 항파두리 토성 수습 '신축 2월' 명 기와 탁본

나라의 고려시대와 조선시대에 사용하였던 각종 문양이 시문되고 있다는 특징을 잘 보여주고 있다.

이상과 같은 각종 기록에서 공통적으로 전하는 내용은 주로 출토유물의 제작 연대가 비교적 이른 시기가 많고, 동반되는 명문와와 기와의 제작 연대가 거의 비슷한 시기가 주종을 이룬다는 점이다. 그리고 이들 기와들이 공통적으로 수습되는 곳 또한 제주목 관아지임을 밝히고 있어서 앞 장에서 확인한 바와 같이 관청 건물의 보수 및 중창에 사찰의 폐자재가 사용되었음을 알 수 있다. 그러나 규모가 방대한 관청의 조영에 필요한 물자의 공급은 중앙정부가 그랬듯이 제주에서도 사원의 조력을 받았을 가능성이 오히려 높다. 이것은 원 간섭기 이후 충선왕대 관영수공업체제가 무너지면서 곧 민영수공업의 확산을 가져왔다고(이호경, 2008) 생각하기는 어렵지만, 그때까지 유지되면서도 더 확장되고 있었던 사원수공업의 상황을 고려한다면 고려시대 제주에 존속하였을 것으로 생각되는 많은 수의 사원이 보유하였던 자체적인 수공업 기능은 지방정부의 토목공사나 재정에도 일정한 도움이 되었을 것이라 생각된다.

특히 전국에서 발견되는 여러 기와들 중 '瓦草'명의 기와는 제작 편년이 고려 전기라는 절대 연대를 갖는다는 점에서 의미가 있지만, 항파두리 토성에서 출토된 명문와는 기존에 확인된 바와 같이 지역명이나 제작간지 및 사찰명이 포함되는 명문와와는 다른 유형의 명문와라는 점에서 새로운 유형의 기와임을 확인할 수 있다. 따라서 최근 토성에서 발굴되는 '신축이월辛丑二月'명 기와를 통해 새롭게 얻을 수 있는 사실은 제주가 고려 정부로 편입되는 시점을 전후하여 고려기와 제작술이 전래되었을 가능성이 높은 것으로 생각된다(전영준, 2015).

따라서 조선 초기 관청 건물의 대대적인 정비작업에는 여말선초 시기의 제주지역에 존재했던 사찰과 자체 내에서 운용되었을 수공업에 대한 시각을 달리할 필요가 있겠다. 이것은 여말선초 시기부터 사원이나 관청의 필요에 의해 생산되었을 것으로 보이는 제지製紙와도 연관되어 있을 것이다(전영준, 2012: 231-241). 조선 전기 제지수공업의 존재와 관련하여 확인되는 여러 기록들 중 제주에 대한 직접적인 언급은 많지 않다. 하지만 지방 정부의 편제를 미루어 볼 때, 제주가 속했던 전라도의 상황을 고려하고『경국대전』의 경외공장체제에 대한 분석을 염두에 둔다면 관련된 사서의 기록을 간과해서는 안될 것이다. 특히 제주에서 생산되었던 닥나무 껍질에 대한 관찬 사서의 기록이 우선 확인된다. 제주선위별감이 진상한 닥나무 껍질 120근과 그에 대한 세종의 보호 명령은 제지수공업의 직접적인 원료인 닥나무 식재와 재배 권장을 통해 종이 원료의 원활한 공급을 위한 정부의 강력한 의지라는 점을 확인할 수 있다.³⁶

이와 함께『신증동국여지승람』권38의「제주목」에서 확인되는 제지 관련 사료로〈우도〉항목에 '닥나무가 많다'는 기록을 보더라도 1530년 이전에 이미 제주에는 자생 닥나무의 생장이나 새롭게 식재된 왜저倭楮가 있었음이 밝혀진 셈이다.『세종실록』기사에 따른 제주지역의 닥피 진상은 조선 전기 지방의 공납과 관련이 높지만, 국왕의 특별한 하교에 따른 결과였다. 이 기록의 중요성과 더불어『신증동국여지승람』에 기록된 우도의 닥나무 자생 기록 또한 제주 자체의 제지수공업 생산 체제를 확인할 수 있는 근거로 판단된다. 이러한 판단 배경에는 국초부터 왕실과 관수용 종이 공급을 위한 정부의 노력이 경주되었던 사실과 연관할 때, 지방 관청의 종이 수요를 중앙정부가 공급하기 어려웠을 것으로 생각되기 때문이다. 이런 연유로 전라도에 속해 있던 제주에서는 공식적으로 필요한 종이는 자체적인 수급으로 충당하였을 것이고, 이를 위한 닥나무 생산이나 공장 체제도 일정 정도는 유지하였을 것으로 생

---

36 『世宗實錄』권63, 16년 2월 3일 (辛亥). '濟州宣慰別監尹處恭, 進胡椒楮一百二十斤, 卽傳旨濟州曰: 胡椒, 楮木爲雜木蔭蔽, 不得茂盛, 剪其雜木, 使之長盛.'

각된다.[37]

제주지역에서 닥나무의 생산이 이루어지고 진상되었다는 정부의 기록을 토대로 보면, 이미 제주에서는 닥나무 식재와 제지수공업이 진행되었을 가능성이 높다. 특히 1300년대 후반에 제주지역의 묘련사에서 대장경 관련 판각이 이루어진 점을 감안한다면(윤봉택, 2006: 193-228), 교정과 교열에 필요한 종이 수급은 사원 자체의 기술력으로 해결하였을 가능성이 높고 이는 제지수공업의 존재를 확인하는 하나의 단서가 아닐까 생각된다.

때문에 제주에서 이루어졌을 것으로 생각되는 각종 수공업에 대해서는 고려에 편입된 지방정부로서 제주의 상황을 고려할 필요가 있고, 본격적인 중앙정부의 행정적 간여에 앞서서 제주에 많은 수의 사원이 창건되고 운영되었다는 점을 상기할 필요가 있다. 이것은 팔관회의 참여나 진헌무역 등에 수반하는 해상교통의 어려움을 종교적으로 풀어내고자 하였던 탐라민의 의지와도 일정한 관련이 있으며, 고려 후기 관영수공업의 쇠퇴와 사원수공업의 확산에 따른 소속 구성원의 기능과 역할이 제주 사회에 끼친 영향에 대해서도 함께 검토되어야 할 것으로 생각된다. 따라서 조선 초기의 제주는 이전 왕조의 각종 수공업이 자체적으로 전승되었을 가능성이 매우 높다고 생각한다(이재창, 1993; 전영준, 2004b; 이병희, 2009).

4. 맺음말

조선 초기 제주의 행정관서인 홍화각의 중건은 화재로 인한 피해 복구와 행정 기능의 강화를 목적으로 1435년에 이루어졌다. 이때 홍화각과 함께 중건된 건물은 모

---

37 『경국대전』에서 밝히는 소속 지장의 제주지역 파견과 관계없이 종이 생산이 이루어졌을 가능성을 전제한다면, 부분적이나마 생산 체계를 갖추었을 것이라 생각된다. 따라서 이를 밝히기 위한 방법으로 조선 전기 제주목사 등으로 부임하였던 관리들의 문집에서 관련 내용을 확인할 때 증명할 수 있을 것이라 생각되며, 추가적인 연구를 통해 보완하고자 한다.

두 206칸에 이를 정도로 대규모의 토목공사였다. 이후 13년이 지난 1448년의 관덕정 수축도 모두 지방 행정의 중심기능을 강화하기 위한 토목공사였지만, 이 과정에서 동원된 인원과 건축자재들은 모두 제주에서 생산된 것으로 목수를 비롯한 와장의 공사 참여는 이전 왕조에서부터 축적되어 온 기술력을 바탕에 둔 것이었다. 더구나 당시의 중앙정부 또한 도성건설이라는 중차대한 목표에 매진하고 있었으므로 지방정부인 제주에 행정력을 추가로 지원하기가 어려웠기 때문에, 지방 행정관서의 수축에는 제주가 보유한 자원과 기술력을 동원할 수밖에 없었을 것이다.

지난 1991년부터 진행되었던 제주목 관아지에 대한 발굴은 문헌 기록으로만 전해오던 제주 행정관서의 상황을 확인할 수 있다는데 중요한 의미를 지닌다. 기록에 따르면 홍화각의 중건에 쓰인 기와는 폐사된 사원의 부자재였지만, 발굴 결과 와적 담장지에 집중되어 있었다. 따라서 전부는 아닐지라도 홍화각의 수축에는 새롭게 제작된 기와도 쓰였을 것으로 생각된다. 이것은 이후 관덕정 중수에서 기와를 구워냈다는 기록으로 재확인되지만, 관영수공업 체제가 미처 정비되지 않은 상황에서 민영수공업자나 관영수공업자가 동원되었다고 보기에는 다소 이해가 어려운 실정이다. 그보다는 고려시대부터 존속해 왔던 15처 내외에 이르는 사원의 조력이 있었을 것으로 생각된다. 이러한 배경에는 특히 제주의 3대 사찰로 손꼽히는 법화사 · 수정사 · 원당사를 비롯하여 묘련사 · 보문사 · 관음사와 같은 사찰이 자체적으로 보유하고 있던 사원수공업 본래의 기능이 요청되었다고 볼 수 있다.

그 이유로는 고려시대 때부터 사원에서는 자체적으로 필요한 승물의 제작이나 토목공사 등에 투입되었던 수공업 기능이 포함되어 있었고, 전 시기에 걸쳐 더욱 강화되는 경향을 보이기 때문에 제주도의 경우에도 일찍부터 전래되었을 것으로 보이는 사원의 존재와 운영방식을 상정해 볼 수 있다. 이에 더하여 제주의 사원수공업은 내륙의 사원에서와 같이 일찍부터 운용되었을 가능성이 농후하며, 고려 숙종 10년에 지방행정 체계에 편입된 이후에도 지속되었을 가능성 또한 매우 높다. 따라서 조선 초기에 이루어진 홍화각이나 관덕정의 수축에는 이전 왕조에서 이루어졌던 사원 자체의 기와수공업 기능이 확장되었을 것이라 판단된다.

제4장

일제강점기 출가해녀 입어 및 해녀어업조합[1]

- 해녀박물관 소장 관련자료 해제 -

박찬식

1. 일제강점기 출가해녀 입어권 분쟁

1) 개항 이후 해녀의 출가

1876년 개항 이후 자본주의화의 영향으로 제주 해녀들의 노동은 경제적 가치를 인정받게 되었다. 경남 지역에 주로 진출한 일본 해조업자들은 일본인 해녀에 비해서 작업 능력이 뛰어나고 임금이 상대적으로 저렴한 제주 해녀들을 대거 내륙지방으로 끌어들여 고용하기 시작했다. 출가 해녀들의 채취물은 1900년경부터 일본 무역상들의 등장으로 수요가 증가하여 환금성이 강한 상품으로 여겨졌다. 결국 출가 해녀들이 채취한 해산물의 상품가치가 높아져서 해녀의 소득이 증가했다.

한편 개항 이후 조선은 제국주의 열강의 군사적 · 경제적 침탈을 직접 받기 시작했다. 이 시기 선진 어업기술을 갖춘 일본어민들은 국가권력의 비호 아래 제주연해

---

1   이 글은 제주학연구센터에서 2019년 12월 발간한 『해녀박물관 소장 자료 번역집』에 수록된 것임을 밝혀둡니다.

에 진출하여 거침없이 어장을 침탈했다. 이 때문에 수산자원이 고갈되어 제주도민들은 커다란 타격을 받게 되었다. 특히 1883년 7월 25일 「한일통상장정」이 체결된 뒤 일본어민의 제주어장 침탈은 급격히 증가했다. 이들은 대거 잠수기선을 몰고 와서 제주 바다의 밑바닥까지 훑어서 전복·해삼·해초 등을 모조리 긁어가 버렸다. 잠수기선 외에 구마모토熊本 출신으로 전복만을 잡는 '하다카모구리'라는 나잠업자들이 대거 제주연안에 침투했는데, 이들의 수입은 잠수기업자를 능가했다고 한다.

해녀들의 채취량은 현저하게 줄어들어 생존권의 위협을 받았고, 결국 이들은 타 지역으로 출가出稼하지 않으면 생계를 이어나갈 수 없게 되었다. 제주 해녀들의 출가는 1887년 경남 부산의 목도牧島(지금의 영도)로 간 것이 시초였다. 이후 일제강점기로 들어오면 한반도 남부 지역뿐만 아니라 북부 지역, 일본, 다롄大連, 칭다오靑島, 블라디보스토크까지 넓어져 갔다.

출가 해녀 수는 1910년 이전에는 약 500명, 1910년 이후 2,000명, 1915년에는 2,500명, 1929년 4,310명, 1939년 4,132명으로 급속히 증가했다(江口孝保, 1915). 1929년경 출가 인원은 4,300여 명이고 어획고가 50만여 원인 데 대하여, 제주도내 작업 인원은 7,300여 명이고 어획고는 25만여 원이었다. 해녀들은 매년 4월경에 출가하여 9월까지 활동을 했는데, 해녀가 많이 분포한 구좌면·성산면의 경우 해녀의 수입이 차지하는 비중이 절반이나 될 정도였다. 사정이 이렇게 되자 해녀들은 어떻게 해서라도 출가 어로에 나서려고 했다. 해녀 출가가 절정에 이르렀던 1932년에 제주도 해녀조합원의 총수가 8,862명이었는데, 그중 57%인 5,078명(일본 1,600명, 한반도 3,478명)이 출가하고 있다. 이와 같이 제주 해녀의 출가 노동은 일제강점기에 일반 관행으로 정착되었다.

19세기 말부터 부산 영도가 경남·강원·함경도 지역으로 출가하는 제주 해녀들의 1차 기착지였다면, 1930년대부터 어항으로 발전한 경북 울진군 죽변은 동해안을 따라 출가 물질을 나갈 때 중간기착지였다. 특히 경상남도 기장과 울산은 그 당시 경제적 가치가 큰 우뭇가사리와 미역 어장이었다(김수희, 2007). 1892년경부터 매년 1, 2월경이 되면 일본인 상인들로부터 자금 공급을 받은 객주들이 제주 해녀를 모집하여 기장과 울산 어장으로 이동시켰다. 우뭇가사리는 일본에서 가공업이 발달하여 수요가 증가하게 되면서 전복이나 미역보다 경제적 가치가 뛰어난 해조류가 되었다. 제주 해녀들이 경남지역으로 많이 진출한 이유였다.

제주 해녀들의 출가 방식은 객주의 모집에 의한 것과 독립 출가 형식이 있었다. 경남·강원·함경도 지역으로 출가하는 해녀들은 대개 동력선이나 기선 편으로 부산 영도에 기착한 다음에 출가 대상지로 떠났고, 전라도 지역으로 출가하는 해녀들은 범선을 타고 갔다. 해녀의 일을 돕는 뱃사공이나 감독자 역을 맡은 남성들은 따로 어선을 타고 다른 지방에 도항했다. 국내 출가 시 이용했던 해로는 화탈도와 추자도를 경유한 다음에, 서해안 방면은 울돌목을 거쳐서 갔고, 동해안 방면은 소안도를 경유하여 남해안 다도해를 따라서 갔다.

제주 해녀들은 일반적으로 봄에 다른 지방으로 출가하여 5~6개월 정도 물질을 하고 가을 추석 무렵에 제주도로 귀향했다. 한 해 더 벌어서 돌아가려고 겨울철에도 일하며 남아 있는 해녀를 '과동녀過冬女'라고 불렀다. 제주해녀들이 일제강점기 이전에는 전복·해삼·미역 등을 채취하여 국내에 판매하는 식량공급 어업에 치중했다면, 일제강점기에는 우뭇가사리·감태 등 해조류를 채취하여 일본에 수출하는 공업용 어업의 원천 인력이 되었다. 국내외로 진출한 해녀의 수입은 객주와 일본 상인 등의 착취에도 불구하고 제주도내 해녀들에 비해서 두 배 이상 많았다.

2) 경남 지역에서의 입어권 분쟁

19세기 말까지도 한반도 연안의 어민들은 바다 밑 패조류貝藻類에 대해서는 관심이 없었고, 연안어업에 대한 전용어업권의 설정도 없었다. 때문에 제주 해녀들은 남해안으로 진출하여 자유롭게 출가 어업 활동을 전개할 수 있었다. 제주 해녀들이 처음 출어한 지역인 경상남도 울산과 기장은 우뭇가사리와 미역 중심 어장인데, 일본 상인들은 경제적 가치가 높던 우뭇가사리 채취를 위해 제주 해녀들을 적극적으로 끌어들였다. 미역을 중시하고 미역밭藿田 소유의식이 강한 현지 어민들의 반감을 의

식해서 제주 해녀들은 우뭇가사리·은행초 등을 주로 채취했다(江口孝保, 1915). 20세기 초까지 출가 해녀들과 현지 어민 사이에 큰 갈등은 표출되지 않았다.

1910년대에 들어와서 출가 해녀들의 채취물 가격이 높은 것을 간파한 현지 주민들은 자신들의 토착 권리를 주장하면서 해녀들로부터 입어료를 대폭 늘려 징수하려고 했다. 이에 제주 출가해녀들과 지방 어민들, 현지 어업조합 간에 적지 않은 갈등과 분쟁이 일어나게 되었다. 대표적인 사건이 1912년에 일어났던 울산 소요사건이었다.

1911년 울산 장생포에 거주하는 일본인 야스도미 노베구마安富暢態가 대화강 유역에서 한천 제조를 시도하고 울산군 전 연안 지역에서 생산되는 천초·은행초 등의 채취권을 연간 3,200원에 매수하기로 30리동里洞과 계약하고 군 및 도의 승인을 얻었다. 야스도미는 제주 해녀를 제외한 지역 어민 및 일본 미에三重현 해녀들을 고용했다. 1912년 5월 우뭇가사리 채취기에 제주 해녀들이 울산군으로 들어오자 지역민들은 야스도미와 이미 계약을 체결했기 때문에 제주 해녀들은 입어할 수 없다고 거절했다. 이 때문에 제주 해녀와 지역 동민들 간에 일대 소동이 벌어졌다. 이 소동은 울산·부산 경찰관과 부산 헌병의 출동으로 겨우 진압되었다. 이것이 입어문제 분쟁의 시초였다.

이 소동은 겉으로는 지역 동민과 제주도 해녀들의 분쟁과 같이 보이지만 그 진상은 일본인 야스도미와 부산 해조상 간의 상권 확보를 위한 분쟁으로서, 지역 어민과 해녀들은 표면적으로 소동을 벌인 데 지나지 않았다. 이 분쟁을 계기로 1913년 조선총독부와 경남의 행정당국자들을 현지에 출장시켜 향후 소요가 일어나지 않도록 해녀입어협정을 체결했다.[2] 결국 1913년부터 제주 해녀들은 새로 생긴 울산군 서생면의 4개 어업조합과 동래군 기장어업조합의 제6종 면허어장에 입어료入漁料를 바치고 채취 활동을 하게 되었다.

1913년 협정 이후에도 해녀 입어 문제는 원만한 해결을 보지 못하고 계속 난항이

---

2 「제주도 해녀 입어문제 경과」(해녀박물관 소장)

거듭되었다. 1913년 당시 울산 지역 어장의 해녀 1인 입어료는 4원 30전으로서, 1912년 전년도 3원에 비해 대폭 인상되었다. 해녀 1인의 우뭇가사리 평균 채취량은 감소하는 데 반해 입어료는 인상됨으로써 제주 출가 해녀들의 생활고가 더욱 심해졌다.[3] 때문에 울산 방면으로 출가하던 해녀 수가 매년 1천 7~8백 명이었는데, 1913년에 1천3백 명으로 줄어들었다. 그러나 채취량의 감소와 고가의 입어료 때문에 제주도로 돌아가는 해녀가 점점 늘어서 1913년 6월 8일 부산에서 제주로 향하는 배편으로 약 150명이 제주로 귀환했고, 울산에서 종사하는 제주 해녀는 8백 명 내외에 불과하게 되었다. 이에 대해 제주해녀의 총대總代인 주정회周晶會와 송해옥宋海玉 등은 6월 10일 수산조합 본부에 출두하여 해녀들의 구제책을 건의했고, 6월 17일에는 제주 해녀를 중심으로 부산 목도(영도)에서 대집회를 개최하여 입어료 인하를 요구하는 청원서를 당국에 제출하기로 결의했다.[4] 제주도 및 한반도 각 지역의 해녀들은 연합하여 전라남도청에 1914년도 해초조업료(입어료)의 인하를 요구하는 탄원서를 제출했다.[5]

제주도 해녀 객주업자 24명의 총대總代 김경찬 외 6명, 부산 해초 객주업자, 수산조합 관계자 등이 1915년 4월 23일 제주도 해녀 입어요금 출자에 대한 상담회를 열었지만 다양한 의견이 도출되어 결정을 보지 못했다.[6] 1917~1918년 제주도 조천면 출신의 주정회周晶會(당시 해녀객주업조합장 겸 제주도출가해녀연합회 대표, 절영도 거주)는 출가해녀들의 권익 보호를 위해 경상남북도 연안의 해녀 출가 지역을 두루 다니면서 상호분쟁 사건을 여러 건 중재했다. 그 결과 해녀들의 입어 제한을 상당 부분 해제시키고 어장 매매를 금지케 하는 데 주력했다.[7]

---

3   『매일신보』 1913년 5월 27일.
4   『매일신보』 1913년 6월 19일.
5   『매일신보』 1913년 8월 31일.
6   『부산일보』 1915년 4월 24일; 4월 25일; 5월 1일.
7   『부산일보』 1917년 4월 18일; 1918년 2월 21일; 4월 20일.

2. 해녀어업조합 설립과 운영

일제강점기 출가 해녀들의 생활은 매우 비참했던 것으로 당시 기록들은 전하고 있다. 해녀들은 채취한 해조류를 객주에게 팔았는데, 객주들이 무지한 해녀들을 상대로 채취량과 가격을 속이는 일이 허다했다. 이들 객주는 매년 1~2월경에 제주도에 와서 해녀들을 모집했다. 응모자에게는 채취물을 좋은 가격으로 매입할 것을 약속하고 출어出漁 준비자금이라 하여 해녀들에게 전도자금을 주기도 했다. 전도자금은 고리대로 대여되었고 물품 대금은 어기漁期를 끝내고 지불했으므로, 그간에 자금이 바닥나버린 해녀들은 하는 수 없이 객주에게 다시 자금을 빌리지 않을 수 없는 악순환이 초래되었다. 그 결과 해녀들은 객주들에게 예속되어 싫든 좋든 수확물은 모두 객주에게 팔지 않을 수 없었다.

객주들의 자금은 거의 일본 상인들이 대어 주고 있었다. 이들 상인들은 객주와 결탁하여 해녀들의 채취물을 헐값으로 사들여서 일본인이 세운 해조회사에 넘겼다. 이외에도 해녀들이 타고 다니는 어선에는 소위 거간꾼이 있어서, 객주와 해녀 사이에 거간료를 가로챘다. 결국 해녀들이 고생하며 채취한 해조류는 제 가격을 받지 못하고, 중간상인이 이익을 가로채 버렸다.

해녀가 출가지에서 채취한 해조류는 대부분이 부산의 조선해조주식회사에 의해 판매되고, 매상고의 5할은 이 회사에 수수료로 지불하고, 1.8할 정도는 해녀조합의 수수료로 공제했다. 여기에다 조합비, 선두船頭의 임금, 거간 사례비 등으로 다시 공제했으므로, 해녀의 실수입은 2할 정도밖에 안되었다고 한다. 해녀조합 운영자들은 모리배들과 결탁하여 지정상인을 만들어 상권을 좌우하고, 각종 생산물은 아직 채취하기도 전에 매입이 행하여지고 있었다. '선구전제先口錢制' 판매라고 하여, 아직 바다 속에서 어획물을 채취하기도 전에 지정상인들에게 입찰시켜서 최고가격 입찰자에게 매수권을 인정하여 지정판매권을 부여하는 방식을 강요했다. 그러므로 그 대상 물건의 지정 가격은 시가의 반액 정도로 낙찰되는 것이 보통이었고, 생산자는 시가를 알면서도 지정가격대로 따라가지 않으면 안 되었다. 남은 이윤은 생산자인 해녀가 아니라 해녀조합과 상인들에게로 넘어갔다. 생산자에게 지불할 대금은 생산물이 완전히 상인에게 인도된 후 상당한 시일을 두어 결제하여도 무난했으므로 해녀들에게는 대금 지불이 상당히 늦어졌다.

결국 당시 해녀들은 자신들의 채취물을 자유로이 판매할 권리조차 없었던 것이다. 또한 그들은 무지했기 때문에 부당한 수수료나 선주들의 교제비를 부담하고, 자신들이 받아야 할 배급물자도 선주에게 가로채이면서도 아무런 저항을 하지 못했다.

1910년대 출가해녀들의 비참한 생활상을 접한 제주도의 유지들은 이들의 권익을 보호하는 방편을 구상하게 되었고, 1919년 10월경에 김태호 등이 발기하여 '제주도 해녀어업조합'을 조직했다. 그리고 1920년 4월 16일 정식으로 해녀조합은 창립되었다. 이 해녀조합은 해녀의 보호와 구제를 위하여 해녀가 생산한 물건을 공동으로 팔게 하며, 중개도 하여 주고, 출가 자금을 융통하여 주기 위하여 설립되었다.[8]

당시 제주도 당국은 상위 행정구역인 전라남도에 의뢰하여, 전남 도지사가 해녀들의 주요 활동 지역인 경상남도 당국과 협상을 했다. 그러나 마침 부산에 일본인이 조선해조주식회사를 세울 계획이 있음을 알고, 전남 도지사는 해녀조합을 이 회사에 부속시키기로 하여 버렸다. 이에 반발해서 부산의 수백 명 해녀단체가 해녀조합의 조선해조주식회사 예속을 반대하는 시위를 벌이고 해녀조합 측에 자신들을 구제해 달라고 강력하게 호소했다. 결국 해녀조합 측에서는 발기인 김태호 등이 곤도近藤 제주도사를 앞세워 직접 경상남도 당국과 협상을 했다. 그 결과 1920년 4월 28일 경남도청 지사실에서 제주도, 경상남도, 조선수산조합, 조선해조주식회사의 관계자들이 모인 가운데 회의를 열었다. 회의 결과 조선해조주식회사 예속을 거부하는 해녀조합의 주장이 대부분 관철되었다.[9]

결국 전남 측에서는 해녀어업조합을, 경남 측에서는 해조주식회사를 설립함으로써, 해녀가 채취한 해초를 해녀조합이 해조주식회사에 위탁하여 경매에 붙여서 최

---

8   『동아일보』 1920년 4월 22일.
9   『동아일보』 1920년 5월 5일; 「제주도 해녀 입어문제 경과」.

고가격으로 판매하게 하고 해조회사는 수수료를 취득하는 방식에 합의하게 되었다. 이제 울산·동래·기장·부산 등 각 연해에서 채취하는 해조는 전부 제주도해녀어업조합의 감독 하에 조선해조주식회사에 위탁 판매하기로 결정되었다.[10]

해녀조합은 설립 직후부터 제주도 일원을 대상으로 조합원 8,200명을 가입시켰다. 본부는 제주읍내 삼도리에 두고 각 면에 12개의 지부를 설치했다. 출가 해녀의 보호를 위해 부산에 출장소, 목포·여수에 임시출장소를 설치했다. 해녀조합은 1920년 5월 21~22일 이틀에 걸쳐 조합원 총대회를 열어, 조합자금 3만원을 식산은행 제주지점으로부터 대출받고 해녀들의 어로품은 조합 부산출장소와 제주도 내 각 지부에서 공동경매에 붙이기로 결정했다.[11]

이후 해녀조합은 해녀들의 권익 보호와 신장을 위하여 여러 가지 노력을 기울였다. 1921년부터 1923년까지 부산에 있는 조선해조주식회사 주식 1천 주를 인수하여 공동판매를 조합의 직접 관할로 전환시켰다. 해녀조합의 공동판매고는 1921년에 9만원, 1922년에 19만원, 1923년에 22만원, 1924년의 경우 30만원으로 급신장했다.[12]

그 결과 제주 해녀들의 출가는 더욱 늘어나게 되었다. 그러나 출가 해녀의 급증으로 경상남도의 지역 어업조합과의 갈등을 빚게 되었다. 해녀조합의 활동 이후 1923년 기장 지역에서, 1924년 부산 영도 동삼동 지역에서 그 지역 어업조합과의 분쟁으로 인한 폭행 사건까지 발생했다.[13]

1923~1924년 제주도해녀조합과 지원 어업조합 사이의 해녀 입어를 둘러싼 연속적인 분쟁 문제에 대해 전라남도와 경상남도 당국은 수차례 협상을 거친 끝에 1925년 2월 27일에 '해녀의 입어에 관한 협정'을 체결했다.[14] 이 협정문의 제1항에 "제주도 해

---

10 『매일신보』 1920년 7월 12일; 1921년 2월 26일.
11 『동아일보』 1920년 6월 1일.
12 「제주도해녀어업조합 연혁」(해녀박물관 소장).
13 『조선일보』 1923년 5월 10일; 5월 14일; 『동아일보』 1924년 4월 28일.
14 『매일신보』 1925년 1월 21일; 1925년 1월 31일; 『조선신문』 1925년 3월 1일; 「제주도 해녀 입어문제 경과」.

녀어업조합원인 출가 해녀는 향후 지역 어업조합에 가입하지 않으면 안 될 것"이라고 했고, 제2항에는 "현재 지역 어업조합 지역 내에 거주하는 제주 해녀로서 천초·은행초·앵초 등을 채취하는 자는 제주도해녀어업조합원으로 간주한다."고 했다.

이 협정에 따라 제주해녀들은 경상도 지역 어업조합에 가입하지 않으면 안 되었다. 또한 생산물의 거의 절반 이상을 해조회사에 팔지 않으면 안 되었고, 입어료도 거의 5할 이상 인상되었다. 그리고 제주도 해녀는 1,712명에 한하여 부산·동래·울산 지방에서의 입어를 허가받게 되었다. 1931년 3월 현재 제주해녀어업조합에 소속된 제주 출가해녀 540~550명이 경상남도로 이주하여 경남지역 어업조합에 가입하여 활동하게 되었다.[15] 결국 1925년의 협정으로 많은 제주도 해녀들은 경남 어장에 이주 정착하여 경상남도 어민으로 살아가게 되었고, 출가로 인한 수입 확보에 불리함을 겪지 않을 수 없었다.

위와 같이 1925년 해녀입어협정이 체결되었음에도 불구하고 제주해녀어업조합에 소속된 출가해녀들의 입장을 대변하는 전라남도 측은 종래의 관행으로 돌아가고 싶다는 입장을 지속적으로 경상남도 측에 전달했다. 전남 측은 이주 해녀를 지역 어업조합에 소속시켜 버림으로써 제주해녀어업조합은 유명무실해지고 기존에 부산·동래·울산의 전 연안에 입어 관행을 가지고 있던 것이 한 지역의 어업조합에 가입함으로써 다른 어업조합의 지역에 대한 관행은 상실하게 되었다고 우려했다. 그러나 경남 측에서는 ① 이주 해녀가 지역 어업조합원이 되어도 기존 관행은 인정한다. ② 입어료도 1925년 협정에 규정한 입어료를 군내 어업조합 수에서 나눈 금액을 각 어업조합에 징수하고, 그 총액을 초과하는 새로운 부담을 부과하지 않는다고 했다. 그러나 제주 출가해녀가 경상남도로 이주한 이상 경남도민이기 때문에 어업령 제4조 제15조의 적용을 받는 것은 당연한 것이고 이미 타지로 이주 전적한 이상은 타도의 도민이 된 것이며, 타도의 앞바다를 빌려 영업을 하는 약점 때문에 어쩔 수가 없었

---

15 『동양수산신문』 1931년 3월 25일.

그림 1. 제주도해녀어업조합의 해산을 결정한 조합 임시총대회(1936. 5. 20)

다.[16]

　이러한 제주도 해녀들의 불리함을 감안하여 전라남도 당국에서 1925년 협정의 개선을 요구한 결과, 1932년 4월 20일 새로운 협정안이 조인되었다.[17] 이에 따라 1930년대 초반까지 경남 지역으로 호적을 옮기지 않은 제주 출가해녀들에게 경남지원어업조합원과 해녀어업조합원의 자격을 같이 인정하고 해조 판매와 관련해서도 해녀조합의 지분을 인정하였다.

　그러나 1936년 12월 22일 해녀어업조합과 어업조합이 합병하여 제주도어업조합

16　『동양수산신문』 1931년 3월 25일.
17　『동아일보』 1932년 4월 23일; 『조선일보』 1932년 4월 26일.

으로 출범하게 되면서,[18] 1937년 5월경에는 경상남도에서는 해녀어업조합이 갖고 있던 해녀입어협정은 소멸된 것으로 해석하기에 이르렀다.[19] 이후 태평양전쟁과 해방의 정치사회적 변화를 겪으면서 제주 출가해녀 입어권 문제는 또 다른 국면을 맞이하게 되었다.

3. 자료 해제

1) 제주도해녀어업조합 연혁濟州島海女漁業組合沿革

1929년 6월 제주도해녀어업조합이 자체적으로 작성한 조합 연혁 문건이다. 출가해녀들의 경제적·사회문화적 어려움을 인식한 제주도 유지들이 출가해녀와 제주

---

18   『조선총독부 관보』 1936년 12월 22일; 1937년 3월 31일. 「(제주도어업)조합의 개요」(해녀박물관 소장).

19   『동양수산신문』 1937년 12월 15일.

도 거주 해녀의 구제 보호 및 복리 증진을 위해서 1917년부터 해녀어업조합의 설립을 계획하여 1920년 4월 16일 공식 출범한 이후 1929년까지 운영 상황을 총체적으로 정리한 문건이다.

목차별 주요 내용을 정리하면 다음과 같다.

1. 조합의 설립 취지 : 제주도내 해녀와 도외 출가해녀의 분포 및 출어 인원, 어획고, 제주도 경제에 미치는 영향, 해녀들의 구제 보호 및 복리 증진을 위해서 해녀조합이 설립된 경위 등이 정리되어 있다.

2. 조합 조직 : 조합의 관할 지구, 사무실 위치, 조합 지부 설치 상황, 도외(부산, 목포, 여수) 출장소 조직 상황이 기술되어 있다.

3. 본 조합과 해조회사와의 관계 : 출가해녀들이 채취한 해조류 판매를 둘러싸고 해녀조합과 경남 부산에 설립한 해조회사 사이에 빚어진 절충 내역을 정리한 기록이다.

4. 본 조합원 출가 입어에 관한 협정 사항 : 1923~1924년 해녀조합과 경남 현지 어업조합 사이의 해녀 입어를 둘러싼 연속적인 분쟁 문제에 대해 전라남도와 경상남도 당국이 수차례 협상을 거친 끝에 1925년 2월 27일~28일에 걸쳐서 '해녀의 입어에 관한 협정'을 체결했다.[20] 이 협정문의 제1항에 "제주도 해녀어업조합원인 출가해녀는 향후 현지 어업조합에 가입한다."라고 했고, 제2항에는 "현재 현지 어업조합 지역 내에 거주하는 제주 해녀로서 천초 · 은행초 · 앵초 등을 채취하는 자는 제주도 해녀어업조합원으로 간주한다."고 했다.

5. 조합의 업무 상황 : 1920년부터 1929년까지 조합의 설립 인가, 총대회 소집, 공동판매 시설 사업, 출장소 설치, 조합원 수, 조합원의 어획고 성적, 공동판매 상황, 조합원에 대한 대부 사업자금, 보조금 수령 현황, 조난 구휼사업 계획, 수산물 단속, 학

---

20 『매일신보』 1925년 1월 21일; 1925년 1월 31일; 『조선신문』 1925년 3월 1일; 「제주도 해녀 입어문제 경과」.

자금 보조시설, 기타 사업 현황 등이 기록되어 있다.

6. 본 조합 각 연도 예산표 : 1920년부터 1929년까지 매년 수입 지출 현황을 표로 정리해 놓았다. 1926년부터는 조합 본부와 부산 출장소 예산을 구분하여 정리했다.

7. 조합 재산 : 1929년 4월 1일 현재 조합의 토지, 건물, 기본금 적립금, 사업자금 적립금, 조난구휼 적립금, 증권, 기구 기계, 어업권 등 재산 현황을 정리해 놓았다.

8. 역원 및 직원 : 조합장, 이사, 감사, 평의원, 지부장 등 임원과 서기, 기사 등 직원 현황을 기록했다.

※ 끝에 1928년 12월 개정된 제주도해녀어업조합 규약을 수록했다.

2) 제주도 해녀 입어문제 경과濟州島海女入漁問題經過

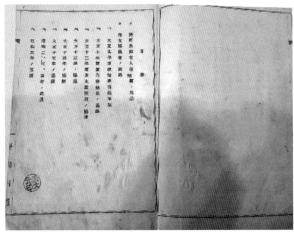

1935년 경상남도 부산부에서 작성한 제주도 출가해녀의 경남 연해 입어문제와 관련된 경과 사항과 경상남도와 전라남도 행정당국 사이에 해녀입어를 둘러싼 수차례 협정 내역을 정리한 문건이다. 19세기 말부터 부산 영도, 동래, 울산, 기장, 통영 등 경남 지역 연해에 진출한 제주 출가해녀들을 둘러싼 입어권 분쟁이 자주 발생했기 때문에 제주도의 상급 행정구역인 전라남도 당국과 출가 지역인 경상남도 당국 사

이에 수차례에 걸쳐서 협상이 이루어지고 협정이 체결되었다. 이 기록물에 연도별로 해녀 입어권 협정 내용이 요약 정리되어 있다.

목차별 주요 내용을 정리하면 다음과 같다.

1. 제주도 해녀 입어문제 경과 : 1895년경 제주도 해녀의 경남 연해 우뭇가사리 채취 시작 경위, 1912년 울산군 분쟁사건과 1913년 입어료 협정 체결, 1919년 제주도해녀어업조합의 설립 배경, 1920년 2월 설립 예정인 해녀조합과 부산의 조선해조주식회사의 해조류 판매를 둘러싼 협의 내역 등이 기록되어 있다.

2. 해녀 협의회 경과 : 1920년부터 1935년까지 경상남도와 전라남도 당국 간 해녀 입어에 관한 협정 내용이 연도별로 정리되어 있다.

1) 1920년 양도 지사 협의 사항 : 해녀 입어 수 제한, 조선해조회사와 해녀조합의 제휴, 입어료 등 기록

2) 1921년 양도 내무부장 협의 : 해녀조합의 조선해조회사 주식 1천 주 인수, 해녀조합과 해조회사 간 제휴 내역 등 기록

3) 1923년 양도 수산 기술자 협의 : 해조회사의 해녀조합 융통자금, 판매 수수료 및 수입 분배 내역 기록

4) 1924년 협의 : 해녀조합과 해조회사 간 협의회에 대한 현지 어업자의 불만으로 빚어진 울산군에서의 분쟁사건을 해결하기 위한 협의 내용 기록. 울산·동래 양 지역 연안에 거주하는 해조 도매상의 실업 구제 문제, 지역 조합에 해녀 가입 여부에 관한 건 등 기록

5) 1925년 협의 : 1925년 1월 부산에서 양도 내무부장, 동 수산과장, 관계 도사島司, 부윤府尹, 군수 등 회합한 후 체결한 협정(제주도 해녀입어 문제에 관한 협정서, 제주도 해녀 및 현지민의 채취 해조 공동판매에 관한 협의 등) 내용 기록

6) 1926년 협의 : 1926년 3월 부산에서 경남 현지민의 채취물 위탁판매 및 수수료의 비율 문제에 대해 재협상하여 체결한 협정 내용 기록

7) 1927, 1928, 1929년 경과 : 당시 시행 중인 협정 개정 방안, 세목 협정 개정안을

정리한 기록

8) 1930년 협의 : 경상남도에서 제시한 협정 개정안에 대한 전라남도의 반대 의견을 정리한 기록

9) 1931년 협의 : 1930년 개정안에 대한 심의를 거친 후 1931년 3월 19일 종래의 협정을 해제하고 전라남도 지사에게 통보한 제주도 해녀 입어문제에 관한 문건

10) 1932년 협의 : 1932년 이후는 현지 조합의 지역 내에 거주하는 해녀는 현지조합원으로 하고 그 거주 해석은 본부에서 결정하는 것으로 하고, 제주도 해녀수산조합설립에 관한 건 등에 대한 협의 내용을 기록한 문건

※ 목차에는 〈11. 1933. 1934, 1935년의 경과〉 부분이 적혀 있으나, 본문에는 내용이 수록되어 있지 않다.

3) 제주도어업조합 규약濟州島漁業組合規約

1936년 12월 22일 설립된 제주도어업조합의 규약을 정리한 문건이다.

제주도어업조합은 1936년 5월 20일 제주도해녀어업조합, 한림면어업조합, 구좌면어업조합, 제주읍어업조합, 조천면어업조합, 애월면어업조합, 성산면어업조합 등 7개 조합의 총대회에서 해산 결의를 거쳐서 1937년 12월 22일 이들 조합이 병합되면서 설립되었다.[21] 제주도어업조합의 사무실은 제주읍 삼도리의 제주도

---

21 『조선총독부 관보』 1937년 3월 31일. 조합의 연혁에 대해서는 해녀박물관에 소장된 「조합의 개요」를 참고하면 좋을 것이다.

청에 두었다. 조합의 목적은 조합원으로 하여금 어업을 위해 어업권을 취득하고 또는 어업권 대부를 받아 조합원의 어업에 관한 경제 또는 구제에 필요한 공동시설을 마련하는 것에 두었다. 조합원의 자격은 조합 지구 내에서 포개捕介 채조업자 및 기타 일반 어업자로 하였다. 조합장은 설립 당시 제주도사 후루카와 사다키치古川貞吉가 겸직했다.

이 규약에는 조합원, 역원 및 직원, 의원 및 총대회, 회계 및 재산 관리, 어업권의 행사, 공동시설(위탁판매, 공동구입, 대부금, 조난구휼, 공동설비, 위약자 처분) 등의 조합 운영 규정이 수록되어 있다.

제5장

제주시 칠성로 다방문화의 식문화사적 의미[1]

오영주

1. 머리말

옛 제주성濟州城의 안內 마을 '성안'은 제주의 물류 중심지이자 정치·문화의 1번 지였다. 비록 적은 면적이긴 하나 성안을 중심에 두고 섬의 상업도시로 발전해나갔 다. 목관아에서 가장 가까운 포구는 산지포, 별도포(화북포) 그리고 조천포가 있었다. 이 포구는 한라산과 곧은 정북방향으로 향하고 있어 육지로 출입하는 직항로로 이 용되었다. 포구를 통해 들어온 상품은 상인들과 함께 제주성안으로 들어왔다. 타지 에서 온 상인들은 성안에서 끼니를 해결해야 했다. 산지천에서 관아까지 이르는 주 변에는 크고 작은 영업집이 들어서 중심상권을 형성했다. 주로 이곳에서 상거래가 이루어지면서 자연적으로 요리와 음주문화가 성행하게 되었다.

이렇듯 육지에서 들어온 상인들(어용상, 보부상)이 모이고 관공서가 있어 도민이 붐비

---

1   이 글은 (사)한국조리학회에서 발행한 2019년 제79차 정기춘계학술대회 발표논문집(구두논문발 표-5, 2019년 5월 11일, 경성대학교 건학기념관)에 실린 「커피와 다방문화, 80년 여정으로 돌아본 제주음식역사」를 새로 쓴 것(서론, 결론, 각주, 본문 일부 등)이다.

는 제주 성안(동문과 서문의 구
간)은 상설음식점이 생길 수
있는 조건을 갖추고 있었
다. 그래서 성안 동문과 서
문의 중심지인 칠성골 주변
에는 음주와 숙식을 할 수
있는 객주집들(김만덕 객주터
등)과 숙소(영주관 등)가 들어
섰고 관비 또는 퇴직기녀들
과 함께하는 음주문화가 형
성되기 시작한 것이다.[2] 이

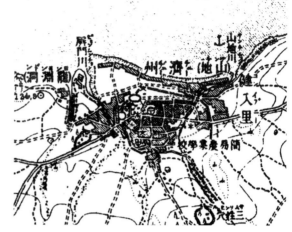

그림 1. 제주성안 칠성통 주변도(朝鮮總督府, 1929: 176).
칠성통을 중심으로 건물들이 밀집되어 있음.

로써 제주 정치·경제·문화의 중심인 칠성골은 육지의 음식문화가 제주로 들어오
는 도래지이며 제주음식문화가 육지로 나가는 발신지가 되었다. 그럼에도 불구하고
조선 후기 200년의 도민 출륙금지령(1629~1823)은 제주 외식업의 발달을 더디게 했다.
어업에서 얻은 해산물을 내다 팔고 다시 곡물을 얻는 경제활동마저 곤란했다.

외부의 음식문화가 비로소 제주에 들어오기 시작한 시기는 1910년 한일강제합병
이후의 일이다. 일제는 경제수탈을 위해 도민들을 동원하여 1912년부터 2년간 해안
부락을 연결하는 일주도로를 대대적으로 개수하였다. 이어 1914년부터 3년 계획으
로 일주도로 1백81km를 도폭 6m로 확장시킨 신작로를 완성하였다(이즈미 세이이치,
1966: 61-65). 말이나 마차가 다니던 길을 자동차도로로 만들었다. 이와 더불어 제주항

---

2   '칠성골'은 '칠성단(七星壇)'이 있는 곳을 가리켜 말해진다. 『新增東國輿地勝覽』 卷三十八, 全羅
     道, 濟州牧, 古跡) 七星圖. 在州城內. 石築. 有遺址. 三姓初出, 分占三徒, 倣北斗形, 築臺分據之, 因
     名七星圖. (칠성도: 주 성 안에 있다. 돌로 쌓았던 옛터가 있다. 삼성(三姓)이 처음에 나와서 삼도(三
     徒)를 나누어 차지하고 북두성 모양으로 대를 쌓아 나누어 웅거하고 인하여 칠성도(七星圖)라고
     이름하였다.) 현재 칠성통(七星通)이라고도 부르는데 이는 일제강점기 때 집단을 이뤄 거주했던
     일본인들이 일본식으로 붙인 마을 이름이며, '혼마치'(본정통, 本町通)라고도 했다. 따라서 본 글
     에서는 일제 강점기 이래 제주사람들이 일상적으로 상용해온 '칠성통'으로 통칭하여 쓰겠다.

도 개발되었는데, 1926~1929년의 3년 동안 1차개발 그리고 1931~1934년 동안 2차개발을 추진하였다(황경수, 2004: 144-145). 비로소 제주 내부의 도로망이 연결되고, 조선시대 굳게 잠겨있었던 섬에서 본토와 일본으로 나가는 바닷길이 다시 열린 것이다.

열린 바닷길로 다양한 외부의 집단들이 섬으로 들어오고 바깥으로 나갔다. 이와 동시에 칠성통 주변에는 외부의 신식문화와 상품이 유입되고 나가는 문화교류의 장이 마련되었다. 일제 강점기 일본인 거류지가 칠성통 인근에 형성되고 근대 일본식 상설점포들이 들어섰다(그림 1). 그리고 가까운 관덕정 광장에는 커다란 시장이 형성되어 상거래가 더욱 촉진되었다. 해방 후 일본인이 물러나고 그 자리에 미군정이 들어서고 재일제주인들이 귀환하여 생활의 터전으로 삶았다. 그뿐만 아니라 4 · 3사건을 진압하기 위해 들어온 토벌대와 서북청년단이 주변에 자리를 잡았다. 얼마 후 6 · 25전쟁 중에는 본토에서 피난민과 군인들이 제주항으로 대거 유입되자 이곳에서 서로 엉키어 미증유의 성시를 이루었다. 그중에는 문인 · 예술가 · 학자 · 의사 · 상업인 등 다양한 계층이 뒤섞여 있었다(고시홍, 1984: 240).[3] 그야말로 칠성통은 상거래 장소로 그치지 않고 사회 · 문화의 용광로이자 정보와 지식이 유통되고 변화가 촉발되는 원천이 되었다.

이와 같이 전통사회에서 도시화와 산업사회로 이행해 가는 과정을 근대화의 거울에 비춰보면, 다양하고 유의미한 식문화현상들을 관찰할 수 있다. 그중 하나가 서구의 카페café문화에서 변용된 로컬 다방문화의 생성과 소멸이라 하겠다. 본 글은 과거 제주도 신문화의 도래지였던 칠성통과 그 주변에 성업했던 다방의 라이프 사이클(도입, 발전과 흥성, 쇠퇴와 소멸)을 시계열적으로 들여다보고 그 속에서 다양한 음식문화의 현상과 그 의미를 찾아내는데 있다. 좀 더 상세하게는 다방에서 사라진 것 그리고 변함없는 부분과 반대로 변화하는 부분에 대해 고찰하고 이러한 맥락에서 현대의 카

---

3   金永三(시인)은 1959년 『자유문학』 5월호 「제주문학근황」에서 '六 · 二五 當時에는 博士님만 손꼽아도 四十三名을 포함한 수백의 學界人士가 피난했던 것을 濟州文壇史에 銘記해야 할 것이다.'하고 있다.

페의 모습을 묘사하는 것으로 마무리하고자 한다.

2. 커피문화의 도래, 태동기(1930년대)

본래 '카페'는 커피를 의미했다. 제주성안에도 1930년대 말 카페가 있었다. 『제주도세요람濟州島 勢要覽』의 주요 상공업자 명부에는 상호 '카페 긴스 이ヵフェー 銀水'로 나타나며(그림 2), 대표자는 일본 인 사이고간지西鄕寬治이다(濟州島廳, 1937: 174). 일본 인들이 거주하는 칠성통本町을 중심으로 제주항에 서 멀지 않은 곳에 위치했을 것으로 보인다.

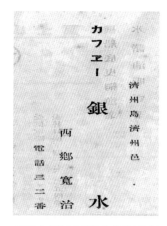

그림 2. 『제주도세요람』(1937)의 부 록에 게재된 '카페긴스이' 광고

일본에서 카페라는 상점의 출현은 1911년(메이지 44년)이다(『日本大百科全書』).[4] 초기에 파리의 카페 레 스토랑을 답습하여 커피 그리고 양주ㆍ양풍요리 를 제공하고 거기에 웨이터가 손님 옆에서 서비스를 했다. 그 점포를 카페라고 불렀 다. 당시에 음질과 음량이 뛰어난 레코드와 축음기가 있었다. 낮에는 클래식 음악을 들려주며 커피를 팔았다.

그러나 이내 카페는 성性산업적으로 변질되기 시작했다. 1930년경부터 오사카의 카페자본이 동경 신주쿠로 투입돼 노골적인 성매매가 시작되었다. 1932년 기준 일 본 카페의 업소 수는 3만여 개로 여직원은 8만9,000명에 달했다(『日本大百科全書』). 파 리의 카페에서 남자 종업원이 서비스하는 방식을 일본에서 여성접대부로 변종시킨

---

4   일본 찻집의 시작은 1888년(메이지 21) 4월 도쿄 시모야(下谷) 西黒門町에 생긴 可否茶館(ヵッヒ ーちゃかん)이고, 카페를 명명하는 제1호는 1911년(메이지 44) 3월 도쿄 쿄바시구 히요시마치(현 재의 긴자 8가)에 개점한 카페ㆍ플랜탄으로 젊은 화가나 시인들의 구미풍 대화장소의 요구에 부응 하여 창업되었다.

것이다. 말하자면 원래 커피를 마시던 유럽의 '카페'가 술과 식사를 판매하는 일본 스타일로 변질된 것이다.

이로 미루어 1937년 『제주도세요람』의 광고란에 게재된 '카페 긴스이'는 낮에는 커피 등 차를 파는 끽다점 '깃사뎅喫茶店'이고, 밤이면 여성 접대부가 손님 옆에서 술 시중을 드는 양풍 요리점일 가능성이 크다. 『生活狀態調査(其二)濟州島』에 의하면 1928년 기준 제주읍에는 10개의 요리점이 있었으며, 당시 기생 수는 11명이었다(朝鮮總督府, 1929: 131-132).

따라서 '카페 긴스이'는 일본의 가이세키료리會席料理를 파는 회석요리점과 다른 형태인 서양풍의 요리점이며, 이 카페에서 손님들에게 커피가 제공되었을 것으로 추정된다. 이는 곧 제주에서 유사 이래 처음으로 서양 커피가 판매되었다는 사실을 의미한다.

그렇다면 커피는 어떤 경로로 제주에 유입되었을까. 1938년 말 기준 제주성안에는 일본인들이 칠성통을 중심으로 인근에 168호 673명이 거주하고 있었다. 일본인들은 그들의 식재료나 기타 일상의 생활필수물품을 본국에서 정기적으로 들어오는 여객선박에 의존했다. 당시 정기 여객선인 군대환君代丸(기미가요마루)은 일본 소화운송주식회사昭和運送株式會社에 의해 1922~1945년까지 운항되었다(그림 3). 군대환은 570명이 승선할 수 있는 대형 여객선으로 그 항로는 제주산지~하관~대판이었다(釜山商業會議所, 1930: 32-37).

그림 3. 제주와 오사카 사이에 취항했던 군대환의 제주 항로도(釜山商業會議所, 1930: 35)

제주성안에는 일본인들을 위한 생활필수물품들을 유통시키는 상가가 형성되었다. 대표적인 직수입 무역상 '박종실상점朴宗實商店'을 비롯하여 원정로(관덕로)의 직수출입무역상 '제주상사주식회사濟州商社株式會社', 우편국 앞의 도소매 '성카나리아상점成カナリ商店'(점주 김덕성) 등이 그것이다.

　『제주도세요람』의 부록에 게재된 무역상의 홍보 명함에는 취급품목으로 기코만간장·일본주·양주·기린맥주·통조림·아지노모토·설탕·밀가루·성냥·화장품류·잡화류 등이 확인된다. 여기에 커피가 품목에 직접 표시되어 있지 않았지만 잡화류에 포함되었을 것으로 추측된다. 당시 커피는 생활필수품목이 아니라 '카페 긴스이'에서 상업적으로 사용되었던 전용품 또는 제주 거주 일본인 673명 중 일부 특수계층에서 음용할 정도의 기호품이었기 때문이다.

　초창기 커피는 '가배당珈琲糖'이라는 불리는 커피설탕이었을 것으로 추측된다. 가배당이란 일회용 봉지에 설탕과 커피가 혼합되어 있는 티백 상태로서 찻잔에 뜨거운 물만 부으면 먹을 수 있게 만든 인스턴트 커피차이다. 지금처럼 설탕과 프림을 넣은 믹스커피와는 달랐을 것이다. 이러한 사실은 『황성신문』1901년 6월 19~21일자 3면의 '구옥상전龜屋商廛' 잡화점 광고에 실린 '珈琲糖'(가배당)의 포장형태에서도 확인된다(그림 4). 어찌하든 처음으로 제주도에 커피문화가 전래된 것은 산지항과 일본 오사카항을 오갔던 정기 여객선인 군대환을 통해 세계적인 상업도시 오사카로부터 수입되면서 시작되었다고 해도 크게 무리가 따르지 않는다.

　커피를 마시는 카페나 그룹에서는 커

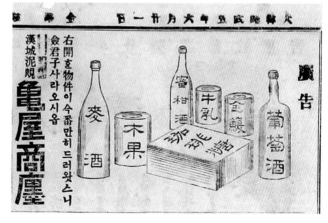

그림 4. 황성신문 1901년 6월 19~21일자의 잡화광고의 '가배당'(珈琲糖)

피향과 함께 분위기에 어울리는 음악이 필수적이다. 커피문화의 존재는 당시 음향기기에서도 확인된다. 『제주도세요람』의 부록에 게재된 무역상의 홍보 명함을 살펴보면 제주성안에 음향기기를 판매하는 상점들이 보인다. 칠성통 상가에 자리 잡은 '모리시계점森時計店'과 '삼화상점三和商店'에서 일제 레코드판과 측음기를 판매했음을 알 수 있다.

한편 우리나라 본토에서 커피문화는 한말에 이르러 인천항의 개항과 함께 개화의 물결을 타고 커피가 유입되었다. 커피는 원음의 차용어 '가비차加比茶' 그리고 커피를 마시는 장소인 카페café의 차용어 '가배차珈琲茶'라고 불렀다. 또는 서양에서 쓴맛이 나는 탕약이 들어왔다 하여 양탕洋湯이라도 했다. 개항 직후 외국인에 의하여 서울·인천 지역에 세워진 호텔의 부속다실이 우리나라 다방의 선구가 되었다.[5]

한일합방 직후 일본인들이 '깃사텐喫茶店'을 지어 놓고 커피 장사를 시작했다. 1910년 일본인 나까무라가 명동의 진고개에 '나까무라 깃사텐'이 개점된 이후 연이어 금강산·모나리가森永 등이 명동에서 끽다점을 열었다. 여기에 커피용품을 판매하는 일본인 직영 식료잡화점이 등장하여 끽다점과 호텔에 커피를 납품했다.

일제강점기에 끽다점을 개업하는 것뿐만 아니라 커피도 수입하여 유통사업을 벌여나갔다. 당시 끽다점의 주 고객은 일본인과 친일파들이고 그들의 친목장소로 사용되었다. 또한 그들은 일본에서 카페를 도입하여 개업했으며, 1920년대 유행과 함께 밤의 퇴폐문화도 일본에서 들여와 창궐하게 했다.

성안에 개점한 '카페 긴스이'는 어떤 분위기였을까. 당시의 분위를 전하는 제보자를 찾지 못해 그 실태를 알 수 없다. 김석종(1924~?, 건입동)에 의하면, "칠성로에 긴수이銀水란 일본기생 술집이 있었는데 돈 있고 상당한 사람만 다녔다"는 정도이다(김석종, 2008: 228). 하지만 당시의 유흥문화는 어느 정도 구성해볼 수 있다. 일본에서 사들

---

5   일례로 고종 황제의 황실 전례관(典禮官, Hofzeremonienmeisterin)인 1902년 미스 독일인 마리에 안토이네테 존탁(Marie Antoinette Son(n)tag, 1838-1922))이 정동 29번지에 지은 '존탁호텔'(Son(n)tag Hotel)에 처음으로 호텔식 다방(식당, 회의장 등)을 개업했으며, 고종에게 아침식사에 커피를 제공했다(Bräsel, 2014).

인 레코드와 측음기에서 나오는 달콤한 선율, 5색 네온등과 어두운 조명, 기모노를 입은 일본기생의 전형적인 목소리, 서양악기가 있고 커피를 마시는 끽다실 그리고 일본식 전통요정과는 다른 에로틱한 향락적 분위기가 압도했을 것이다. 그뿐 아니라 팁 몇 푼이면 몇 시간 보낼 수 있었을 것이다.[6]

특정 지역에서 커피문화의 존재는 ①지역 내에 커피의 유통망이 존재하는가 ②커피를 소비하는 주 고객이 누구인가 ③커피를 마시는 상업적 장소가 있는가 ④커피를 마시는 분위기와 함께 하는 음향기기(레코드, 측음기) 등이 유행하는가 등으로 판별 가능하다. 이러한 측면에서 일제강점기 제주성안에 개업한 카페, 제주와 일본의 정기 여객선과 연결된 커피수입의 유통망, 커피문화를 알고 있었던 일본인들의 제주 이주, 커피문화를 향유하는 데 필요한 음향기기의 판매 등의 사실은 제주의 커피문화를 수용하고 확대해 나가는데 필요한 기반으로 작용했을 것이다.

3. 위안처 '칠성다방', 커피문화의 개화기(1940년대)

일제 강점기말 1941년 일본은 아시아를 대상으로 태평양 전쟁을 치르고 있었다. 미국과 전쟁으로 인해 설탕과 커피의 수입이 막히면서 국내 커피점은 쇠퇴 국면으로 접어들어 전쟁말기에는 거의 폐업 상태에 들어갔다. 전시체제 하에서 '영미 양풍을 쫓아내자'는 운동이 커피를 마시는 사람을 부정적으로 인식했다. 또한 커피집에서 적대국인 미국과 영국의 레코드를 틀지 못하도록 하였다. 이러한 분위기는 커피문화를 더욱더 어둠속에 가두어 향락적인 퇴폐문화로 몰아넣었다.

---

6 1928년 기준 성안에는 일본인을 포함한 기생이 11명이 일했으며, 그들이 올린 1년간 매상실적은 9,000엔이다. 이는 1인당 818엔이고, 월 25일 노동 기준으로 환산하면 매상액은 1인당 일 2엔 73전인 셈이다. 1931년도 기준으로 백미 1가마(80kg)의 가격은 12엔 80전, 선생초임(전국평균) 44엔 50전, 순사 47엔 49전이고 공원의 일급은 1엔 90전이었으므로 공원보다 높은 수준이다. 물론 수적으로 일본인 기생이 훨씬 많았을 것이다(朝鮮總督府, 1929: 131-132).

그림 5. 제2차 세계대전 부터 사용된 미군의 전투식량 씨-레이션(비스킷 56.7g, 잼 28g, 설탕 14g, 인스턴트커피 7g)[7]

1945년 일본이 패망하여 제2차 세계대전이 끝나고 해방이 되었다. 곧이어 미군은 동년 9월 28일 제주도에 주둔한 일본군(5만 8,320명)을 무장 해제시키기 위해 제주항에 상륙했다. 미군은 일제하 제주도청으로 사용했던 건물에 그대로 군정청 본부를 설치하여 군정업무에 들어갔다. 그리고 일제 비행장이 있는 모슬포에 파견대를 주둔시켰다. 1948년 신정부가 수립되기까지 제주도는 약 3년 동안의 미군정시기를 거쳤다.

미군은 제주읍과 모슬포에 PX를 운영하였으며, 미군들에게는 비상식량 보급품인 씨-레이션(U.S. Army Field C-ration)이 개별적으로 지급되고 있었다(그림 5). 그리고 씨-레이션 캔 속에는 인스턴트커피와 설탕 그리고 크림가루가 들어있었다.[8] 미군정의 시기에 커피가 제주성안에 유통된 것은 미군 PX에서 흘러나온 것들이다. 흔히 1950년대 전국에 흩어져 있는 커피의 90% 이상이 미군 PX에서 암시장으로 빠져 나온 것이라고 한다. 정식 수입품에 비해서 PX 커피가 훨씬 저렴했기 때문에 돈벌이 수단으로 암암리에 유통되었다.

---

7   해방 후 미군의 씨-레이션을 통해 커피는 일반 대중에게 전파되었다. 6·25전쟁 당시 미군이 진주하면서 미군 PX에서 판매되었던 1회용 인스턴트커피가 암시장으로 유출되었다. 달콤쌉쌀한 맛은 대중의 입맛을 사로잡아 차츰 길들여나갔다(https://en.wikipedia.org/wiki/C-ration에서 2021.12.05.인출).

8   레이션(ration)이란 보급식량이란 뜻이고 씨(C)는 조리조작의 정도를 나타내는 등급이다. A는 생식품 재료, B는 반조리 재료이고 C는 완제품으로 요리가 필요 없이 현장에서 섭취 가능한 것들(잼, 비스킷, 껌, 커피재료 등)로 구성되어 있다(https://en.wikipedia.org/wiki/C-ration에서 2021.12.05.인출).

제주에서 최초로 다방이라는 명
칭을 붙여 공식적으로 인가를 받
아 개업한 연도는 미군정기인 1947
년 10월 7일이다(제주시 2005: 715). 제
주의 정치 · 경제 · 문화의 중심인
일도리(칠성통)에 문을 연 '칠성다
방'(대표 韓東明)이 그 효시이다(그림
6). 그 이전 성안에 다방이 있었다
고 한다면 아마도 그 업소는 무허
가일 것이다.

그림 6. 제주다방의 효시 '칠성다방', 최초로 다방 명칭
사용 광고(『제주신보』 1947년 6월 6일자)[9]

주지하듯이 해방 후 제주도는 급격한 인구이동이 있었다. 6만여 명의 일본군이 철
수하고, 대신 일본 등 바깥으로 나갔던 제주인 6만여 명이 다시 고향으로 돌아왔다
(『동아일보』, 1946년 12월 21일자). 1945년 8월 당시 제주도 인구는 일본군을 제외하면 약
22만 명 내외이었던 것이 1년 사이에 28만 명을 넘게 되었다. 해방 후 약 2년 만에 다
방이 개업하던 그 때 귀향자들 중에는 일본에서 유학하고 돌아온 이른바 '양풍물 먹
은 자'들이 많았다.

성안의 칠성통 거리에는 이들 지식인들을 비롯한 모던니스트들이 붐비고 있었다.
그들은 이미 외지에서 커피 맛을 익혀 익히 알고 있었으며 다방문화를 향유하던 계
층이었다. 이들은 커피 맛을 갈구했고 쉴 만한 다방을 원했을 것이다. 그러한 욕구가
일제강점기의 퇴폐적인 카페와는 다른 순수한 다방인 '칠성다방'이 제주성안에 들
어서게 된 배경으로 생각된다.

카페와 다방이 다른 점은 1947년 『제주신보』의 광고에서 확인할 수 있다. 카페는

9　『제주신보』 1947년 6월 6일자 칠성다방 광고 중 북두칠성 디자인은 당시 칠성통은 '북두칠성 고
　을' 즉, 옛 이름 '칠성골' 임을 말해준다. 칠성골의 공식적 상징으로 북두칠성을 처음 활용한 사례
　로 기록된다. 이는 향후 칠성통의 브랜드로 부활시켜 원도심 재생사업에 활용할 가치가 있다. 칠
　성대 역시 북두칠성을 상징했던 것으로 본다. 칠성다방의 법정 영업허가일은 동년 10월 7일이다.

그림 7. 1947년 카페 신천지 개업광고
(『제주신보』 1947년 8월 6일자)

노래를 하고 춤을 추는 고급 사교장이었다(그림 7). 광고의 내용으로 미루어 본 정통(칠성통)에서 영업했던 '카페-신천지'는 주간에 식사와 커피 등 차를 팔고, 야간에는 차와 술을 팔았으며, 음주가무를 즐길 수 있는 연회장도 갖췄음을 알 수 있다. 따라서 당시 카페는 다방과 달리 접대부를 두고 노래와 술을 파는 일종의 카바레였던 셈이다.

성안에 막 피기 시작한 다방문화의 꽃은 이듬해 발발한 4·3으로 된서리를 맞아 주춤했다. 다방에서 젊은이들이 여럿이 모여 있으면 경찰당국에서 혹 좌익일지도 모른다는 수상하다는 눈초리로 보았기 때문이다. 제주 최초의 다방 '칠성다방'이 4·3 직전 2월 8일『제주신보』에 광고를 낸 후 역사의 뒤안길로 사라졌는데 언제까지 어느 번지에 있었는지 고증이 필요하다.[10]

4. 이주민과 원주민의 공동창작 공간, 다방문화의 르네상스기(1950년대)

얼마 가지 않아 이번에는 6·25전쟁이 발발하자 산지항 등을 통해 군용 LST와 여객선 편으로 유사 이래 최대 규모의 피난민들이 입도했다. 피난민 수는 1951년 1월

---

10 고영자(2018: 569)에 따르면, 칠성다방은 옛 아리랑 백화점의 옆에 위치했었다는 의견도 있고, 1953년 개점한 사진관 대영사장(大映寫場) 건물 2층에 있었다는 제보자도 있다. 이는 제주 다방사(茶房史)에서 최초의 다방으로서 가지는 '칠성통식 문화'의 장소성·상징성 형성과 전달을 위해 중요하다.

3일까지 16,000여 명에 불과했으나, 1월 15일에는 87,000여 명, 5월 20일에는 무려 148,000여 명에 달했다(부만근, 1975: 116-117). 원래 제주인구의 절반을 넘어선 셈이다. 피난민들은 제주성안 동문통 주변에 둥지를 틀고 서로 부대끼며 '피난살이'를 했다.

갑작스런 인구 증가는 생활하는 데 기본이 되는 의식주뿐만 아니라 일자리 창출, 지역 사회와의 관계 커뮤니티, 의료 및 교통 등 생활의 온갖 분야에서 문제가 폭발할 수밖에 없었다.[11] 그렇지만 칠성통의 거리는 피난민들과 도민들로 넘쳐나 어깨를 부딪치며 걷는 제주 낭만의 거리, 대한민국에서 가장 활기찬 '제주의 명동'으로 변모해 나갔다. 이 거리에 다방이 하나 둘씩 문을 열기 시작한 것이다. 극도로 위축되었던 암울한 분위기를 벗어나 활기와 희망을 불러 오고 싶었던 몸부림이기도 했다. 피난 오기 전 한 때 명동거리의 다방에서 향유했던 낭만적인 분위기를 느끼고 싶었다. 이러한 욕구가 명동거리의 다방이 제주 성안 칠성통 거리의 다방화로 이어지는 동기가 된 셈이다. 서울 명동 중심의 다방문화가 잠시 칠성통으로 옮겨진 처지이다.

제주 4·3과 6·25전쟁이라는 극한의 절망과 허무를 딛고 살아남은 제주 토박이들과 피난 온 이주자들이 자신의 삶을 확인하는 과정이 필요했다. 먼저 마음속에 억압된 감정의 응어리나 상처를 언어나 행동을 통해 외부로 드러내야만 강박 관념을 없애고 정신적 안정을 찾을 수 있었다. 서로의 처지가 비슷한 사람들끼리 위안하며 카타르시스를 해소시키는 심리적 장소가 바로 다방이었다. 그리하여 '모던걸'(웨이트리스)이 서비스하는 커피를 맛보았던 '모던보이'들은 물론이거니와 잠재적 상상력과 감성에 주린 예술인들이 커피향과 음악이 흐르는 칠성통 다방가로 모여들었다.

그 다방 중 하나가 피난민 노파가 개업한 동백다방(1951~1955, 일도1동 1294-4)이다. 동백다방은 평안북도 선천宣川 출신의 소설가 계용묵(1904~1961)이 줄곧 다녔던 단골 다

---

11 1951년 6월 6일 피난민들은 스스로 관덕정 광장에 모여 각종 현안 민원을 해결하고자 피난민 협회 (회장 김활빈)를 결성했다. 하지만 제주 성안의 사정은 별로 나아지지 않자, 마침내 1953년 2월 10일 소요가 일어났다. 이른바 관덕정에서 발생한 '피난민 설화사건'이 그것이다. 관덕정 광장에 피난민 약 2천명이 모여 궐기를 했다(부만근, 1975: 119-121).

방으로 유명하다.[12] 그는 20대 제주의 문학청년들(양중해, 김종원, 고순하 등)과 종합교양지 『新文化』(신문화)의[13] 창간과 문학동인지 흑산호黑珊瑚 발간 등 문예활동을 주도했다.[14] 또한 오현고 학생(강통원, 문충성, 조명철 등)들을 대상으로 동아리 '별무리'를 지도하며 애향심을 고취시켰다(그림 8). 그 후 동백다방은 1955년 3월 폐업하고 새로운 사업자가 인수하여 시설을 보강한 후 은성다방으로 상호를 변경하여 신장개업하였다.

또한 다방에서는 화가나 서예가들의 미술작품과 사진작가들의 사진작품을 전시하는 공간으로서 활용되기도 하였다(한국예술문화단체총연합회 제주지부, 2008: 50-83). 오아시스다방(1954~1957, 제일극장 앞 서쪽)에서는 1954년 9월 10일~15일 일본에서 유학한 제주출신 서양화가 조영호趙英豪의 개인작품이 전시되었다. 그리고 다음 달 12월 20일 피난민 구대일具大一 서양화 개인전이 은파다방銀波茶房에서 열렸다. 이를 계기로 이듬해 제주도 미술협회(회장: 김인지, 부회장: 홍정표, 홍완표, 상임위원: 조영호, 박태준, 장희옥, 박성준)가 창립되었다. 1955년 신장개업한 남궁다방(1955~1963, 구 은파다방, 칠성목욕탕 골목 건너편)은 전시공간으로 널리 활용되었다. 1955년 당시 고등학생이었던 강태석(1937~1976)이 개인 미술전(7월 5일~10일)을 처음 연 것도 이 남궁다방이었다. 연이어 다음 달 이 다방에서 김수호 서양화전(8월 6일~11일) 그리고 피난민 구대일 PASTEL화전(9월 10일~15일)이 열렸다.

그 외에도 남궁다방에서 사진전이 처음 열렸는데, 1955년 사진작가 고영일高瀛一과 식물분류학자 부종휴夫宗休의 공동사진전, '월광사月光社(主 高明洙) 주최 제1회 전도

---

12 '桂鎔黙 선생은 동백다방을 터전으로 언제나 허허로 왔다. 〈동백다방〉이라는 茶房名도 桂先生이 지은 것으로 안다. ..(중략).. 〈동백〉을 중심으로 桂鎔黙 선생 둘레에는 崔玄植, 梁重海, 李琪亨, 高瀛一, 姜通源, 姜君璜, 朴喆熙, 金性杜, 金榮敦 等等이 날마다 땅거미 질 무렵이면 모여 앉아 보랏빛 같은 話題를 놓고 오순도순하였다'(김영돈, 1974: 114-115).

13 『新文化』는 계용묵이 주축이 되어 1952년 5월 창간, 같은 해 9월에 2집 그리고 이듬해 1월에 3집을 발간하고 종간되었다. 피난민(崔玄植, 張壽喆, 玉巳一, 金黙, 林春甲 등)과 제주출신들(梁重海, 高瀛一, 鄭賀恩 등)이 참여했다. 『黑珊瑚』(흑산호)는 『新文化』에 기대를 걸었다가 좌절한 제주의 문학동호인들이 동인지를 낸 것이다(양중해, 1998: 32-35).

14 지난 1998년 9월 26일 한국문인협회와 SBS문화재단은 동백다방의 터에 '계용묵 선생의 문학산실'을 알리는 표석을 세웠다(조명철, 1998).

그림 8. 소설가 계용묵이 문예활동을 한 동백다방(1층)과 학생문예지 '별무리'
(좌: 『사진으로 보는 20세기 제주시』 사진-439, 우: 『제주신보』 1953년 12월 18일 광고)

아마츄어 사진공모전'(1957년 11월 19일~23일),[15] 그리고 '제주사우회濟州寫友會 주최 제1
회 사진전'(1959년 21일~28일)이 있었다.[16]

한편 남궁다방은 음악다방으로도 유명했는데, 다방을 개업한 사람은 서울에서 피
난 온 사람이다. 그는 피난 오면서 클래식 레코드판을 많이 가지고 왔다. 레코드판이
흔치 않은 때인 만큼 브람스 교향곡이 울리는 남궁다방에는 중년신사들이 진을 치
고 있었다. 특히 지방 유력언론사가 근접한 곳이라 제주에서 내로라는 명사들이 그
다방을 주로 들락거렸다고 한다. 그러니 젊은 청년층에게는 감히 접근할 수 없는 이
방지대異邦地帶나 다름없었다.

그 외에도 향수다방(1952~?), 청탑다방(1959~1964, 칠성통 동쪽 끝), 파리원巴里苑(1955~?, 칠

---

15 사진공모전에 12명이 총 30품을 출품하여 이 가운데 역광처리 한 '밭갈기'(文明澤, 濟州測候所長)
    가 1위에 입상하였고, 전 작품이 남궁다방에 전시되었다(한국예술문화단체총연합회 제주지부,
    1988: 156).

16 도내 최초의 합동사진전으로 사진관의 직업인을 비롯한 사진가들의 동호회 활동에 힘입어 이루어
    낸 성과이며 이들이 1959년 조직한 단체가 '濟州寫友會'(高瀛一, 金鎔洙, 金光秋, 夫宗休, 李景熹,
    李東成 등)이며, 그 후 '濟州寫眞同好人會'(현 제주카메라클럽)로 발전했다(한국예술문화단체총연
    합회 제주지부, 1988: 156).

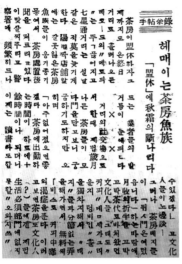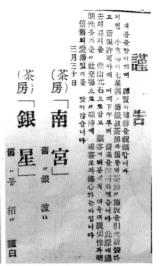

그림 9.
(좌)칠성통 다방 동맹휴업 후 '다방어족'(茶房魚族) 기사(『제주신보』 1955년 3월 15일), (우)동백다방과 은파다방의 행정처분 후 신규허가를 득해 신장개업한 은성과 남궁다방의 사과성 광고(우:『제주신보』 1955년 3월 30일자)

성통 명랑 요리점 맞은편), 나포리다방(1956~?) 등도 문예활동을 위한 공간으로 사용되었다.[17]

제주 성안 다방의 전성기였던 1955년 다방들이 동맹휴업을 강행한 사건이 있었다. 『제주신보』 1955년 3월 14일자에 따르면 3월 13일부터 시내 4개 다방이 세금과중을 이유로 일제 휴업에 들어갔다고 했다. 사전에 행정당국은 누차에 걸쳐 동맹휴업을 하지 말라고 고지하여 온 터였다. 막상 동맹휴업이 이루어지자 당국은 인증허가 취소방침을 세웠고 인증서를 회수하였다. 당시 여론도 동맹휴업에 대해 좋지 않은 반응을 보였다. 전시의 국민생활과도 거리가 먼 다방영업까지 어떻게 맹휴로 들어갈 수 있느냐며 몰염치도 유분수라고 비판했다.

동맹휴업이 일어난 다음날 3월 15일자 『제주신보』에는 '다방족'들에 대한 흥미로운 기사가 실렸다(그림 9의 좌). 기사를 일부 재구성해 보았다. 당시 칠성통 거리의 분

---

17   1950년대 후반에는 오아시스다방(고영만, 김택화 양화 2인전, 1957년 8월 14일~20일), 청탐다방(이종원 동양화 개인전, 1959년 11월 27일~12월 3일), 남궁다방(제2회 김창해 개인전, 1959년 12월 21일~23일) 등에서 작품전이 있었다(제주특별자치도, 2008: 51).

위기는 마치 설날 같은 상가처럼 적막함이 돌았다. 다방에 출근하다시피 해서 하루에 10시간씩 보냈던 '다방어족茶房魚族'은 갈 곳을 잃었다. 그들은 양지바른 곳에 옹기종기 모여 향후 다방의 처리문제에 수군거렸고, 다른 한편에선 다방 사장들이 얼굴을 찌푸리며 관청을 오갔다. 커피에 중독된 다방족들은 다방 '레지'들이 "그래도 뒷문은 열려있습니다"라는 말에 우르르 몰려 들어갔다. 다방 안으로 들어간 다방족들은 홀을 독차지해 무료 서비스를 받으며 레지들과 그칠 줄 모르는 한담을 즐기며 커피갈증을 풀고 있다고 전했다. 그리고 마지막의 결론이 명언이다. "다방은 문화인에게 없어서는 안 될 생활의 '오와시스'이다." 당시 다방에 대한 축약된 정의인 셈이다.

이로 미루어 행정당국에서 동맹휴업에 가담한 다방 4개의 다방허가를 전적으로 취소했고, 다시 창업주를 바꿔 신규창업하자 이를 수용한 것으로 보인다(그림 9-우). 따라서 성안에서 동맹휴업을 한 4개 다방 중 2개 다방이 칠성통의 이름난 동백다방과 은파다방임을 알 수 있다. 그러나 나머지 2개 업소는 영업을 포기했거나 새로 업자가 영업을 승계했을 터인데 확인할 수 없다.

동맹휴업을 하게 된 근본적인 이유가 무엇인지 궁금하다. 당시 칠성통의 다방들은 손님들로 꽉 차 수익이 높은 편이었다. 그러니 벌어들인 만큼 세금을 내면 문제가 없었을 터였다. 다른 사업자에게 권리금만 받아 그대로 넘겨도 당시 금액으로 수십만 원이고 거기에 집기 등 설비를 쳐서 합하면 백만 원이 넘는다(『제주신보』, 1955년 3월 15일자). 그럼에도 불구하고 동맹휴업을 강행했던 것은 속사정이 있었기 때문일 것이다.

아마도 당시의 외상문화가 경영의 걸림돌이 되었다고 생각된다. 말하자면 앞으로 남기고 뒤로 밑진 장사를 한 셈이다. 외상장부에는 자금이 많았으나 현금회수율은 낮았으니 어쩔 도리가 없었다. 그 결과 조세저항의 행위로 단체행동을 하게 됐고 이에 가담한 다방업주들은 곤혹을 치렀던 게 아닐까. 결국 외상을 하면 반드시 갚는 것이 제주 고유의 문화인데, 당시 여러 계층(제주-육지, 남한-북한, 상류층-하류층, 풍족자-부족자)이 뒤섞인 칠성통 안에서는 통하지 않았던 것이다.

1950년대 제주도내에서 커피 유통은 어떻게 이루어졌을까. 커피와 주류(양주, 캔맥주 등)는 정식 수입허가 품목이 아니다. 주지하듯이 미군 PX나 보따리상을 통해 유입

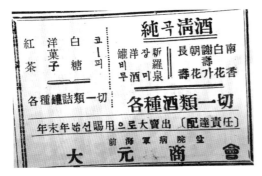

純곡淸酒

紅 洋 白 코
茶 菓 糖 피
  子

罐洋장新 長朝謝白南
비羅酒 壽 花
루酒美 壽花가香
各種罐詰類一切 各種酒類一切
年末年始선賜用으로大實出 〔配達責任〕
        앞 前海軍病院 뒤
大 元 商 會

그림 10. 대원상회 취급품(커피, 설탕, 홍차, 양과자, 통조림 및 주류 일체) 광고(『제주신보』 1955년 12월 28일)

된 것이다. 행정당국에서 느슨한 수준으로 법적 규제가 이루어졌기에 가능했다. 다방이나 카페 등 유흥업소에서 외국산 커피나 양주의 판매가 관습적으로 행해져왔기에 이들 업소가 영업을 할 수 있었다. 당시 이러한 상황은 제주도에 국한된 것이 아니라 전국적으로 공통적이었다. 성안에 있는 다방에 커피를 유통(주문·배달·공급)한 상점은 전 해군병원(동문시장 입구 후생빌딩 자리) 앞에 위치한 '대원상회'이다(그림 10).

1951년 모슬포에 한국 최초 육군 제1훈련소가 창설되어 논산 제2훈련소로 이전하기까지 약 5년 동안 유지되었다. 비록 짧은 기간이었지만 약 50만 명의 신병을 훈련시켜 일선으로 보내졌다. 당시 제주에는 미군과 훈련소 장교를 비롯한 군속들이 상당수 제주에 거주하였다. 특별한 신분이었던 이들은 다방이나 양식 카페 등 유흥업소에 출입하였으며, 비공식적으로 커피와 양주가 제공되었다. 1953년 제주도내 양조장에서 생산된 국산 양주(위스키, 브랜디)가 신문광고에 등장할 정도이다(그림 11). 이들 업체의 광고는 도내에 거주하는 양주의 소비층 특히 유흥업소를 겨냥한 것이다.

이러한 현상은 1960년대 서울 등 대도시 다방에서 암암리에 '도라지위스키'를 판매했던 것과 맥을 같이한다. 1962년 1월 20일 식품위생법이 제정되어 다방에서 주류 판매가 법적으로 금지되었다.[18] 이는 50년대까지 다방에서 술을 판매해서는 안 된다는 강제 규정이 없었기 때문에 대놓고 팔았다고 할 수 있다. 법이 발효된 후 다방은 매출 저하로 경영의 어려움에 빠지게 된다. 다방 주인들은 생존을 도모하기 위하여

---

18 『식품위생법시행령』 제10조 (중략) 2. 다방영업: 茶房, 사룬 其他 設備를 갖추어 酒類以外의 飲用物 또는 飲用物과 茶菓를 客에게 飲食시키는 營業을 말한다(각령 제811호, 1962. 6. 12 제정).

그림 11. 1953년 제주도내 양조장에서 생산된 양주(위스키, 브랜디) 광고
(자료: 『제주신보』 1953년 12월 19일, 23일)

그림 12.
1960년 초 한 잡지사의
도라지위스키 광고

편법으로 주정에다 위스키 향을 섞은 국산 양주를 팔았다(도라지 위스키, 그림 12).[19]

커피나 국산차를 시켜놓고 오랜 시간 자리를 차지하는 다방 특성 상 매출의 급감은 당연했다. 그래서 개발한 메뉴가 국산양주(도라지 위스키)에다 누런 홍차를 약간 섞은 누런색의 '위티'(위스키차)였다. 아이러니하게도 위티가 세상에 널리 알려지게 된

---

19 일본 산토리위스키의 '토리스(Torys) 위스키'의 상표명을 본뜬 도라지 위스키 광고이다. 대전 전후 유행한 일본 산토리사의 '도리스 위스키'가 판매 금지된 뒤, 국내 양조사가 유사 토속적 이름 '도라지'(Torage)을 붙인 위스키향의 기타재제주(국산 소주에 향료를 첨가한 것)로, 76년 즈음 사라졌다.

것은 가수 최백호의 '낭만에 대하여'를 통해서이다.[20] '...옛날식 다방에 앉아 도라지 위스키 한 잔에다...'라는 노래가사가 1960년대 다방에 대한 대중들의 애환을 자극해서 인기곡이 되었다. 말하자면 50년대 미군과 우리나라 군사문화가 제주에서 만들어낸 다방문화가 육지로 전파되었다고 하겠다.

결론적으로 50년대 커피 향기가 나는 다방은 문화에 목마른 자들에게 갈증을 해소해 주는 공간, '생활의 오아시스'로써 구실을 하였다. 6·25전쟁 직후 갈 곳을 잃은 피난민들은 차를 마시는 쉼터로 다방을 찾았고, 그 곳에서 주민들과 만나 커피 등 음료를 마시며 서로를 확인하고 함께하는 '거리의 친교장'으로, 나아가 '문화예술의 창의적 공간'으로 그 영역을 넓혀갔다.

5. 다방의 시련과 대중화기(1960년대)

1960년 4월 19일에 학생들이 중심이 된 반부정 반정부 항쟁인 4·19혁명으로 제1공화국은 역사의 뒤안길로 사라졌다. 이후 1년 남짓 지난 1961년 5월 16일에 군사쿠데타가 일어났다. 정치적 격변에 다방은 사행성 업종으로 분류되어 규제의 대상이 되었다. 5·16 쿠데타를 일으킨 후 사회 각 부문 개혁을 군대식으로 몰아붙이던 군사정권은 양담배와 커피를 외화 낭비와 사치의 주범으로 꼽아 전면판금이라는 초강경 조치를 단행한 것이다(『조선일보』, 1961년 5월 29일자).

제주 성안의 칠성통 거리의 다방도 온전할 수 없었다. 1961년 7월 7일자 『제주신보』의 기사에 당시의 분위기를 전하고 있다(그림 13). 군사쿠데타가 일어난 지 불과 3주 만에 5개의 다방이 문을 닫았다. 계엄령 선포와 함께 국가기강을 세운다는 명목으로 대학생 서클과 지식인 동아리들이 모이는 장소인 다방을 강도 높게 사찰한 결

---

20 '낭만에 대하여'는 1994년 11월에 발매된 최백호의 타이틀 곡으로, KBS 주말 드라마 '목욕탕집 남자들'(1995)의 삽입곡이 되면서 7080 세대들에게 인기를 끌었다.

遊興浮華는 저멀리

五十餘件이 閉門

5.16군사혁명 후 세무당국에 접수된 폐휴업 상황은 직접 국세관계가 60여건 간접국세관계가 50여건으로 되고 있는데 세무서의 창구로부터 들여다 본 폐휴업관계는 대략 다음과 같다. △요식업(料食業): 신생활운동 등 국가재건사업에 여념이 없는 일반 공무원 및 사업가들의 출입이 뜸해지자 종전의 경기를 회복치 못하고 있으며 접대부들이 국토건설사업 등에 참여로 개소가 휴업하고 △음식점: 역시 같은 조건으로 27개소가 휴업하고 △구기장이 5개, 다방 7건, 대중식사 13건 등 총 58개소가 휴업하고 있으며 폐업관계는 캬바레 1건을 비롯해서 8건의 기타 판매업소가 폐업계를 제출하고 있다.
(『제주신보』, 1961년 7월 7일자)

그림 13. 5.16 직후 제주도 내 요정·다방 등 유흥업소 휴폐업 관련 기사

과이다.

신생활운동 등 국가재건사업에 여념이 없어 일반 공무원들은 다방출입을 자제했다. 그러나 실은 공무원들에게 다방출입 금지령을 내린 것이고 시국의 분위기가 악화되자 공무원들은 몸을 낮춘 것이다. 개인사업자들도 다방 출입을 자제하기는 마찬가지였다. 다방 매출은 된서리를 맞고 말았다. 결국 시국에 민감한 업종인 다방은 고객을 잃어 휴업할 수밖에 없었고 여급 종사원들은 일자리를 잃게 되었다. 대신 그들은 국토건설사업 등에 동원되어 생활비를 충당해야만 했다. 남아 있는 다방엔 커피향이 사라지고 애꿎은 생강차와 쌍화차 냄새만이 가득했다. 군사정권이 '커피다

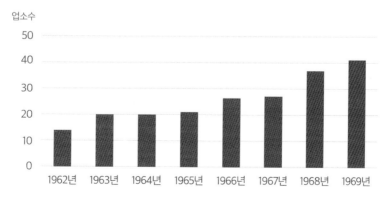

그림 14. 1960년대 제주시 내 다방업소 수의 변화 추이 (자료: 각 년도 제주시 통계연보)

방'을 억지로 '국산차 다방'으로 바꾼 것이다. 일종의 업종 변경이나 다름없었다.

만약 미군부대 PX에서 나온 커피를 몰래 팔다가 발각되면, 바로 허가 취소가 이루어지고 심지어는 구속까지 되었다. 잦은 검열과 단속에 다방업주들은 커피에 노이로제에 걸릴 지경이었다. 기왕에 잘나가던 커피 다방들도 하나 둘 폐업하기 시작했다. 이러한 현상은 제주시 통계에서도 확인되는데 이듬해 제주시 관내에 다방 수는 통틀어 14개만이 생존했다(그림 14).

하지만 커피를 사회악처럼 배격한 시기는 그리 오래가지 못했다. 군사정권이 차기 선거의 표를 걱정하기 시작한 것이다. 마침내 표를 얻을 요량으로 1964년 9월 25일 커피의 수입 판매를 허용했다. 3년 만에 국민의 표가 커피 금지시대의 막을 내린 셈이다. 사치공간으로 몰렸던 다방업은 1965년부터 다시 활기를 찾기 시작했다. 1966년 기준 제주시 내 다방 수는 27개소로 1962년 대비 갑절 수준인 190%로 증가했다(그림 14). 1968년도 기준 제주시 총 다방 수는 37개이고 그중 23개(제주시의 62%)가 칠성통을 중심으로 한 일도동에 있었다. 그리고 1969년 제주시 총 다방 수 41개 중 일도동에 28개가 차지했다. 제주시내 다방의 70%가 일도동에 위치했다. 제주상공회의소에서 발간한『제주상공명람』(1974)에 의하면 1964년 수입커피 판매금지령의 해제 이후 일도동 관내에서 창업하여 1973년 말까지 생존한 장수 다방은 총 11개 업소로 다음과 같다.

별(이기순, 1,479번지, 64년 7월 5일), 무지개(고순덕, 1369번지, 66년 1월 1일), 향촌(하순녀, 1362-2번지, 66년 10월 5일), 청화(현정화, 1,337번지, 67년 1월 13일), 홍콩(고영자, 1384번지, 67년 5월 20일), 호수(윤하모, 1,456번지, 67년 11월 20일), 산호(양경호, 1476-4번지, 68년 2월 10일), 태양(문정실, 1,291번지, 68년 4월 16일), 코스모스(이경자, 1,413번지, 68년 7월 10일), 학(배영애, 1,210번지, 68년 7월 25일), 왕(유수경, 1343번지, 68년 10월 19일)

위 업소 명에는 1950년대 칠성통에서 다방의 르네상스를 열었던 업소는 단 하나도 없어 다방의 생명주기가 짧았음을 알 수 있다. 그 유명했던 은파다방(남궁다방), 동백다방(은성다방)도 자취를 감추고 말았다. 그만큼 환경변화에 민감한 업종이 다방이

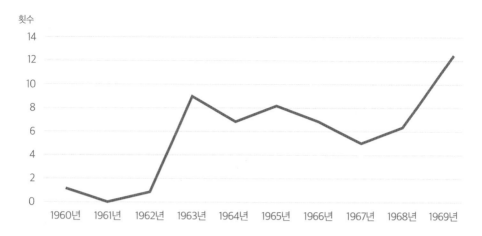

횟수

그림 15. 1960년대 다방 개최 문화예술 행사 건수 추이 (자료: 제주특별자치도(2008)를 토대로 재작성)

라는 점을 말해준다.

　문예활동을 위한 공간으로써 다방의 역할은 정치적 사회적 환경에 따라 영향을 받았다(그림 15). 수입 커피가 단속 대상이었던 5 · 16 혁명 전후 3년간(1960~1963) 다방에서 전시 등 문예활동의 건수는 60년과 62년 각각 1건에 불과했다. 당시 사회분위기와 정치상황 등 외부환경이 지역주민의 문예활동을 크게 위축시켰고 이는 다방업의 문화적 역할을 제한시키는 결과를 초래했다. 그러나 1963년도 이후 수입커피가 유통되고 사회적으로 자유스러운 분위기가 한결 나아지자 다방을 중심으로 한 문예활동(전시회, 음악감상회 등)의 횟수가 크게 활성화되었다. 그 결과 1967년도의 경우 제주시 학생들이 전국 학생 미술실기대회에서 입상하는 성과를 거두는 등 문예활동이 크게 진작되었다.[21]

　수입커피 판매금지령의 해제 이후 칠성통 다방들은 예전의 모습을 되찾아 전시공

21　일례로 1967년도의 경우 학생부 3개 대회 그리고 국전 서예전 1개 대회에서 입상하였다. 5월 21일 경희사범대 주최 제1회 전국중고미술실기대회에서 강요배(오중 3년) · 김종석(오고2년) 등 특선, 고영훈(오중 1년) · 이성만(오중 3년) · 고영석(오고 1년) · 김영철(오고 3년) 등 장려상/ 7월 5일 조선대 주최 전국학생실기대회에서 중등부 우수상 양창수(일중 1년), 이필성(일고 2년) / 10월 13일 홍익대 주최 제9회 전국학생 미술실기대회 최고 우수상 김종석(오현고)/ 국전 서예부에서 박태준 특선, 김순겸 입선(제주특별자치도, 2008: 53).

간으로 적극 활용되었다(그림 16). 다음은 당시에 미술전을 개최했던 다방과 작가들의 명단이다(제주특별자치도, 2008: 51-54). 50년대 중반부터 60년대 초까지 문예활동을 위한 공간으로 가장 많이 이용되었던 장소가 남궁다방이었다면, 그 이후 65년부터 68년도 까지 전시공간은 요안다방이 주도했다고 할 수 있다.

원다방(제주미협전, 강영호 소품 개인전, 김현숙 조화 개인전, 오지산 동양화전, 제9회 미협전, 고전음악 감 상회 등), 뉴욕다방(김정현 동양화전, 김택화 개인전, 오현고 양영진 습작화전 등), 청탑다방(김원민 '孤島展', 귤동인전), 무지개다방(조석춘 개인전, 홍정표 제주민속 개인 사진전, 허행만 개인전), 요안다방(양인옥 개인 전, 양창보 동양화전, 김창해 수채화전, 박충검 동양화전, 제1회~제5회 瀛州研默會 서예전, 최종섭 유화 소 품전, 박철교 개인전, 김순겸 서예전 등), 남궁다방(강영호·고재만·한명섭 3인전, 강태석 스케치전)

그리고 60년대 다방의 또 하나의 역할은 단체 음악감 상회를 위한 집합장소였다. 전축과 음반이 흔치 않은 시 절 음악 동호인들이 함께 다 방에 모여들었다. 60년대 초 반에는 음반이 많은 청탑다방 (1959~1964, 칠성통 동쪽 끝)으로 모였고, 60년대 후반에는 원

그림 16. 60년대 말 칠성통 소재 산호다방에서 열린 제7회 한 라문화제 전시회(제주예총 사진)[22]

다방을 찾았다. 1969년 원다방(1965~1970, 관덕로 한일은행 자리)에서는 음악동호인 40~50 여명이 모여 클래식 음악전문가의 해설을 겸한 음악감상회(브람스, 베토벤, 로시니, 베를 리오즈 등)가 4회에 걸쳐 개최되었다(제주특별자치도, 2008: 157). 1969년 2월 제주에서 발 행되던 월간지에 실린 '원다방' 소개가 다음과 같이 등장하는데, 당시 칠성통 다방의 풍속도를 읽을 수 있다.

---

22 한라문화제 기간 내(1968년 10월 18일) 구자춘 지사 등이 참관했다. 산호다방의 실내 모습(오색테 이프, 응접실 의자, 벽에 걸린 전시 작품 등)에서 당시 전시회 상황을 알 수 있는 사진이다.

"정치를 하는 사람, 경제를 아는 사람, 사회를 이야기하는 사람, 문화를 엮어가는 사람 등 등 그야말로 각계각층의 인사가 아무런 언약도 없이 날마다 모여지는 곳이기도 하다. 커피 한잔을 사이에 두고 오고가는 이야기란 끝없이 이어지기 마련인데, 혹이면 연인끼리의 대화일 수도 있고 먼 훗날에 있을 미래상을 서로가 꾸며 보기도 한단다."(『월간제주』, 1969: 57).

1960년대 이후 칠성통을 중심으로 한 성안의 다방은 예전과 다르게 성gender의 역할이 다르게 나타난다. 지식인 계층의 남자 주인 대신에 여자 주인이 얼굴마담과 레지·카운터·주방장 등을 데리고 운영하는 체제로 변모하였고, 아울러 이전보다 규모도 더 커져 상업화의 기반을 이루었다.

6. 칠성통 '제2의 명동다방길', 거리의 응접실화(1970년대)

1970년대 제주시는 제주도종합개발 10개년 계획(1971~1981)에 따라 개발이 빠르게 추진되었다(제주시, 2005: 903-966). 일도동의 중앙사거리에서 서귀포까지의 5·16도로(41.1km) 포장공사가 1969년 말에 완공되어 교통 소요시간을 5시간에서 1시간으로 단축시켰다. 항공노선은 60년대에 제주-서울 및 제주-부산(62년) 등 2개 노선에 불과했다. 70년대에 이르러 제주-광주(70년), 제주-부산-오사카(70년), 제주-대구(76년), 제주-여수(77년), 제주-진주(77년) 등의 노선이 확충되어 하늘길이 활짝 열렸다. 그리고 바닷길은 1977년 제주-부산간 3천톤급 카페리1호 및 2호가 취항하여 제주시의 접근성이 크게 향상되었다. 또한 1974년 제주KAL호텔(지상19층, 객실 310실)이 개관되어 관광기반시설이 확충되었다.

국가 주도의 종합개발을 통해 항구에 인접한 일도1동은 경제활동의 중심지인 항구도시로 변모해 나갔다. 이러한 사실은 관광객의 입도 수 및 조수익 통계에서도 확인된다. 1971년 관광객은 사상 처음으로 30만 명(조수익 23억6천6백만 원)을 넘겼으며 1975년에 36만 명에 달했고 1979년에는 갑절이 증가한 74만5천명(조수익 2백44억5천8백만 원)을 기록하였다. 그 결과 칠성통을 둘러싼 성안지역은 관광산업으로 특화된 제주 경제문화의 중심지로 변모하게 된다.

이러한 변화는 일도동을 둘러싼 주변지역에 다방의 개업을 촉진하는 계기가 된다(그림 17). 1970년에는 제주시 총 다방 수는 54개로 전년도에 비해 32%나 증가하였고, 71년도에는 68개로 증가된 후 78년까지 안정된 수준으로 유지된다.

그러나 제주시내 다방의 급증기인 1969~1972년을 자세히 들여다보면 일도동과 타지역 간에 상권경쟁과 조정이 있었음을 알 수 있다. 일도동이 제주시내에서 차지하는 비율은 70년 59%(32개)에서 71년에는 83%(57개)로 사상 최대로 증가하여 일도동 안쪽으로 다방의 집중화 현상을 보였다(그림 17). 당시 서울 명동에는 69개의 다방이 있었는데(『경향신문』, 1971년 8월 5일자), 명동과 비교하면 12개 정도 적은 편이니 일도동은 제2의 명동이라 부를 정도였다. 이는 한정된 지역에서의 과당경쟁을 의미하며 다방 상권의 포화상태임을 나타낸다. 72년도부터 조정기에 들어가 일도동의 비율이 67%로 떨어지기 시작해서 73년에는 49%로 감소한 33개 다방이 영업했다. 그 후 일도동이 차지하는 비율은 지속적으로 감소하여 76년에는 43%로 떨어졌으나, 다방의 수는 1979년까지 줄곧 31개 내외 선을 유지하였다.

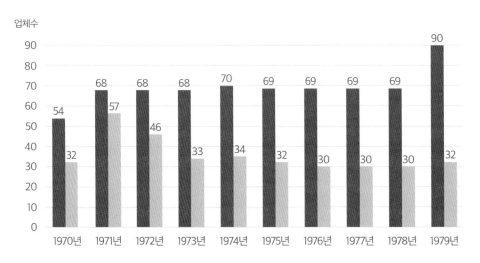

그림 17. 1970년대 제주시 관내 다방업소 수의 변화 추이 (자료: 각 년도 제주시 통계연보)

칠성통이 다방문화의 중심지가 된 것은 여러 요인들이 있었으나 1973년 3월 도내에 대형 매장인 아리랑 백화점이 세워져 젊은 층의 유동인구가 많아진 것도 그중 한 요인이다. 중앙로에서 탑동 쪽 그리고 오현로에서 탑동 방향으로 각각 도로가 개설된 이래 1970년대에 이르러 신축 건물이 증가하기 시작하였다. 특히 개발과정에서 들어선 빌딩의 지하에는 으레 다방영업이 이루어졌다.

이러한 도시개발의 변화 속에 칠성통 다방은 사랑방이나 문화센터 등 종전의 문화기능은 축소되고 '대학생들의 미팅장소', '젊은이의 음악실', '거리의 응접실'과 같은 기능으로 다양화되었다. 다방이 늘어나면서 고객의 연령층과 취향에 따라 다방의 개성과 분위기도 뚜렷하게 갈라진 결과이다.

특히 70년대 학번의 대학생들(제주대, 제주실전대, 제주간호대, 제주교대)에게 미팅은 '학점 없는 교양필수과목'으로 간주 되었고, 대부분 칠성통 다방에서 만나 커피를 마시고 서부두 방파제의 바닷길을 걸었다. 제주문인들도 다방에서 출판기념회 등 모임을 자주 가졌다. 제주 문인 20여명이 한라문화제를 앞두고 1972년 8월 30일 칠성통 천호다실(옛 도지사 관사 남쪽)에서 회동하여 한국문인협회제주도지부 설치(안)을 가결·정관 제정하였으며, 그해 12월에 제주문협 기관지 『濟州文學』을 창간하였다(고시홍, 1984: 266). 1970년대 신문사 기자들이나 사업하는 사람 또는 정치를 하는 사람들이 교제의 편의성 때문에 다방을 자주 찾게 되었다.

70년대 제주도내 다방에서 개최된 전시행사(미술, 서예)의 횟수는 60년대에 비해 크게 증가하였다(그림 18). 60년대 다방 전시행사의 개최 수는 총 52회(연평균 5.2회)였으나 70년대는 총 136회(연평균 13.6회)로 2.6배나 증가했으며, 78~79년의 경우 연평균 20회를 헤아렸다. 그러나 74년과 75년의 경우 10회 미만으로 그 횟수가 적었던 것은 박정희 유신정권하 74년 8월 15일 육영수 여사 저격사건과 75년 5월 학도호국단 설치 등 사회적 분위기가 예술활동에 영향을 주었기 때문이다.

70년대 다방은 응접실을 갖춘 집이나 사무실이 많지 않아 다방은 그들의 약속장소와 응접실의 역할도 했다. 심지어 사무실과 사원이 없는 사업주가 다방전화를 이용하고 레지를 비서 삼아 개인사업을 하는 사례가 많았다. 당시 전화기는 간이형 공중전화기로 일반전화회선에 접속하여 사용하였던 핑크색 탁상용이었고, 차츰 벽걸이형 '체신1호 자동식 공중전화'도 등장하였다. 간이형과 체신1호 두 가지는 1977년 요금이 10원으로 인상되기 전까지 다방 안에서 고객들의 통신을 담당하였다.

그렇다고 다방이 곧 개인 사업장이라는 말은 아니다. 도내 개인사업자들이 업무나 계약을 위해 예의와 성의를 갖추고 상업상 업무로 만나는 장소이다. 다방에 오면 전화도 쓸 수 있고 다방 레지는 부재 중 전화를 받아 메모도 해주고 사장손님이 오면 커피뿐만 아니라 일간지와 잡지도 가져다주니 다방에 비견할 공간이 없었다. 이들 개인사업자들을 '다방사장'이라고 불렀다.

다방사장님들은 여느 사장들처럼 넥타이를 한 정장차림으로 아침 일찍 다방으로 출근하듯 한다. 자리에 좌정하고 레지가 가져다주는 엽차와 신문을 받고 차를 주문한다. 차를 마시며 그 날을 계획하고 어제의 전화메모를 점검하며 하루를 시작한다. 사장과 약속한 사람들과 다방에서 마시는 찻값 매출이 다방에 대한 대가가 된다. 때에 따라서 사장님은 점심으로 칠성통 중국집에 자장면과 만두를 시켜 다방 종업원들을 대접한다. 마치 사장이 직원들의 사기진작을 위해 한턱내는 것과 같다.

또한 동네 사랑방으로서 역할을 했다. TV가 일반적으로 보급되지 않았던 1970년대 서민들은 다방에 모여 권투중계나 연속극 '여로'를 보며 공동체문화를 만들어 갔

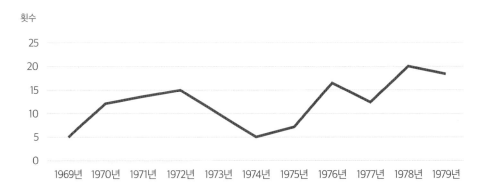

그림 18. 1970년대 연도별 제주시 다방에서 개최된 문화예술 행사 건수 추이. 제주특별자치도(2008)를 토대로 재작성.

오합주 재료   혼합과정

그림 19. 날계란 사용 식문화: 제주 전통보신주 '오합주'

다. 그리고 다방은 젊은이들을 위한 음악감상의 장소로서 역할을 했다. 당시 음반과
전축이 흔치 않았던 때라 음악을 들으러 가기도 했는데, 당시 대표적인 음악다방은
산호다실(1970~1982, 칠성통에서 원정로 조일약국 2층으로 옮김), 청탑(김연봉, 칠성통 동쪽 끝 3층
건물, 산지 광제교 옆, 72년 1월 3일 개업) 등이고, 육지처럼 DJ는 두지 않았다.

　지난 40년대 말 칠성다방 시절에 이미 다방메뉴로 등장한 이른바 '모닝커피'가 다
방이 우후죽순으로 생겨난 이 시기에 들어와서 생존을 위한 다방 간 경쟁의 도구로
활용됐다. 이러한 사정은 육지의 대도시도 마찬가지였다. 왜 하필이면 계란 노른자
를 커피에 곁들이게 되었는지 어느 지역의 다방에서 먼저 시작했는지 소상히 알 수
없다.

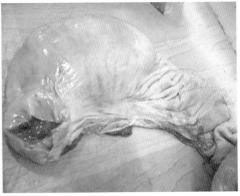

돗새끼회   돼지 새끼가 든 태반 '봇'

그림 20. 노른자 동동 '돗새끼회'(애저회)와 애저 태반

　하지만 제주의 지형학적으로 열린 바다문화를 고려해볼 때, 동아시아 식문화의 도래지인 성안의 칠성통 다방에서 노른자 발원이 될 가능성이 충분하다고 생각한다. 전통적으로 제주도는 집집마다 닭을 많이 길렀다.[23] 제주도 사람들은 닭의 알을 계란鷄卵이라 부르지 않고 '독새기'(닭의 새끼)라고 칭한다. 유독 제주도에서만 말뿌리가 다르다는 것은 계란의 문화가 색다름을 의미한다.

　일도동 주민들은 날계란을 넣은 '오합주'를 잘 빚는다. 오합주의 재료(분량)는 오메기술(좁쌀청주) 1되에 날계란 30개를 깨어 넣고 거기에 참기름(2홉)과 청꿀(1/2되) 및 생강 등 5종류다. 이 술은 남에게 권하는 술이 아니라 자신의 몸보신과 정력보강을 위해 집에서 혼자 마시는 남성 전용의 술이다(그림 19).

　날계란 노른자를 동동 띄운 일도동 보신음식으로 '돗새끼회'(애저회)도 유명하다(그림 20). '새끼회'라고도 하며, 임신 1.5~2개월령의 돼지 태반을 통째(양수 포함)로 다져 갖은 양념(마늘, 생강, 식초, 참기름 등)을 넣고 만든 후 날계란을 동동 띄운다. 숟가락으로

23　아열대 기후로 따뜻하여 닭이 생활하기에 좋고 잡초와 열매 그리고 벌레가 많아 사시사철 닭 모이가 풍부하다. 그러한 환경이 제주도의 시절음식인 '유월 스무날 닭 잡아먹는 날'을 만들었다.

‘노른자 동동 모닝커피’　　　　　　　　　‘노른자 쌍화차’

그림 21. 1970년대 칠성동 다방에서 유행했던 모닝커피와 쌍화차

떠먹으면 비릿한 맛이 있기 때문에 보통 순다리 마시듯이 그릇째 ‘드릇싼다’(마신다).

동문시장 내에 ‘돗새끼회’ 전문식당이 있었으나 축산물처리 관련법에 따라 판금되면서 사라졌다. 전날 마신 술의 숙취를 해소하기 위해 언론인들, 공직자들, 선원들이 끼리끼리 자주 찾았다. 또한 제주도 남자들은 목이 컬컬하게 쉬고 정력이 약해지면 날계란에 구멍을 내어 빨아먹는 관습이 있다.

뿐만 아니라 칠성통 주변에는 여러 한의원들이 분포되어 쌍화탕 제조법과 약재(백작약, 황기, 육계, 숙지황, 당귀, 천궁, 생강, 감초, 대추)를 쉽게 구할 수 있었다. 음양의 조화를 뜻하는 ‘쌍화雙和’탕은 겨울감기가 들거나 몸 컨디션이 불편하면 음용했던 일반화된 탕약이다. 특히 제주인들은 음식의 맛 가운데 ‘베지근한 맛’을 ‘제라한 맛authentic taste’으로 쳐준다. 쌍화탕은 뜨끈하게 마시고 나면 뭔가 달콤한데 거기에 계란노른자를 넣으면 베지근해서 몸과 마음에 위안이 많이 된다.

이러한 맛을 알고 있던 칠성통 다방주인들이 쌍화탕에 노른자를 넣듯, 쓰디쓴 서양탕액 ‘양탕국’에 노른자를 넣은 것이다(그림 21). 말하자면 ‘양방탕의 한방탕화’ 즉, 아침에 먹는 ‘모닝커피’(일명 ‘모닝’)로 진화되었다.

다방 간의 경쟁이 그러하다 보니 노른자 하나짜리 평범한 모닝커피를 내놓는 다방을 따돌리기 위해 심지어는 노른자를 쌍으로 내놓는 '쌍독새기커피' 다방까지 생긴 것이다. 또 달걀반숙이나 프라이를 서비스하는 다방도 있었다. 일종의 고급화·차별화된 서비스를 제공하는 칠성통 다방의 컨셉이다. 간밤의 음주 때문에 속이 쓰린 사람이나 아침을 먹지 못하고 출근하는 직장인에게도 노른자 커피는 대인기였다. 특히 60~70년대 칠성통 인근에 중소 언론사들이 많았는데 기자들이 출근하면서 다방에 들러 모닝을 한잔 마시고 가는 게 하나의 생활습관처럼 굳어질 정도였다.

커피향이 계란 비린내를 메스킹하여 뜨거운 커피 온도로 반숙처럼 데워진 계란 노른자가 달짝지근한 커피맛과 섞여 넘어갈 때 은근하면서 베지근한 맛은 일품이었다. 모닝커피 레시피는 간단하다. 먼저 인스턴트커피를 진하게 탄 다음, 일반 커피보다 설탕을 좀 더 첨가해서 달게 타는 게 좋다. 그리고 계란은 노른자에 붙어있는 알끈을 잘 제거하고, 노른자가 터지지 않도록 조심조심 커피 속으로 옮긴다. 여기에 마지막으로 젓가락에 참기름을 찍어 한 두 방울 넣으면 금상첨화로 친다. 먹을 때는 달달하고 진한 커피를 다 마시고 난후, 아래에 가라앉아 있는 계란을 한 입에 돼지 추렴에 쓸개를 먹듯 꿀꺽 삼키면 된다.

그림 22. 1970년대 '맥스웰하우스' 전단지 광고, 국내 최초의 인스턴트커피

1970년대 커피는 열풍분무건조(S/D) 방식으로 제조된 인스턴트커피이며, 당시 칠성통 다방에서 사용된 커피로 추정된다. 동서식품 '맥스웰하우스' 광고의 전국대리점 명단에 '제주지구(동서식품제주대리점, 안정자, 일도1동 1301, 전화 2917)'가 포함되어 있어 이의 증거가 된다(그림 22). 70년대 최장수 다방은 산호다방으로 대표 양경호가 1968년 11월 20일 개업한 이래 79년 말까지『제주상공명람』에 대표자로 등재되어 있으며, 그 다음으로 장수다방은 대표자가 중간에 바뀌기도 한 옥다방(70. 12. 29), 신천지다방(72. 3. 8), 정원다방(?~79) 등의 순이다. 다음은『제주상공명람』(1974; 1980)과『제주연감』(1977)에 등재된 일도동 소재 다방(대표자, 지번) 이름들이다.

[1973년 기준,『제주상공명람』, 1974] : 금록다방(김순식, 1,235), 별다방(이기순, 1,479), 청화다방(현정화, 1,337), 산호다방(양경호, 1476-4), 무지게다방(고순덕, 1369), 칠성탕 목욕탕 입구), 수다방(조수옥, 1303), 신천지다방(이입자, 1425), 중앙다방(고춘자, 1354), 정다방(이경희, 1411), 왕다방(유수경, 1343), 청탑다방(김연봉, 1,234), 고궁다방(이주선, 1302), 대도다방(양정순, 1451), 향촌다방(하순녀, 1362-2), 홍콩다방(고영자, 1384), 학다방(배영애, 1,210), 호수다방(윤하모, 1,456), 태양다방(문정실, 1,291), 정원다방(황선재, 1,373), 코스모스다방(이경자, 1,413), 옥다방(장정순, 1331-1), 희다방(주진옥, 1327)

[1976년 기준,『제주연감』1977] : 경원다방(송성자, 1449), 공작다방(조수옥, 1303), 금록다방(송미대, 1235), 대도다방(양정순, 1451), 별다방(김동월, 1323), 산호다방(양경호, 1384), 수궁다방(이주선, 1302), 신천지다방(이립자, 1374), 옥다방(신정여, 1331). 우정다방(홍순유, 1210), 월개수다방(김영자, 1327), 은성다방(강공일, 1343), 정원다방(황선재, 1373), 청탑다방(김욱자, 1221), 코스모스다방(김준자, 1413), 호반다방(강명복, 1292), 호수다방(이옥지, 1412)

[1979년기준,『제주상공명람』1980] : 공작다방(정재숙, 1303), 도심다방(김홍양, 1293), 본전다방(문경숙, 1476-50), 산호다방(양경호, 1461), 수궁다방(이주선, 1302-2), 신천지다방(이립자, 1374), 약속다방(고옥희, 1430), 옥다방(박영재, 1331), 우정다방(이경희, 1451), 우주다방(강위관, 1460-1), 은성다방(강공일, 1343), 정원다방(황선재, 1373), 중앙다방(황은옥, 1454), 칠성다방(송미대, 1384), 탐라다방(정덕순, 1476-37), 한라다방(김복형, 1473), 혜림다방(이청자, 1461-2), 호수다방(고영자, 1412), 현해탄다방(윤영춘, 1461-2).

7. 다방의 양분화와 고전식 다방의 퇴화기(1980년대)

1970년대부터 급성장하기 시작한 제주도 관광개발은 1980년대 들어서도 지속적으로 이루어져 입도 관광객이 증가하였다. 특히 신제주 구획정리의 완성과 함께 그랜드호텔·오리엔탈호텔·남서울호텔(서해호텔)·로얄호텔·하얏트호텔·서귀포 KAL호텔 등 대형 특급관광호텔과 골프장들이 계속 들어섬에 따라 관광객 수용을 위한 기반시설들이 확충되었다. 그리고 1980년 11월 15일부터 외국인 관광객 무사증 입도 제도가 시행되어 비자 없이 15일 동안 체류가 가능해짐에 따라 일본인 관광객을 비롯한 해외관광객이 크게 늘어났다. 이와 더불어 1987년 제주인구는 50만을 돌파하였으며 제3차 산업의 확대로 제주지역 경제성장률은 크게 증가했다.

1980년대 일본인 관광객과 국내 관광객의 증가는 신제주와 구도심의 칠성통(탑동 포함)에 다방의 증가를 가져왔다. 그동안 신규허가가 억제되었던 다방은 허가조건이 완화되어 증가를 더욱 부추겼다. 1979년 일도동은 일도1동, 일도2동으로 분리되어 1980년 통계부터 일도1동의 다방 수 변화추이를 분명하게 들여다볼 수 있게 되었다. 1980년 일도1동에 26개이던 다방수가 5년 후 갑절 수준인 51개로 급증하고 1987년도에는 무려 56개로 최고 정점에 도달했다가 88서울올림픽 이후 감소추세로 돌아섰다(그림 23).

1980년대 초 다방은 70년대 트렌드를 답습하였으나, 점차 연령별에 따라 마담과 레지가 있는 고전식 다방과 DJ가 있는 신식 음악다방으로 양분화 되어 나갔다. 고전식 다방은 주로 나이가 많은 층들이 출입하는 찻집으로 마담과 레지 등 여급을 두고

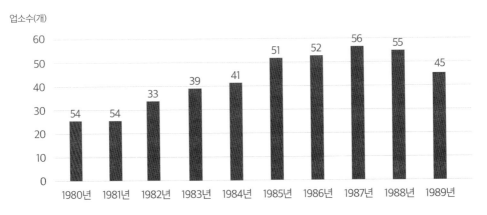

그림 23. 1980년대 일도1동의 다방 수 변화 추이 (자료: 각 년도 제주시 통계연보)

손님과 함께 차(쌍화차, 생강차, 유자차, 녹차)를 마시며 담소를 나누거나 음성적이긴 하지만 도라지 위스키와 같은 잔술 양주도 마실 수 있다. 80년대 역시 고전식 다방의 메뉴 중에서 최고 인기는 당연 쌍화차다. 미인 마담이 갈색 찻잔에 뜨거운 김이 무럭무럭 올라와 후각을 자극하는 한방 쌍화차를 타서 가져온다. 달걀노른자가 동동 뜬 제라한 '모닝쌍화차'다. 노른자와 함께 잣, 땅콩, 대추도 차를 덮을 정도로 가득 들어 있다. 마담은 식기 전 "맨도롱할 때 마시라"고 권한다. 때에 따라서는 '티켓'이라 하여 가게 밖의 사무실이나 기타 장소(소규모 상점, 당구장 등)로 차 배달 서비스도 나갔다가 단속을 받기도 한다.

반면 DJ음악다방은 젊은층이 이용하는 커피집으로 음악 전문인 남성 DJ와 여급이 아닌 아르바이트 학생을 두고 커피를 주문 받으며 배달은 하지 않는다. 메뉴는 커피와 빙수와 같은 빙과류이며 DJ가 골라낸 음악을 들으며 낭만을 즐긴다. DJ는 매일 분위기에 맞춰 감미로운 목소리로 음반에 대한 이야기로 고객의 마음을 사로잡았다. 고객의 신청곡이 적힌 메모지가 DJ박스 구멍으로 들어오면 신청자의 사연을 읽어주며 음악을 보냈다. 예전의 다방은 남성 중심의 공간이었다고 한다면, 음악다방은 특히 여대생들이 선호했으며 젊은 남녀들의 요구에 부응했던 휴식공간이라고 할 수 있다.

1980년 제주대가 서귀포 농수산학부를 통합하여 아라동 캠퍼스로, 1982년 제주한라대(제주간전)는 노형동으로 그리고 제주전문대는 영평동(1979년)으로 이설하고 정원이 보강하여 '386'세대들을 신입생으로 받아들였다. 당시 386세대 대학생들은 대학 주변 대학로와 상관없이 모두 칠성통으로 섞여 모여들어 대학생 촌을 만들었다. 그들은 음악다방으로 아지트를 정하고 청년문화를 향유했다. 당시 칠성통 음악다방으로는 '심지'(1384-3번지)와 '슈벨트'(1367-2번지)가 유명했으며, 상호에 다방이란 명칭도 뺐다.

문화 트렌드가 빠르게 변하는 수도권과는 달리 지방으로 갈수록 그 문화는 변방에서 명맥을 유지하다가 소멸하는데, 칠성통도 1980년대에 와서야 느지막하게 음악다방이 번성하였다. 그러나 88올림픽(관광객 200만 시대)을 기점으로 칠성통 다방문화

다 방

가고파다방 삼도1-1241-18·· 22 0981
가나안커피하우스 일도1-1300-23 52 3881
가 든 일도1-1302········· 22 3210
가람다방 이도1-1516-1····· 23 3356
가배다방 일도1-1461-5····· 51 1052
가을에서겨울까지 일도1-1361 53 4918

드르커피숍 이도2-1772-18·· 53 4304
드림다방 이도1-1400-1····· 53 1506
등대다방 건입1302-1······· 22 6466
등잔커피숍 이도1-1709-1··· 52 6974
뜨락다방 이도1-1355······· 22 4943
뜰커피숍 이도1-1491······· 53 2014
라오콘다방 삼도1-214-20··· 52 6833
락희다방 삼도1-596-9······ 22 0240
락희다방 서귀272-41······· 62 3195
레 인 서귀370-3·········· 62 3581
로뎅다방 서귀405-3········ 62 2455
로타리다방 연동292-31····· 27 1660
르네상스커피숍 이도2-1410-4 53 4118
마당다실 일도2-1069······· 22 8165
마리오네트커피숍 연동303-13 42 7496
마음과마음커피숍 삼도1-187-6 22 7051

그림 24. 1988년도 제주도 전화번호부에 나타난 다방 상호들의 여러 형태[24]
(자료: 『전화번호부 업종편』, 1988, 다방부분)

에 내부적으로 또 다른 변화가 생기기 시작했다. 업소 명칭에 다방 대신에 커피숍 · 커피하우스 · 가배 또는 반줄 · 소나타 · 슈벨트 등 음악가 이름을 쓰고 있었다. 기존 전통다방에서 커피와 음악다방으로 그리고 또 다른 형태인 커피향과 맛을 즐기는 1990년대 커피숍으로 진화하고 있음을 읽을 수 있다(그림 24). 그리하여 386세대들에게 칠성통 음악다방이라는 문화공간은 그들 세대의 뿌리와 정체성 그리고 공동체문화를 만들어 냈던 기억의 장소를 넘어 보존하고 싶어 하는 거리로 남아있다.

그런데 1970년대 말부터 시작된 커피문화는 단연 '잔치커피'(또는 '웨딩커피')이다. 상가 밀집지역인 일도1동은 장소가 여의치 않아 일찍이 1960년대부터 예식공간(귤림회관, 중앙예식장 등)에서 결혼식을 치렀다.[25]

80년대에도 혼례식은 예식장에서 하고 먹거리 잔치는 집에서 했다. 옥상과 골목

24 80년대 초 다방과 달리 다방상호가 외국어 또는 접미어에 커피가 많이 붙기 시작했다.

25 보통 잔치는 3일 동안 치렀는데, 첫날은 이웃마을 인근에 돼지 키우는 집에 가서 돼지를 사다 동네 사람들이 모여 돼지를 추렴하고, 둘째 날은 동네 마을 사람들과 친지들에게 잔치를 베풀고, 셋째 날은 혼인식을 올렸다.

그림 25. 1980년대 엽차 컵 '곱푸' 및 커피용 온수병 '마호병'(좌)과 커피믹스(우)

길에 천막을 쳐서 음식 만드는 곳으로도 이용하고 손님 접대 공간으로도 활용하였다. 오래전부터 성안 잔칫집에서 하객들이 식사를 마치면 '부름씨'(심부름) 하는 사람을 두어 잔술이나 음료를 따라주는 관습이 지켜진다. 70년대 말부터 사람들은 식후에 대부분 커피를 마셨다. 북적대는 잔칫집에서 여느 다방처럼 손님의 취향에 맞춰 커피에 들어가는 프림이나 설탕의 비율을 물어보기란 불가능하다. 그래서 나온 것이 만인을 위한 커피 레시피 '잔치커피'이다. 전기곤로에서 끓인 뜨거운 물 1.8 ℓ 에 커피 20, 프림 20 그리고 설탕 30의 비율(티스푼 기준)로 혼합하여 보온병에 담아 한 컵씩 제공하였다(그림 25의 좌).

그러나 얼마 지나지 않아 80년대 초 동결건조 커피에 프림과 설탕을 혼합한 커피믹스가 등장하였다. 말하자면 제주 잔치커피의 레시피가 커피믹스로 재탄생한 것이다. 그때부터 커피믹스는 잔치집·상가집·직장에서 단골 메뉴로 그리고 식당이나 쉼터에는 자판기까지 놓아가며 부리나케 마셨다. 육지에선 커피믹스를 '자판기커피'라고 하나 제주에선 현재에도 '잔치커피'로 변함없이 유통되고 있다(그림 25의 우).

이 커피믹스는 어디에서든지 '난, 잔치커피요'하면 다 통하게 되었다. 그런데 종종 장례식장에서도 '잔치(집)커피요' 하는 소리가 들릴 때가 있다. 일단 밖으로 나온 그 말은 주워 담을 수 없어 상주에게 미안한 감이 들 때가 많다. 다음은 제주의 한 시인이 '잔치커피'라는 제목으로 쓴 시이다.

섬사람들은 장례식장에서도
잔치 커피를 마신다
달짝지근한 믹스커피를
섬사람들은 잔치 커피라고 하는데
장례식장에 조문 가서 식사를 마치면
부름씨하는 사람이 와서 묻는다
녹차? 잔치 커피?
잔치 커피, 하고 주문을 하는 순간
장례식장의 '장' 자는 획 날아가고
(...)
달달한 잔치커피에 중독이 된다

(김수열, 2017)

1970년대 말 직장여성들은 커피 서빙('저기요, 여기 커피 한 잔만')에 시달렸다. 커피에 프림과 설탕을 타는 작업이 너무 복잡했다. 그리고 맛이 있다 없다 불만도 감수해야 했다. 그러나 1980년대에 들어 '커피부름씨'에서 여성들을 해방시킨 것은 커피믹스와 자판기였다. 커피 자판기가 있으면 그 곳은 언제나 다방이 되었다. 도서관 쉼터, 캠퍼스 강의실 중간복도, 병원대기실, 공항대합실, 관광지 입구 어디든지 동전만 집어넣으면 잔치커피가 나왔다. 그러나 잔치커피는 다방을 어렵게 만들었다. 그래서 나온 마케팅이 마담과 레지의 고객 밀착 서비스 방식이었다. 진한 화장, 야한 복장으로 나온 것이 바로 1980년대 중장년을 위한 접대다방이다. 이 중 커피배달 방식의 컨셉은 도를 넘어 '티켓다방'으로 변질되어 사회적 물의를 일으키기도 했다. 접대다방이 살아남기 위한 몸부림으로 읽힌다.

젊은이들에게 인기를 끌던 DJ 음악다방 역시 어렵기는 마찬가지였다. 대학생들 사이에 선풍적인 인기를 끌었던 음악 카세트 플레이어 '워크맨'이 보급되면서 DJ다방도 고개를 숙이기 시작했다. 이들 다방들은 '다방'이나 '다실'이라는 간판을 내리고 커피숍으로 바꿔 달며 새로운 변신을 시도하며 1990년대를 맞이하였다. 칠성통 '거리의 응접실' 문화는 좌우에 다양한 의류 매장이 집단적으로 들어서면서 '로데오 거리'의 쇼핑문화로 바뀌기 시작했다.

1988년 전화번호부(업종편)에 게재된 일도1동의 다방(지번)은 다음과 같이 43개가 등재되어 있었다. 또한 다방재료들은 당시의 커피전문업체인 동서식품 총판(건입동) 및 동서식품 대리점(일도1동)에서 제공되었다.

가나안커피하우스(1300-23), 가든(1302), 가배다방(1461-5), 가을에서겨울까지(1361), 공간사랑(1301), 구구다방(1146-19), 구덕다방(1303), 다락방(1287), 다정다방(1145-1), 두리다방(1476-37), 물마루커피숖(1377), 밀림다방(1233), 반줄(1368-1), 본전다방(1476-50), 봉조다방(1069), 비목커피숖(1355-4), 불란서커피숖(일도중앙쇼핑 128), 뷔엔나커피숖(1461-2), 산호다방(1461), 삼오다방(1121), 삼일다방(1498), 소나타(1464-3), 솔박다방(1212), 숙다방(1482-2), 쉼터다방(1070-9), 슈벨트(1367-2), 신성다방(1146-16), 심지(1384-3), 약속다방(1289-1), 우정다방(1451), 장안다방(1387-1), 정낭커피숖(지상80), 정다방(1458-1), 지하다과실(1145-16), 청탑다방(1296), 칸다방(1431), 칠다방(1296), 투데이커피숖(1355-3), 포엠다방(1292), 프린스커피숖(1301-6), 한밝다방(1373-2), 호수다실(1412), 다방재료 납품업체: 동서식품대리점 최선상회(1306-1), 동서식품총대리점(건입 1430).

80년대 다방이 전시회 등 예술활동 공간으로 사용되는 예는 80년 20회를 정점으로 81~89년 연평균 약 8회로 크게 줄었다. 신제주권 도시개발과 더불어 미술회관 · 화랑 · 공공회관 전시실 · 특급관광호텔(제주KAL 호텔, 그랜드 호텔) 등 전용시설을 이용했기 때문이다. 이로써 80년대 이후 다방의 전시기능은 거의 사라지고 말았다.

8. 지는 다방영업, 떠오르는 커피전문점(1990년 이후)

주지하듯이 제주도는 서울 등 대도시와 달리 여러 방면에서 유행의 속도가 한 템포 느리게 나타난다. 제주에서는 90년대 초까지만 해도 DJ음악다방이 인기였다. 그 후 90년대 중반에 이르러서야 음악다방도 지고 대신 커피전문점이 떠오르는 시대가 되었다. 먼저 식품위생법의 시행에서 다방의 지위가 확인된다. 1992년 식품위생법에서 분류하는 영업의 종류 중 식품접객업의 범위에 '다방영업'이라는 기존의 명칭이 사라지고,[26] 휴게음식점영업으로 개정되었다.[27] 과자점 형태의 영업에 다방을 함께 포함시킨 것이다. 이로써 제과점에서도 커피를 제공할 수 있게 되었고, 기존다방에서도 빵도 팔고 햄버거와 피자 그리고 샌드위치 등 경양식도 팔 수 있게 되었다.[28]

1990년대는 토종 커피전문점이 다방을 밀어내기 시작하였고, 1993년 전후 '서태지와 아이들'은 마지막 남아있던 음악다방을 종식시켰다. 그 외에도 커피믹스와 자동판매기의 보급, 전자오락실과 노래방의 확산이 도심다방을 종식시키는 요인이 되었다. 또한 1997년 IMF 경제위기는 다방의 축소를 더욱 부추겼다. 같은 해 '대한다방업중앙회'가 '대한휴게실업중앙회'로 단체명이 변경될 정도로 다방에 대한 소비자의 인식은 최하위였다. 1990년대 말 미국 스타벅스가 국내 대학가 신촌에 상륙하고 이를 모방한 국내 프랜차이즈 커피전문점들이 속속 들어서기 시작했다.

2000년대 이후 주변을 돌아보면 눈에 들어오는 것이 커피전문점이라고 할 정도로 커피 붐이 일기 시작했다. 제주도 도내대학 조리 관련 학과의 커리큘럼에 '커피이론 및 실습' 과목이 들어가고, 일반인을 대상으로 한 바리스타교육이 인기를 끌었다. 2005년에는 '된장녀'라는 신조어가 검색어로 뜨겁게 등장했다.[29] 세계에서 제일 비

---

26 식품위생법시행령(시행 1989. 7. 11.) 제7조(영업의 종류) 다방영업 : 객석을 갖추고 다류를 조리 (홍차에 레몬즙·우유·위스키를 첨가하는 것을 포함한다)·판매하거나, 우유·청량음료 기타의 음료수(주류를 제외한다)를 판매하는 영업

27 식품위생법시행령(시행 1992. 12. 21) 제7조(영업의 종류) 휴게음식점영업 : 음식류를 조리·판매하는 영업으로서 음주행위가 허용되지 아니하는 영업(주로 다류를 조리·판매하는 다방, 주로 빵·떡·과자·아이스크림류를 제조·판매하는 과자점 형태의 영업을 포함한다)

28 다방의 독점적 지위가 사라진 것이다. 식품위생법에서조차 다방영업이 독립된 접객업 분류에 속하지 못하고 과자영업과 함께 휴게음식점영업으로 통합되었다는 것은 당시 다방의 위치가 극명하게 약화되었음을 말해주는 방증이다.

29 밥은 굶어도 별다방(스타벅스 커피)은 못 굶어 한 손에 늘 별다방 커피 잔을 들고 다니는 여성을 빗

싼 스타벅스 커피가 한국에서 잘나가는 이유가 된장녀들 때문이라고도 했다.

2015년 제주도 전화번호부에 등재된 칠성통에 소재된 다방은 길다방과 칠칠다방이 있고, 커피전문점은 구디구디커피숍, 미스터브리즈커피 제주칠성점, 비바리커피숍, 아르브르카페, 왓집, 이디야커피, 탐엔탐스칠성로점 등이 있다. 제주산 프랜차이즈 커피전문점 'A'BOUT'이 2016년 9월 1호점 한라대점 오픈한 이래 전국 56개 매장을 개설 관리하고 있다.[30]

한편 칠성통에서는 지역상권을 되살리기 위해 노력하고 있다. 행정당국은 2008년 칠성로아케이드, 2016년 차 없는 명품거리 조성, 2017 탐라문화광장, 2017 산지천 갤러리 등의 사업을 펼쳤다. 제주시 행정당국에서 원도심을 살리기 위해 제주도시재생지원센터를 개설 지원하고 있으며, 칠성로상점가 일원 9개소 17개 공간을 대상으로 '공간창업캠프'를 진행하였다(『시사매거진』, 2021년 6월 25일자).

9. 맺음말

서울에 가면 명동이 있고 부산에 가면 광복동이 있듯이 제주에 오면 칠성통이 있다. 곧 칠성통은 제주의 명동이며 상업공간이자 역사문화공간인 셈이다. 칠성통 거리는 촌에서 온 지역주민과 바다로 건너온 방문객들로 늘 붐볐다. 조선시대에는 '귀양다리'들이 왔고 조정 관리와 행상인 보부상들이 드나들었다. 일제 강점기에는 일본인들이 집단을 이루어 둥지를 틀고 근대풍의 상가를 조성했다. 그곳에 일본인은 자신들을 위한 사교장 카페를 만들었고 여종업원을 두고 술과 음료를 팔았으며 거기에 커피도 함께 제공했을 것이다. 카페 긴스이銀水가 제주도 다방의 씨앗이 되었고 전쟁에 패하자 그 간판을 내렸다. 얼마가지 않아 미군정 시기에 칠성통의 첫 다방

댄 비속어이다.

30   에이바우트커피(http://a-boutcoffee.com/story, 접근일: 2021.11.11).

'칠성다방'이 위생업소로 도청에 신고하고 개업했다. 미군 PX에서 흘러나온 설탕과 인스턴트커피가 지역에 유통되고 다방에서도 마셨다. 커피문화가 미국에서 바다 건너 제주에 상륙했고 뿌리를 내리기 시작한 것이다. 그러나 개화된 다방도 4·3의 된서리를 맞아 결실을 맺지 못해 주춤할 수밖에 없었다.

이어서 6·25 한국전쟁이 발발하자 역사상 초유의 피난들이 산지항으로 대거 입도하자 다방의 상황은 크게 달라졌다. 피난민들 중에는 문인·예술가·학자·의사·사업가 등 다양한 계층이 속해 있었다. 오갈 데 없는 이들은 칠성통 거리로 모여들어 주민들과 섞여 용광로처럼 사회·문화적으로 하나가 되었다. 다방은 이들에게 유일한 안식처요 세상 정보와 지식이 유통되고 변화가 촉발되는 원천이었다. 당시 피난민이 문을 연 동백다방은 소설가 계용묵과 제주 문인지망생들의 만남의 장소가 되었으며 문예지를 발간하는 등 창작활동의 촉매제가 되었다. 뿐만 아니라 피난민들이 가지고 온 레코드판을 들려주는 음악다방도 생겨나 중년신사들이 모이는 음악감상실로 이용되었다. 이렇듯 전쟁으로 서울 명동 다방들이 칠성통으로 옮겨온 것이나 다름없이 미술전시회, 사진전, 시낭송회, 기념회 등등 문화센터로서 역할을 다했다. 비로소 칠성통 다방이 제주에 문화 르네상스시대를 연 것이다.

그러나 1961년 5·16 쿠데타 이후 계엄정부는 군대식 개혁을 주도하여 커피를 외화 낭비의 주범으로 보고 전면 판금이라는 초강경조치를 취했다. 여기에 칠성통 다방도 성할 수가 없어 3주 만에 5개의 다방이 문을 닫고 말았다. 그러나 3년 후 차기 정부의 선거를 위한 표를 얻을 요량으로 커피의 수입판매를 허용하여 다방은 다시 활기를 찾기 시작했다. 마침내 제주시내 다방의 60~70%가 칠성통을 중심으로 성시를 이루어 다방의 대중화를 이끈 것이다. 도내 정치인 언론인 경제인 문학인 학자 등등 사회 각계각층의 인사들이 날마다 모이는 소통의 공간으로 자리를 잡았다.

1970년대 제주시는 개발 붐의 시대였다. 칠성통 인근에서 서귀포까지의 5·16도로 포장, 제주국제공항의 노선 확충과 국내외 하늘길 확대 및 제주-부산 카페리호 취항 그리고 제주KAL호텔 개관 등 인프라 확충에 따라 칠성통의 접근성이 크게 확대개선되었다. 71년도의 경우 칠성통의 다방 점포수는 57개로 사상 최대로 증가하여 서울 명동의 69개에 비견되는 제2의 명동이 되었다. 이전의 다방은 주로 사교장으로 역할을 하였으나, 70년대 다방은 젊은 층의 음악감상과 남녀 미팅의 공간으로 그리고 사업가의 상거래를 위한 약속의 장소와 응접실 등으로 그 역할이 다변화되었다. 매출 증대를 위해 메뉴도 다양해졌다. 커피에 도라지위스키를 넣는가 하면 모닝커피에 계란노른자 그리고 쌍화차에 노른자 띄우기 등 차별화와 고급화의 전략으로 업소 간 경쟁이 치열해졌다.

1980년대 지속적인 관광개발로 관광객이 크게 증가하였다. 원도심(구제주)과 신제주로 나누어지고 원도심에는 탑동 해안로를 따라 관광개발이 이루어지고 신제주에는 특급관광호텔과 골프장이 증가하여 관광인프라가 크게 확충되었다. 제주인구도 크게 증가하여 칠성통 주변에는 더욱 많은 다방들이 들어섰다. 당시 다방은 마담과 '레지'가 있는 고전식 다방과 DJ가 있는 신식 음악다방으로 양분화 되었다. 제주대학이 종합대학으로 승격되는 등 386세대들이 대학에 입학하였고 이들이 칠성통의 음악다방문화를 주도하여 나갔다. 특히 여대생의 증가는 음악다방의 번성을 촉진하였다. 남성 중심의 다방에서 남녀 대학생이 함께 향유하는 문화공간으로 탈바꿈한 것이다. 한편, 80년대 초 동결건조 거피에 프림과 설탕을 혼합한 커피믹스가 등장하였다. 잔치집을 비롯한 '큰일집'에 필수 메뉴로 제공되어 '잔치거피'라는 신조어가 제주사회에 등장했다.

1990년대에 이르러 노형동이 개발되고 관공서들이 속속 입주함에 따라 상권은 신제주로 쏠리기 시작했다. 아울러 제주시청 주변에 대학로가 조성되고 젊은 대학생들의 아지트가 되었다. 다방보다는 커피숍이라는 상호를 단 휴게음식점이 들어서기 시작했다. DJ음악다방은 밝고 세련된 서비스 공간인 커피숍으로 바뀌고, 금붕어 수족관으로 상징되는 고전식 마담다방은 도심에서 변두리로 몰아넣었다. 도심에서 나간 다방은 읍면지역의 티켓다방처럼 음성화의 길로 들어서게 되었다. 이리하여 한때 '제2의 명동'으로 이름을 날리던 '칠성골'은 칠성다방 80년 역사와 함께 공동기억의 공간으로 묻히게 되었다.

지금 칠성통은 과거의 영광을 찾기 위해 도시재생지원센터, 칠성아케이드, 차 없는 거리, 산지천 갤러리, 탑동 상가개발, 동문재래시장 활성화 등 원도심 재생사업을 추진해왔다. 그러나 가시적인 효과는 아직 나타나지 않는 것으로 보인다. 과거 칠성통은 누구에게나 열린 공간이었으며 끝임 없이 모여 소통하고 네트워킹하면서 자아를 연출하는 매개장소였다. 전쟁, 산업화, 상권이동 등 외부 위협요인에도 불구하고 시대 변화에 적응하고 진화하며 지속가능한sustainable 칠성통 문화의 생태계를 유지해왔다. 이 글이 무엇이 칠성통 문화를 지속가능하게 했는지 지난 80년 다방의 식문화 역사 속에서 그 혜안을 찾아 가는데 일조할 수 있으면 하는 바람이다.

2부

인류학의
시선

———

제6장

제주성 일대 옛길의 가치규명과 활용[1]

강경희

1. 머리말

최근 지역사 관점에서 광역의 지역 단위 혹은 개별 지역 단위를 중심으로 옛길을 복원하려는 노력이 진행되고 있다. 이러한 경향은 각 지방자치단체에서 지역의 문화콘텐츠 개발이나 관광산업 활성화를 위한 방안으로 옛길 복원 프로젝트를 시행하는 것과 관련이 깊다고 할 수 있다.

제주성 일대 원도심은 탐라국 시대부터 조선시대를 거쳐 근·현대시기에 이르기까지 제주도 정치·경제·사회·문화의 중심지 역할을 해온 곳으로 제주의 역사가 고스란히 집적되어 있는 곳이다.

일제강점기에 제주성 일대는 차츰 훼손 멸실되면서 제주를 상징하는 대표적 축조물이 일부만 남은 채 대부분 사라졌다. 특히 일제강점기 당시 신작로가 개설된 이후 점차 도시의 확장 과정 속에서 평화롭고 생기 넘쳤던 서민의 생활문화 공간과 풍경

---

1   이 글은 2015년 연구보고서 『제주성 일대 옛길의 가치규명 및 보존 활용을 위한 기본방향 연구』(제주발전연구원 제주학연구센터)에서 필자가 담당하여 작성한 부분을 중심으로 수정·가필하였다.

은 점차 사라지고, 옛길이나 좁은 골목길들이 적지 않게 사라져 오늘에 이르고 있다.

그러나 도시 확장의 지속적인 개발에도 불구하고, 제주성 일대에는 옛길이 비교적 양호하게 잔존해 있는 공간이 남아 있음을 볼 수 있다. 더구나 제주성 주변 옛길 이름에는 골목길 중심의 마을단위 커뮤니티를 형성했던 마을의 흔적과 길이 함께 공존했던 의미가 포함되어 있다.

이러한 측면에서 제주성 일대의 옛길은 제주 사람들의 삶의 공간의 일부를 구성하는 역사적 가치와 정취가 살아 숨쉬는 길로서 제주의 역사적 정체성을 확인시켜 주는 중요한 요소로 작용한다. 더욱이 쇠퇴하는 제주시 원도심을 특징짓는 핵심적인 도시공간의 요소로서 원도심의 역사경관 형성과 유지에 중요한 자원이라 할 수 있다.

한편 옛길이 지자체와 지역민, 나아가 문화관광산업의 소재로 각광을 받으면서 제주성 일대의 옛길 역시 문화콘텐츠 사업의 일환으로 역사문화를 활용한 길 걷기 프로그램의 활성화로 주목을 받고 있다. 그럼에도 불구하고, 아직까지 제주성 일대의 옛길에 대한 고증 및 실태에 대한 연구는 매우 부진한 편이다.

앞으로 제주성 일대 옛길에 대한 부정확하고 잘못된 이야기가 양산되는 것을 방지하기 위해서는 무엇보다도 옛길에 대한 역사적 고증 및 고로古老들의 증언을 통해 정확한 옛길 찾기 및 보존이 시급한 시점에 와 있음을 인식할 때이다. 다시 말해, 제주성 일대 옛길에 대한 다양한 스토리를 생산하고 활용하기 위해서는 무엇보다도 먼저 옛길의 실태 및 보존에 대한 구체적이고 실증적인 연구가 절실히 필요하다.

이 글은 제주성 일대 옛길의 실태에 대한 구체적이고 실증적인 조사 연구를 실시하여 옛길의 역사적 가치와 의미를 규명함으로써 보존활용을 위한 방안을 제시하는 데 목적을 두고 있다. 특히 옛 골목길 중심으로 형성된 커뮤니티의 고유 가치를 밝힘과 동시에 특성화하기 위한 옛길 가꾸기 방안을 통해 쇠퇴하는 원도심의 이미지를 재창출함으로써 지역 정체성 함양과 지역주민 융합, 역사문화자원에 대한 자긍심과 애착을 갖게 하고, 지역경제를 활성화하는데 목적이 있다.

2. 옛길에 대한 선행연구 검토

1) 옛길 관련 연구

최근 몇 년 전부터 걷기여행이 활성화되고 있다. 이로 인해 중앙부처 차원에서는 물론 각 지방자치단체에서는 의미 있는 길을 찾고 만들려는 시도를 꾸준히 추진하고 있다. 환경부의 국토생태·문화탐방로, 산림청의 산림문화체험숲길, 문화체육관광부의 스토리가 있는 문화생태탐방로 등 중앙부처의 각 기관에서는 특성 있는 길을 만들어 우수성을 강조하고 있다.

특히 한국관광공사에서는 중앙부처 및 전국 시·군·구의 걷기여행길 담당자와 민간단체 등과 연계하여 걷기여행길 종합안내 포털사이트를 만들어 전국적 단위로 다양한 길을 안내해 주고 있다.[2] 예를 들어 지역별, 테마별, 대표길, 거리와 시간별, 계절별 등 걷기 여행자들의 기호에 따라 코스별로 찾아가기 쉽게 길을 선택하여 걷고 보고 느낄 수 있도록 여러 길들을 제공하고 있다.

이처럼 길 만들기 경쟁과 아울러 최근 학계뿐만 아니라 지역 연구가, 신문기자 등 등에 의해 길에 대한 연구 성과들이 많이 발표되고 있다(김기홍·이애란·정혜진, 2008; 도도로키 히로시, 2000; 최열, 2012). 무엇보다도 지역사 관점에서 광역의 지역 단위 혹은 개별 지역 단위를 중심으로 옛길을 복원하려는 노력이 두드러지고 있다. 이러한 경향은 각 지방자치단체에서 지역의 문화콘텐츠 개발이나 관광산업 활성화를 위한 방안으로 옛길 복원 프로젝트를 시행하는 것과도 관련이 있다.

오늘날 옛길이 예전과 달리 학계의 연구 대상을 넘어 지자체와 지역민, 나아가 문화·관광산업의 소재로 각광을 받고 있는 것은 다행스런 일이지만, 옛길의 역사성을 무시한 채 복원사업이 부실하게 진행되는 것을 방지하기 위해서는 철저한 학술조사가 필요하다고 지적하고 있다(한정훈, 2010: 8-9).

---

2   걷기여행길 종합안내포털 (http://www.koreatrails.or.kr/)

옛길은 어느 공간보다도 과거와 현재를 자연스럽게 공존시킬 수 있는 시간의 연결고리로서 훌륭한 교량 역할을 할 수 있어 그 가치가 매우 높다. 그런데 아직도 옛길에 대한 관련 규정이나 연구조차 충분히 이루어지지 않고 있는 것이다. 특히 전국적으로 추진된 도시개발 혹은 도시재생 방식은 옛길을 점점 더 위기 속으로 몰아넣고 있다고 해도 과언이 아니다.

서울 도시 사대문 안을 중심으로 옛길의 가치규명과 옛길 가꾸기의 중요성을 논하고 있는 보고서(민현석·송지영, 2009)에서는 길들 속에서 과거의 역사를 찾아내고 가꾸는 작업은 그 지역의 역사적 정체성을 찾아 해당 지역의 문화가치를 높이고 시민들의 자긍심을 고취하는 첫걸음이라고 역설하고 있다.

이것은 옛길이 담고 있는 역사적 가치를 발굴하고 복원하는 일이 곧 우리가 일하고 살고 있는 장소의 역사적 의미를 깨닫는 것과 상통하는 것이기에 그 지역에 사는 주민들의 자긍심을 고취시키는 일이라는 것이다. 역사적 풍취가 남아 있는 골목길들은 자연지형에 순응하여 자연발생적으로 형성된 길들이며 이 골목길을 중심으로 커뮤니티가 생성되었고, 이 커뮤니티는 이들만의 독특한 생활문화를 형성해 왔다는 것이다. 이처럼 옛길에서 비롯된 생활문화는 시대에 따라 변화하면서 옛길만의 옛이야기를 만들어내고 있어 그 가치가 매우 높다고 강조하고 있다.

한편 김충영은 수원 화성 옛길 연구를 통해 선진국에서는 역사자원을 이용한 건축·도시 관련 복원사업을 추진하면서 고유의 역사문화 환경을 복원하는데 주력하여 도시경쟁력을 확보하고 있다고 한다. 특히 성곽, 유적지, 건축물 등 역사자원시설을 연계해 주는 옛길을 복원하여 전통문화를 꽃피우면서 유구한 역사를 지키려 한다고 설명하고 있다. 또한 역사도시의 복원은 단순히 도시계획적인 측면만이 아니라 지역의 역사와 정체성을 같이 고려하여 복원되어야 한다는 인식이 확대되고 있음에 주목해야 한다고 언급하고 있다(김충영, 2009: 2).

이런 의미에서 제주성 일대의 옛길 역시 과거의 역사와 문화를 집적하여 현재까지 이어져 온 제주 사람들의 삶의 공간으로 역사적 가치와 정취가 살아 숨쉬는 길로서 제주의 역사적 정체성을 확인시켜 주는 중요한 요소라 할 수 있다. 더욱이 쇠퇴하는 제주시 원도심을 특징짓는 핵심적인 도시공간의 요소로서 원도심의 역사경관 형성과 유지를 해 나갈 수 있는 중요한 자원이라고 할 수 있다.

제주읍성 주변 도로체계를 연구한 양상호(2011)는 제주읍성의 도시적 원형을 찾고자 하는 연구는 거의 전무한 형편이라고 지적하고 있다. 양상호의 지적처럼 지금까지 제주성 일대의 옛길에 대한 구체적이고 체계적인 연구 역시 전무하다고 해도 과언이 아니다.

이러한 연구 상황에서 양상호는 처음으로 제주읍성 주변 도로체계 연구를 통해 제주읍성의 전통적 원형을 밝히려고 시도하였다. 제주읍성의 원형을 규명하기 위한 시도로서 신작로 개설 이전인 구한말 시기의 도로체계를 복구한 후 그에 대한 특성적 요소를 파악하고 있다.

양상호에 의하면, 전통도시 읍성 안 도로교통체계의 변화는 구한말 시기인 1910년 전후로 신작로 개설에서 초래되었다는 것이다. 즉 제주읍성의 도로체계의 변화는 1912~13년에 실시한 일주도로의 개수와 함께 읍성 안의 새로운 도로 신설에서 비롯되었다고 설명하고 있다.

2) 제주시 원도심 도시재생 연구

최근 도시문제 가운데 원도심의 쇠퇴와 더불어 도시재생정책에 대한 관심이 부상하고 있다. 제주시 원도심 역시 도시 쇠퇴로 인한 공동화 현상이 심각해지면서 도시재생 전략을 구축하는 연구들이 대두하고 있다.

제주시 원도심 도시재생 전략을 연구한 엄상근은 국내외에서 다양한 분야에서 정의되고 있는 도시재생의 개념을 종합하여 "인구의 감소, 산업구조의 변화, 도시의 무분별한 확장, 주거환경의 노후화 등으로 쇠퇴하는 도시를 지역역량의 강화, 새로운 기능의 도입·창출 및 지역자원의 활용을 통하여 경제적·사회적·물리적·환경적으로 활성화시키는 것"이라고 밝히고 있다(엄상근, 2013: 10).

이런 측면을 고려할 경우, 원도심에 잔존하는 옛길은 그 지역에 잔존하는 문화유산과 더불어 도시재생을 위한 하나의 중요한 요소로서 활용 가능한 역사적·문화적 자원으로 자리매김할 수 있다고 생각한다.

한편 원도심의 문화자원 활용을 통한 지역재생의 방향을 제시하고 있는 김태일(2015)은 경제적 관점에 초점을 두고 현재의 도시재생사업에서 간과하고 있는 점이 없는지 좀 더 신중한 논의와 과정이 필요하다고 역설하고 있다. 지역의 정체성 확보와 지역 주민들의 삶의 질이 향상되도록 원칙을 정하여 장기적으로 도시계획 차원에서 지역공간의 효율적 활용을 고려하고, 또한 건축물도 지역 정체성 확보를 위한 철학과 원칙 수립이 중요하다고 강조하고 있다.

이러한 강조는 원도심에 잔존하고 있는 근·현대의 역사적 의미를 고스란히 지니고 있는 작은 건축물과 과거 일제강점기에 만들어진 신작로를 따라 형성된 상업지와 칠성로, 동문시장 등 아직 현존하는 원도심의 역사적·문화적 자원에 대한 관심과 배려에서 출발하고 있다고 할 수 있다.

위의 선행 연구들은 최근 옛길이 학계의 연구 대상을 넘어 지자체와 지역민, 문화·관광산업의 소재로 각광을 받으면서 지역재생을 위한 문화자원으로 관심을 받고 있음을 지적하고 있다. 그러나 옛길의 보존 및 활용을 위해서는 무엇보다도 옛길의 역사성, 장소성, 문화성을 제대로 파악하는 것이 중요한 사항이며, 이를 위해서는 옛길에 대한 실태와 의미 등 철저한 학술조사가 수행되어야 한다는 것을 시사하고 있다.

이 글에서는 이러한 선행 연구의 이론적 내용을 토대로 하여 지금까지 연구가 부진한 제주성 일대의 옛길에 대한 실태를 분석하여 가치를 재조명하고 활용 가능한 방안을 제시하고자 한다.

3. 옛길의 역사적 의미와 문화적 가치

길의 사전적 의미는 다음과 같다. 위키백과에서는 "길은 서로 다른 장소를 연결해 주는 통로이며, 평평하게 정리된 길은 도로"라고 부르고 있다.[3] 또한 "한국에서는 길 자체가 동洞의 역할을 겸할 경우 동 대신 로路라는 명칭"을 붙인다고 되어 있다. 국립국어원 표준국어대사전에서는 길은 "사람이나 동물 또는 자동차 따위가 지나갈 수 있게 땅 위에 낸 일정한 너비의 공간"이라고 정의하고 있다. 이처럼 길은 이동을 위한 통로이며 공간적 영역을 필요로 하는 특성을 갖고 있다.

길의 역사적 의미를 강조한 김종혁은 "길이란 유구한 시간성을 담지하는 박물관 안에 박제되어 있지 않은 여전히 그 기능을 발휘하면서 살아 움직이는 역사적 유물이며 동시에 사료"라고 언급하고 있다(김종혁, 2004: 332). 오늘날 길의 모습이 변한다 할지라도 과거의 길을 토대로 변화가 생기고, 특정 목적지를 연결하는 길의 고유기능도 크게 달라지지 않는다는 것이다.

그러므로 길이란 사람이 이동하는 물리적 공간이라는 일차적 의미 외에도 그 길을 통해 누가 갔는지, 그 길을 거쳐 무엇을 이루었는지 등등 정신활동의 흔적까지도 담겨있는 소중한 역사박물관이라고 강조하고 있다. 또 길은 자연적이든 인위적이든 필요에 의해 형성되기 때문에 그 기능이 소멸하거나 대체할 수 있는 다른 길이 출현하지 않는다면 사라지지 않고 오랜 시간 명맥이 이어져가므로 '역사성'이 존립한다고 언급하고 있다(김종혁, 2004: 332-333). 결국 길이란 단순한 물리적 공간이 아니라 역사성과 정신적 활동을 포함한 살아 움직이는 귀중한 자료가 될 수 있음을 시사하고 있다.

또한 길은 사람들의 삶과 밀접히 관련되어 있는 공간으로 사회적·문화적 특성을 갖고 있다. 길은 가로의 성격에 따라 서로 다른 공공문화를 만들어 낼 수 있는 공공문화의 플랫폼인 것이다. 진양교는 길의 사회·문화적 가치를 강조하면서 '길은 공공문화의 플랫폼'이라고 하였다. 집에서 나와 작은 골목길을 지나 큰 골목과 큰 길로 연결되는 전통가로는 가로의 성격에 따라 서로 다른 공공문화를 만든다. 큰 골목에는 동네슈퍼, 미용실, 목욕탕 등 근린생활시설들이 있고, 이곳을 중심으로 지역 주

민들의 커뮤니티가 형성되어 지역 사람들이 살아가는 정취를 느끼게 한다. 그리고 작은 골목에 들어서면 막힌 골목과 골목 마당을 만나게 된다. 이곳은 골목과 바로 인접한 집들만의 보다 사적인 공공공간이 되고 여기를 중심으로 이들만의 커뮤니티가 형성된다(진양교, 2000: 104-107; 민현석·송지영, 2009:11에서 재인용).

이처럼 길은 보편적으로 역사적·사회적·문화적·정신적 특성을 갖고 있다고 할 수 있다. 옛길도 길의 일종으로 길의 보편적 속성을 가지고 있는 것은 당연하나, 구체적으로 시간적 범주와 공간적 의미를 포함한 개념의 정의가 필요하다.

따라서 시간적·공간적 범주에서의 옛길은 도시계획에 의해 치밀한 계획 하에 만들어지기 보다는 지형과 취락 형성으로 인해 자연발생적으로 생겨난 길이라 할 수 있다. 옛길은 대개 구불구불한 형태, 일정하지 않은 폭 등의 특징이 있고, 자연적 재료를 사용하거나 비포장 상태를 유지하는 등 옛 선조들의 삶의 정취를 드러내고 있다(김충영, 2009: 9-10). 공간적 의미에서의 옛길은 그 안에 오랜 시간 축적되어 온 문화, 역사, 정신을 포함한 길로 사람들이 모여 살며 그들만의 개성과 장소성을 만들어 내는 길을 말한다(박진영, 1989: 7-9; 김충영, 2009: 9에서 재인용).

한마디로 옛길은 길의 보편적 속성에 더하여 새 길과는 달리 시간적으로 오래된 길로서, 길의 물리적 공간성, 역사성, 사회·문화성을 지닌 장소라고 할 수 있다. 옛길이 시간적으로 오래 되었다는 것은 시대의 흐름에 따라 그 길이 지닌 세월만큼 옛 이야기가 겹겹이 쌓여 있다는 것을 의미하기도 한다. 이처럼 옛길이 다른 길과 다른 점은 옛길에는 과거의 역사와 추억을 상기시키는 독특하고 고유한 요소를 함축하고 있기 때문이다.

한편 옛길은 주변 환경의 역사적·문화적 여러 요소에 의해 길의 역사적 의의와 문화적 가치가 구현되고 있다. 유서가 깊은 도시의 옛길에는 과거의 역사와 삶의 흔적이 고스란히 담겨져 있다. 이와 같이 제주성 주변의 마을 이름과 옛길 이름에는 일제강점기에 도로개설로 인해 해체되기 전까지의 제주의 역사와 문화를 내다볼 수 있는 특징을 포함하고 있다.

예를 들면, 제주목관아를 중심으로 이앗골, 객사골, 영뒷골, 옥길 등은 골목길에 관청시설들이 있어서 붙여진 이름들이다. 또한 서문샛길, 남문샛길, 성굽길 등은 성 곽과 성문으로 가는 골목길에 붙여진 이름들로서, 제주성 주변의 옛길의 역사적 가치를 제고提高하는 한편 옛길의 역사적 정취를 만들어 준다. 이와 같이 옛길은 단순한 물리적 공간이 아니라 옛 사람들의 역사와 문화, 정신을 함축하고 있는 길이라 할 수 있다.

최근 각 도시에서는 옛길의 역사적 요소를 활용하여 옛길의 독특한 역사적 풍취를 보전하고 지역 주민들에게 그 가치를 인식시키려는 다양한 노력들이 시도되고 있다. 이러한 시도들은 쇠퇴하고 공동화되어 가는 원도심에 대한 가치를 재인식하는 계기와 더불어 그 지역만의 역사와 문화를 고찰할 수 있는 기회를 제공하고 있다.

이러한 행사의 일환으로 제주에서도 원도심 문화유산 탐방, 원도심 옛길 탐험 등 날실과 씨실로 엮어 있는 원도심의 옛길을 걸으며 주변 문화유적 설명과 옛 이야기를 듣거나, 원도심의 문화유적과 옛길 관련 심포지엄을 개최하여 도시의 정체성을 세우고 인식하는 행사가 최근 많이 개최되고 있다. 이러한 행사들은 제주시 원도심이 역사도시임에도 불구하고 점차적으로 공동화가 진행되어 쇠락하는 도시로 변모되어 가는 현주소를 바로 깨닫게 해 주고 있다.

제주성 주변의 옛길은 현대적 건축물과 도시 연결 도로개선 등 도시의 변화를 필연적으로 안고 시대적 변화를 극복하며 어우러져 온 역사적·문화적 공간을 형성하고 있다. 그러므로 옛길에는 그 길에서만 경험하게 되는 명확한 장소성을 통해 다른 곳과 구분되는 옛길만의 정취가 담겨 있고, 그 길만의 의미를 부여하고 있다.

결론적으로 옛길은 그 역사도시 안의 지역성을 보여줄 수 있는 중요한 요소이자 척도로서 작용한다. 이는 시민의 활동이나 건축과 도시의 경관에 지대한 영향을 주는 공간이자 도시를 대표하는 상징이 될 수 있다. 다시 말해, 옛길은 장소성과 문화성, 역사성 등을 바탕으로 한 도시의 정체성을 보여주는 상징적 공간이 될 수 있다(김충영, 2009: 11). 따라서 옛길을 걷는 그 자체만으로도 그 지역의 정체성과 문화성을 느낄 수 있는 점에 옛길의 역사적 의미와 문화적 가치가 함축되어 있는 것이다.

4. 제주성 일대의 옛길 고증과 현황

1) 제주성 내 마을 이름과 옛길 이름[4]

이 글에서는 제주성 일대 마을의 역사적 핵심 지역인 원도심권을 일도1동, 이도1동, 삼도2동, 건입동을 대상으로 하였다. 원도심권의 제주성과 그 주변의 옛길 이름과 마을 이름들은 길 이름만 있는 경우와 길 이름이면서 동시에 마을 이름으로 불리는 경우로 나뉜다. 옛길 이름이 남은 경우는 대부분 일직선상의 길 자체만을 지칭하지만, 마을 이름들은 길 이름과 동시에 혼용했던 것으로 보인다. 말하자면, 옛날의 마을은 길을 중심으로 이루어져 있었던 것으로 보인다.

또한 길과 마을 이름의 경우도 해지>해짓>해직 등으로 방언형의 변화가 일어나며, 길의 경우 '질'로, 동네를 뜻하는 골의 경우 '골'과 '굴'로 동시에 불렸다. 길 이름의 대부분은 한길>한질로 발음되듯 '질'로 끝나며, 마을 이름도 실제에 있어서는 영뒷골>영뒷굴처럼 '굴'로 표현되는 경우가 많았다.

제주시 원도심의 도로 변화로 인해 제주성 일대의 도로들이 많이 달라졌지만, 아직도 현존하는 옛길의 크고 작은 혹은 넓고 좁은 골목길들이 많이 남아 있다. 제주성 주변의 옛길 이름 유래에 대하여 사료집 기록과 마을 주민들의 증언을 토대로 정리하면 다음 〈표 1〉과 같다. [그림 1]은 제주성 내 마을 이름과 옛길 이름을 지도로 나타낸 것이다.

특히 눈여겨 볼 사항은 자연스럽게 형성된 큰길과 작은 길이 연결되어 있는 체계

---

4 제주시 원도심의 마을과 옛길 이름은 제주시·제주문화원(1996) 사료집, 마을지 등을 중심으로 정리한 후, 국사편찬위원회 사료조사위원 김익수 선생의 고증을 토대로 재정리 하였다. 그 가운데 명확하지 않은 부분은 제주북초등학교 부근에서 70여년 살았던 고희식(전 삼도2동 동장) 선생, 무근성에서 90여년 살고 계신 고두연(1922년생) 할머니 등 지역 어른들께 재확인을 걸쳐 정리하였다. 이렇게 정리를 했지만, 한 가지로 단정할 수 없는 몇몇의 옛길 이름은 그와 관련된 여러 설을 전부 소개하였다. 추후 좀 더 확실하고 구체적인 자료와 증언을 확보하여 보완할 것을 과제로 남긴다. 이 지면을 통해 도움을 주신 분들께 감사의 말씀을 올린다.

와 각각의 길들에 붙여진 이름의 의미이다. 동문으로 가는 넓은 길목이라는 의미의 '동문한질', 남문으로 가는 좁은 골목길이라서 '남문샛길', 화재로 인한 불길을 막는 다는 의미로서 동쪽의 불길을 막는 '동불막골', 서쪽의 불길을 막는 '서불막골' 등이 좋은 예라고 할 수 있다. 이처럼 넓고 좁은 옛길들은 상호 연결되는 유기적인 조직체 이고, 한편으로는 장소적 특징과 기능을 갖고 있음을 알 수 있다.

표 1. 제주성 일대 옛길 이름 유래와 사료집 기록 등

연번	옛길 이름	옛길 이름 유래 / 사료집 기록과 마을 주민 증언
1	객사골 (객삿골, 客舍洞)	제주북초등학교에 있었던 영주관이라는 제주목의 객사로 인해 생긴 마을 이름. 이원진의 『탐라지(耽羅誌)』에 "영주관은 북성 안에 있다. 바로 객사 대청이다(瀛洲館 在北城內 卽客舍大廳)" 라는 기록 있음.
2	창신골	칠성골에서 서쪽 객사골 동서로 이어지는 동네이고 중간에 북쪽으로 옥길과 연결됨. 관가에서 사용되는 가죽제품과 가죽신을 다루는 공방이 있는 동네였음. 1910년대에 들어서서 북초등학교 관사, 일본인 주거 지역으로 바뀜.[5] 일본 사람들이 이곳에 집중적으로 거주하면서 동네이름을 창신동이라 한데서 비롯된 이름으로 '신설동', '새동네'라 읽히는 명칭임. 현재 칠성로길에서 중앙로와 관덕로 7길이 이어지는 골목길임.
3	옥길	북성 안에 감옥이 있었음. 객사 남동쪽 부근으로 지금의 제주동부경찰서 중앙지구대 일대, 즉 탑사우나 쪽으로 가는 관덕로 9길에 해당함. 이원진의 『탐라지(耽羅誌)』에 "옥(獄)은 9칸의 건물로 담장을 높이 두르고 문은 하나 있었다."라고, 이형상의 『남환박물(南宦博物)』에는 "형옥, 21칸이다."라고 되어 있어, 시대별로 옥의 규모가 달랐던 것으로 보임. 죄수는 옥리를 두어 감시하였으며, 유배인 김윤식(1996)의 『속음청사(續陰晴史)』에는 육중한 나무문에 쇠사슬과 통쇠를 채우고 주위에 가시를 쌓았다는 기록 있음.
4	칠성골	제주성내의 산지목골에서 서쪽 관덕정 광장까지의 길로 조선시대에 성내 도로 중 가장 중요한 도로 중의 하나. 칠성골이라는 마을의 이름은 탐라국 시대부터 제주성내의 일도·이도·삼도동에 분거해 있던 칠성대(七星臺, 七星圖)에서 유래한 것으로 알려져 있음. 칠성대 7곳의 장소 중 3곳은 이 도로의 양쪽에 분거해 있었던 데서 마을 이름이 칠성골로 불림. 『신증동국여지승람(新增東國輿地勝覽)』에 "주성 안에 돌로 쌓았던 옛터가 있다. 삼성(三姓)이 최초 이 땅에 나와 삼도를 나누어 차지하고, 북두성 모양으로 대를 쌓아 나누어 살았으므로 칠성도라 칭하였다(在州城內 石築有遺址 三姓初出 分店三徒 倣北斗形 築臺分據之 因名七星圖)."라는 기록 있음. 『증보탐라지(增補耽羅誌)』에는 칠성도(七星圖)에 대해 "제주읍내에는 석축 옛터가 7곳(칠성동 3, 향교동 1, 아전 앞 1, 향청 뒤 1, 두목동 1)이 있다. 고양부(高梁夫) 삼을나(三乙那)가 일도·이도·삼도를 나누어 차지하고 북두칠성 별자리 모양을 본 따 누대(樓臺)를 축조하여 살았던 까닭에 성내(城內)를 대촌(大村)이라 하였다."라고 기록하고 있음 (제주문화원, 2005: 174).
5	생짓골 (생깃골, 생짓굴, 생직골)	'생짓'은 '향교'의 방언형으로 향교가 있었던 마을을 뜻함. 조선 초기에 들어선 성내 최초의 향교는 현재의 오현로 옛 관음사 포교당 자리에 있었음. 향교는 성내의 여러 곳으로 옮겨 다니다가 최종적으로는 현재의 용담동에 자리 잡았음. 일제 때 생긴 신작로인 원정통의 동문다리에서 알한짓골 입구까지의 길과 마을을 생짓굴이라고 불렀음.

연번	옛길 이름	옛길 이름 유래 / 사료집 기록과 마을 주민 증언
6	웃생짓골 (웃생짓골, 웃생직골)	일제강점기 최초 측량 당시 이도리 1349번지 전체가 향교터였음. 거기에서 서쪽으로 남북으로 난 길 주위를 '상교동(上校洞)', 즉 웃생짓골은 향교 웃동네라는 뜻으로 원정통에서 남쪽으로 두목골에 이어지는 골목임. 그 주변은 성안에서 세력이 있는 집안이나 유림 등 양반들이 사는 동네로 박종실과 김응빈 판관, 김근시 참사 등이 살아서 이 마을은 세도가 있는 사람들이 많이 살았다고 함.
7	알생짓골 (알생짓골, 알생직골)	알생짓골은 '하교동(上校洞)'으로 향교의 아랫동네로 원정통에서 칠성골에 이어지는 북쪽 길을 말함. 범골, 벙골, 부엉골이라고도 했음. 현재 중앙사거리 우리은행에서 칠성로길 사이의 길임.
8	막은골	막은골은 풍수설에 의하여 지형이 사통오달이 아니어서 막혔다는 뜻으로 두동(杜洞)이라 함. 즉 길이 한쪽으로는 트여 있지만 막다른 골목길로 끝난다는 의미에서 막은골이라 했고, 이 길을 사이에 두고 이루어진 마을을 말함. 칠성로길 18(일도1동) 부근에 해당함.
9	웃막은골	웃막은골은 지금의 제주삼성안과의원 주변 골목길에 해당함. 원정통 길에서 활모양으로 굽어져 향교밭(이도1동 1349번지)에 이어지는 골목임. 즉 이도 1동 1352번지 남쪽 골목 일대로 현재 제주은행 본점에 편입됨.
10	알막은골	알막은골은 웃막은골 북쪽으로 난 아주반점 골목길인 관덕로 13길에 해당함.
11	세병골 (새병골)	세병골은 군기좌기청인 세병헌을 중심으로 이루어진 마을로 이 주변 골목길을 말함. 이원진의『탐라지(耽羅誌)』에는 "세병헌은 신과원 남쪽에 있는 군기좌기청이다(洗兵軒 在新果園南 卽軍器坐起廳也)"라고 기재되어 있고,『증보탐라지(增補耽羅誌)』에는 "신과원 남쪽에 있다. 곧 군기좌기청이다. 1717년(숙종 43) 목사 정석빈(鄭碩賓)이 창건하고, 1875년(고종 12) 목사 이희충(李熙忠)이 중수했다. 1909년(융희 3)에 제주경찰서 터에 편입되었다."라고 설명하고 있음. 이러한 기록으로 보아 세병골은 웃생짓골에서 중앙성당에 이어지는 남문한질까지의 골목길인 지금의 중앙로 12길에 해당함.[6]
12	두목골 (두뭇골)	두목(斗目), 즉 북두칠성의 눈에 해당되는 지점에 있는 마을로 성안에 분처해 있던 칠성대로 인한 명칭임. 남문한질에서 검정목골로 이어지는 사이의 웃생짓골과 교차하는 골목길에 있던 마을임. 지금의 중앙로에서 관덕로 8길로 이어지는 중앙로 14길에 해당함. 『속음청사(續陰晴史)』번역본에는 "두뭇골"이라는 항목을 달아서 "소만절(小滿節)날이다. 오늘은 일곱 번째 모임인데, 소운(篠雲 黃炳郁)이 두뭇골[杜蕪洞] 규원(葵園 鄭丙朝)이 사는 집에서 모임을 열었다."라는 기록 있음. 여기 역주에서 김익수 선생은 두뭇골은 "농협제주중앙지점에서 동서로 남문로에 이르는 길가 동네"라고 설명하고 있음(金允植, 1996: 98).
13	남문샛길	남문으로 가는 좁은 골목길. 현재 남문빌라와 접해 있는 남성로 23길에서 남성로 25길로 이어지는 골목길에 해당함.

---

5   김익수(국사편찬위원회 사료조사위원) 선생에 의하면, 예전에 감옥이 있어서 주변에 민가가 없고 주로 천민집단인 가죽신을 짓는 갖바치들이 많이 살았던 곳이라 해서 '창신골'이라 불렀다고도 함. 그래서 이곳의 땅값이 싸고 산지항과 가깝다는 물류의 이점이 있어서 일본인들이 싼값에 땅을 구입하여 집단 거주지로 만들었다고 함.

6   김익수(국사편찬위원회 사료조사위원) 선생에 의하면, 새병골은 병영으로 가는 새로 난 길이란 뜻이라고 함.

연번	옛길 이름	옛길 이름 유래 / 사료집 기록과 마을 주민 증언
14	재터길	남문한질에서 귤림서원으로 가는 골목길. 현재 관덕로 8길에서 중앙로를 걸쳐 중앙로 15길로 이어지는 골목길에 해당함. 예전에 이 길에 영혜사(永惠祠)와 향현사(鄕賢祠)라는 사당과 귤림서원(橘林書院)이 있어서 붙여진 이름으로 보임. 고희식(전 삼도2동 동장)에 의하면, 남문로터리 서쪽에 큰 나무가 있었고 마을 주민들이 제를 지내러 다니던 곳이 있었다고 하는데, 이로 인해 붙여진 길 이름으로도 추정됨. 또한 남문사거리 부근에 만들어진 이도 1동 옛길 표지판에는 '재터길'로 명칭을 붙여 "남문 안 성굽길에서 귤림서원의 재사(齋舍)로 가는 길"이라고 설명하고 있음. 여러 설이 있지만 현재까지 명칭의 연원은 자세히 알 수 없음.
15	항골	남문한질에서 중앙로를 거쳐 오현단으로 들어오는 작은 골목길. 오현단 서쪽의 작은 마을을 항골이라 했고, 이 골목길은 귤림서원 터로 통하고 그 유래는 자세히 알 수 없음.
16	청풍대길 (광풍대길, 귤원길)	청풍대길(광풍대길)은 재터길 동쪽에서 항골 사이 귤림서원으로 가는 길임. 귤림서원, 즉 오현단 경내에는 '증주벽립', '광풍대(光風臺)'라 새겨진 마애명이 있는데, 채동건 목사가 재임 시에 홍경섭이 귤림서원 서쪽 벼랑, 속칭 병풍바위에 새겨 놓은 글자임. 광풍대의 '광풍'은 송나라 육현 중의 한 사람인 염계(濂溪) 주돈이(周敦頤)의 전(傳)에 나오는 '광풍제월(光風霽月)'에서 따온 것임. 비 개인 뒤의 풍월처럼 시원한 바람과 맑은 달이라는 의미로 인품이 고결하고 시원한 천성과 마음을 비유하고 있음. 제주 삼읍 제일의 대(臺)인 광풍대가 있는 곳은 원래 바람이 맑은 곳이라는 뜻의 '청풍대(淸風臺)'라 불리었는데, 귤림서원이 세워진 뒤 증주벽립이 각석되면서 광풍대로 이름이 바뀐 것이라 함(제주도·제주동양문화연구소, 1999: 22). 또 하나의 이름인 귤원길은 재터길 동쪽 끝에서 귤림서원의 사당(祠堂)으로 가는 길이라는 데서 붙여진 명칭임.
17	웃한짓골	한짓골은 한길>한질>한짓(한직) 등의 큰길의 방언형임. 제주성 남문에서 칠성골 입구까지 이어진 길로 조선시대에는 성내에서 가장 폭이 넓은 큰길이라는 의미에서 붙여진 명칭. 이 한짓골은 웃한질과 알한질로 나뉘는데, 웃한질은 남문에서 세병골 서쪽까지 이르는 길로 제주중앙성당에서 남문사거리로 가는 길로 관덕로 8길에 해당함.
18	알한짓골	알한짓골은 지금의 관덕로 8길로 세병골 서쪽(동불막골 동쪽 입구)에서 칠성로 입구까지 이어진 길. 웃한질과 구분하여 알한짓골로 불렀음.
19	동불막골	민간의 화재가 관아로 번지는 불길을 막는다는 의미로 동쪽의 불길을 막는 길과 그 일대의 마을을 말함. 지금의 제주중앙성당 북쪽 골목길인 중앙로 12길로 알한짓골에서 서쪽으로 병목골에 이르는 골목길에 해당함.
20	서불막골	화재로 인한 불길을 막는다는 의미로 서쪽의 불길을 막는 길을 말함. 지금의 향청 동쪽 병목골에서 서문한질에 이어지는 골목길로 로베로호텔 뒤 골목길인 관덕로 4길에 해당함.
21	병목골	병목골은 구 제주대학교 병원에서 삼도2동 주민센터 앞까지의 골목길로 이 길 동쪽 마을을 말함. 길 서쪽 마을은 상청골인데, 여기에서 병목은 절제사가 있는 병영과 이아가 있는 목관에 이어지는 길을 말함.
22	이앗골	남문한질에서 이아(貳衙)로 이어지는 마을길로 지금의 제주중앙성당에서 인천문화당으로 이어지는 중앙로 14길에 해당함. 이아는 구 제주대학교병원 자리에 있었는데, 목사의 집무처인 목관아를 상아(上衙)라 부른 것과 구분하여 붙인 명칭으로 판관의 집무처인 찰미헌(察眉軒)과 그 부속 건물들을 말함. 이원진의 『탐라지(耽羅誌)』에 "이아는 남성 안에 있다(貳衙 在南城內)."라고 했으며, "찰미헌은 이아의 동헌(察眉軒 卽貳衙東軒)"이라 하여 이아를 찰미헌이라 하고 있음. 『증보탐라지(增補耽羅誌)』에 "찰미헌은 제주읍 삼도리에 있다. 곧 판관의 동헌이다. 1810년(순조 10)에 판관 손응호(孫應虎)가 중수하고, 1897년(광무 1)에 군수 김희주(金熙冑)가 중수했다. 지금의 도립병원 터이다."라는 기록 있음(제주문화원, 2005: 246).[7]

연번	옛길 이름	옛길 이름 유래 / 사료집 기록과 마을 주민 증언
23	몰항골	옛 제주대학교 병원 동쪽 좁은 골목길로 메가박스 제주점 앞에서 한짓골로 나가는 중앙로 14길에 해당함. 이아에 자혜의원이 생기면서 몰항골 북쪽 입구는 의사들의 숙소가 해방 후까지 관사와 간호원 숙소로 있었고, 골목 안에는 병원 직원들이 집을 얻어 살았음.
24	상청골	이앗골에서 서불막골로 이어지는 골목길로 이 길에 향청, 즉 향사당(鄕社堂)이 있어서 향사당을 중심으로 이루어진 마을과 마을길을 말함. 상청은 향청의 방언형임. 향사당은 제주특별자치도 유형문화재 제6호로 지정되어 있음. 지방의 자치기관인 향청으로 그 지역에서 학식과 덕망이 있는 자를 좌수와 별감으로 천거 추대하고, 봄과 가을에 각 고을 사람들이 모여 향사음례(鄕射飮禮), 즉 주연과 활쏘기를 행했던 곳임. 향사당은 처음에 가락천 서쪽에 있었으나 1691년(숙종 17) 김동(金涷) 판관이 찰미헌 서북쪽인 지금의 위치로 옮겨 짓고 향사당(鄕射堂)이라 하였음. 1797년(정조 21) 유사모(柳師模) 방어사가 건물 이름을 향사당(鄕社堂)이라고 편액하였음. 이후 1909년 신성학원의 교지로 이용되다가 일제 때인 1916년 폐쇄된 후 일본인의 사찰로 사용되었음. 현재의 건물은 1981년에 동남향이던 방향을 동북향으로 자리를 바꾸어 새로 지은 것임. 이원진의『탐라지(耽羅誌)』에 "향사당은 가락천 서쪽에 있다. 좌수 1명, 별감 3명을 두었고, 봄·가을에 전 고을 사람들이 모여 향사례를 행하였다(鄕射堂 在嘉樂泉西 座首一人 別監三人 春秋一鄕齊會 行鄕射禮)."라는 기록이 있다. 이원조의『탐라지초본(耽羅誌草本)』에는 "향사당은 찰미헌 서북쪽에 있다. 숙종 17년 신미년(1691년) 김동(金涷) 판관이 현 위치로 옮겨 지은 것이다(鄕射堂 在察眉軒西北 肅宗辛未 判官金涷建 座首一人 別監三人)."라고 기록되어 있음.
25	서문한질	관덕정에서 서문으로 가는 큰 길을 말함.
26	서문샛길	남문샛길에서 성굽 안을 따라 서문으로 가는 좁은 길을 말함.
27	창뒷골	창뒷골은 사창(司倉) 뒤쪽에 있는 마을로 이 주변 골목길을 말함. 현재 관덕로 9길에 해당함. 사창은 진휼창과 함께 같은 경내에 있었는데, 관덕정 서쪽 옛 시청 청사 자리에 있었음.
28	채수골 (추수골)	서문한질에서 북으로 난 짧은 골목으로 창뒷골과 이어짐. 명칭의 유래는 두 가지가 전해짐. 하나는 구한말까지 서문 밖에서 재배한 채소를 이 골목에서 행상들이 팔아서 생긴 이름으로 채수골은 숯과 땔감을 팔던 서문 샛길과 이어져 하나의 상권을 이루었는데, 오일장이 활성화되면서 시들해졌다고 함.[8] 다른 하나는 주사(州司)가 있어 이 주사의 명칭이 방언형으로 변하면서 추수골, 채수골로 변했다고 함. 『탐라지(耽羅誌)』에 "주사는 서문 안에 있다. 땔감을 저장하며 호장이 이를 주관한다. 목감관이 있다(州司 在西門內 貯柴炬 戶長主之 有牧監官).", "서문 안에 있다. 땔나무와 건초, 숯을 받아 관리하는 곳이다. 감독관인 좌수 1인, 담당 구실아치인 수·부호장 2인이 있다(在西門內 柴炬草炭捧上之所 監官座首一人 色吏首副戶長二人)." 라는 기록이 있음.

---

7 도립병원 터는 옛 제주대학교 병원 자리이다.
8 김익수(국사편찬위원회 사료조사위원) 선생의 설명이다.

연번	옛길 이름	옛길 이름 유래 / 사료집 기록과 마을 주민 증언
29	영뒷골 (영두굴)	영뒷골은 영리청(營吏廳) 뒷길을 의미함. 지금의 관덕정에서 북쪽으로 상아의 서쪽을 따라 가다가(관덕로 3길) 무진장모텔에서 서쪽으로 이어진 무근성 7길의 좁은 샛길로 이 골목길과 주변 마을을 말함. 영리청은 제주목관아 내의 홍화각(弘化閣) 터에 있었는데, 홍화각은 안무사영(安撫使營) 또는 영리청이라고 했으며 군사적인 업무를 수행하는 곳이었음. 홍화각이 영청이라 불리게 된 것은 제주목사가 전라도관찰사의 임무를 일부 넘겨받아 대정현감·정의현감을 지휘, 감독하여 제주도의 전권을 장악한 데서 유래함. 또한 불에 타기 전의 관아 명칭은 만경루라 하였는데, 홍화각이라 명명한 것은 왕의 어진 덕화(德化)가 백성에게 두루 미치기를 기원하는 의미임. 당시 제주목사는 목민관이면서 동시에 전라도 관찰사의 군무를 위탁받은 수군, 병마의 군사령관의 역할(절제사, 후에 방어사로 바뀜)도 겸해 있었음. 이로 인해 목사의 집무처인 목관아는 판관의 집무처인 찰미헌을 이아라 부르는 것과 구분하여 상아로 불렸고, 목사가 군사령관이라는 의미 또는 홍화각이라는 영청이 있어서 '영'으로 불리기도 했음. 그러므로 영뒷골은 영청(營廳)의 뒷마을 또는 뒷길을 의미함. 『증보탐라지(增補耽羅誌)』에 "홍화각은 제주읍 삼도리에 있다. 1435년(세종 17) 최해산(崔海山) 안무사(按撫使)가 창건한 뒤, 1648년(인조 26)에 김여수(金汝水) 제주목사가 중수하였다. 안무사와 절제사의 영청으로 사용되다가 1713년(숙종 39) 제주목사가 방어사를 겸하면서 별도로 정아(正衙)를 설치함에 따라 홍화각은 영리청(營吏廳)으로 사용되었다. 그 후 1772년(영조 48) 양세현(梁世絢) 제주목사가 중수하였고, 1829년(순조 29)에 이행교(李行敎) 제주목사가 개건하였다."고 기록되어 있음(제주문화원, 2005: 196). 『탐라지초본(耽羅誌草本)』에 홍화각은 "연희각 남쪽에 있다. 세종 을묘년(17년, 1435)에 목사 최해산이 창건하였다. 예전에는 안무사가 정무를 보는 곳이었는데 지금은 영리청으로 사용하고 있다(在延曦閣 世宗乙卯 牧使崔海山創建 古安撫使政堂 今爲營吏廳)."라는 기록이 있음. 이 홍화각은 일제 때 1940년에 헐렸음.
30	성굽길	성터의 해자 자리가 남아 있는 부근의 마을을 '성굽'이라 함. 남문의 성터굽이 남아 있는 골목길은 남성굽길, 북성의 성터굽이 남아 있는 골목길은 북성굽길이라 함.
31	무근성길	무근성은 제주성 밖의 서북방, 탑동과 병문천 하구 제주성 주변의 삼각주에 해당하는 공간으로 탐라국 시대에 있었다는 옛 성터를 뜻함. 무근성은 옛 성이 있었다는 곳에서 병문 내 위로 난 한길과 '탑알'로 난 작은 길 사이를 말함. 『증보탐라지(增補耽羅誌)』에 "고주성(古州城)은 주성 서북쪽에 옛 성터[古城]의 유적이 있으니, 마을 이름은 묵은성[陳城]이라 부른다."(제주문화원, 2005: 308)라고 하여 무근성을 진성동이라고도 하였음.
32	탑알길	옛날 탑을 쌓았던 곳이라 해서 탑알이라 칭했으나 후에 한자 표기에 의해서 탑동(塔洞)이라 하였음. 무근성 북쪽에 있는 마을로 예전에는 인가는 없고 대부분 밭이었다고 함. 탑을 쌓은 아래쪽 마을이라는 뜻에서 '탑알', '탑바리' 등으로도 불렀으며 탑알길은 이 마을길을 말함. 지금의 북성로에서 북쪽 오리엔탈호텔로 내려가는 무근성길에 해당함.
33	샛길	삼도2동 포제단 앞에 있는 좁은 길을 말함.
34	벌랑길	탑알 북쪽 바다에서 솟는 물을 '벌엉'이라 하는데 썰물 때만 동네 사람들이 물을 길었음. 수량이 풍부하여 유창산업이 탑알에 있을 때는 공업용수로 사용했음. 이 물이 있는 곳의 포구가 '벌랑포'로 버렝이깍, 버렁개, 벌랑개라고도 했음. 고려 때 수심이 좋아 군항으로 사용했으나 하구에 먹돌이 쌓여 후대에는 들물 때만 선박이 출입했음. 벌랑포는 병문천의 말류에 있던 포구로 이 일대의 길을 벌랑길이라 함. 『탐라지(耽羅誌)』에 "벌랑포는 본주 서쪽 1리경에 있다(伐浪浦 在州西一里)."라고 했으며, 『탐라지초본(耽羅誌草本)』에 "병문천(屛門川)은 제주 서성 밖에 있다. 말류는 벌랑포(伐浪浦)가 된다."라고 기록되어 있음.

연번	옛길 이름	옛길 이름 유래 / 사료집 기록과 마을 주민 증언
35	병문안길	병문천은 한라산 북쪽 골짜기에서 발원하여 오라동을 거치고 삼도1동 서쪽을 휘어 돌아 북쪽 바닷가로 흘러가는 내를 말함. 병문천 안쪽, 즉 동안의 갓길을 병문안길이라 함. 병문천은 현재 복개되어 탑동로라는 도로가 만들어져 있어 그 흔적을 찾을 수가 없음.
36	병문뒷길	병문천 바깥쪽, 즉 하천 서안의 갓길을 병문뒷길이라 함.
37	부러리길	'부러리'는 부월리(浮月里)라고도 하는데, 지형이 달과 비슷하다는 데서 '부러리'라 했다고 함. 부러리는 용담 1동 경로당 뒷동네로 용담동에서 제일 먼저 생긴 마을로 부러리길은 향교길 위쪽으로 난 구한질(옛날의 큰길)임. 부러리길은 원래 신작로라 했고, 이 길이 대정고을 가는 '웃한질'로 이어져 있었음. 서쪽으로는 한내를 건너 '정드르'로 가는 길임. 부러리길은 지금의 태광식당 옆으로 난 골목길로 지금의 비룡길에 해당함.
38	향교길	서문사거리를 지나 서문시장 입구 한길 건너편 북쪽으로 난 골목길 안에 있었던 '비룡못'에서 서쪽으로 목사가 향교에 참배하러 갔던 길을 말함. 제주향교가 최종적으로 자리한 다음에 붙여진 명칭임.
39	바당길	탑동 바다 길을 말하는 것으로, 현재 탑동로로 부르는 도로의 뒷길임. 탑동매립 이전까지는 이 길이 바다에 종사하는 해녀들이 해산물을 채취하러 다니던 길로서 탑동에서 산지천까지 먹돌로 깔린 길이었음.
40	해짓골 (해짓골, 해짓굴, 해직골)	북성의 산지천에서 동서로 뻗다가 북쪽 '바당길'에 연결된 동네로 후에 해지동(海池洞)으로 표기됨. 해짓골은 칠성로 북쪽에 있는 성 밖의 마을로 일제강점기 때 만들어진 북신작로 북측의 작은 골목과 그 주변 마을을 말함.
41	산지목골	칠성골 동쪽 광제교 부근의 마을로 동문으로 나가는 동목골에 이어지는 골목으로 산지천 입구라 해서 산지목골이라 했음. 산지목골 입구인 광제교 입구에는 중인문이 세워져 있었음.
42	샛목골 (샛물골)	동문 하천을 정비하기 전에는 냇물이 마을 사이로 흐른다고 해서 샛목골(샛물골)이라 불렀음. 한자 표기로는 간수동(間水洞)이라 하며, 일도 1동의 중심 마을이었음. 대동호텔이 있는 골목길로 SC제일은행에서 북쪽 일도 1동 주민센터 방향으로 나가는 관덕로 15길에 해당함.
43	동목골	산지목골 입구의 중인문에서 동문으로 가다가 동문한질과 이어지는 골목. 즉 동문한질의 목에 해당하는 골목 동네를 동목골이라 함. 지금의 동문로에서 칠성로 3길로 이어지는 산지로에 해당함.
44	동산골	동문로타리에서 동문으로 가는 길에 높은 동산이 있는 곳으로 동목골에서 활처럼 굽은 길을 말함. 지금의 만덕로 6길에 있는 하이드파크텔에서 산지로로 이어지는 좁은 골목길과 서울종묘사로 이어지는 좁은 골목길에 해당함.
45	운주당골	운주당골은 제주읍성 위쪽에 있는 운주당 터를 중심으로 이루어진 마을임. 운주당(運籌堂)은 원래 주(州)의 장대(將臺)로 관아의 건물이었으나 후에는 일도동의 마을 수호신을 모신 일도동 본향당으로 널리 알려짐. 옛 동양극장 건물이 있는 동문로에서 운주당으로 올라오는 좁은 골목길로 지금의 동문로 6길에서 신산로 2길로 이어지는 골목에 해당함. 『탐라지(耽羅誌)』에 "운주당은 동성 위에 있다. 목사 곽흘이 짓고 이산해가 제액하였다 (運籌堂 在東城上 牧使郭屹建 李山海題額)."라고 기록되어 있음. 『증보탐라지(增補耽羅誌)』에는 "제주읍 일도리 동성 안에 있다. 주(州)의 장대(將臺)이다. 1566년(명종 21)에 목사 곽흘(郭屹)이 동성을 뒤로 물려 지어 높은 언덕에 운주당을 창건했다. 이산해(李山海)가 편액을 지었다. 1682년(숙종 8)에 목사 신경윤(愼景尹)이 중창하고, 1783년(영조 19) 목사 안경운(安慶運)이 중수하였다. 1892년(고종 29)에 화재로 소실됨으로 찰리사 이규원(李奎遠)이 개건하였다. 지금은 없어졌다."(제주문화원, 2005: 253)라고 기록되어 있음.

연번	옛길 이름	옛길 이름 유래 / 사료집 기록과 마을 주민 증언
46	구명골	동문시장 안 옛 동부교회 남쪽에 '구명못'이 있었는데 거기서 유래된 이름임. 동문시장 안 내팍골로부터 운주당 골목 경계선까지의 좁은 길을 말함. 조선조에는 제주목에서 정의로 가는 대로로서 추사 김정희, 정헌 조정철 등이 유배길에 들어오고 나갔던 길이었음.
47	내팍골(내팟굴, 내팍굴)	내팍골은 '내(川)의 밖에 있는 마을'이라는 뜻으로 남문 안 남쪽 가락쿳내 밖에 있는 마을로 가는 길을 말함.
48	검정목골	검정(檢井)은 물이 흘러나오는 곳이 마치 호미 모양을 하고 있다하여 붙여진 이름으로 검정목골은 검정 입구에 이루어진 마을로서 이 일대의 골목길을 말함. 지금의 중앙로에서 NH농협 제주중앙지점 북쪽 골목길을 지나 동문시장 안 내팍골까지의 길목으로 오현길 75에서 오현길 78로 이어지는 동문시장 길임.[9]
49	가락쿳길(가락쿳길)	오현단 동쪽에 한라산에서 발원한 산지천 상류의 가락쿳물이 흐르고 있었는데, 이 가락쿳물로 가는 길을 말함. 지금의 오현단에서 북쪽으로 내려오는 오현길에 해당함. 『증보탐라지(增補耽羅誌)』에 "가락천(嘉樂泉)은 제주읍 일도리에 있다. 커다란 바위 아래 구멍이 있는데 한줄기 샘에서 물이 솟아나니 깊이가 한 길[一丈] 남짓이다. 겨울에는 수량이 적음이 보통이나 여름철과 장마 때는 넘쳐흐른다."(제주문화원, 2005: 104)라고 기록되어 있음.
50	동문한질	동문으로 들어가는 길을 말함. 동목길, 운주당길, 구명길이 이 동문한질에 마주침.
51	알비석거리	비석거리는 선정비 등 옛 비석들을 모아 세워 놓은 곳을 말함. 비석거리의 아랫길로 지금의 공덕길 12 흥진빌라에서 만덕로 6길로 이어지는 골목길에 해당함.
52	웃비석거리	옛 비석들을 모아 세워 놓은 곳인 비석거리의 윗길로 지금의 만덕로 6길에서 신산로 2길로 이어지는 동문로에 해당함.
53	구중길	구중길은 제주동초등학교 남쪽에 있는 마을길. '구중'의 중은 무거울 중(重)자를 쓰는데, 그곳에 옛날 높은 사람이 다니던 길이었기 때문에 주위의 마을을 '구중동네'라 했다는 설이 있으나, 이는 근거 없는 이야기로 구중의 유래는 자세히 알 수 없음. 지금의 신산로 2길에서 성지로로 이어지는 골목길임.
54	사장밭길	사라봉 기슭, 건입동 노인당이 있는 터에 활을 쏘는 사장(射場)이 있어 무예를 연마했던 곳이 있었는데, 이곳으로 오가는 길을 말함. 지금의 만덕로에서 연무정동길로 이어지는 만덕로 1길에 해당함.

---

9 김익수(국사편찬위원회 사료조사위원) 선생은 외부에 수집되는 넓적한 돌을 뜨겁게 하여 가죽의 기름을 제거했는데, 피혁 가공을 하는 공원들이 많이 거주하여 이곳의 명칭이 검정목으로 불린데서 유래한다고 함. 일제 지적도의 지번을 보면, 이곳이 '雜(屠)'로 나와 있는 것으로 보아 타당한 지적일 수 있음. 또한 일제가 작성한 1932년 〈제주성내 음료수등가지역도〉에서 이곳에 용출하는 샘물이 있는 것으로(이 샘이 '검정'이었던 것 같음.) 보아 산지천 중류 동안인 이곳에서 성안의 마소를 잡는 도살장이 있었고, 이곳에서 나오는 우마피의 가공을 위해 하천 바닥의 넓은 바닥돌을 이용하면서 이곳의 바위들이 검정색을 띄게 되어 이곳의 명칭이 검정목으로 불린 데서 유래한 듯함.

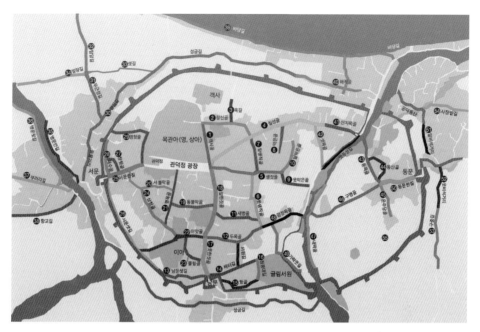

그림 1. 제주성 내 마을 이름과 옛길 이름

자료: 제주시·제주역사문화진흥원(2015), 『濟州城-제주성총서 사진·지도』, 231쪽.

2) 옛길의 현황과 실태조사 결과[10]

제주성 일대 옛길 잔존여부 및 원상유지 실태를 조사한 결과 모두 54개의 옛길이 파악됐다. 옛길의 잔존 유무와 이용 상황 등 현 실태를 구체적으로 살펴보기 위해 ▶ 노선 잔존 유무 ▶ 옛길 유지 실태로 구분해서 개략적으로 분석하면 다음 〈표 2〉와 같다.

먼저 노선 잔존 유무를 살펴보면 총 54곳 가운데 전체 유지가 50곳으로 나타났으며, 노선 일부 잔존은 3곳, 멸실 1곳으로 조사됐다. 제주성 일대 옛길 54곳 가운데

---

10 제주성 일대 옛길 실태조사는 이윤형 한라일보 기자와 함께 원도심을 걸으면서 실시하고 분석했음을 밝혀둔다. [그림 1]에 나타난 옛길은 잔존 여부를 떠나 해당하는 옛길 전부를 사진으로 남겼다. 옛길의 현황을 알 수 있는 사진은 2015년 보고서 『제주성 일대 옛길의 가치규명 및 보존 활용을 위한 기본방향 연구』(제주발전연구원·제주학연구센터)를 참조하기 바란다.

92.5%에 이르는 50곳이 지금까지 거의 온전하게 노선 전체를 유지하고 있는 것을 알 수 있다.

오늘날 제주성 일대 잔존하고 있는 옛길이 어떻게 유지 활용되고 있는지를 파악하기 위해 옛길 유지 실태를 분석한 결과 멸실 1곳을 제외한 총 53곳 가운데 원상보존이 27곳(50.94%)으로 가장 많았다. 이어 노선을 전체적으로 확장한 경우가 15곳(28.3%), 노선 일부 확장(일부 구간은 원상 유지하고 있음)은 9곳(17%), 일부 구간 단절은 2곳(3.7%)으로 조사됐다. 즉 제주성 일대 옛길 가운데 절반은 원상을 보존하는 형태로 유지 활용되고 있음을 알 수 있다. 53곳 가운데 나머지 26곳(49.05%)은 도심 확장과 도시화 진전으로 인해 도로로 확대 편입되거나 구간이 단절된 양상을 보여준다.

원상을 보존하고 있는 27곳을 분석한 결과 골목길로 이용되는 경우가 18곳(66.7%)으로 가장 많았으며, 이어 이면도로 6곳(25.9%), 시장길 2곳(7.4%) 순이었다. 원상을 보존하고 있는 옛길 가운데 66%는 오늘날도 대부분 도심의 골목길로 이용되고 있으며, 이면도로와 시장길로도 활용되면서 기능을 유지하고 있다.

노선 전체 확장 15곳의 실태를 분석한 결과 왕복4차선 도로로 편입 확대된 경우가 6곳으로 가장 많았으며, 왕복2차선 도로로 확대된 경우가 5곳, 이면도로 3, 시장길 1곳 등으로 조사됐다. 도시화 등으로 옛길 노선을 확대한 경우 대부분 왕복 4차선 도로나 2차선 도로로 편입 확대돼 주요 도로나 간선도로로 이용되고 있음을 알 수 있다.

노선 일부 확장 9곳의 실태를 보면 이면도로 6곳, 골목길 2곳, 4차선도로 확대 편입(일부 구간 잔존)이 1곳이었다. 옛길 노선을 일부 확장한 경우에도 대부분 이면도로로 이용되고 있다.

특히 옛길 노선을 전체적으로 유지하면서도 옛길 유지실태가 원상보존하고 있는 경우를 눈여겨볼 필요가 있다. 옛길 노선을 전체 유지하는 것으로 파악된 50곳 가운데 절반이 넘는 27곳(54%)이 옛길을 거의 그대로 원상보존하고 있는 것으로 분석됐다. 무근성 일대의 창뒷골, 채수골 등은 골목길 형태가 온전히 보존되고 있으며, 창신골, 몰항골, 서불막골, 남문샛길, 운주당골 등 나머지 대부분도 이에 해당된다. 이 외에도 성굽길 같은 경우에도 일부 단절된 구간이 나타나지만 잔존구간은 골목길

형태로 잘 유지되고 있다. 이러한 옛길에 대해서는 추후 보다 심도 있는 조사연구와 함께 보존 활용방안 등을 강구할 필요가 있다.

표 2. 제주성 일대 옛길 잔존여부 및 원상유지 실태

연번	옛길 이름	노선 잔존유무			옛길 유지 실태				비 고
		전체 유지	일부 잔존	멸실	원상 보존	노선 전체 확장	노선 일부 확장	일부 구간 단절	
1	객사골	○			○				이면도로
2	창신골	○			○				골목길
3	옥길	○			○				골목길
4	칠성골	○			○				골목길
5	생짓골	○				○			왕복4차선도로 (편입 확대)
6	웃생짓골	○					○		골목길(일부 왕복4차 선도로 편입 확대)
7	알생짓골	○				○			왕복4차선도로 (편입 확대)
8	막은골	○			○				골목길
9	웃막은골			○					건축물로 사라짐
10	알막은골	○				○			이면도로
11	세병골	○					○		이면도로
12	두목골	○					○		이면도로
13	남문샛길	○			○				골목길
14	재터길	○					○		이면도로
15	항골	○			○				골목길
16	청풍대길		○		○				골목길
17	웃한짓골	○			○				이면도로
18	알한짓골	○			○				이면도로
19	동불막골	○			○				골목길
20	서불막골	○			○				골목길
21	병목골	○					○		이면도로

연번	옛길 이름	노선 잔존유무			옛길 유지 실태				비 고
		전체 유지	일부 잔존	멸실	원상 보존	노선 전체 확장	노선 일부 확장	일부 구간 단절	
22	이앗골	○					○		이면도로
23	몰항골	○			○				골목길
24	상청골	○			○				골목길
25	서문한질	○				○			왕복4차선도로 (편입 확대)
26	서문샛길	○				○			이면도로(성담 허물며 도로편입)
27	창뒷골	○			○				골목길
28	채수골	○			○				골목길
29	영뒷골	○					○		골목길
30	성굽길	○						○	골목길
31	무근성길	○				○			왕복2차선도로
32	탑알길	○				○			왕복2차선도로
33	샛길	○				○			왕복2차선도로
34	벌랑길	○				○			왕복2차선도로
35	병문안길	○				○			왕복4차선도로 (편입 확대)
36	병문뒷길	○				○			왕복4차선도로 (편입 확대)
37	부러리길	○					○		이면도로
38	향교길		○				○		왕복4차선도로 (일부 구간 잔존)
39	바당길	○			○				이면도로
40	해짓골	○			○				골목길
41	산지목골	○			○				골목길
42	샛목골	○				○			이면도로
43	동목골	○			○				이면도로
44	동산골	○			○				골목길
45	운주당골	○			○				골목길

연번	옛길 이름	노선 잔존유무			옛길 유지 실태				비 고
		전체유지	일부잔존	멸실	원상보존	노선전체확장	노선일부확장	일부구간단절	
46	구명골	○			○				시장길
47	내팍골	○				○			시장길
48	검정목골	○			○				시장길
49	가락쿳길	○					○		왕복2차선도로
50	동문한질	○					○		왕복4차선도로 (편입 확대)
51	알비석거리	○			○				골목길
52	웃비석거리	○			○				골목길
53	구중길	○			○				골목길
54	사장밭길		○					○	이면도로

5. 제주성 일대 옛길의 보존과 활용

현재 제주성 일대의 원도심은 제주의 역사적 의미와 문화적 가치가 탁월한 지역이지만, 점차 인구의 공동화 현상으로 그 가치가 퇴색되고 잊혀지면서 지역의 경제마저 쇠퇴 일로에 놓여 있다. 이처럼 원도심이 사회적·경제적 변화를 겪는 가운데, 2015년 12월 제주시 원도심 도시재생사업이 국토교통부 공모사업으로 선정되었다. 제주시 원도심 도시재생사업은 일도1동, 이도1동, 삼도2동, 건입동 등 쇠퇴지역인 원도심 활성화 추진 사업으로 제주특별자치도는 2016년부터 2021년까지 사업 마무리에 박차를 가하고 있다. 이 사업의 주요 추진 내용은 주거환경과 교육환경 개선을 비롯한 생활인프라 확충, 문화, 예술공간 조성, 창업 및 성장지원 인프라 조성, 지역주민 주체역량강화사업 등이다(『제주환경일보』, 2020. 12. 30일자).[11]

---

11 http://www.newsje.com/news/articleView.html?idxno=231220

아울러 2017년 제정되었던 「제주특별자치도 옛길 조성 및 관리 등에 관한 조례」가 2021년 7월 9일 일부 개정되어 시행되고 있다. 이 개정 조례안에는 옛길에 대한 정의를 구체화하면서 옛길조성심의위원회 구성원 확대와 옛길조성을 도시재생사업과 농촌만들기 사업들과 연계 가능하도록 하고 옛길에 대한 역사성·원형성·공공성을 제시하고 있다.

이러한 일련의 과정은 사회적·경제적으로 격변하는 제주성 주변의 원도심에 대해 끊임없는 활성화 기회를 모색하려는 활동의 결과에서 비롯되었다고 생각한다. 예를 들면, 2013년부터 개최해 온 제주국제문화교류협회의 제주시 원도심 옛길 탐험, 2015년 제주시·제주역사문화연구소의 원도심 문화유산 탐방 행사 등 제주시와 여러 단체들이 제주도민들에게 원도심에 대한 관심을 꾸준히 불러일으켜 왔다.[12]

무엇보다도 지자체와 문화단체들의 원도심의 옛길 탐방은 주민들의 관심과 호응을 얻어 침체되어 가는 원도심의 활성화를 위해 큰 보탬이 되고 있다. 실로 역사적·문화적 이야기가 가미된 옛길 탐방은 시대와 세대를 엮고 시간과 공간을 공유할 수 있는 살아있는 박물관 그 자체라 해도 과언이 아니다. 이러한 행사들이 계속적으로 추진할 수 있도록 제도적 장치는 물론 지역 상권과도 연계되어 경제적 활성화를 이끌어 갈 수 있는 다양한 프로그램 구축이 더욱 필요하다고 판단된다.

한편 제주성 일대의 현존하는 옛길에는 그 골목길을 끼고 살아가고 있는 많은 주민들이 있다. 사실 옛길은 좁은 골목길로 형성되어 있고, 이 옛길의 유지나 보존만을 강조한다면 주민들의 주거환경은 더할 나위 없이 불편하여 주민들의 삶의 질은 매우 떨어질 것이다. 그러므로 옛길의 역사적 풍경과 지역 주민들의 정주환경을 동시에 고려하면서 제주성 일대 옛길의 활용 방안을 모색해야 한다.

특히 지역 활성화를 위한 경제적 측면을 강조하여 지나치게 상업적 요소에 초점

---

12 2015년 필자가 제주발전연구원 제주학연구센터의 학술연구 공모사업으로 『제주성 일대 옛길의 가치규명 및 보존 활용을 위한 기본방향 연구』라는 보고서를 완성했을 때만 해도 제주 사회에서 옛길에 대한 관심은 저조한 편이었다. 이후 옛길에 대한 평가가 새롭게 제기되면서 지자체와 도의회에서 관심을 갖고 옛길의 보존과 활용에 대한 논의가 많이 이루어졌다.

을 둔 활용 방향이 추진될 경우에는 원도심의 고유한 경관이 무너질 수 있다는 점을 주의해야 한다. 제주성 일대의 원도심이 신도시와 다름없는 경관으로 변한다면 더 이상 유의미한 장소로서의 기능은 상실하게 될 것이다. 그러므로 옛 경관과 공존할 수 있는 도시의 순기능을 모색해야 한다. 그런 측면에서 옛길은 중요한 역할을 담당할 수 있다. 이러한 점을 감안하면서, 옛길의 활용 방안과 몇 가지 고려할 사항을 제시하려고 한다.

첫째, 주택들이 밀접한 곳의 옛길은 주민들의 의견을 최대한 반영하면서 보존과 활용을 추진해야 한다. 만약 옛길 그대로 유지하지 못할 경우는 1914년 지적도의 옛길을 바탕으로 훼손된 옛길의 흔적을 바닥에 정확히 표시하여 옛길의 형태를 기록으로 남기는 것이다. 아울러 옛길의 명칭과 설명을 곁들이면 주민들뿐만 아니라 관광객들도 옛길을 걸으면서 그 역사적 의미를 새겨볼 수 있을 것이다.

둘째, 최근 걷기여행이 대세를 이루고 있다. 제주성 일대의 다양한 역사문화유적과 연계하여 원도심 옛길 답사 프로그램을 상시 운영하고 가이드북 발간 등을 통해 새로운 문화관광콘텐츠로 활성화가 가능하다.

아울러 원도심 옛길 문화유산해설사를 양성함으로써 원도심의 주요 장소들에 대한 스토리텔링을 통해 옛길 답사가 단순히 걷는 목적 이외의 제주의 역사와 문화를 재미있게 배울 수 있는 기회 제공이 가능할 것이다. 또한 제주시 원도심의 역사문화유적과 옛길에 대한 교육 프로그램으로 활용할 수 있다.

셋째, 제주성 일대의 현존하는 역사문화유적과 연계하여 옛길 탐방 프로그램을 추진할 경우, 제주목관아와 오현단, 탐라문화광장을 구심점으로 이용하는 방법이다. 다시 말해, 이 3곳에 옛길 안내 데스크를 두고 〈표 3〉과 같이 제주목관아 주변의 옛길 코스, 오현단 주변의 옛길 코스, 탐라문화광장 주변의 옛길 코스를 만들어 운영한다면 제주성 일대 원도심의 옛길을 전부 탐방하고 관리할 수 있는 체계가 이루어질 것이다. 무엇보다도 옛길 코스 주변이나 옛길이 관통하는 곳에 지역 상권을 형성하는 전통시장인 서문시장과 동문시장이 있고, 지하상가와 기타 상가들이 분포하고 있어 지역경제 활성화에 크게 기여할 수 있을 것이다.

표 3. 제주성 일대 옛길 코스와 역사문화자원을 연계한 지역 상권

코스 구분	해당 지역	역사문화자원 / 지역 상권
제주목관아 주변코스	무근성과 제주북초등학교, 삼도2동 주민센터 주변 옛길	제주목관아, 관덕정, 서자복, 성내교회 등 활용, 서문시장과 지하상가, 칠성통 상가 분포
오현단 주변 코스	한짓골 주변과 동문시장 내 옛길, 운주당 터 주변 옛길	오현단, 제주성지, 가라쿳물터, 운주당 터와 기존 17올레 코스 활용, 동문시장과 지하상가, 한짓골 상가 분포
탐라문화광장 주변 코스	일도1동 주민센터와 산지천, 건입동 주민센터 주변 옛길	김만덕 기념관과 김만덕 객주터, 산지천, 금산수원지 등, 동문시장과 탑동 주변 상가 분포

이처럼 옛길 코스가 형성되어 활용된다면 지역 경제에 큰 부가가치를 가져올 뿐만 아니라, 제주성 일대의 옛길이 바로 제주의 원도심 실태를 잘 보여줄 수 있는 역사문화자원으로 자리매김이 가능할 것이다. 아울러 지역주민의 참여를 유도함으로써 지역공동체 이미지를 재창출할 수 있을 것이다. 이로써 지역주민의 문화적 자긍심 고취는 물론 원도심의 지역 정체성을 확인시켜 주는 중요한 요소로 작용할 수 있을 것이다. 또한 제주 사람들의 전통적 삶의 공간을 유지해 왔던 원도심의 옛길 조성을 통해 도시화 속의 역사적 정취가 살아 있는 도시 공간 확보와 더불어 제주의 전통적 문화풍경을 만듦으로써 제주의 역사적 경관을 형성하는데 기여할 수 있을 것이다.

6. 맺음말

제주성 원도심의 옛길은 도시의 역사를 보여주는 문화유산이다. 우리는 역사적·문화적 유무형의 문화재를 중시해 왔으면서도 사람들의 생활과 직결되어 오랜 역사를 간직한 길에 대한 관심은 거의 부재했다고 해도 과언이 아니다. 그런 사이에 좁고 불편한 옛길은 도시 개발과 함께 사라지고 우후죽순 새롭게 넓은 길들이 생겨났다.

그러나 최근 도시와 농촌, 산촌과 해촌 등 어느 곳이든 길을 따라 걷는 여행이 주목을 받으면서 불편했던 좁은 옛길들이 새롭게 그 가치를 인정받고 재조명되고 있

다. 사람들의 삶의 시간이 켜켜이 쌓인 옛길이라는 공간은 이제 문화유산으로서 보존과 동시에 복원마저도 주저하지 말아야할 시점에 와 있다.

한편 유네스코에서는 길을 세계유산으로 등재하기 시작했다. 그 대표적인 것이 '프랑스 산티아고 데 콤포스텔라 순례길Routes of Santiago de Compostela in France'이다. 중세 후기에 종교적·문화적 교역과 발달에 중심적인 역할을 한 이 순례길에는 중요한 역사적 기념물과 함께 당시 역사가 고스란히 담겨 있다.

제주성 일대의 옛길들은 일제강점기와 그 이후 도시 개발로 인해 큰 도로가 건설되면서 몇몇 곳이 소실되거나 손상을 입기는 했지만 잔존하는 옛길이 여전히 많다. 이 길들은 제주성을 중심으로 형성된 옛길로서 길게는 1천년 가까이, 짧게는 500여년 이상 그 자리를 지켜 온 원도심의 역사적 상징이라 할 수 있다.

늦은 감은 있지만, 제주도와 제주시 등 지자체는 물론 우리 모두가 제주성 일대 옛길의 가치를 제대로 인식하고 보존을 위한 노력을 아낌없이 발휘하여 후세대에게 물려줄 수 있는 방안을 서둘러서 한층 강구해야 할 때임을 자각해야 한다.

아울러 더 늦기 전에 고지도에 나타나는 조선시대 삼읍 도로에 대한 전수조사를 실시하여 역사적 옛길을 바로 구축할 필요가 있다. 이 옛길 역시 도시의 팽창과 도로망 확충, 읍면 지역의 발달 등으로 변형되면서 차츰 사라지고 있다. 조선시대 삼읍 도로는 일제강점기 때 신작로가 생기기 이전까지 제주목과 정의현, 제주목과 대정현을 이어주던 역사와 문화를 간직한 길이다. 그러므로 그 길의 중요한 가치를 규명함으로써 제주의 역사와 문화를 한층 더 고찰해 볼 수 있는 귀중한 자료로 활용 가능할 것으로 기대한다.

제7장

공동체적인 삶과 '유산'[1]

백영경

1. 머리말

유산遺産(heritage)은 사전적인 의미로는 조상이 물려준 모든 것을 의미하지만, 19세기 후반 이후 점차 특정한 기준을 가지고 선별된 특별한 무엇을 지칭하게 되었다.[2] 특히 세계유산이라고 하면 인류가 하나의 공동체로서 공유하고 지속가능하게 보전해야 하는 자산으로 간주된다. 세계유산은 1972년 채택된 세계유산협약에 준하여 세계유산위원회가 인류 모두가 주권·소유권·세대를 초월하여 보존하고 관리해야 할 뛰어난 보편적 가치(outstanding universal value, OUV)를 인정하여 세계유산목록에 등재한 유산을 지칭한다. 세계유산으로 등재되면 지역경제의 활성화와 관광산업의 확대로 인한 직접 및 간접적 경제효과가 클 것으로 기대되기 때문에, 각 나라들은 더 많은 세계유산을 등재하기 위해 경쟁하는 상태이다.

---

1   이 글은 「공동체적인 삶과 '유산'(Heritage)의 의미에 대한 사회과학적 연구」(『문화와 융합』, 41(2): 1017-1050, 2019)를 다듬은 것이다.

2   https://dictionary.cambridge.org/ko/%EC%82%AC%EC%A0%84/%EC%98%81%EC%96%B4/heritage

세계유산협약은 문화유산cultural heritage과 자연유산natural heritage을 통합적인 관점에서 보호하기 위한 제도로서 출발하였으나 점차 복합유산mixed heritage과 문화경관cultural landscape을 포함하는 개념으로 발전하였다.[3] 2003년 국제기념물유적협의회(International Council on Monuments and Sites, ICOMOS) 총회에서 문화유산, 자연유산, 복합유산 별로 달리하던 심사기준을 하나로 통합하였다. 이는 종전의 문화유산 개념이 유형의 물질적 사물에 치중하던 방향에서 탈피하여 무형의 비물질적, 정신적 측면이 가지는 중요성을 함께 인식하려는 것이다. 인류유산 가운데 자연유산은 불가역성irreversibility을, 문화유산은 비대체성irreplaceability이라는 절대가치를 가진 것으로 보고, 효율적인 글로벌 보전시스템을 만들려는 것이 세계유산등재 사업의 목적이다. 전 세계적으로 세계유산으로 등재된 유산은 현재 2016년 시점에서 1,031건에 달하고, 동북아에서 한국은 문화유산 11건, 자연유산 1건이 등재되어 있다. 한국의 경우 오랫동안 자연유산보다는 문화유산 중심의 정책을 취해왔으며, 자연유산의 범주에 속하는 동일한 대상을 두고도 생물권보전지역이나 람사르 습지의 경우에는 환경부, 천연기념물로 분류될 때는 문화재청의 관리 하에 있다. 이는 자연물이 가지는 유산으로서의 가치를 제대로 평가하기 어렵게 만들고 있다. 또 자연유산과 문화유산을 통합적으로 접근하며, 자연유산이 가지는 생물학적 혹은 지질학적 가치뿐 아니라 문화적 가치를 중요하게 보는 현대적 접근과는 거리가 먼 것이다.

그런데 제주의 경우는 이런 한국의 일반적 상황에서 약간 다른 면모를 보인다.[4] 제주는 지형과 자연자원의 우수성을 인정받아 유네스코UNESCO로부터 2002년에 생물권보전지역으로 지정되고, 이어서 2007년에는 세계자연유산으로, 그리고 2010년에는 세계지질공원으로 인증을 받았다. 그 결과 제주에서는 "유네스코 자연과학 분야에서 3관왕이라는 쾌거를 달성했다"라는 표현을 자주 들을 수 있다. 거기에 더해서 2016년에는 제주해녀문화가 인류무형문화유산으로 등재되면서 제주는 문화유산

---

3   http://whc.unesco.org/en/about/world-heritage
4   http://jejuwnh.jeju.go.kr/english/unescoJeju.do

분야에서도 세계유산을 가지게 되었다. 실제로 제주는 세계유산을 보유한 지역이라는 자부심이 크며, 이와 관련된 각종 행사가 지속적으로 개최되고 있다. 심지어 2011년에는 세계유산과는 별개로 세계7대 자연경관에 선정이 되었다는 소식이 있었는데, 이를 추진하는 과정에서 공무원들이 동원되어 전화투표에 조직적으로 참가한 결과 170억 원의 전화요금이 부과된 것을 2017년 말에야 완납하는 소동도 있었다.[5]

이렇게 보면 "유산" 혹은 "세계유산" 개념이 지역의 활동에서 차지하는 역할이 크다는 사실은 분명하다. 이에 따라 지리학이나 인류학에서는 유산을 하나의 사회과학적 개념으로서 관심을 가지고 다루는 흐름도 증가하고 있다(González, 2014). 이 글에서는 우선 비판적 사회과학 개념으로서 유산과 유산화heritigization라는 개념을 소개하고 검토하면서, 이 개념들은 과연 어떤 문제를 제기하고 있는지 살펴 본 후에, 이에 비추어 제주의 사례를 분석하고자 한다. 이를 통해 이 글은 유산을 상품이 아니라 커먼즈 혹은 공동자원으로서 보는 것이 왜 의미가 있고, 제주의 마을만들기에서 나타나는 일부 사례들이 유산, 공동체, 정체성의 관계를 보여주는 데서 왜 중요한지에 대해서 드러내고자 한다.

2. 유산을 어떻게 볼 것인가: 상품인가 커먼즈인가

1) 사회과학적 개념으로서의 유산

우선 이 글은 유산이라는 것을 사회과학적 개념으로서 어떻게 사용할 수 있는지에 대해서 검토하는 것으로 시작할 것이다(González, 2014). 유산은 단지 과거로부터 물려받은 중요한 문화나 자연에 그치는 것이 아니며, 현재의 관점을 투영하여 과거를

---

5   연합뉴스 2017. 9. 20. '세계7대자연경관 제주' 선정 대가 170억…혈세로 7년 만에 완납
     https://www.yna.co.kr/view/AKR20170920164100056

특정한 방식으로 재구성하고 미래를 전망하는 현장이다. 유산은 기억과 해석의 복합체이며, 무형과 유형의 문화 모두를 포괄하는 것이다. 현대의 문화생활에서 유산은 무엇을 기억하고 보전할 것인가, 어떻게 재현하고 해석할 것인가, 무엇을 기록에 남기고 보전해야 할 것인가, 어떤 것을 지워야 하는가와 같이 중요한 정치적 토론 주제들과 결부되어 있다. 19세기 말 이후 유산은 박물관의 확산과 국민국가 정체성의 확립 과정에서 중요한 역할을 해 왔는데, 최근 들어서는 국민국가보다는 지역에서 더 많은 관심을 받고 있다. 다시 말해 지역 주민들이 스스로의 역사를 재구성하고, 자신들의 정체성을 생각하거나 현재 살아가고 있는 장소와의 연결을 상상하는데 유산이라는 개념이 큰 역할을 하고 있다. 다시 말해 유산은 공동체가 공유하고 있는 공통의 특성이자 자산이라고 할 수 있다(Harvey, 2001; 2008).

2) 물화된 유산과 유산의 인클로저

그런데 일반적으로 유산이 공동의 자원이라고 이해되기는 것 같으면서도, 현재 자본주의 경제 체제 속에서는 유산의 상품화와 사유화가 진행되고 있다는 사실을 함께 기억할 필요가 있다. 실제로 각 국가나 지역이 세계유산 등재 경쟁에 열을 올리고 있는 이유는 유산으로 인정받으면 지역의 가치가 올라간다고 여겨지기 때문이고, 그 결과 관광이나 지역 경제를 활성화시키는 데 도움이 된다고 보기 때문이다. 각 지역은 자신의 지역에서 내세울만한 유산을 찾아서 그 가치를 선전하고 이를 통해 관광을 활성화시키거나, 해당 지역에서 생산되는 상품에 브랜드 가치나 부가가치를 높이기 위해서 경쟁한다. 이 과정에서 유산이라는 것은 주체로부터 분리되어 물화物化되는 경향을 보이며, 문화와 지역 역시 살아 움직이거나 계속해서 변화하는 것이 아니라, 물려받은 대로 보전해서 다음 세대로 물려주어야 할 것으로 간주된다. 또한 한 지역의 유산을 특정한 지역의 배타적인 자산이라고 보기 때문에, 다른 지역과의 교류 속에서 변형될 수 있다는 사실은 받아들여지지 않는다. 그보다는 고정된 정체성을 대표하는 것으로 받아들여지곤 한다. 에릭 홉스봄Eric Hobsbawm을 비롯한 역사학자들은 이미 전통이라는 것이 실제로는 근대적 고안물이며 발명된 것이라는 통찰을 던진 바 있다(Hobsbawm and Ranger, 2012). 하지만 지역으로 가면 그 만들어진 전통들이 사실事實이자 사실史實로서 자긍심의 근거가 되는 현상은 오히려 더 자주 보게 된다.

물론 물화物化되고 상품화되는 현상을 유산의 경우에만 볼 수 있는 것은 아니다. 이는 토지를 포함한 경제적 자원뿐만 아니라 시간과 문화, 교육, 복지와 돌봄 등 이전에는 전면적인 상품화의 대상이 아닌 것으로 여겨졌던 삶의 여러 영역들이 사유화되고 상품화되는 시대를 반영하는 현상이기도 하다. 현대 사회에서 유산은 실제로 지역의 경제적 가치를 높일 수 있는 수단으로 이해되는 경향이 크다. 자연유산과 문화유산 등재에 적극적으로 나서고 있는 제주의 현실 역시 그런 경향을 잘 보여준다. 제주가 가진 천혜의 자연자원들을 세계유산으로 등재시키는 것은 관광에 의존할 수밖에 없는 제주가 다른 지역과 비교하여 경쟁력을 잃지 않고 계속 관광의 중심지로 남기 위한 방법이라고 이야기된다. 관광객을 유치하고 청정지역으로서의 이미지를 강화하여 제주에서 생산되는 농산물과 수산물의 가치를 높이고, 관광지로서의 매력 역시 유지하지 않으면 안 된다고 이야기되는 것이다. 문화유산으로 등재된 제주해녀문화 역시 한편으로는 제주의 역사와 문화를 대표하는 상징으로서 보전의 대상이 되지만, 다른 한편에서는 관광을 활성화할 수 있는 자원이자 문화상품으로서의 가치가 강조된다.

무엇보다 유산이라는 개념이 가지고 있는 근본적인 딜레마는 유산이 공동의 소유이자 물질로 환산할 수 없는 가치를 가지고 있는 것이라 이야기되면서도, 실제 현실에서는 이윤 창출의 중요한 수단이자 산업을 활성화시킬 수 있는 중요한 상품이자 자원으로 여겨지는 이중성에 있다. 유산은 공동체의 정체성을 확인하고 결속시켜주는 중요한 수단으로서 공동체를 공동체답게 지속시켜주는 중요한 자원이며, 공동의 유산을 찾고 보전하고 가꾸는 과정 자체가 중요한 공동체의 정치이기도 하다. 하지만 현실에서는 장소에 대한 마케팅 수단으로서 오히려 공동체의 역사를 왜곡하거나 단순화시키고, 고정불변의 것으로 물화되기도 하는 문제를 일으킨다. 더 심각한 것은 그렇게 유산 마케팅을 통해 지역이 개발되는 경우에 부동산 가격이 상승하면서 원래 살던 주민들이 밀려나는 젠트리피케이션gentrification에까지 기여할 때 나타난다. 이는 결국 유산이라는 것이 사유화되고 상품화되는 현상에서 비롯되며, 유산의 인클로저the enclosure of heritage 현상이라고 부를 수 있다(Collins, 2011).

3) 공동체와 공동자원으로서의 유산

그렇기 때문에 유산을 유산으로 만들어주는 어떤 고유한 특성이 있는 것이 아니라는 점을 분명히 할 필요가 있다. 또한 유산이 공동체의 의미 있는 자산이 되기 위해서는 유산이 가지는 공동자원적 성격을 강조할 필요가 있고, 커먼즈로서 간주하여 잘 활용하는 것이 무엇보다 중요하다. 실제로 유산은 과학, 언어, 예술, 지식과 마찬가지로 사회화되고 확산될수록 그 가치가 증가한다. 유산이라는 것은 공유재common goods의 일부이며, 물이나 공기처럼 경합성의 원칙이 적용될 필요 없고 비배제성의 원칙을 적용하는 것이 가능한 자원이다. 유산을 자본의 논리에 따라 생산되는 상품으로 이해한다면 소유권의 관념을 피해가기 어렵게 되며, 이는 결국 다른 상품과 마찬가지로 소외와 배제를 발생시킨다. 그러나 공동자원으로서 함께 가꾸고 누린다면 유산을 통해 새로운 공동의 가치를 창출하는 것이 가능하다.

자본주의적 논리를 따라서 유산을 경제적 가치로만 이해하는 방식 외에도 유산을 바라보는 주류적 방식은 또 있다. 이는 제국주의 전통을 따라 유산을 보편적인 인류의 유산으로 보는 시각이다.[6] 이러한 보편주의적 시각을 대변하는 것이 세계유산을 등재하고 관리하는 유네스코라 할 수 있다. 그들이 사용하는 관용구가 "인류공동의 유산common heritage of humanity"인데, 이는 특정한 유산은 그 유산을 만들어낸 공동체와의 관계 속에서만 의미를 가진다고 보는 커먼즈적 시각과는 다르다. 커먼즈론은 유산이 가질 수 있는 보편적인 가치를 부정하지는 않으나 그럼에도 불구하고 유

---

6   이러한 구분을 이해하는데 있어서, 커먼즈 논의가 주목하고 있는 공(公), 공(共), 사(私)의 구분이 의미가 있다(백영경, 2017).

산은 그 유산을 만들어 내고 실제로 삶 속에서 살아낸 사람들과 떨어져서는 존재하지 않는다는 사실을 강조한다. 예를 들어 제주해녀문화라고 하면 인간들이 다른 많은 지역에서 그러했듯이 험난한 자연과 고통스러운 역사 속에서 삶을 일구고 살아온 분투의 흔적과 성취를 보여준다는 점에서 해녀들의 문화가 가지는 보편적 가치를 부정하지 않는다. 그러나 제주해녀문화 자체는 해녀들이 작업을 할 수 있는 제주의 바다, 제주의 친족 제도, 역사, 마을을 떠나서는 존재할 수 없으며, 만약 더 이상 해녀들이 바다에서 작업을 하는 것만으로 살 수 없을 만큼 바다가 훼손되고, 해녀 일 자체로는 생계가 유지되지 않는다거나, 해녀 일을 이어받아 할 수 있는 다음 세대가 존재하지 않는다면 해녀문화라는 것은 보전될 수 없다고 본다. 그런 측면에서 해녀문화는 해녀들과 그들이 속한 공동체의 것이다(고은솔·정상철, 2018).

그런데 문제는 해녀문화를 보전하고 세계유산으로 등재하겠다는 발상 자체가 이미 그 문화가 위협에 처했다는 위기의식에서 나오는 것이고, 박물관을 짓거나 약간의 지원금을 주는 것, 또 인위적으로 해녀를 양성하거나 해녀문화에 대해 관심을 가지는 외부인이 많아지는 것만으로는 해녀문화를 보전할 수 없다는 점이다. 오히려 자칫하면 해녀문화에 대한 관심과 지원 자체가 해녀문화를 살아있는 화석化石으로 만들어버릴 수 있는 위험마저 안고 있다(현홍준·서용건·고계성, 2010). 해녀는 하나의 삶의 형태a form of life로서 살아 있는 사람들의 삶이 아닌 문화유산으로서 고정되어 버릴 가능성이 있고, 그 과정에서 이 문화를 실제 삶으로 살아왔던 사람들과는 유리되어 버리는 결과를 낳을 수도 있다. 특정한 문화를 유산으로 규정하여 보전하는 방식, 즉 유산화遺産化(heritigization)는 문화를 살아있는 유기체가 아니라 물신화物神化하는 방식의 하나가 될 수도 있다(Leblon, 2013). 이러한 유산화의 과정에는 유산에 대한 지식을 만들어내는 학계, 이를 제도화하여 관리하는 국제기구, 국가기구, 지방정부 등 다양한 기구, 또 이를 홍보하고 상품화하는 산업, 이 과정에서 이득을 취하고자 하는 지역주민까지 관련된 행위자들은 다양하다.

이러한 상황에서 유산을 커먼즈로 이해한다는 것의 핵심으로 어떤 유적이나 문화 현상이 그 자체가 가지고 있는 어떤 특질 때문에 자동적으로 유산이 되는 것이 아니라는 점을 기억할 필요가 있다. 유산을 커먼즈로 본다는 것의 의미는 특정한 유산이 의미가 있기 위해서는 과거로부터 지금까지 이를 만들고, 가꾸고, 기억하고, 무엇보다도 삶 속에서 공유하고 함께 누리는 공동체가 필요하다는 점을 인식하는 것이다. 전통이나 과거로부터 전해지는 유물이나 건축물은 모두 크건 작건 특정한 공동체에 의해서 만들어진 것이고, 어느 시기를 거치면서 유산으로 인정받는 과정을 거치게 된다(González et al., 2017). 대체로 유산이라는 이름을 붙여서 관리하고 보전하려는 욕구가 생겨나는 것은 지금 시점에서 적극적으로 인정하고 보호하는 조치가 없다면 사라질 수 있다는 위기의식 때문이기 쉽다. 하지만 이는 그 대상만을 떼어서 지키고자 한다고 지킬 수 있는 것이 아니다. 그 유산을 만들어낸 삶의 맥락, 공동체의 정신을 이해할 때만이 유산을 계승하고 보전하는 것은 가능하다. 다시 말해 유산을 만들어낸 사람들의 삶이 파괴된 자리에서 유산만 지키는 것은 불가능하다는 말이다. 현대 사회에서 유산을 파괴하는 가장 큰 세력은 예외를 두지 않고 삶의 전 영역을 상품화하고, 공동체에 속했던 모든 것들을 인클로저화하고 사유화하는 자본주의적 흐름이다. 따라서 그저 유산을 제대로 보전하고 계승하기 위해서라도 유산을 상품화하고 이윤창출의 도구로 삼는 경향에 저항하면서, 유산을 커먼즈적인 관점에서 공동체의 자원으로 보는 일이 꼭 필요하다. 다시 말하면 유산화에 대해서 비판적인 시각을 유지하되, 유산화 작업을 모두 동일한 것으로 보아 거부하는 것이 아니라 어떤 조건에서 이루어지는 어떤 유산화가 문제이고, 다른 어떤 방식의 유산화 과정이 커먼즈의 창출을 증진시키는지를 구체적으로 탐구하고 고민할 필요가 있다는 말이다 (Vazquez and González, 2016).

3. 공동자원으로서의 유산과 마을의 재구성

1) 유산과 마을만들기 프로젝트

공동체를 지탱하는 커먼즈는 실제로 파괴와 생성의 과정을 거듭하며, 그 과정에서 공동체 역시 와해와 재생을 거듭하게 된다. 현대 사회에서 마을이라는 공동체는 저절로 유지되는 단위가 아니다. 2000년대 들어서 제주뿐 아니라 전국에서 마을만들기 사업이 시행되었다는 것은 역으로 마을이 쉽지 않은 환경에 놓이게 되었음을 보여준다(김세용 외, 2013). 2002년 농림축산식품부에서는 녹색농촌체험마을 사업을 시작했고, 산림청은 이미 1996년부터 산촌생태마을을 진행하였으며 국토교통부는 도시를 대상으로 하여 '살고 싶은 도시만들기' 사업을 추진해 왔다. 이런 마을만들기 사업에 선정되면 지역의 특산물 판매와 체험관광 프로그램의 운영을 통해 방문을 유도하고, 소득창출을 꾀하며, 최근 들어서는 인구의 유입까지를 노리는 것이 대체적인 경향이다. 제주의 경우 2007년 이래로 제주특별자치도 마을발전계가 주도적으로 마을만들기와 마을발전을 전담하다가, 2014년 이후 제주시와 서귀포시가 마을발전팀을 신설하여 담당하게 되었다. 제주시의 경우에는 '매력 있고 행복한 마을' 육성을 표방했고, 서귀포시의 경우에는 '매력 있는 마을만들기 포럼'을 창립한다. 유산의 경우와 마찬가지로 마을이 각광을 받기 시작한 것은 한편으로는 그 가치를 인정받기 시작했다는 뜻도 되지만 역으로 위기상황에 처했다는 의미이기도 하다(염미경, 2007).

그대로 두어서는 저절로 잘 되지 않기 때문에 마을이나 유산이 가지는 가치를 더 강조하게 되는 것이지만, 역으로 그 과정에서 어느 정도 물신화되는 것은 피할 수 없는 문제가 생긴다. 앞서 유산과 정체성의 관계에 대해서 언급한 바 있듯이 자연유산 마을이나 람사르 마을 등, 물려받아 보전하여 후대로 물려줘야 할 무엇을 가졌다는 의식은 마을을 만드는 과정에서 새로운 자원을 제공하는 동시에 정체성의 기반으로 작용한다. 따라서 마을을 만드는 과정에서 많은 마을들이 마을의 역사나 특징, 공동의 경험을 되살려내서 정체성의 기반으로 삼는 작업을 하게 되는데, 이렇게 만들어진 정체성은 홍보-관광-투자의 과정으로 이어지는 고리가 된다. 하지만 여기서 유산에 기반을 두고 만들어진 정체성이 반드시 관광과 투자로 이어져야만 하는 것은 아니다. 홍보-관광-투자로 이어지는 것이 유산의 인클로저 방식이라면(이서현·고영철, 2017), 그와 구별되는 커먼즈론적인 길이 있을 수 있기 때문이다(González, 2015)

여기서 마을의 유산을 공동자원으로 삼아 커먼즈적인 방식으로 공동체를 재구성한 사례로 이 글에서 살펴보고자 하는 것은 제주 선흘리 마을의 선흘곶 사회적협동조합 사례이다. "선흘곶협동조합은 자주적, 자립적, 자치적인 협동조합 활동을 통하여 동백동산의 보전 및 조합원의 복리증진과 지속가능한 선흘1리 마을공동체의 발전을 목표"로 내걸고 2018년 3월 창립되었다.[7] 6년의 준비 과정을 거쳐서 만들어진 선흘곶 사회적협동조합은 제주시 조천읍 선흘1리의 동백동산이라는 마을 공동자원의 보전과 함께, 동백동산에서 이루어지는 생태관광을 통해서 얻어지는 수익을 조합원의 복리증진과 마을공동체의 지속가능한 발전을 위해 사용한다는 목표를 내걸고 있다. 이 과정에서 협동조합 활동이 자주적, 자립적, 자치적으로 이루어져야 함을 명시하고 있다. 생태관광 사업을 운영하는 제주의 여러 마을 사이에서 선흘곶, 동백동산 마을의 사례가 특별한 것은 일반적인 의미에서 마을의 경제적 발전이나 번영을 추구하는 것을 넘어서 그 운영 목적에서 마을의 공동자원을 보전하는 생태적 차원과 노인과 아이들을 포함하여 마을의 구성원들에게 돌봄을 제공하는 차원을 적극적으로 결합하고 있다는 점이다. 선흘곶 사회적협동조합의 운영에서 동백동산 마을숲을 지속적으로 보전해 나간다는 지속가능성 개념은 마을에서 태어나 마을에서 살다가 죽을 수 있는 순환적 삶의 방식을 유지한다는 것과 떨어져 존재하지 않는다. 마을의 지속가능성을 경제적 번영이 아니라 생태와 돌봄에서 찾고 있는 것이다.

특히 마을의 공동자원 문제가 과거 전통을 보전하거나 물려받은 유산을 보호하는 것으로 그려지는 경향이 많지만, 선흘곶 사회적협동조합의 경우에는 2000년대까지

---

7   2018년 6월 30일 김호선 생태관광기획팀장 인터뷰.
     http://webzine.jejuhub.org/?프로젝트=선흘곶-사회적협동조합

제대로 활용되고 있지 않던 마을의 공동자원을 활용해서 고령화 시대와 함께 등장하고 있는 돌봄의 위기라는 새로운 사회문제에 대해 대처하면서 발전해 가고 있다는 점, 그 운영방식에서도 자주·자립·자치라는 새로운 민주적 가치를 수용한 바탕 위에서 사회적협동조합이라는 형식을 띠고 있다는 점에서 이 사례는 유산이라는 것이 단지 과거에 갇히지 않고 현재성을 지닌 미래적인 가치가 될 수 있음을 잘 보여준다. 그러므로 제주를 비롯한 다른 여러 마을에서 산업구조가 변화하면서 마을의 공동자원이 제대로 활용되지 않거나 시장경제 속에서 경제적 이득을 우선하는 논리에 휘말리고 있는 상황에서, 어떻게 이 마을에서는 마을 전체가 동백동산이라는 공동자원을 지키고, 생태와 돌봄의 가치를 명시적으로 추구하는 전환은 어떻게 일어났는지 살펴볼 필요가 있다. 다시 말해 현대 사회재생산의 위기 속에서 생태와 돌봄의 가치를 적극적으로 연결시키면서 공동체적인 사회관계를 만들어가고자 하는 움직임이 "복지 커먼즈"라고 할 때(백영경, 2017; 홍덕화, 2018), 이러한 복지 커먼즈를 가능하게 했던 계기를 추적해보고자 한다.

2) 제주 선흘의 사례

(1) 배경

선흘리善屹里는 행정구역상으로 제주특별자치도 제주시 조천읍에 속하며, 조천읍의 가장 동쪽에 위치한 중산간 마을이다. 선흘리는 선흘1리와 선흘2리로 구분되는데, 선흘2리에는 유네스코 세계자연유산인 거문오름이 위치하고 있다. 선흘1리는 선흘 곶자왈과 함께 람사르습지에 해당하는 먼물깍 습지, 선흘곶자왈의 일부이면서 제주도 기념물 제10호인 동백동산이 존재한다. 선흘1리는 약 300 세대, 700명 정도의 인구를 가지고 있으며 전체 가구의 80%가 농가인 전형적인 농촌마을이며, 감귤 재배와 함께 대규모 목초지가 존재한다. 곶자왈은 제주 지역의 기후와 식생을 반영한 독특한 숲을 말하는데, 이 곶자왈이라는 용어가 최근에 와서 많이 사용되는 용어라면, 선흘에서는 선흘곶자왈이라는 용어 대신, 오래전부터 사용되던 명칭으로서 선흘

곳이라는 용어를 사용하고 있다. 동백동산은 바로 이 선흘곶의 중심 부분을 차지하고 있으며 이 선흘곶 주변에 넓게 펼쳐진 목초지는 전통적으로 마을주민들에게 가장 중요한 생계자원이 되어 왔다(최현 외, 2016).

오랫동안 선흘리의 주민들이 선흘곶에서 생계와 생활을 이어 갔다는 사실은 선흘곶 내에 존재하는 여러 유적들이나 공동생활의 규약에서 확인된다(정영신, 2017). 일제시기를 지나면서 선흘리에도 선흘곶-동백동산과 마을공동 목장을 둘러싼 근대적인 소유권 제도의 도입이 이루어졌다. 일제시기 이전에 선흘곶은 마을의 총유재산이었다고 볼 수 있지만, 1914년 5월부터 11월 말까지 6개 월 동안 토지조사사업의 일환으로 세부측량이 이루어지면서 선흘곶의 일부는 국유임야로 편입되었다. 마을 주민들이 총유적 관행에 근거를 두고 이용하던 커먼즈가 점차 국유재산이나 공유재산으로 전환되어 갔다고 볼 수 있다. 이후 4·3과 5·16 군사쿠데타라는 정치적 사건들을 겪으면서 마을은 침체되고, 군사정권은 마을의 재산을 다시 한 번 국공유지로 강제 귀속하는 조치를 취하게 되었다(문태수, 1995: 199-200). 그럼에도 불구하고 선흘곶과 동백동산은 선흘리 주민들의 생활에 필요한 많은 자원들을 제공해주는 실질적인 공동자원으로서 기능을 했다. 목재와 땔감을 제공했고, 다양한 산림자원의 채취가 이루어졌으며, 무엇보다 동백동산의 습지는 1971년 상수도가 설치되기 전까지 식수를 제공하는 식수원이었다. 하지만 1970년대 상수도가 설치되면서 식수원으로서의 기능을 상실했고, 나아가 선흘곶 가운데 중요한 부분을 차지하는 동백동산이 1971년 8월 26일 제주도 문화재로 지정되면서 채취행위를 하거나 숯을 굽고 소와 말을 사육하는 일이 불가능해졌다. 동시에 1960년부터 시작된 감귤 재배가 확대되면서 기존의 목초지와 농경지는 과수원으로 변모했고, 화학비료와 농기계가 도입되면서 월동 무나 배추 등 환금작물의 재배가 늘면서 동백동산의 중요성은 줄어들었다(정영신, 2017; 최현, 2017). 이는 결국 개발의 욕망으로 이어지게 되는데, 1980년대와 1990년대에 걸쳐 제주의 많은 마을공동목장들은 기업형 목장과 리조트, 골프장, 혹은 관광목장으로 팔려나갔다. 선흘리의 공동목장과 곶자왈 역시 문화재로 지정되지 않은 부분에서는 매각이 이루어지게 되었는데, 이 매각과정에서는 공동목장과 곶자왈을 마을의 공동자원이자 공동재산으로 인식하고 있던 관행과, 문서상의 토지 소유주 사이에서 권리를 둘러싼 소송과 갈등이 빈발하게 된다. 마을의 공동자원은 공동체가 함께 누릴 수 있는 삶의 기반을 제공하기는커녕 거꾸로 분쟁의 씨앗이 되어 왔던 것이다(정영신, 2017).

(2) 선흘 마을의 전환기와 유산

이러한 현실은 2000년대 후반에 오면서 큰 변화를 마주하게 되었다. 동백동산이 제주도 문화재로 지정된 것은 개발과 이용을 불가능하게 만듦으로써 주민들의 원성을 사는 원인이 되었지만 다른 한편으로는 선흘곶과 동백동산의 난개발을 막는 효과를 가져왔다. 그 결과 2007년에 선흘리는 세계자연유산마을과 환경친화생태마을로 지정되었고, 2008년에는 자연생태우수마을로 지정되었다. 또한 2010년에는 환경부에 의해 습지보호지역으로 지정되었고, 자연생태우수마을로 재지정되었다. 그리고 2011년에는 람사르 습지로 지정됨에 따라, 2012년에 환경부는 선흘리를 환경부 생태관광 시범사업 대상지로 선정했다. 2010년부터 국립습지센터를 중심으로 습지 생태체험 프로그램이 시작되었고, 현재 선흘리의 생태관광 프로그램은 제주의 생태관광을 대표할만한 선구적인 사례로 자리 잡았다. 2013년 6월 25일에 '선흘1리 생태관광 시범마을 추진협의체'(이하 생태관광협의체)가 비영리단체로 결성되었고, 이를 구심점으로 리민큰마당(원탁회의)을 지속적으로 개최하면서 마을 주민들을 주체로 세우려는 노력을 해 나가게 되었다. 2014년에는 원탁토론으로 "설촌 이전부터 이 터를 지켜온 선흘곶 동백동산과 그 안에 깃든 자생 식물, 동물 그리고 모든 존재를 귀하게 여기고 보전할 것이다. 또 서로 화합하는 따뜻한 마을 공동체를 지키며, 인간과 자연의 행복한 소통을 이어갈 것이다"는 내용으로 여행자와 마을의 약속인 '선흘생명약속'을 만들어냈다. 2015년에 생태관광의 성장에 힘입어 생태관광사업단을 구성하자는 이야기가 나온 이후 선흘리 주민들은 동백동산 보전을 우선으로 하며 생태관광 수익이 발생하면 조합원에게 배당을 하지 않고 마을 공동복지로 쓰자는 의견에 합의하며 사회적협동조합 사업단 구성을 결의했고, 2016년 4월 원탁토론에서는 선흘

곳 사회적협동조합의 공동목표를 이끌어냈다. 이 원탁회의는 지역 주민들이 마을의 문제를 스스로 찾아보고 그 해결책과 방향을 결정하게 하는 최종적인 의사결정 기구로서 기능해 왔으며, 결국 선흘곶 사회적협동조합 역시 이러한 성과를 바탕으로 결성될 수 있었던 것이다.

람사르 습지 지정과 세계자연유산마을로 지정된 것은 이 과정에서 중요한 변화를 이끌어냈는데, 마을 주민들은 동백동산을 더 이상 '우리들만의 것'이 아니라, '우리가 보존하고 관리하는 세계시민의 것'으로 인식하고 있으며, 동백동산을 '마을의 보물'이라고 말하게 되었다는 점이다. 동백동산이 세계적인 인정을 받는 자연유산이라는 자긍심은 지역의 자연환경을 잘 가꿔서 미래세대에게 물려주는 것이 필요하며, 동백동산이 단지 마을 주민들의 이익만을 위해 처분될 수 없다는 인식을 끌어내었다. 이와 동시에 한시적일 수밖에 없는 보조금에서 독립하기 위해서 선흘리 주민들이 모여서 원탁회의와 간담회를 연 결과 사회적협동조합이라는 형태를 만들기로 결정하게 되었다.

여기서 나온 또 하나의 중요한 결정은 생태관광에서 나온 수익을 마을의 복지, 특히 노인들의 복지를 위해서 사용해야 한다는 합의가 이루어졌다는 점이었다. 이는 물론 노인 세대가 이제까지 마을을 위해 해온 기여를 인정한다는 의미도 있었지만, 동시에 마을에 살고 있지 않은 노인들의 자식 세대의 참여를 이끌어내는 과정에서 얻은 교훈을 반영한 것이기도 했다. 마을에 살지 않는 사람들조차 개인의 이해를 초월하여 마을을 위한 결정을 내리게 만드는 과정에서는 마을이 마을답기 위해서는 "아이들이 태어나는 마을도 중요하지만 마을을 떠나지 않고 죽을 수도 있어야 한다"는 마을 활동가들의 의지가 큰 역할을 하였다.[8] 마을에서는 70세 이상 노인들의 생일을 마을 달력에 표시하고, 마을 활동가들이 직접 생신을 챙겨드리며, 노인들의 삶을 담은 이야기책을 함께 발간하는 등의 노력은 마을에 살지 않는 자식 세대들이 마을의 일에 관심을 가지고 참여하면서, 동백동산과 선흘곶 사회적협동조합이 지속되

---

8   2018년 10월 27일 문윤숙 마을사무국장 인터뷰.

어야 한다는 지지를 이끌어내는 데 큰 역할을 할 수 있었다. 그 결과 2018년 3월 선흘 곶 사회적협동조합이 설립된 이후, 1차에는 94인이 참여했으며, 2차에는 140여명 정도로 늘어났다. 참여자는 98퍼센트가 선흘리 원주민이며, 그 밖에 자연에 관심 있는 타지역 사람들이 함께 참여하고 있다. 선흘리는 그 운영과정에서 노인들이 마을에서 돌아가실 수 있어야 제대로 된 마을이라는 생각을 가지고 노인돌봄에 많은 비중을 두고 생태관광 프로그램을 운영해왔고, 이번 사회적협동조합의 수립 역시 주된 목표가 지역의 자연환경을 잘 가꿔서 미래세대에 고스란히 물려줘야한다는 것과 동백동산을 통한 생태관광으로 생긴 수익을 온전하게 주민복지에 사용한다고 결의했다.

실제로 생태관광이 이제는 하나의 트렌드로 자리잡았지만 생태관광이라는 말이 의미하는 바는 매우 다양하다(이승주·이현숙·서종철, 2012). 동백동산의 경우 생태관광을 통해 자연의 가치를 여행자들에게 알리는 습지교육, 생태교육, 환경교육을 기획해서 환경부 인증을 받고 선흘리 주민들과 마을 체험 프로그램을 진행하는 중이다. 선흘의 경우 초등학생을 대상으로 계절에 맞는 환경교육이나 에코파티 등을 해마다 운영하고 있으며, 습지를 통해 이어 내려오는 생활사를 개발하고, 노인들을 통해 토착지식을 전수 받아 이를 다시 생태관광에 활용하는 등 문화적인 측면을 강조하는 것이 두드러진다. 어린이들 뿐 아니라 노인들의 삶 이야기를 글이나 시, 그림으로 표현해 책을 만들고 전시도 하고 장터에서 판매하고 있다. 젊은 세대는 마을의 자원을 노인 세대가 지켜서 넘겨준 만큼, 다음 세대로 잘 물려줄 수 있어야 하고 "아이들이 자연을 잘 경험하면서 잘 성장할 수 있도록 키우는 것이 앞으로도 이 자원을 지킬 수 있는 길"이라고 생각한다.[9]

3) 선흘 사례의 의미: 마을의 재활성화에서 유산의 중요성

이제까지 살펴보았듯이 선흘리에서는 동백동산을 마을의 문화유산이자 자연유산

---

9   김호선, 위의 인터뷰.

으로서, 마을의 정체성을 이루는 기본 바탕으로 인식했다. 선흘리는 동백동산이라는 유산을 통해서 마을을 홍보하고 관광 프로그램을 만들어내고 마을의 가치를 올리고자 했다는 점에서, 언뜻 보기에 다른 마을만들기 사례와 큰 차이가 없어 보일 수도 있다. 그러나 자세히 들여다보면 선흘리의 사례에는 다른 마을만들기-관광지화 과정과 큰 차이점이 있다. 선흘리가 만들어낸 생태관광 프로그램에서는 주민과 외부 전문가가 함께하는 생태관광협의체의 구성(2013년 6월)을 우선적으로 구성했다. 선흘리가 사업을 하는 과정에서 가장 중요하게 생각한 것은 주민들의 참여였다. 마을 주민 전체가 참가할 수 있는 원탁회의를 도입하고 의사결정 과정에서 이제까지 배제되어 오던 여성노인들도 참여할 수 있도록 신경을 썼다. 마을의 상징을 결정하고 홍보물을 만드는 과정을 주민들이 스스로 결정할 수 있도록 했고, 무엇보다 마을의 노인들이 숲이나 습지, 예전의 삶의 방식에 대해서 가지고 있는 기억들을 되살리고 기록하기 위해서 노력했다. 생태관광협의체는 생태관광 활성화를 위한 주민교육에 관한 사업이나 생태관광 프로그램·브랜드 개발 및 운영에 관한 사업 외에도 지역주민의 복지를 향상시키고 마을 주민들이 살아온 역사를 기록하는 과정을 함께 한 것이다.

이러한 성과들도 언뜻 보면 선흘리의 사례를 상품화의 모범 사례라고 생각하게끔 할 수도 있다. 그러나 선흘리의 사례가 상품화의 성공사례가 아니라 커먼즈적인 접근의 성공사례인 이유는 결정적으로 선흘리에서 동백동산이라는 유산을 언제나 지금 현재 마을에서 살아가고 있는 주민들의 삶과 불가분의 관계라고 받아들여졌지 동백동산 숲 자체나 숲이 만들어낸 특정한 관습이나 과거의 행위로 받아들여진 적이 없다는 사실에 있다. 다시 말해 선흘 마을은 동백동산에서 생태관광 프로그램을 운영하고, 마을의 유산으로 동백동산이 가지는 가치를 부각시켰지만, 결코 마을 주민들의 삶과 떼어서 동백동산의 자연이나 특정한 관습만 부각시키지 않았다. 그런 점에서 동백동산은 마을이 물려받은 유산이고 동백동산에서의 삶은 계승해야 할 전통으로 이야기되었지만, 그 때의 보전은 결코 과거 시제가 아니었다. 동백동산이라는 유산을 이어받는다는 것은 지금 살아 있는 마을의 노인들과 아이들을 잘 돌보고, 마을에 젊은 사람들이 돌아와 살면서 마을다운 삶을 이어받을 수 있는 방법을 잘 찾아서 발전시키는 현재진행형의 운동이다. 즉 마을숲 관리에 주민들이 적극적으로 나서게 되고, 자연을 이용한 관광프로그램이 활성화되면서, 마을이 물려받은 유산인 마을숲을 통해 가능해진 마을다운 삶을 물려받는 것이 가능해졌다. 선흘리 마을에서 유산을 계승한다는 것은 마을만들기와 분리된 과정이 아니었고, 이 과정을 통해 마을공동체 자체의 회복이 이루어졌던 것이다(고제량 · 김호선 · 문윤숙 · 이혜영, 2016: 16-18).

이런 측면에서 동백동산의 사례는 유산을 상품이 아닌 커먼즈로 접근한다는 것의 의미를 보여줄 수 있는 중요한 사례이다. 또한 동백동산의 예는 공동체에게는 커먼즈/공동자원이 반드시 필요하지만, 숲이 있다고 해서 그 자체로 공동자원인 것이 아니며, 공동체의 자원으로 활용하는 커머닝commoning의 과정을 통해서만이 공동자원 즉 커먼즈가 된다는 사실을 보여준다. 즉 공동체와 공동자원의 관계에서 그 관계가 만들어지는 과정에 주목할 필요가 있다. 이는 다시 공동자원을 단지 생태나 물질적 자원의 차원에서 보는 것을 넘어설 필요가 있다는 의미이기도 하다. 공동자원을 연구할 때 공동자원 그 자체만이 아니라 공동자원을 활용하는 과정에서 만들어지는 인간들 사이의 관계에도 주목할 필요가 있다.

4. 맺음말

이제까지 공동체와 유산, 그리고 정체성 및 커먼즈 사이에 이루어지는 상호작용을 통해서, 공동체의 삶에서 유산이 중요한 역할을 하는 만큼 유산을 공동체의 공동자원으로 볼 필요가 있음을 강조하고자 하였다. 우리는 흔히 유산 자체가 우수한 자연적 혹은 문화적 가치를 가졌기 때문에 유산으로 지정된 것이라 생각하기 쉽다. 하지만 현실에서 유산이란 전문가와 지역 주민을 포함하여 다양한 이해관계를 가진 사람들의 행위를 통해서 만들어지는 사회적 구성물이다. 특히 자본주의 사회에서 유산은 지역의 가치를 높여서 지역을 소유하고 있는 사람들에게 더 많은 이익을 창출해 줄 수 있는 상품이나 자원이 되기도 하고, 반대로 인류 공동의 자산이며 지역 공동체의 소유가 아닌 것으로 이야기되기도 한다. 실제로 유산은 그 속성 상 유산을 감상하고 누리는 사람들이 많아진다고 해서 반드시 고갈되는 성격을 가지지는 않으며, 그런 점에서는 비배제성과 비경합성을 가지는 공유재public goods로서의 성격을 가진다. 반면 유산이란 그 유산을 의미 있게 만들어주는 삶의 형태a form of life 속에서만 가치를 가지며, 그것을 지키고 실제로 삶 속에서 살아낼 수 있는 사람들 없이는 값을 하지 못한다. 예를 들어 "아는 만큼 보인다"는 말처럼 유산이 유산으로 인정받는 과정에는, 그렇게 유산을 알아보고 감상할 수 있는 사람들을 길러내는 교육도 필요하다. 또한 지역에 대한 사랑이든 민족주의의 발로이든, 실제로 보존을 위해 노력하는 사람들이 필요하고, 무엇보다 유산을 찾는 관광객 없이 유산은 존재할 수 없다. 따라서 유산이 인류 공동의 자원이라는 말만으로는 공허하다. 유산을 가치 있는 것으로 봐주고 그 의미를 이해해 주는 정서적이고 사회적인 환경 없이 그 자체로만은 유산이 되지 않기 때문이다.

현재 공동체의 공동자원이라고 할 만한 건물, 물질문화, 전통, 공예, 고고학 유적지, 기념비 등을 이용하는 주된 방식은 과거의 생산적이고 산업적인 틀이 아니라 관광과 서비스 경제에 기초하여 마을 "공통의 가치"를 강조하는 방식으로 변화한 상태이다(김규호, 2015). 이는 특정한 종류의 과거 상을 만들어내고자 하는 동기를 부여하기도 한다. 즉 많은 경우 관광지로서 차별성을 부여하기 위한 동기가 유산화 과정을 지배한다는 사실을 기억할 필요가 있다. 그렇기 때문에 공동체와 정체성을 본질화하다 보면 배제되는 부분이 생겨날 수 있는 가능성에 대해서 경계할 필요가 있고, 또한 유산과 관련된 삶의 방식이 유산이라는 대상과 분리되는 결과를 낳을 가능성에 대해서도 주의를 기울여야 한다. 결국 우리 앞에 놓인 과제는 유산의 사유화와 상품화에 반대하되, 동시에 유산을 "공통의 것"으로 재전유再專有하는 것이다. 하나의 유산이 만들어지는 과정은 물질적인 차원만이 아니라 담론적인 차원에서도 새로운 지형이 형성되는 과정이며, 유산은 또한 여러 지식-담론-권력-행위자들의 집합체이기도 하다. 여기서 문제는 유산을 만들어내는 과정에서 생겨나는 새로운 가치를 소수가 사유화하거나 전유專有할 가능성이며, 이는 새로이 관광지로 부상하는 지역들의 젠트리피케이션 과정에서 이미 그 위험을 입증한 바 있다(김희진 · 최막중, 2016). 그렇기 때문에 유산화가 가져올 지도 모르는 소외와 불평등의 발생과 심화를 막기 위해서는 유산에 대한 비판적인 접근이 요구된다.

흔히 유산과 관련해서는 진정한 유산이 맞느냐, 정말로 가치가 있느냐에 초점이 맞춰지는 경우가 많다(신현준, 2015). 그러나 이런 식의 접근은 유산이라는 대상 자체가 가진 고유한 속성이 유산을 만든다는 접근에서 벗어나지 못하는 것이다. 그보다 중요한 것은 특정한 "유산"이 어떤 공동체와 어떤 관계를 맺고 있는지 하는 점이며, 특정한 유산화 과정이 공동체와의 관계에 어떤 작용을 하는지에 대한 점이다. 궁극적으로 공동체와 그 구성원들이 필요로 하는 것은 그들의 삶의 가능성을 확대시켜주면서 또한 새로이 창출되는 가치에 대해서는 공평한 몫을 가질 수 있도록 해주는 것이다. 현재 공통의 가치를 재전유하는 방식에 대해서는 다양한 형태의 실험이 이루어지는 중이다. 그중에서 선흘리 마을과 선흘곶 사회적협동조합은 중요한 실험으로서 유산과 호혜적인 삶의 추구, 공동체와의 관계에 대한 풍부한 논의를 가능하게 해주는 사례라고 하겠다.

제8장

조합장 선거에 나타난 제주문화의 정치성

김창민

1. 머리말

　지역 내 선거는 지역 사람들 사이의 정치적 관계와 지역의 정치적 역동성을 살펴볼 수 있다는 점에서 중요한 정치적 장이 된다. 평소에는 잘 드러나지 않던 개인간 관계나 소집단간 제휴 및 연대의 양상이 선거 과정에서는 전면적으로 드러나기 때문이다. 또한 선거는 가장 중요한 정치과정의 하나이다. 출마자 개인의 입장에 보면 선거는 지지자를 규합함으로써 권력을 획득하는 과정이며 자신의 리더십을 확인하는 기회가 된다. 또한 지역사회의 입장에서 보면 선출직 지위를 맡기에 적합한 지역의 인사를 선발하는 과정이기도 하기 때문이다.

　선출직 지위를 두고 행해지는 선거는 그 직위를 맡기에 적합한 사람을 선발하는 과정이다. 따라서 직위에 적합한 전문성과 정책 실행 능력, 그리고 정치적 이념 등이 선출의 가장 중요한 기준이 되어야 한다. 그러나 실제의 경우 선거는 그런 기준이 아니라 보다 현실적인 전략에 의해 이루어진다. 즉, 정치적 합리성보다 개인 및 집단간 관계라는 문화적 요소가 더 중요하게 작용하는 것이다. 베일리(Bailey, 1969)가 지적하였듯이 정치적 권력은 명목적 규칙과 함께 실용적 규칙을 잘 활용하여야 획득할 수 있는 것이다. 정치과정에 초점을 둔 베일리의 이론은 권력 획득 과정을 하나의 게임으로 인식하고 있다. 즉, 정치권력을 획득하기 위해서는 한정된 권력 자원을 효과적으로 활용하여야 하며 이 과정에서 명목적 규칙과 함께 실용적 규칙도 사용된다. 정치권력을 획득하고자 하는 자는 대외적으로는 명목적 규칙을 잘 준수하는 것처럼 보이지만 실제로는 권력 획득이라는 목적 달성을 위하여 실용적 수단도 함께 사용한다는 것이다.

정치과정에서 명목적 규칙과 함께 실용적 규칙이 중요하게 작용하고 있지만 구체적으로 선거에서 어떤 실용적 규칙이나 사회관계가 가장 중요한 정치자원으로 활용되는가는 사회마다, 그리고 시기에 따라 서로 다르게 나타나기도 한다. 한국사회의 예에서 보듯 과거에는 혈연과 지연이 중요하게 작용한 반면 현재는 세대와 이념이 중요한 정치자원으로 기능하고 있다. 특정 사회의 선거에서 어떤 문화적 요소가 가장 중요한 정치자원으로 기능하고 있는가는 그 사회의 현실을 반영하고 있다. 즉, 세대가 가장 중요한 정치자원으로 기능하고 있다면 그 사회의 제반 문제에 대한 인식이 세대에 따라 가장 극면하게 구분된다는 것이고 이는 세대가 서로 다른 입장에 있다는 것을 반증한다고 볼 수 있다. 따라서 선거에서 동원되는 문화 요소는 그 사회의 현실을 읽을 수 있는 중요한 단서가 된다.

지금까지의 선거에 관한 연구는 주로 양적 연구에 제한되어 이루어졌다.[1] 즉, 투표 결과를 통계적으로 분석하여 투표 성향에 영향을 미친 독립변수가 무엇인가를 찾는 데 주목한 것이다(이상묵, 2011). 이런 경향의 연구들은 지역(김혜원, 2001; 문순보, 2004), 연령(윤덕경, 2011), 이념(안중근, 2011), 경제력(오승호, 2012; 최재인, 2012) 등의 변수가 선거 결과에 중요한 독립변수로 작용하였음을 밝혔지만 후보자에 대한 유권자의 인식이나 지지에 대한 이유를 규명하는 데는 한계를 가지고 있다. 즉, 후보자 지지에 대한 유

---

1   투표와 선거에 관한 대부분의 연구는 정치학 분야에서 이루어졌으며 문화인류학적 연구는 전무한 실정이다. 이런 경향으로 선거와 투표에 대한 연구는 양적 연구 일변도이며 질적 연구를 찾아보기 어렵다.

권자의 인식이나 의사결정 과정은 중요하게 다루어지지 못하였는데 이는 양적 연구의 한계이기도 하다. 따라서 선거 과정에 대한 실질적인 이해를 위해서는 질적 연구가 필요하다. 질적 연구는 유권자가 특정 후보를 지지하게 된 이유를 규명할 수 있으며 선거 과정에서 작용하는 문화적 규칙을 규명할 수 있는 도구가 되기 때문이다.

이 글은 제주도의 단위 농협의 조합장 선거를 통하여 선거 과정에서 동원되는 문화적 요소들을 분석함으로써 제주문화를 이해하는 것을 목적으로 한다. 제주도에서 마을 단위의 직책은 대부분 추천을 통하여 합의제 형식으로 선출하는 반면(김창민, 2002 참고) 마을 단위를 넘어서는 지역 단위의 직책은 치열한 선거를 통하여 선출하고 있다. 이는 마을 단위의 직책인 이장이나 개발위원장 등은 권한이 적을 뿐 아니라 지위의 명예도 낮은 반면 지역 단위의 직책인 도의원이나 조합장 등은 그 권한이 많고 명예도 높기 때문이다. 이는 제주사회에서도 일상적 생활의 단위가 마을을 넘어서서 지역으로 확대되고 있는 것과도 연관이 있다. 주민의 일상적인 생활 단위가 마을이었을 때는 마을 내 직위도 상당한 명예를 가지고 있었지만 일상적인 생활 단위가 지역으로 확대되면서 마을 내 직위는 더 이상 명예를 가지지 못하게 되었기 때문이다.

지역 단위의 직책이 선거를 통해 선출되면서 선거에서 승리하기 위한 다양한 전략이 사용되고 있다. 명목적 규칙에 의하면 자신이 그 직책을 수행하기에 적합한 자질과 비전을 가지고 있음을 보여줌으로써 유권자의 지지를 호소하여야 하지만 실제로는 그러한 명목적 규칙보다는 실용적 규칙이 보다 적극적으로 활용되고 있다. 선거에서 승리하기 위하여 어떤 실용적 규칙이 사용되는가는 제주문화를 이해하는 핵심적인 수단이다. 왜냐하면 이는 제주사람들이 어떤 문화적 요소를 중요하게 생각하고 있는가를 보여주기 때문이다. 이 연구에서는 제주 지역의 한 농협 조합장 선거에서 후보자들이 지지를 호소하기 위하여 어떤 문화적 요소를 동원하고 있는가를 분석함으로써 일상생활에서 중요한 사회관계는 무엇이라고 생각하고 있는지, 그리고 실제 제주사람들이 이런 사회적 관계망을 어떤 맥락에서 이용하고 있는지를 분석하고자 한다.

이 연구를 위한 자료 수집은 조합장 선거가 실시된 2010년 2월의 1주일에 걸쳐서 이루어졌다. 두 후보자 중 한 후보자와 장기간에 걸친 라뽀를 형성하고 있었기 때문에 필자는 그의 선거 캠프에 참가하여 선거의 전 과정을 관찰하는 것이 허락되었다. 이 조사기간 동안 필자는 후보자 및 선거 운동원과 일상적인 대화를 나누고 선거와 관련된 내용을 면접할 수 있었으며 선거 운동도 직접 관찰할 수 있었다. 또한 필자는 이 후보자가 속한 마을을 장기간 현지연구 하고 있었기 때문에 여러 가지 민족지적 자료들을 가지고 있었다. 즉, 조사 기간 동안 선거와 관련하여 수집한 자료들은 기존의 민족지적 자료들과 결부시켜 해석할 수 있었다. 다만 상대 후보의 캠프에 대한 조사는 상대적으로 소홀히 한 한계가 있었음을 밝혀 둔다.

2. 농협의 성격과 조합장의 역할

농협은 농민들의 조직이면서 동시에 농민을 지배하는 조직이다. 농민들의 조직이라는 점은 농민이 조합원으로 가입하여 농협을 구성하고 있다는 것을 말하며 농민을 지배하는 조직이라는 것은 그럼에도 불구하고 생산과 유통 그리고 금융의 전 과정을 통하여 농협이 농민들의 일상을 규정하고 지배하고 있다는 점이다(김춘동, 1995: 126-145 참고). 이런 측면에서 농협은 농민들의 생업 및 일상과 매우 밀접한 관계를 가지고 있다.

농협의 역사를 살펴보는 것은 농협의 성격을 이해하는 한 가지 방법이 될 수 있다. 농민 조직인 농협은 1958년에 설립된 농업은행과 농업협동조합에서 출발하였다. 해방 이후 농업사회였던 한국에서 농업협동조합의 설립은 농지 개혁과 함께 국민의 큰 관심사였다. 오랜 논란 끝에 정부는 1958년 농업은행과 농업협동조합을 설립하였으나 그 활동은 미진하였다. 이 상황에서 국가재건최고회의는 1961년 농업은행과 농업협동조합을 통합하여 현재 형태의 농업협동조합을 발족시켰다.

설립 당시 농업협동조합은 이동里洞조합, 시군市郡조합 그리고 중앙회의 3단계로 조직되었다. 그러나 설립 이후 실제 운영상에서 이동조합은 농촌 지역의 자원이 부족할 뿐 아니라 조합원 수도 적어서 독자적으로 사업을 추진할 수 있는 단위가 되지 못하였다. 그 결과 1970년대에 이동조합의 합병운동이 전개되어 2만 1,000여 개의 이동조합이 1,500여 개의 읍면邑面 농업협동조합으로 통합되었다. 이 과정을 통하여 이동조합이 읍면조합으로 통합되기는 하였지만 여전히 3단계 조직은 유지되었다. 이 읍면 단위의 농업협동조합이 현재의 단위농협으로 이어지고 있는 것이다.

농협조직의 합리화는 1980년대에도 계속되었다. 우선 시군 조합을 중앙회에 흡수시키고 전문 농업협동조합을 중앙회의 회원으로 가입하게 함으로써 이전까지 3단계였던 조직을 2단계 조직으로 개편하였다. 그리고 1988년에는 조합장과 중앙회장을 조합원이 직접 선출할 수 있도록 하여 민주적 운영을 강화하였다. 단위농협의 조합장 선거는 이런 과정을 통해 도입되고 정착된 것이다.

현재의 농협 구조는 농협중앙회와 단위 농협의 2단계 구조이다. 이 중 농협중앙회는 단위농협을 관리하는 일종의 감독기관이자 자체적인 금융 업무를 하는 기관이다. 즉, 농협중앙회는 농민의 농업활동을 지원하는 기능보다 금융기관의 성격을 더 강하게 가지고 있다. 반면 실제 농민들의 농업활동을 지원하는 역할은 단위농협이 하고 있다. 물론 단위농협도 신용사업을 함으로써 금융기관의 기능도 가지고 있지만 농업중앙회에 비하면 경제사업이라는 농민 지원사업의 기능을 더 강하게 가지고 있다.[2]

단위농협은 각 지역별로 농민들이 모여서 출자금(자본금)을 바탕으로 설립한 상법상 사단법인이다. 즉, 단위농협의 주인은 출자금을 납입한 농민들이다. 출자금은 주식회사의 주식과 비슷한 개념으로 그해 순이익이 발생하면 그 이익을 출자금에 배당을 한다. 단위농협은 출자금을 납부할 수 있는 조합원의 자격을 단위농협 관할 지역에 일정 기간 이상 거주할 것, 일정 규모 이상의 영농을 하고 있을 것 등으로 제한

---

2 농협의 업무는 크게 '신용사업'과 '경제사업'으로 구분된다. 신용사업은 은행과 같은 금융기관의 역할을 하는 것이며 경제사업은 농약 및 비료 판매, 공동 출하 등을 통하여 농민의 영농활동을 지원하면서 경제적 이익을 도모하는 것을 말한다.

함으로써 지역 연고를 강조하고 있다.

단위농협의 대표는 조합장이다. 조합장은 조합원들이 직접 선거를 통해 선출한다. 원칙적으로 조합원이라면 누구나 조합장에 출마할 수 있지만 실제로는 단위농협이 가지는 경제사업과 신용사업을 이해할 수 있는 능력을 가진 사람이 주로 선출된다. 즉, 농협에서 상무 또는 전무를 비롯한 고위 임원을 경험한 사람이나 농협의 중요한 의사결정을 하는 대의원을 장기간 경험한 사람들이 주로 조합장에 출마한다.

A농협은 몇 개의 A면에 있던 이동里洞조합들이 통합되어서 1970년에 설립되었다. 지금은 A면이라는 행정 조직이 없어졌지만 A농협은 여전히 과거 A면을 관할 지역으로 하고 있다. 2010년 말 기준으로 A농협의 조합원 수는 3,325명이며 출자금은 약 52억 원, 예금 잔액은 1,150억 원, 상호대출금 잔액은 800억 원, 정책대출금 잔액은 110억 원 정도이며, 경제사업의 규모는 약 760억 원 정도이다. 이 사업 규모는 설립 이후 지속적으로 증가하여 왔다. 이는 A농협 관할 지역에서 농업이 지속적으로 성장하여 왔다는 것을 의미한다. 1970년대의 감귤산업과 1980년대의 화훼 및 바나나, 파인애플 등 시설 농업, 그리고 2000년대 이후의 한라봉 재배까지 A농협 관할 지역의 농업은 지속적인 성장을 해 왔고 그 결과 A농협의 사업 규모도 지속적으로 성장할 수 있었다. 현재 A농협은 본점과 3개의 지점(소), 그리고 2개의 사업소를 두고 있으며, 하나로마트를 비롯한 농산물유통센터 2곳과 농기계수리센터 1곳, 주유소 1개소를 운영하고 있다.

사업 내용을 통해서 알 수 있는 것처럼 A농협은 지역 농민들의 생활에 직접적인 영향력을 행사하고 있다. 우선 농협은 영농자금을 대출해준다. 3,000여명의 조합원이 약 900억 원의 대출을 하고 있다는 것은 조합원 일인당 평균 3,000만원의 영농자금을 대출받고 있다는 것을 의미한다. 이 대출 자금으로 농민들은 시설을 만들기도 하고 영농에 필요한 농약이나 비료 등을 구입하기도 한다. 둘째, 농협은 농업생산물을 출하하는 역할을 한다. 농민 개개인이 농산물 출하를 하기에는 여러 가지로 어려운 점이 많기 때문에 농협은 계통출하 방식으로 농산물을 도시의 공판장에 출하할 수 있도록 해준다. 그 외 농기계 수리 등을 지원하기도 하지만 영농자금의 대출과 계통출하는 농협의 가장 중요한 역할로 인식되고 있다.

농협의 역할이 크기 때문에 조합장의 지위도 중요하게 인식되고 있다. 조합장은 단위농협을 대표하면서 모든 의사결정의 정점에 있기 때문이다. 실제 조합장이 취임을 하면 새로운 사업을 시작하기도 하고 기존 사업을 철수시키기도 한다. 그리고 단위 농협 직원의 인사권도 가지고 있다. 즉, 농협의 규모가 커지면서 조합장의 권한도 커지는 것으로 인식되고 있다. 한편, 농협의 운영이 민주화되면서 조합장의 재량도 점점 커지고 있다. 조합장은 단위 농협의 운영 책임자로서 대부분의 의사결정에 영향력을 행사할 수 있다. 따라서 누가 조합장이 되는가에 따라 조합원들은 직접적인 영향을 받게 된다. 종종 농협에 대한 불만은 조합장에 대한 불만으로 전치되기도 한다. 농협은 제도와 절차상의 문제로 조합원의 요구를 들어주지 못하는 경우가 발생할 수 있는데, 이 경우 조합원은 농협의 제도와 관행을 비판하기보다 조합장을 비판하는 것이다. 조합장의 중요성이 증가하면서 점점 조합원들은 조합장 선거에 적극성을 가지게 되었다. 누가 조합장이 되는가에 따라 자신의 이해관계가 영향을 받을 수 있기 때문에 조합원들은 조합장 선거를 중요한 사회적 이벤트로 인식하게 되었다. 이런 경위로 조합장 선거는 지역 단위의 중요한 정치 과정이 되고 있다.

3. 선거법 위반의 위험과 상호 감시

1988년 이래 단위 농협은 조합원의 직접 선거를 통해 조합장을 선출하고 있다. 민주적 운영을 목표로 시행된 조합장 직접 선거는 그러나 가장 부패한 선거라는 오명을 쓰고 있다. 그 이유는 크게 두 가지에 기인한다.

첫 번째 이유는 유권자 수가 지나치게 적다는 점 때문이다. 대부분의 단위 농협은 유권자인 조합원의 수가 수 천 명에 지나지 않는다. 대부분의 농가에서는 가장 1명만 조합원으로 가입하고 있어서 통상적인 선거에 비해 유권자의 수가 축소되어 있다. 그에 비해 조합장의 권한과 영향력은 매우 크다. 우선 조합장의 임기는 4년이며 약 70명 정도의 직원에 대한 인사권을 행사할 수 있을 뿐 아니라 보수도 연간 8,000만원에 달하는 것으로 알려져 있다. 또한 A농협의 사례에서 보듯 연간 760억 원에 달하는 경제사업과 900억 원에 달하는 대출금을 운영할 수 있다. 조합장은 지역 내에서 기관장 대접을 받으며 사회적 지위를 가질 수도 있다. 권한에 비해 지나치게 적은 유권자수로 부정선거를 하고자 하는 유혹은 그만큼 커지게 된다.

대부분의 경우 출마자와 대다수의 유권자가 남자라는 점도 이런 유혹을 크게 하는 요인이기도 하다. 술 한 잔하면서 의기투합하는 것이 표를 얻을 수 있을 것이라는 남성들의 기대도 선거를 부패하게 만드는 요인이다. 출마자들은 조금만 노력하면 모든 유권자를 만날 수 있고 심지어 식사나 술을 대접할 수 있을 것이며 이런 방법이 선거에서 승리하는 필수적인 과정이라고 인식하게 된다. 유권자 역시 출마자가 자신을 만나서 개인적으로 부탁하지 않으면 표를 주지 않겠다고 생각하는 경향이 강하다. 얼마 되지도 않는 유권자인데 직접 만나 주지도 않는다면 자신을 무시하는 것이라고 생각하는 것이다.

조합장 선거가 타락하는 두 번째 이유는 지나치게 엄격한 선거법 때문이다. 조합장 선거는 농협의 자체 선거관리위원회가 아니라 중앙선거관리위원회에서 담당하고 있다. 이는 공정한 선거 관리를 위한 조치라고 할 수 있다. 그러나 선거법 자체는 매우 경직되어 있어서 사실상 출마자가 합법적으로 할 수 있는 일이 별로 없다. 우선 선거 운동은 후보자 등록 마감일부터 선거일 전일까지만할 수 있다. 통상 이 기간은 1주일 정도에 불과하다. 그리고 후보자는 선거기간 중 유권자의 집을 방문하거나 특정한 장소에 유권자를 모을 수도 없다. 선거 운동은 전화나 인터넷을 이용할 수는 있으나 전화의 경우 오후 10시까지로 제한되어 있을 뿐 아니라 후보자만 할 수 있을 뿐 가족도 전화를 할 수 없다. 조합장 선거는 지방의원이나 도지사, 국회의원 선거보다 훨씬 경직되어 있어서 사실상 대부분의 선거 운동이 불법 선거 운동에 해당하게 된다.

선거법이 경직되어 있고 유권자 수가 적다 보니 조합장 선거에는 법을 어기지 않을 수 없다. 그렇다 보니 후보자 상호 간에도 사소한 불법 선거 운동은 양해를 하는 편이다. 특히 문화적으로 용인될 수 있는 행동에 대해서는 서로 관용의 정도가 크다.

따라서 제주도의 선거에서는 법률적으로는 위법이지만 문화적으로는 관용될 수 있는 수단들이 적극적으로 이용된다. 가장 대표적인 것으로는 가족이나 궨당의 선거 운동이다. 가족이나 궨당이 선거 운동을 하는 것은 위법이지만 문화적으로는 용인된다. 또한 후보자와 같은 마을 사람이 후보자 지지를 호소하는 경우도 동일한 이유로 용인된다. 후보자는 이러한 문화적으로 용인될 수 있는 방법을 적극적으로 활용함으로써 선거 운동을 하는 경향이 있다.

그러나 선거가 치열해지면 이러한 문화적 용인이 무너지기도 한다. 선거가 치열해지면 상대방의 선거 운동에 대하여 용인하는 범위가 축소되게 되어 감시가 더 강화된다. 선거 운동원들은 상대방 캠프에서 저지른 불법 선거 운동에 대한 정보를 더 입수하게 되고 이것으로 상대방을 비난하게 되며 다시 상대방 진영의 감시를 강화하도록 하는 계기가 된다. 캠프 내에서는 상대방 진영의 선거 운동 중 시비를 가려야 할 것과 그냥 용인해야 할 것에 대한 논의가 지속적으로 이루어지며, 이는 선거 후 고발로 이어지기도 한다.

2010년 2월에 실시된 A농협의 조합장 선거에서도 이러한 선거 구도와 전략이 잘 드러나 있다. 당시 선거는 현 조합장인 E씨와 A농협의 전무인 F씨가 대결하는 구도로 전개되었다. E씨는 M마을 출신으로 제주도에서 오랫동안 농협인으로 근무하다가 지난 선거에서 조합장에 당선된 자로서 현재는 서귀포시에 거주하고 있으며 F씨는 N마을 출신으로서 A농협에서 오랫동안 근무해 온 자로서 현재도 N마을에 거주하고 있다. 선거는 같은 농협에 근무하는 조합장과 전무의 대결이 됨으로써 서로 명예가 훼손되지 말아야 한다는 인식 아래 진행되었다. 초기에는 이런 암묵적 합의가 비교적 잘 지켜졌지만 선거가 진행되면서 서로 상대방의 선거 운동에 대한 정보를 수집하기 시작하였으며, 문제 삼을 만한 행동이 발견되면 비방을 하기도 하였다. 선거 운동원들은 서귀포시나 M마을과 N마을의 식당에 다니면서 서로 향응을 하는지에 대한 정보를 수집하였다. 즉, 선거 운동 기간 중 가장 중요한 일은 상대 후보자의 동향을 파악하는 것이었다. 불법 선거의 유혹이 크기 때문에 상대 후보가 불법 선거 운동을 하는지 여부를 감시하는 것이 상대방 동향 파악의 가장 중요한 목적이었다.

그러나 선거 결과 큰 표 차이로 당락이 결정되자 양측 모두 선거 과정의 불법을 공식적으로 표시하지는 않았다.

조합장 선거의 경우 후보자 등록은 선거일 1주일 전까지 이루어지고 공식적인 선거 운동은 후보자 등록 마감날부터 할 수 있다. 그러나 두 후보자는 후보자 등록 훨씬 이전부터 선거에 출마할 것을 공공연하게 이야기함으로써 실질적인 선거 운동을 이전부터 하였다. 그리고 마을마다 책임자를 선정하여 후보자를 홍보하고 지지를 호소하도록 하였다. 공식적인 선거 운동 기간이 되면서 두 후보자는 마을에 비공식적으로 선거운동본부를 구성하고 매일 선거 동향을 검토하고 지지자를 확인하면서 선거 운동을 하였다. 후보자가 직접 모임에 나갈 경우 선거법에 위반되므로 후보자의 가까운 궨당이나 선거 운동원이 대신 인사를 하러 다니기도 하였다. 양측 모두 엄밀한 의미에서는 불법 선거 운동을 하고 있으면서 서로 상대방의 불법 선거 운동을 감시하는 구도로 선거 운동이 전개되었다. 그리고 이 과정에서 불법 선거 운동에 대한 문화적 용인 범위는 지속적으로 변화하고 유동적이었다.

4. 선거 과정과 마을

선거는 이기는 것을 목표로 한다. 그런 의미에서 선거에서는 명목적 규칙과 실용적 규칙의 조화를 이루어야 한다. 후보자는 공식적으로는 명목적 규칙을 지키고 강조하여야 하지만 표를 얻을 수 있다면 다양한 수단을 활용하여야 하는 것이다. 이 과정에서 문화적 자원들이 중요하게 활용된다. 제주도 선거에서는 제주도의 문화적 자원이 활용된다. 즉, 선거에서 활용되는 문화적 자원들을 검토함으로써 제주문화의 특징을 파악할 수 있는 것이다.

공식적인 선거 운동은 후보자 등록이 마감되는 날부터 할 수 있으나 출마를 결심한 때부터 실질적인 선거 운동은 시작되었다. 후보자들이 가장 중요하게 생각하는 선거 운동 방법은 자기 출신 마을을 이용하는 것이다. 마을 사람들은 자기 마을 출신이 후보자가 되는 순간 그 후보자를 도와야 한다는 인식을 가지게 된다. 즉, 제주도에서는 마을사람의 일을 자기 일로 인식하는 경향이 강하다. 이는 제주도에서 마을이 가장 중요한 사회생활의 단위인 것을 나타내는 것이기도 하다.

두 후보자는 우선 선거 운동 본부를 자기의 출신 마을에 설치하였다. 마을 내에 거주하고 있는 F씨는 자기 집에 선거운동본부를 구성하였지만 서귀포시에 거주하고 있는 E씨는 4촌 동생 집에 선거본부를 구성하였다. E씨가 자기 친형이 마을에 살고 있음에도 불구하고 자기 4촌 동생 집에 선거본부를 구성한 것은 4촌 동생이 형보다 사회적 교제의 범위가 넓고 또 젊은 사람들과의 관계도 좋았기 때문이다. 4촌 동생 역시 자기 집에 선거본부를 구성하면 여러 가지로 번거롭고 힘이 들지만 나중에 선거본부 구성을 잘못하여서 좋지 않은 결과가 나왔다는 소리를 들을 수도 있기 때문에 E씨가 요청하였을 때 그 요청을 흔쾌히 수락하였다고 한다.

선거본부가 구성되면 마을 사람들은 누구나 자유롭게 선거 운동 본부에 출입할수 있으나 경쟁 후보자 마을 사람은 암묵적으로 상대 후보의 선거본부는 물론이고 그 마을에 가는 것조차 기피하였다. 따라서 선거 운동 전략이나 관련된 정보는 마을 내에서만 유통되며 또 보안을 유지할 수 있게 된다. 선거 운동은 마을의 일로 인식되며 후보자간의 경쟁이 아니라 마을간 경쟁으로 인식되는 경향도 있다. 선거 운동 본부에는 끼니마다 식사가 준비되어 선거 운동 본부에 있는 사람들이 함께 식사를 하게 된다. 식사를 하러 식당에 가는 것은 상대 후보의 운동원에게 보일 염려가 있고 이는 선거법 위반 사례에 해당되기 때문에 선거 운동 본부에서 식사를 하게 된다.

마을 사람들이 선거를 돕는 방법은 크게 세 가지이다. 첫째는 상대 후보의 동정을 파악해서 정보를 전달하는 것이다. 선거 운동의 방법이 극히 제한되어 있고 유권자의 수가 적기 때문에 어느 후보나 선거법을 위반할 가능성이 크다. 즉, 상대방의 동정을 파악한다는 것은 곧 선거법 위반 사례를 발견하는 것이다. 따라서 식당이나 술집 등을 돌아보면서 상대 후보 진영의 움직임을 파악하거나 밤에 자동차로 상대방후보의 마을을 돌아다녀 보는 것이 선거 운동을 돕는 방법이다. 주로 젊은이들이 이역할을 담당한다.

선거를 돕는 두 번째 방법은 지인들에게 전화로 지지를 호소하는 것이다. 선거법 상으로는 후보자만 전화를 할 수 있으나 마을 사람들은 자기가 잘 알고 있거나 관계 가 돈독한 사람에게 전화를 하여 같은 마을 사람인 후보자를 지지해달라고 부탁을 하기도 한다. 이렇게 후보자를 대신하여 지지를 호소하는 것은 가장 직접적으로 후 보자를 돕는 것으로 인식된다. 마을 사람들은 개인적으로 이 일을 하기도 하지만 종 종 후보자가 있는 곳이나 다른 마을 사람들이 있는 곳에서 지지를 호소하는 전화를 하기도 한다. 이는 자기가 마을 사람으로서 후보자를 돕고 있다는 것을 과시하기 위 함이다. 종종 후보자는 유권자를 대상으로 전화를 하고 싶을 때 그 사람과 가까운 마 을 사람을 찾아서 전화를 대신 해달라고 부탁하기도 한다. 전화를 받는 입장에서는 후보자가 직접 전화해주는 것을 선호하지만 후보자와 같은 마을 사람이 전화를 하 는 것도 이해한다. 후보자를 위해서 전화하는 것은 같은 마을사람이 해야 하는 당연 한 역할로 인식하기 때문이다.

세 번째 방법은 후보자에게 도움이 되는 궂은일을 하는 것이다. 예를 들면, 투표 일에 마을 노인들을 투표장까지 모시고 가는 일이나 선거일 당일 맨 먼저 투표를 하 는 일, 선거 운동본부에서 심부름을 하는 일 등이다. 제주도의 선거에는 암묵적 믿음 이 몇 가지 있다. 우선 제주도에서는 같은 마을 사람이 출마할 경우 마을 사람이면 당연히 그 사람을 지지할 것이라고 믿는다. 나이가 많거나 거동이 불편하여 투표장 에 나가기 어려운 마을 사람을 투표장까지 모시고 가면 그 사람은 반드시 자기 마을 후보를 지지할 것이라고 믿기 때문에 한 명이라도 더 투표장에 나갈 수 있도록 거동 이 불편한 사람들은 투표장까지 자동차로 모시고 간다. 또한 범띠에 해당하는 사람 이나 상주가 선거일 당일 최초로 자기를 지지하는 투표를 하면 선거에 이긴다는 믿 음이 있어서 상주가 된 사람이 있으면 그에게, 없으면 범띠인 마을 사람에게 일찍 투 표해 주기를 부탁한다. 이 부탁을 받은 마을 사람은 거절하지 않고 그 부탁을 들어준 다. 이런 일들은 하기 귀찮은 일이지만 같은 마을 사람이라면 후보자를 위해서 당연 하게 해야 하는 일로 인식되고 있다.

마을 출신 후보자가 나오면 마을 이장도 바빠진다. 마을 이장은 자기 마을 출신이 후보자로 나선 선거는 마을의 일이고 따라서 마을 대표자인 이장도 적극 선거를 지원하여야 한다고 생각한다. 그리고 이런 이장의 태도는 마을 사람들의 기대이기도 하다. 달밭마을 이장은 시내에서 친구를 만나 E후보의 지지를 호소하면서 다음과 같이 이야기하였다.

> "어떵허니... 나 마을 회장 되어부난 이렇게 부탁햄쪄. E씨 지지해주라게. 이것도 마을
> 일이난 나가 이렇게 저드럼쪄."

선거에 마을 이장이 역할을 하여야 한다는 생각은 자기 마을 출신 후보자가 있으면 그것은 마을의 일이고 따라서 마을 차원에서 적극 선거를 도와야 한다는 인식에 기반하고 있다. 이는 제주도의 선거에서 마을이 지지의 핵심적인 단위이며 마을의 대표자인 이장은 앞장서서 선거를 지원해야 한다는 것을 의미한다.

때로는 같은 마을 출신으로 다른 마을에 거주하고 있는 사람이 지지의 기반으로 사용되기도 한다. 가족 전체가 다른 마을로 이주한 경우나 여자가 결혼을 하여 다른 마을로 이주 한 경우 그 사람은 현재 그가 살고 있는 마을에서 선거 운동을 해 주는 운동원으로 활용된다. 특히 경쟁 후보자의 마을이 아닌 제3의 마을에 살고 있는 사람이 이 경우 적극적으로 활용된다. 경쟁 후보자가 살고 있는 마을에서 다른 후보의 선거운동을 하는 것은 비윤리적인 것으로 인식되지만 후보자가 없는 마을에서는 선거운동을 하는 것이 비교적 자유롭기 때문이다. 특히, 자기 마을 출신 중 결혼하여 다른 마을로 이주한 여자가 적극적으로 활용된다. 결혼 한 여자는 친정 마을에 대한 소속감을 일정 정도 가지고 있기 때문에 친정 마을 후보자의 부탁을 거절하기 힘들게 된다. 그리고 이 여자는 결혼을 하여 살고 있는 마을에서 새로운 궨당 관계를 형성하고 있기 때문에 후보자 지지에 영향력을 미칠 수 있다. 제주도의 선거에서 마을은 여러 가지 모양으로 활용된다.

선거에서 마을은 후보자를 지지하는 근거가 될 뿐 아니라 마을간 연대를 맺는 단위가 되기도 한다. 지역 내의 선거는 통상 마을간 대결 구도로 전개되기 때문에 후보

자를 내지 않은 마을의 선택이 중요하게 된다. 지방자치제의 실시 이후 제주도에서도 많은 선거가 있고 매 선거마다 마을간 경쟁이 불가피하기 때문에 장기적 관점에서 마을간 제휴가 중요해진다. 즉, 이번 선거에 우리 마을을 지지해 주면 다음 선거에서는 역으로 도와주겠다는 내용의 협의가 마을 리더들 사이에서 빈번하게 이루어진다.

이런 차원에서 선거에서는 행정동이 중요한 사회적 단위로 부상한다.[3] 제주도의 일상생활은 자연마을 단위로 이루어지며 행정동은 단지 행정적 필요에 의해서만 구성되어 있다. 그러나 선거에서는 행정동이 중요하게 거론된다. 평소 일상생활에서는 사회적 관계가 별로 없던 마을들이 선거에서는 같은 행정동이라는 이유로 하나로 인식되는 것이다. 특히 후보자 출신 마을에서는 같은 행정동에 속한 자연마을은 선거를 도와주어야 한다는 말을 공공연하게 하며 그 말을 들은 다른 마을 사람도 이를 부정하지 않는다. 이는 선거가 빈번해지면서 서로 협력해야 할 기회가 언제든지 발생할 수 있고 또 상대 마을의 지지를 얻기 위해서는 마을간 연대가 중요하다고 인식하기 때문이다.

E씨의 선거운동 본부를 방문한 같은 행정동에 속한 다른 마을 사람들은 두 마을이 지금까지 선거에서 어떻게 협력해 왔는지를 이야기하면서 이번 선거는 물론이고 앞으로도 협력을 지속해야 한다는 이야기를 하였다. 특히 규모가 작은 자연마을 출신 후보자는 행정동의 적극적인 지지를 받아야 한다고 하면서 두 마을 사이의 관계를 강조하였다. 그리고 이번 선거에는 E후보를 적극 지지할 것이니 다음 선거에서는 우리 마을 출신 후보를 지지해주어야 한다고 하기도 하였다. 물론 이런 협의가 실제 마을사람들의 투표 행위에 직접적인 영향을 미치기는 어렵지만 마을의 여론에는 일정 부분 영향력을 미칠 수 있을 것으로 예상된다.

마을간 제휴가 중요해지면서 마을내 단합도 중요하게 인식되고 있다. 즉, 이번 선

---

3   행정동은 행정의 단위이다. 주민들의 일상생활은 자연 마을 단위로 이루어지지만 시청의 행정은 몇 개의 자연마을을 포함하는 행정동 단위로 이루어진다.

거에서 누구를 지지하겠다고 마을 리더들이 결정하면 그 결정을 마을 사람들이 적극적으로 따라줄 때 마을간 제휴가 의미 있는 것이 되기 때문이다. 따라서 마을 리더들은 마을 내에서 영향력을 확대하기 위해 노력한다. 마을 경조사에 적극적으로 참여하는 것이나 마을의 공공사업에 많은 돈을 기부하는 것, 그리고 마을 내 어려운 형편에 처한 사람을 적극적으로 도와주는 일 등은 마을 리더들이 마을 내에서 영향력을 확대해가는 과정이다. 즉, 평소에 마을 리더들이 마을 사람들을 도와주는 것은 선거에서 마을 주민들의 표를 하나로 결집할 수 있는 근거가 된다.

제주도의 선거에서 마을은 일차적 지지의 단위이다. 따라서 마을 내에서는 표의 결집력이 강하고 마을간 전략적 제휴도 빈번하다. 이는 제주도의 일상생활과 정치과정에서 마을이 중요한 단위라는 것을 의미한다. 지연성에 바탕을 둔 연대와 결속은 제주 문화의 중요한 특징인 것이다.

5. 득표 전략과 부탁의 호혜성

제주도의 선거에서도 명목적 규칙은 중요하게 강조된다. 그래서 농협을 변화시키겠다는 공약이나 조합원의 권리와 이익을 증진시킨다는 내용의 공약은 항상 제시된다. 그러나 이런 명목적 규칙은 대부분의 후보자가 사용하기 때문에 후보자간 변별성이 부족하다. 따라서 실제 지지를 호소하는 과정에서는 자기 공약의 우월성이나 진정성이라는 명목적 규칙보다 사회적 관계에 의지하여 지지를 호소하는 실용적 규칙이 더 빈번하게 사용된다. 전술하는 바와 같이 같은 마을에 살고 있다는 것은 가장 기본적인 사회적 관계망이다. 같은 마을 사람이면 당연히 그 마을 출신 후보자를 지지할 것으로 기대되고 지지를 하지 않을 경우라도 지지하지 않고 있다는 것을 결코 드러내지 않는다. 이는 일상적 사회생활이 마을을 단위로 이루어지고 있으며 선거를 마을의 일로 인식하고 있기 때문이다.

그러나 자기 마을 사람들의 지지만으로 선거에서 이길 수는 없다. 따라서 마을을 넘어서는 지지의 관계망을 찾고 이를 활용할 필요성이 있다. 마을을 넘어서는 지지의 관계망으로서 가장 강력한 것이 궨당이다. 궨당은 개인의 관계망으로서 그 범위가 유동적이다. 일반적으로 제주도에서는 궨당의 범위를 넓게 활용하고 있지만 선거에서는 그 범위가 극대화된다. 즉, 친족관계나 혼인 관계가 멀어 평소에는 궨당 관계가 아닌 것으로 인식되던 사람도 선거 과정에서는 궨당의 범위 안에 포함된다. 궨당 중에서도 성편 궨당인 방상이 가장 중요하다. 즉, 같은 성씨는 가장 우선되는 지지의 기반이다. 마을 사람들은 같은 마을에서만 살고 있지만 방상은 여러 마을에 살고 있어서 방상은 다른 마을에서 지지를 호소하는 중요한 수단이 된다. 이번 선거에서도 E씨는 제주 E씨, F씨는 김해 F씨로서 둘 다 방상이 많은 성씨였다. 후보자는 방상에게 전화할 때는 "그 마을에서는 궨당만 믿는다"고 하면서 적극적인 지지를 호소하였다.

외편 궨당이나 처궨당도 선거에서는 중요하게 작용한다. 후보자가 자기 마을이 아닌 다른 마을에서 지지를 호소할 때 가장 먼저 활용되는 사람이 궨당들이다. 후보자는 궨당은 자기를 지지할 것이라고 생각하고 또 궨당은 후보자를 당연히 지지해야 한다는 의무감을 가지고 있기 때문이다. 따라서 궨당 연망이 넓은 사람일수록 선거에서 유리하다고 인식된다. 그러나 궨당은 주관적인 인식이기 때문에 나는 궨당이라고 인식하여도 상대방은 아니라고 인식할 수도 있다. 따라서 선출직에 도전할 생각을 가진 사람은 평소에 많은 사람들과 궨당 관계임을 확인해 두는 것이 중요하다. 즉, 친족관계나 혼인 관계가 거리가 멀어 궨당이라고 할 수도 있고 아니라고 할 수도 있는 사람에게 궨당이라고 호칭함으로써 궨당 관계라는 사실을 인식하게 하는 것이다. 이런 이유로 제주도에서는 정치적 야망이 있는 사람일수록 궨당이라는 호칭을 더 광범위하게 사용하는 경향이 있다.

궨당은 직접적인 지지를 호소하는 대상이기도 하지만 선거 운동원의 역할도 기대된다. 후보자가 직접 모든 선거 운동을 할 수는 없기 때문에 마을마다 책임자를 두고 선거 운동을 하고 있다. 이 경우 궨당은 가장 중요한 선거 운동원이 된다. 특정 후보자의 선거 운동원이 된다는 것은 자신의 정치적 지지 성향을 드러내는 것이기 때문에 쉽게 할 수 있는 일은 아니다. 그러나 후보자의 궨당이 선거 운동원이 되는 것은 불가피하고 또 개인의 정치적 성향과 무관하게 할 수 있는 것이라고 인식되기 때문에 궨당은 비교적 자유롭게 선거 운동원이 될 수 있다. 따라서 후보자는 궨당이 아닌 사람에 비해서 궨당에게 선거 운동을 해 달라고 부탁하는 것이 더 용이하다.

마을과 궨당은 지지의 가장 중요한 근거가 되기 때문에 같은 마을 거주자와 후보자의 궨당은 지지 성향이 이미 드러난 사람으로 간주된다. 즉, 후보자와 같은 마을 사람이거나 궨당이면 반드시 그 후보자를 지지할 것이라고 간주되기 때문에 이들을 향한 선거 운동은 무의미하다고 생각한다. 따라서 선거 운동은 상대 후보자의 마을 사람이나 궨당이 아닌 사람들을 대상으로 하게 된다. 이 경우에는 마을과 궨당이 아닌 다른 사회적 관계나 연망이 적극 활용된다.

선거에서 활용되는 중요한 사회관계의 하나는 갑장이다. 갑장은 같은 해에 태어나 같은 마을에서 성장한 사람을 지칭하는 말이다. 제주도에서 갑장은 각별한 의미를 가지고 있다. 같은 해에 태어나 같은 해에 학교에 입학하고 비슷한 시기에 군대를 다녀온 갑장들은 상호 매우 밀접한 인간관계를 맺고 있다. 갑장이 당하는 일은 마치 자기가 당하는 일인 것처럼 생각하기도 한다. 갑장은 평소 노동을 교환하는 관계이기도 하고 경조사에 도움을 주는 관계이기도 하며 오락을 함께 하는 관계이기도 하다. 따라서 갑장이 선거에 출마하면 다른 갑장들은 그를 적극적으로 돕고 지지한다. 후보자도 갑장에게 선거를 도와달라고 부탁하는 것은 매우 자연스러운 일이고 또 쉽게 동의를 얻을 수 있기도 하다.

갑장 관계는 마을을 넘어서서도 적용된다. 각급 학교는 마을의 범위를 넘어서서 지역을 단위로 설립되어 있다. 따라서 다른 마을의 갑장도 학창시절을 통해 잘 알고 있는 관계이며 졸업 후에도 사회생활을 통해 여러 가지 우호적인 관계를 맺게 된다. 따라서 후보자의 입장에서는 다른 마을을 대상으로 한 선거운동에서는 갑장을 지지의 기반으로 활용하게 된다. 즉, 같은 마을 사람, 방상이나 궨당과 마찬가지로 갑장은 무조건적인 지지를 해야 하며 또 해줄 것으로 기대되는 관계이다.

제주도 선거에서 한 가지 주목해야 할 점은 모든 유권자는 어떤 형태로든 후보자나 운동원이 자기에게 지지를 부탁해 줄 것을 기대하고 있다는 점이다. 마음으로 지지하고 있다고 하더라도 후보자가 지지를 부탁하지 않으면 섭섭해 하고 후보자에게 좋은 감정을 가지지 않는다. 심지어 후보자의 연락이 없을 경우에는 주변 사람들에게 공개적으로 이번 선거는 기권한다고 말함으로써 후보자를 긴장하게 만들기도 한다. 따라서 후보자는 자기를 지지할 것이 확실한 사람에게도 찾아가서 인사를 하고 지지를 부탁해야 한다. 선거를 돕는 일도 마찬가지이다. 마을사람이나 궨당 또는 갑장이라면 누구나 후보자를 적극적으로 도와야 한다고 생각한다. 그러나 실제 돕는 것은 후보자가 도와달라고 부탁을 한 경우에 한한다. 후보자는 누구에겐가 부탁을 해야 하고 부탁을 받은 사람은 그 부탁을 들어줌으로써 후보자가 자기에게 부탁의 부채를 지고 있다고 인식한다. 이 부탁의 부채는 언젠가 후보자에게 부탁을 하게 될 때 후보자가 그것을 거절하지 못하도록 하는 장치가 된다. 즉, 선거는 후보자가 많은 사람들에게 부탁의 부채를 지게 되는 과정이고 이는 역으로 후보자가 선거에서 당선되어 어떤 권한을 가지게 되었을 때 다른 사람들의 부탁을 거절하지 못하게 하는 족쇄가 되는 것이다.

이 관계는 '부탁의 호혜성'이라고 할 수 있다. 제주도 사람들은 사회생활에는 다른 사람의 도움이 불가피하다고 생각한다. 즉, 자신의 일을 하기 위해서는 상대방의 도움을 받아야 하고 이 경우 불가피하게 부탁을 하여야 한다. 부탁을 하기 위해서는 상대방의 부탁을 들어줌으로써 상대방이 부탁의 부채를 안고 있어야 한다. 즉, 가능하면 상대방이 자신에게 부탁하는 기회를 많이 만들도록 함으로써 자신이 부탁할 때 상대방이 그 부탁을 거절하지 못하도록 하여야 한다. 이 관계는 '부탁의 호혜성'이라고 할 수 있다.

선거는 후보자로 하여금 유권자에게 부탁을 하도록 하는 기회가 된다. 선거에 유권자들은 후보자가 부탁을 하도록 함으로써 그에게 많은 부탁의 부채를 지도록 하는 과정이다. 그렇게 함으로써 유권자는 나중에 후보자에게 부탁을 해야 할 경우 그 부탁을 거절하지 못하도록 한다. 유권자들이 후보자의 부탁을 기대하는 것은 그만큼 부탁을 축적하는 것이고 이는 중요한 사회적 자본의 하나로 인식된다.

6. 맺음말

선거는 가장 중요한 정치과정의 하나로서 선거 과정을 분석하는 것은 그 사회의 사회구조를 이해하는 수단이 된다. 이런 맥락에서 지역사회의 조합장 선거는 지역의 정치과정을 이해하는 것이며 지역의 사회구조를 이해하는 것이기도 하다.

모든 선거에서 후보자는 승리를 목표로 하며 이 과정에서 명목적 규칙과 함께 실용적 규칙을 적극적으로 활용한다. 명목적 규칙은 대부분의 후보자가 유사한 가치를 내세우기 때문에 승리를 위한 결정적 수단이 되지 못하며 따라서 실용적 규칙을 어떻게 활용하는가가 승리의 핵심적 수단이 된다. 그래서 제주도의 조합장 선거 과정에서 사용된 실용적 규칙을 살펴보는 것은 제주 문화를 이해하는 계기가 된다.

제주도에서 선거는 넉동배기 '옆살' 하는 것과 유사하다.[4] 넉동배기에서는 윷을 노는 사람들의 실력에 따라 옆살을 하는 것이 아니라 선수들과의 사회적 관계에 따라 옆살을 한다. 그래서 궨당이 돈을 잃으면 함께 돈을 잃고 갑장이 돈을 따면 함께 돈을 땀으로써 넉동배기는 사회적 관계를 강화하고 확인하는 계기가 된다(김창민, 1993). 선거도 이와 유사한 구조를 가지고 있다. 후보자의 정책이나 인물 됨됨이를 보고 지지를 하는 것이 아니라 후보자 중 나와 사회적 관계가 더 가까운 사람이 누구인가가 가장 중요한 지지의 근거가 된다. 따라서 제주도의 선거과정에서는 중요한 사회적 관계가 드러나게 된다.

제주도의 선거, 특히 좁은 선거 범위를 가진 조합장 선거에서는 마을과 궨당 그리고 갑장 등의 사회적 관계가 적극적으로 활용된다. 이 중에서도 마을은 가장 중요한 선거의 단위이다. 선거는 후보자간 경쟁이 아니라 마을간 경쟁으로 인식되고 있으며 따라서 모든 마을 사람들이 후보자를 위해 선거 운동에 관여하는 형태가 된다. 종

---

4   넉동배기는 윷놀이를 의미하는 제주 말이며 '옆살'은 넉동배기를 할 때 구경꾼이 돈을 거는 것을 말한다. 통상 제주도의 넉동배기는 윷놀이를 하는 사람이 돈을 걸고 하며, 이 때 구경하는 사람도 어느 쪽이든 돈을 걸어 두고 구경을 한다.

종 선거에서의 승리를 위하여 마을간 연대가 이루어지기도 한다. 선거에서 마을이 일차적 단위가 되고 있다는 점은 제주도에서 지역 공동체의 중요성을 나타내는 것이다.

　제주도의 선거는 사회적 관계망이 적극적으로 활용되기 때문에 지지의 구도가 명백하게 드러나는 경향이 강하다. 후보자의 정책이나 이념보다 그와의 사회적 관계망을 기준으로 지지의 구도가 결정되기 때문에 선거는 후보자 중심으로 흐르게 된다. 유권자와 후보자는 선거라는 정치과정을 통하여 둘 사이의 사회적 관계망을 확인하며 강화하게 된다. 이 과정에서 '부탁의 호혜성'이 작용하게 되며 둘 사이의 관계는 더욱 강화하게 된다. 명목적 규칙보다 실용적 규칙이 더 중요하게 작용하는 제주도 선거는 결국 사회적 관계망의 대결이라는 구도를 가지게 된다.

제9장

애월읍 납읍리의 제사분할

쓰하 다카시(津波高志)

1. 머리말

　한국에서 제사라 불리는 조상제사는 오로지 장남에 의해 계승된다는 이해가 일반적으로 널리 받아들여져 왔다. 그러나 그것을 분할하는 관행, 즉 장남의 단독 승계가 아니라 장남 이외의 형제를 포함하여 분할 승계하는 관행이 1970년대 이후 전라도와 제주도 및 경상도, 강원도 등에서 보고되고 있다. 이창기는 그런 사실을 지역별로 정리하고 있어 전국적으로 살펴보는데 편리하다(이창기, 1991). 또 다케다 아키라竹田旦는 다른 지역과 비교하여 "제주도에서는 그것이 특정 가문·촌락을 초월해 매우 광범하게 마치 전도의 관행인 것처럼 보편적이다"라고 지적하고 있다(竹田旦, 1990: 56).[1]

　그 관행이 주목되는 주된 이유는 한국의 유교식 제사 수용과 관련 있다. 대략적으로 말하자면, 유교식 제사에서 장남 봉사가 성립되는 시기는 양반층조차도 18세기 후반 이후의 일이며 상민층에서는 이보다 더 늦었다. 오늘날의 제사분할 관행은 그

---

[1]　그 점에 관한 다케다 아키라(竹田旦)의 논문(竹田旦, 1984)은 「조상제사의 분할-한국 제주도·진도」로 게재되어 竹田旦(1990)에 수록 되었다. 이 글에서의 인용은 그 서적에서 하고 있다.

것이 성립되기 이전의 자녀 윤회봉사의 전통을 이어가는 것이 아닌가 싶다(예를 들면, 최재석, 1983). 그 점에 관하여 제주도에서의[2] 연구를 토대로 다케다竹田는 다음과 같이 말하고 있다.

> 균분 상속과 즉응하며 전승되고 있는 제주도의 분할제사는 형태상으로는 최재석이 지적한 17세기 중엽까지의 양반층의 상황과 대비해도 좋지 않을까. 그러나 제주도에는 현재 자녀 윤회봉사의 전승은 보이지 않고, 오로지 남자들 사이에서만 분할·윤회되고, 더구나 제주祭主로서의 제사권은 여전히 장남(종손)이 장악하고 있는 관행으로 유교식 색채가 상당히 짙게 나타난다. 이 섬에서 제사의 분할 자체가 결코 새로운 성립은 아닐 것으로 추측되지만, 현행 방식이 과연 유식제사의 보급 이전까지 거슬러 올라가야 할지 아닐지는 후학에게 맡긴다(竹田旦, 1990: 83-84).

한편으로는 최재석의 지적에 찬의를 표하면서 또 한편으로는 신중성을 요구하는 다케다竹田의 자세는 일견 모순 같지만 반드시 그런 것만은 아니다. "경제적 여건과 깊게 관련된 민속에는 신중한 검토가 필요하다. 좀 더 지역적 분포를 살펴서 사례를 늘린 후에 비교 검토를 시도하고, 이런 관행을 뒷받침해 온 지역성을 분석해 보고자 한다"라는 의도가 기본적으로 있기 때문이다(竹田旦, 1990: 82-83).

기존의 연구들을 정리 검토하고 다케다竹田旦의 신중성을 지적하면서 제주도의 제사분할에 관해 독자적인 견해를 전개한 것이 이창기이다(이창기, 1991). 특히 제사분할의 지역적 분포와 역사적 검토는 주목할 만하다. 다만 지역적 분포에 관해서는 2006년 제주특별자치도 탄생 이전의 행정구역에 의한 설명이므로 그 나름대로 주의가

---

2 본고뿐만 아니라 다양한 문장에서 '濟州道'와 '濟州島' 두 표기가 허용된다. 그 사용법의 기본적인 차이는 경상남도와 전라남도 등과 대치되는 행정적 구분이 '濟州道'이고, 전라남도와 가까운 추자군도를 제외한 문화적 구분이 '濟州島'라고 일단은 말할 수 있을 것 같다. 다만 그 '濟州島'에는 일반적으로 주변의 부속 섬, 우도, 비양도, 가파도, 마라도 등도 포함되므로, 엄밀히 말하면 문제가 없는 것은 아니지만 여기서는 일단 주의를 환기시키는 것으로 그치고 다른 기회에 자세히 언급하기로 한다.

필요하다(오해가 생기지 않도록 본고에서는 [그림 1] 제주특별자치도 출범 이전의 행정구분과 조사지를 참조하기 바란다).

이창기에 따르면 사회적 관행으로 이루어지는 제사분할은 북제주군 조천면 함덕리에서 제주시와 애월, 한림을 거쳐 모슬포에 이르는 서북지역에 널리 분포하고 있다. 이들 지역 중에서도 특히 제주시 서쪽에서 애월, 한림에 이르는 지역에 제사분할 관행이 집중적으로 분포하고 있는 것으로 보이며, 가장 전형적인 형태도 이 지역에서 발견되고 있다. 한편 북제주군 구좌읍에서 남제주군 성산읍, 표선면, 남원읍, 서귀포시를 거쳐 안덕면의 일부 촌락에 이르는 제주도 동남쪽에서는 장남 봉사가 일반적이다(이창기, 1991: 297-298).

또한 제사분할의 역사에 대해서는 다음과 같이 서술하고 있다. "제주도에 현존하는 제사분할은 조선시대의 윤회봉사를 계승한 것과 장남 봉사를 시행하다가 근대에 와서 새롭게 제사를 분할한 것으로 크게 나눌 수 있을 것이다. 전자의 수가 매우 적다고는 하지만 제사분할의 전형적인 양상을 보이고 있고, 새롭게 제사를 분할하는 사례가 그것들을 기준틀로 하고 있는 점에서 제주도 제사양식의 원형으로 볼 수 있지 않을까 생각한다"(이창기, 1991: 310).

말하자면, 이창기는 제사를 분할하는 관행 분포에 관해서는 제주도 전역이 아닌 서북지역에 한정된다고 보고, 그 역사는 조선시대로 거슬러 올라갈 수 있는 것과 최근의 변화에 의한 것으로 나눌 수 있다고 하는 것이다. 그리고 특정 촌락의 사례로 제주도 전체에 일반화하는 점의 위험성도 설명하고 있다(이창기, 1991: 299).

이창기와 다케다 아키라竹田旦의 지적을 고려하면서 필자는 제주도의 두 마을에서 제사분할 사례 연구를 한 바가 있다. 한 마을은 애월읍 납읍리로 이창기에 따르면, 제주도 내에서 분할제사의 가장 전형적인 형태가 발견되는 지역에 속한다. 다른 한 마을은 우도면 영동(가명)으로 제사분할을 하지 않는 지역에 속한다. 또 다케다 아키라竹田旦가 주의를 환기시키고 있는 '경제적 조건'이라는 점에서 보면 납읍리는 중산간촌이고 영동은 해촌이다.

현용준에 따르면, 기존 제주도의 마을들은 입지 조건과 생업 형태 등을 기준으로 해촌, 중산간촌, 산촌 등 세 가지로 분류되어 왔다. 대략적으로 말하면, 해촌은 해안선 근처의 일주도로 연변, 중산간촌은 해발 100m에서 200m 사이의 구릉 평야, 산촌은 해발 300m 이상의 준평원에 각각 위치한다. 생업은 해촌에서는 농업을 주로 하면서 어업을 겸한다. 중산간촌은 주로 농업으로 축산을 약간 겸하고 있다. 산촌은 농업과 축산을 겸하고 있다(현용준, 1985: 20).

최근의 급격한 사회변화를 고려하더라도 이 글과 같은 과제를 다룰 때는 그 분류를 결코 간과할 수 없다. 예를 들면, 해촌에서는 "여자는 맨몸으로……오히려 남자보다 큰 수입을 얻고", 그 "수입은 한 가족 내에서도 남편과 아내 사이에 따로 관리하고 있다"(泉靖一, 1972: 235)라는 설명에서 볼 수 있듯이, 일찍부터 해녀의 경제적 위치의 중요성이 지적되어 왔다. "모든 재산과 여자들의 노동은 남편에게 돌아간다"(泉靖一, 1972: 233)고 하는 중산간촌이나 산촌에서의 부부간의 경제적 관계와는 전혀 다른 세계가 거기에는 전개되고 있다.[3] 제사의 분할은 경제적 조건이 얽힌 미묘한 문제이며, 중산간촌이나 산촌 등과 대비하면서 해촌을 파악하는 시각도 필요할 것이다.

제사분할에 대한 제주도 내 지역차 및 부부간 경제 관계 등을 고려하여 최소한 두 개의 마을을 택하는 조건으로 내가 조사지로 선택한 곳이 애월읍 납읍리와 우도면 영동(가명)이었다. 그리고 현지에서의 구술 조사 결과를 두 마을 묶어 간략하게 보고했다(津波高志, 2001).

그 후 영동에 관해서는 조혜정의 선행연구(Cho, 1979; 조혜정, 1999)와도 연계하면서 보다 상세하게 보고했다(津波高志, 2004). 납읍리와 관련해서도 그 필요성을 절감하면서도 기회를 놓치고 말았다. 20년 정도 전의 자료이지만, 이 연구의 전개에 조금이라도 도움이 되기 위해 보다 자세한 보고를 하고자 한다.

---

3   泉靖一의 『濟州島』는 1966년에 도쿄대학출판회에서 간행되었으며, 이 글에서도 직접 거기에서 인용해야겠지만 안타깝게도 수중에 없어 이용할 수 없었다. 이 글에서는 그것이 수록된 『泉靖一著作集1: フィールド・ワークの記錄(1)』에서 인용하고 있다. 참고로 泉靖一의 『濟州島』는 1930년 후반부터 1940년 전반에 걸쳐 이루어진 현지조사를 바탕으로 하고 있으며, 경성제국대학의 졸업 논문이 그 원본이다(佐藤信行, 1972:423).

2. 조사지 납읍리

주지하다시피 2006년 7월 1일, 제주도는 보다 고도의 자치권을 부여받은 특별자치도로 이행되었다. 사법부만이 국가에 속하면서 행정부와 입법부는 독립된 지방자치단체가 됐다. 이와 동시에 제주시와 북제주군, 서귀포시와 남제주군을 각각 통합해 자치권이 없는 행정시인 제주시와 서귀포시가 출범했다.

북제주군과 남제주군은 폐지됐지만 그 하위의 읍면은 그대로 행정구분으로 이어져 이창기가 제시한 제사를 분할하는 지역과 분할하지 않은 지역의 구별은 제주시와 서귀포시의 '신구新舊'만 주의하면 된다. 하지만 혼란을 피하기 위해 본고에서는 참고로 제공하는 [그림 1]과 이하의 기술은 제주특별자치도 출범 이전의 행정구분으로 하려고 한다.

제주시 서쪽 애월읍에는 유명한 해수욕장으로 곽지과물해변이 있다. 바로 일주도

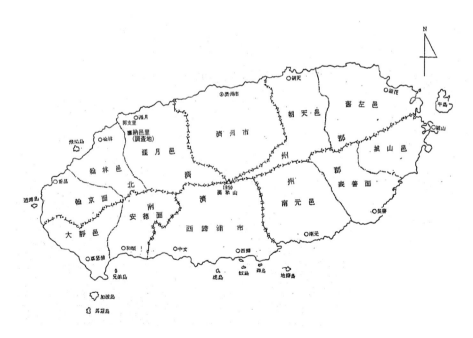

그림 1. 제주특별자치도 출범 전의 행정구분과 조사지

로변에 위치한 해촌 곽지리 해변이다. 해수욕객을 위한 숙박시설도 있다. 조사지인 납읍리는 거기에서 남쪽, 산쪽에 위치한 중산간촌이다. 필자는 2000년 11월 2일부터 14일까지 비수기에 숙박 시설을 이용해 납읍리 현지조사를 했다.

납읍리의 역사는 오래됐고 설촌 연대는 660년 이전으로 추정되는 듯하다(애월읍, 1997: 279). 예부터 유교 교육이 성행하여 조선 시대에는 과거 합격자를 배출하였고, 오늘날에도 많은 지식인들을 배출하고 있다. 자타가 공인하는 '문촌文村'이다. 효도 마을로 도청에서 표창을 받기도 했다고 한다.

조사 당시의 세대수는 대략 460세대, 인구는 약 1500명으로 취락의 규모로서는 지극히 큰 편이다. 대부분이 농업에 종사하고 있고 주된 환금 작물은 감귤이다. 마을의 공유재산을 활용해서 식당을 운영할 만큼 '부촌'이기도 하다.

구술 조사는 제사분할에 초점을 두고 처음 리사무소에서 몇몇 구술자를 소개 받았다. 마을의 규모가 클 뿐만 아니라 사람들의 성씨만도 40개 정도이다(애월읍, 1997: 303). 모든 성씨의 사례를 알아보는 것은 일정상 무리여서 구술자의 형편과 나의 일정 등을 고려해 풍기 진씨 · 진주 강씨 · 김해 김씨 등의 사례를 살펴보았다.

이들 중 김해 김씨 일당—堂 내에서는 일본어에 능통한 구술자가 꼬박 사흘 동안이나 구술 조사에 응해 주었다. 더구나 그 내용은 매우 충격적이었다. 납읍리에서 제사 분할을 시작한 시기와 인물도 그 당내의 사례에서 파악할 수 있었다.

다른 두 사례에서는 제사를 분할하게 된 시기는 대략적으로 파악되었는데, 어떤 이유로 누구에 의해 시작되었는지에 대해서는 정보를 얻을 수 없었다. 그와 아울러 납읍리에서 가장 큰 일족은 김해 김씨라는 점 등도 고려하여 이 글에서는 김해 김씨 일당 내의 사례를 보고하고자 한다.

3. 김해 김씨 일당 내의 제사 계승

김해 김씨 일당 내의 구술자를 가명으로 김IC 씨로 하고, 그 당내도 김IC 씨 당내

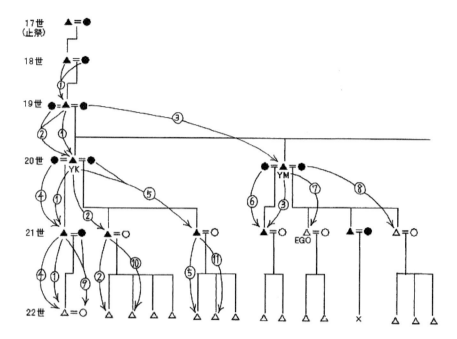

그림 2. 김IC 씨 당내의 제사 계승

로 부르고자 한다. 그리고 그 당내의 고조 이하 기제사의 계승 상황을 족보 관계 속에서 나타낸 것이 [그림 2] 김IC 씨 당내의 제사 계승이며, EGO라고 표기된 것이 구술자이다(이하, [그림 2]를 참조할 것). 또한 [그림 2]에서는 성별과 생사의 구별을 ▲(남성 고인), ●(여성 고인), △(남성 생자), ○(여성 생자)로 표시하고, 기제사의 계승은 예를 들어 18대 부부의 경우는 ①이라는 식으로 원 숫자와 화살표로 나타낸다.

덧붙여 명절 제사는 필요한 부담을 경감하기 위해 같은 조상이라도, 예를 들면, 구정은 누가 행하고, 추석은 또 다른 누가 행하는 식으로 '교대제'로 행하고 있다.[4] 게다가 그 내용은 지극히 복잡하여 여기에서는 할애할 수가 없다. 따라서 본고에서 말

---

4 납읍리에서는 기제사는 '분할제', 명절제사는 '교대제'라는 식으로 대치하여 파악하지 않으면 안 된다.

하는 제사는 기제사에만 국한되어 있다.

우선 구술자에 대해 간단히 말하겠다. 조사 당시 나이는 75세인 남성이다. 초등학교까지 현지에서 나온 뒤 일본으로 건너갔다. 열심히 공부해 관서關西에서 고등학교까지 진학했는데, 2학년 때 '대동아 전쟁'이 시작되어 결국 1학년 과정만 마친 채한국으로 돌아왔다. 한국에서는 21세에서 46세까지 25년간 초등학교 교사로 근무했다. 퇴직 후에는 납읍리에서 부인과 함께 농사, 즉 감귤 재배를 해 왔다. 구술자는 "농업은 유유자적한 생활을 할 수 있어서 즐겁다"라고 했다.

아버지에게 받은 땅은 천 5백 평이고, 본인이 직접 사서 1만 5천 평 정도 늘렸다. 자식은 6명이 있다. 아들 4명과 딸 2명이다. 소유하고 있던 땅(밭)은 자식 6명에게 천 평씩 나눠줬다. 나머지 5천 평은 지금도 직접 소유하고 있고 부부가 감귤을 재배하고있다. 현재 소유한 경지는 "누구에게 물려주든 내 마음이다"라고 생각하고 있다.

김IC 씨의 당내에서는 구술 조사 불과 2년 전, 즉 1998년에 17대를 지제止祭했다. 그것은 구술자와 구술자의 백부 YK의 장남의 장남, 즉 그 당내의 22대 종가 종손과상의하여 결정하였다. 종손이 구술자의 집에 와서 지제 이야기를 꺼냈다. 구술자에따르면 제사 때의 제관은 70세가 넘으면 "보통은 면목이 없어서 그만둔다." 구술자세대(21대)는 "동생과 둘이 남았는데 이제 연령적으로 제관에서 물러날 때가 된 것 같다고 생각해" 17세를 지제한 것이다.

아울러 여기에서 17대는 김해 김씨 147파 중 1공파, 더욱이 1지파 시조에서 세어서 17대이다. 김해 김씨 전체의 시조로부터 세어 17대는 아닌 것이다.

김IC 씨 당내의 고조 이하 제사 계승을 기입한 [그림2]만 보면, 언뜻 제사분할은 오랜 관행처럼 보인다. 그러나 구술자에 의하면 그게 시작된 것은 부친 YM 세대 이후의 일로 결코 예부터 행해져 온 것은 아니다.

아버지로부터 여러 차례 들은 이야기지만, 조사 중에 75세의 구술자가 2, 3세 무렵 아버지의 형 YK가 사망했다. 사망 직전 마침내 위험해지자 그 아들이 아버지 YM을 부르러 왔다. 그 머리맡에서 지금처럼 장남에게만 제사를 물려주고 재산(토지)을물려주면 차남 이하의 형제들은 거지가 될 수밖에 없다. 앞으로는 차남 이하에게도 제사를 나눠 재산을 나눠 주는 것이 어떠냐고 제안했더니 이를 받아들였다. 아버지 YM은 백부 YK 사망 후, 그 장남을 데리고 관공서에 가서 토지 등기를 했다.

[그림2]에서는 생략했지만 아버지 YM은 3형제이다. 다만 '막내 동생은 계통이 다르다. 그래서 그에게 토지는 나눠 줬지만 제사는 분담시키지 않았다.' 결국 제사분할은 19대의 ③처럼 아버지가 할머니의 제사만 나눠 하도록 했다. 그 외에는 종전대로 큰집(종가)이 계승하였다.

아버지 대에 이루어진 제사와 재산의 분할은 언뜻 미미한 차이를 만들어낸 듯 보이지만, 실은 전에 없던 큰 변화를 가져왔다. 백부 사망 이전에는 제사라고 하면 백부의 집, 즉 큰집에서 하는 것이고, 제사를 위한 토지 즉 제월전도 모두 백부의 집에서 상속하였는데 그 이후에는 제사도 제월전도 또 일반적인 경작지도 모두 나눠 계승·상속하게 되었다. 그 결과가 [그림2]에 숫자와 화살표로 나타낸 상황인 것이다 (이후 일일이 언급하지는 않겠지만, [그림2]는 제사의 계승뿐만 아니라 토지 상속의 흐름도 포함한다).

4. 제사분할의 개시기開始期

구술조사를 하면서 가장 놀란 것은 김IC 씨 당내에서 이뤄진 제사분할이 납읍리에서도 최초의 분할이었다고 구술자가 담담하게 말해준 점이다. 구술자는 어디까지나 아버지로부터 여러 번 들은 이야기로서, 원래 납읍리에 제사분할은 없었지만 아버지와 그 형이 상담한 결과로 이루어진 분할이 선례가 되어 다른 마을 사람들도 마찬가지로 이루어지게 되었다고 설명하고 있다.

너무나 충격적인 이야기라 납읍리에서는 비교적 큰 풍기 진씨와 진주 강씨로부터 일례로서 당내의 제사분할에 대해 족보 관계를 살피면서 구술조사를 했다. 어느 경우든 그 개시 시기는 그리 오래되지 않았고, 길게 잡는다 해도 조사 시점으로부터 겨우 80여 년 전의 일이라는 증언을 얻을 수 있었다.

분할하게 된 이유는 김IC 씨 당내와 같이 차남 이하의 동생들도 생활을 할 수 있도록 나뉘었다는 것과 제월전이 없어지자 자연스럽게 나누게 됐다는 것 두 가지가 있었다. 다만 어느 쪽에서도 김IC 씨 당내에서 제사분할이 시작되었다는 이야기는 들을 수 없었다. 즉 그것을 선례로 해서 자신들의 당내에서 제사분할이 이뤄졌다는 의식은 없는 것이다.

그 점은 그렇다 치고, 여기서 주목해야 할 것은 두 당내에서 분할이 시작된 시기이다. 풍기 진씨도 진주 강씨도 조사 시점부터 "기껏해야 80여 년 전"이라고 했으니 2000년에서 80여 년 전, 즉 1920년 수년 전이라는 것이다. 김IC 씨의 경우는 조사 때 "75세인 구술자가 2, 3세 때"라고 했으니 2000년부터 대략 73년 전, 즉 1927년경의 일이다.

구술자들의 기억을 더듬는 구술조사여서 풍기 진씨나 진주 강씨나 엄밀한 실제 연대는 알 수 없다. 그보다는 확실한 김IC 씨 당내를 포함해 대략적으로 파악한다면 제사분할이 시작된 것은 1920년 전후의 일이다. 즉 '일제시대'에 이르러 행해진 셈이다.

그 시기는 또 다른 당내의 경우와 거의 일치한다. 김해 김씨·풍기 진씨·진주 강씨 이외의 다른 당내에서 족보 관계는 조사하지 않고 대충 그 시작 시기만 물어도 "일제시대 이전으로 거슬러 올라가지는 않을 것"이라는 데 의견을 같이하고 있다. 즉, 그 개시 시기는 지역 사람들이 보는 방식으로는 한일병합 이후라는 것이다.

그런 점은 연구자의 책상에서의 파악법이 아니라, 지역 사람들이 '피부로 느껴온' 마을의 역사로서 말해지고 있음이 중요하다. 또 김IC 씨 당내에서 시작되었다는 증언도 정면으로 부정할 만한 요인은 아무것도 없으며, 구술자 이야기의 신빙성도 높다고 판단된다.

5. 제사분할의 논리

제사를 계승하고 분할을 하게 되면 그만한 기준들이 있을 것이다. 달리 말하면, 그 지역 사람들 나름의 생각이나 논리가 있을 것이다. '[그림 2] 김IC 씨 당내의 제사 계승'의 ①부터 ⑪까지의 사례에서 그것이 어떻게 인식되는지 검토하려고 한다.

[그림2]는 김IC 씨 당내에서 최초로 제사분할이 이루어진 후 현지 조사가 이루어진 시점까지의 모든 계승사례를 나타내고 있다. 족보 관계 속에서 그림으로 나타내고 있으므로 시각적으로 파악하고 분석하는 것도 가능하지만, 내재된 논리를 알고자 한다면 다시 한 번 제사분할의 계기를 상기할 필요가 있을 것이다.

이미 서술한 대로 구술자의 백부 YK의 사망 이전으로 거슬러 올라가면, '제사라고 하면 백부 집에서 하는 것이고 제사를 위한 땅, 즉 제월전도 모두 백부 집에서 상속받고 있다.' 그래서 아버지 YM이 백부 YK의 임종 머리맡에서 차남 이하의 형제들을 거지로 만들지 않기 위해 앞으로는 장남 이외에도 나눠 주어야 한다고 설득했다. 쉽게 말하면, 큰집(종가)에서만 제사와 재산을 독점할 것이 아니라, 분가에도 제사를 계승하도록 하고, 이를 위한 재산도 상속받도록 부탁한 것이 받아들여진 것이다.

당연한 일이지만, 이것이 실시되면 '[그림2] 김IC 씨 당내의 제사 계승'의 ①부터 ⑪까지의 사례는 큰집 내에서 계승하는 것과 큰집 외에서 계승하는 것으로 크게 나눌 수 있다. 이를 확인하면 다음과 같다.

〈큰집 내 계승〉

① 18대 부부　④ 20대 YK 전처　⑨ 21대 종가부부

〈큰집 외 계승〉

② 19대 남편과 전처　③ 19대 후처　⑤ 20대 남편과 후처　⑥ 20대 YM 전처

⑦ 20대 남편　⑧ 20대 후처　⑩ 21대 남편　⑪ 21대 남편

총 11건의 계승 사례 중에서 큰집 내에서의 계승은 3건, 큰집 외에서의 계승은 8건이다. 양자의 수량적인 차이는 뚜렷하다. 적어도 그것을 보면 과거와 같은 큰집에서의 제사 독점은 그 이후 행하고 있지 않음을 알 수 있다. 그런 의미에서 구술자의 아버지의 설득은 성공했고 그 소원은 훌륭하게 이루어진 셈이다.

그런데 여기서 다시 장남과 장남 이외의 남자는 완전히 평등하게 제사를 계승하고 있는지를 검토해 보면 반드시 그렇게 말할 수는 없다. 제사의 대상이 되는 조상들의 세대 심도에 주로 주목하면서 그 점을 살펴보려고 한다.

우선 가장 세대 심도가 깊은 18대의 고조는 4대에 걸쳐 종가가 계승하고 있는 점에 유의해야 한다. 고조 이외에는 예를 들면, ②에서 보듯이 19대 부부조차도 분할 대상이 되어 있음에도 불구하고 고조는 전혀 분할되어 있지 않다. 다른 조상들과 달리 고조는 종가 종손에서 계승돼야 한다는 특별한 배려가 있었던 것으로 보인다.

또 종가 종손에 대해서는 다른 곳과는 다르게 대접을 받고 있다는 것도 인정해야 할 것이다. 고조의 제사 이외에 20대 전처의 제사 ④, 그리고 21대 부부의 제사 ⑨ 등이 추가되고 있다. 통례로 말하면 제사는 분할되기는 하되 새로 추가되는 것은 아닌 것이다. 이것들과 언뜻 같아 보이는 ⑥이 있지만, 그것은 ⑦이나 ⑧과 동렬에서 이해되어야 하고, ④와 ⑨ 등과는 질적으로 다르다.

다음으로 제사를 분할할 때에도 조상들의 세대 심도가 고려되었다는 점도 유의해야 할 것이다. 전형적인 예로 20대 YK의 아들들을 보자. 그 분할 방식은 장남에게는 18대 고조 부부 ①, 차남에게는 19대 부부 ②, 삼남에게는 20대 YK 부부 ⑤라는 식으로 세대 심도가 깊은 조상의 제사부터 차례로 형제간 장유의 순서에 따라 나눠져 있다는 사실을 알 수 있다.

더욱이 여성과 제사 관계로 눈을 돌리면 ③도 ⑤도 ⑧도, 후처는 3개 사례 모두 제사가 분할돼 있다는 점은 부부 관계와 제사의 계승이라는 점에서 흥미롭다. 제사분할에서 후처는 그 대상이 되기 쉬운 것 같다. 더구나 전처는 장남, 후처는 차남 또는 삼남이라는 식으로 장남과 장남 이외의 사람과의 구별이 이루어지고 있다.

요컨대 구술자의 아버지 YM과 백부 YK의 의논으로 고조의 직계 후손인 종가 이외에도 제사가 계승되었다는 것은 확실하다. 그 계기가 된 논리는 장남 이외의 차남과 삼남에게도 제사를 나눠 주고 그에 상응하는 토지를 나눠 주지 않으면 생활을 할 수 없다는 절실한 호소였다.

그 논리가 공유되어 장남 이외에도 제사를 분할하게 되었다. 그렇다면 그 결과로서 장남과 장남 이외의 남자는 완전히 평등하게 되어 있는가 하면 반드시 그렇지는 않다. 거기에는 서로 모순되는 논리, 즉 장남을 중시하고 우대하는 논리가 잠재적 혹은 현재적顯在的으로 병존하고 있다.

6. 맺음말

다시 확인하면, 이창기는 "제주도에 현존하는 제사분할은 조선시대 윤회봉사의 계승 및 장남봉사를 시행해 왔으나, 근대에 와서 새로 제사를 분할하게 된 것으로 크게 나눌 수 있을 것"이라고 했다. 이에 따르면 납읍리의 경우는 후자에 해당한다.

그 분류 방식에 덧붙여, "전자의 수가 매우 적다고는 하지만, 제사분할의 전형적인 양상을 보여주고 있으며, 새롭게 제사를 분할하는 사례가 그것들을 기준틀로 하고 있다는 점에서 제주도 제사 양식의 원형으로 볼 수 있지 않을까 생각된다"고 말하고 있다. 그에 따르면, 납읍리의 경우는 전자를 기준틀로 하고 있다.

이창기에 따라 제주도의 제사분할을 크게 양분하여 각각 윤회봉사계승형輪回奉祀繼承型과 장남봉사변화형長男奉祀變化型이라 부르려고 한다. 말하자면, 장남봉사변화형은 윤회봉사계승형을 '기준틀로 하고 있으므로' 윤회봉사계승형이야말로 '제주도의 제사양식의 원형'으로 볼 수 있지 않을까라는 주장을 하고 있는 것이다.

그러나 납읍리 사례는 그 주장대로 되지 못하고 있다. 거기에서 제사분할의 발단은 종래처럼 장남만이 독점하는 것이 아니라, 장남 이외의 형제에게도 나눠 계승되지 않으면 생활이 유지되지 않아 거지가 될 수밖에 없다는 절실한 호소였다. 그 논리가 받아들여지고 공유되었던 것이다.

그렇지만 그 논리는 지극히 현실주의적이어서 장남을 우대하는 논리도 한편으로는 계속되고 있다. 다시 말해, 장남 우선을 한편으로는 인정하면서 장남 이외의 형제에게도 분할하는 미묘한 논리적 균형 위에 성립되고 있다. 고조를 공유하는 부계 출자집단으로 남성, 즉 형제만 고려했을 뿐 자매는 생각조차 하지 않고 있다. 거기에

'기준'으로서 윤회봉사계승형이 있었던 것은 아닐까 싶다.

더구나 납읍리의 사례는 결코 특수한 예외라고 할 수 없다. 처음에 언급했듯이, 다케다 아키라竹田旦는 "제주도에는 현재 자녀윤회봉사의 전승은 없으며 오직 남자들 사이에서만 분할·윤회"되고 있다고 자신의 현지조사 성과를 근거로 해서 명쾌하게 지적하고 있다.

그 지적을 감안하면서 장남의 제사 독점으로부터 형제에게 분할이라는 문화변화의 인식에 관해서 한마디 덧붙이고자 한다. 그 변화가 일어난 시기와 그것이 분포하는 지역과의 관계이다.

납읍리에서는 김해 김씨·풍기 진씨·진주 강씨 등 한 사례씩 당내의 제사분할을 족보 관계와 대조하면서 구술 조사한 결과 모두 시작 시기는 1920년 전후로 판명되었다.

이들 이외의 다른 당내에서 족보 관계는 조사하지 않고 대충 개시 시기만 물어 봐도 그 시기는 거의 일치했다. "일제시대 이전으로 거슬러 올라가지는 않는다"는 것이다. 즉, 제사분할 개시 시기는 지역 사람들의 생각으로는 한일병합 이후인 것이다.

처음에 언급했듯이, 장남봉사변화형은 제주도 서북쪽에 널리 분포하고 있다. 그 가운데 특히 제주시 서쪽에서부터 애월, 한림에 이르는 지역에 집중적으로 분포하고 있다. 이들 지역의 제사분할 개시 시기는 모두 혹은 대부분이 납읍리와 마찬가지로 한일병합 이후의 일인지 아닌지는 앞으로 추구해야 할 중요한 과제이다.

이는 그 분포와 개시 시기에 상관관계가 있다면, 제사의 단독 계승에서 분할 계승으로의 변화는 특정 지역에서 촌락사회를 둘러싼 환경이 크게 변화함에 따른 문화변화의 일환으로 파악될 가능성이 있기 때문이다. 그와는 반대로, 장남봉사변화형이 윤회봉사계승형을 기준틀로 하고 있다고 하는, 한국사회 내부의 전통에만 집착하는 변화의 파악 방식에 얽매이지 않아도 되는 것이다.

제주도에서 제사분할의 개시 시기 및 분포는 가족별 경제적 기반의 배경을 알 수 있다는 점에서도 중요하다. 끝으로 노파심이지만 그에 관한 현지조사 기법에 대해서도 한마디 하고 싶다. 제사분할의 개시 시기를 단시간에 정확히 알고자 한다면, 큰집 이외에도 제사를 지내게 된 시기를 족보관계 속에서 살펴보면 좋을 것이다.

(강경희 옮김)

제10장

일본인과 재일코리안 고령자의 네트워크와 건강[1]

가와노 에이지(川野英二)·이지치 노리코(伊地知紀子)

1. 머리말

본고는 2017년에 오사카시립대학 문학부/문학연구과 사회학교실에서 실시한 이쿠노구生野区 고령자 조사 결과보고이다. 이쿠노구 고령자 조사는 65세부터 84세까지 외국적자를 포함한 이쿠노구 주민에 대한 양적 서베이와 대상자 일부에 대한 생활사life history 인터뷰를 실시한 혼합연구법을 이용한 조사이다.

1 이 글은 오사카시립대학 대학원 문학연구과에서 발행하는 『인문 연구: 오사카시립대학 대학원 문학연구과 기요』 제71권(2020년)에 실린 「이쿠노구 노인의 네트워크와 건강: 일본인과 재일코리안 고령자의 비교를 중심으로」를 다듬은 것이다.
  본고의 기초가 되는 조사에서는 이쿠노구 전(前) 부구청장 다케자와 노리유키(竹沢宣之) 씨를 비롯해서 이쿠노구 스기모토 쇼사쿠(杉本昌作) 씨, 모리모토 하루히사(森本晴久) 씨, 이쿠노구 사회복지협의회 및 이쿠노구 지역포괄센터 직원 여러분, NPO법인 다민족공생인권교육센터 바다의 송정지(宋貞智) 씨, 문공휘(文公輝) 씨에게 많은 지원 및 가르침을 받았다. 또 조사과정에서는 오사카시립대학 「知と健康のグローカル拠点事業推進研究」B 및 오사카시립대학 COC 사업 「地域志向教育研究助成」으로부터 자금면의 지원을 받았다. 기오대학(畿央大学) 문종성(文鐘聲) 씨, 오사카시립대학 도시연구프라자 특별연구원 (오사카부립대학 명예교수) 나카야마 도오루(中山徹) 씨, 오사카시립대학 경제학부 박일(朴一) 씨에게는 이번 조사에 관해 유익한 조언과 협력을 받았다. 감사를 표한다.

이제까지 이쿠노구 재일코리안 고령자에 대한 서베이조사 및 필드조사가 이루어져 왔으나, 일본인을 포함한 이쿠노구 고령자 전체를 대표하는 샘플에 대한 서베이는 실시된 바 없다. 외국적 고령자 실태를 정확히 파악하는 데에 있어서도 대조가 되는 일본인 고령자를 포함한 조사가 필요하다.

이하에서는 먼저 이쿠노구의 지역 특징을 개관한 뒤, 양적 서베이조사와 통계적 분석결과를 제시하고 생활사 조사에 의한 인터뷰 사례를 소개하겠다.

2. 조사지 개요

1) 재일코리안과 오사카시 이쿠노구

본 연구 실시 대상지역인 이쿠노구 인구는 2017년 11월 현재(조사한 해) 12만 9,836명(남 6만 2,463명, 여 6만 7,373명)으로, 오사카시 인구의 4.8%에 해당한다. 세대수는 6만 5,572세대로, 세대수는 1984년 5만 2,954세대 이후 증가 중이다. 또한 이쿠노구는 고령자율이 31.95%로 오사카시에서 2번째로 높다. 또 이쿠노구에 재주하는 외국적자는 2만 7,689명으로 인구의 21.7%를 점하고 있다. 특히「한국·조선」적 자가 가장 많으며 그 수는 2만 2,764명이다.

「한국·조선」적이라는 표기는 매우 역사적이다. 2018년 현재, 조선반도 출신자에 관해 일본정부가 인정하는 국적은 대한민국이 유일하다. 1965년 한일조약에 따른 「일본국에 거주하는 대한민국 국민의 법적 지위와 대우에 관한 협정」(「한일법적지위협정」) 체결에 의해 외국인등록증(현재는 재류카드) 국적 란을「한국」으로 변경한 자는 영주자격 부여 대상이 되었다(협정영주라고도 한다).

본디 조선반도에 두 국가가 성립한 것은 1948년이다. 1945년 8월 15일, 일본에 의한 식민지 지배에서 해방된 조선에서는 자발적인 권력조직 만들기가 시작되고 있었다. 그러나 일본에 뒤이어 이 지역의 지배권을 노리고 있던 미소의 개입에 의해, 조선인들 또한 남북으로 분열되고 만다. 이러한 움직임에 마지막까지 저항했던, 조선반도 남부에 위치한 제주도에서는 1948년 5월 10일의 남조선 단독정부 수립 선거에 반대하는 사람들이 같은 해 4월 3일에 무장봉기를 했다. 제주4·3이라 불리는 이 움직임을 탄압하기 위해 미군정이 본토에서 경찰 및 우익단체를 투입했다. 이때 학살된 사람들은 3만 명이라고도 한다. 학살 와중에 8월에는 대한민국이, 9월에는 조선민주주의공화국이 수립되어, 이윽고 같은 민족에 의한 6·25전쟁이 1950년에 촉발되었다. 실제로는 미소의 대리전으로서, 조선인들은 냉전구조 하의 이데올로기 대립에 휘말려 갔다.

일본에 재류하는 조선반도 출신자는 한일조약 전까지 조선반도상의 어느 국가의 국적 보유자로서도 인정받지 못했다. 이 때문에 당시 일본 국적을 보유한 것으로 여겨지면서도, 1947년에 요청된 외국인등록 때 사람들은 국적 란에「조선」이라 표기했다. 그러나 이는 국적이 아니라 지역을 나타내는 기호이다. 한일조약 이후에는「한국」이 유일한 국적으로 인정되어, 조선이라 표기된 자는 오늘날까지 무국적자로 취급된다. 단, 해방 전부터 샌프란시스코 평화조약 발효 시까지 계속해서 일본에 재류했던 조선반도 출신자와 그 자손에 관해서는「조선」을 유지한 자에 관해서도 재류자격이 보류되어, 1985년 난민조약 가입에 따라 영주자격이 부여되었다(특례영주라고도 한다). 협정영주 및 특례영주자 자손의 재류자격은 그대로 보류되어 문제로 남았으나, 이에 관해서는 1991년「일본국과의 평화조약에 근거하여 일본국적을 이탈한 자 등의 출입국관리에 관한 특례법」에 의해 전체를 통합한 특별영주자격이 제정되었다.

시대를 거치면서 조선반도에 뿌리를 둔 일본국적자도 늘고 있으며 스스로를 국적으로 규정하지 않고 재일코리안이라 일컫는 사람들도 있다. 본 조사에서 대상으로 한 재일코리안은 재류외국인 통계에서「한국·조선」적으로 분류되는 사람들이다 (2015년 말 통계부터 한국과 조선을 분리집계). 패전 후에 일본에 재주하는 조선반도 출신자에게 부여한 역사적 경위를 가지는 법적지위가 이「한국·조선」적이며, 해당되는 사람들이 집주해 온 지역이 바로 오사카시 이쿠노구인 것이다.

2) 이쿠노구와 재오사카 코리안

간사이關西지방은 재일코리안이 많은 지역으로 알려져 있다. 특히 오사카시 이쿠노구는 인구의 17.5%가 「한국·조선」적 사람으로, 일본에서 손꼽히는 재일코리안 집주지구이다. 이 땅에 처음 들어온 사람들은 1919년 히라노강平野川 개수공사에 종사했다. 이들 중 다수는 공사 완공과 함께 이 땅을 벗어나, 그 후 정주를 시작한 것은 제주도 출신자들이었다고 한다. 그 요인 중 하나로 1923년 제주도-오사카 간 직행 항로가 개설된 영향이 크다. 이 정기항로는 제주도에서 오사카로 가는 도항자를 다수 실었다. 일본의 근대화 과정에서 「동양의 맨체스터」라 불리는 공업도시가 된 오사카로의 도항은 1911년, 셋쓰방적攝津紡績 기즈강木津川 공장에서의 직공 모집에서 시작되었다. 토지조사사업에 의한 토지 수탈에 떠밀린 형태로 1910년대에 제주도에서의 도일자 수는 증가일로를 걸었다. 이를 뒷받침한 것이 제주도-오사카 간 정기항로였다. 1910년 한국병합 이전에도 재일코리안 일반 노동자들의 일본 도항이 존재했으며, 식민지배 진행에 의한 민중생활 핍박화와 일본의 공업화에 의한 노동력 수요에 따라 제1차 세계대전을 계기로 도항자가 증대해갔다.

제주도에서 오는 도항자 수는 직행 항로 개설에 의해 증가했다. 당초에는 남성 단신 이주였지만 1924년에는 정기 항로 체제가 확립되어 도항자 수가 22년의 3배로 늘었으며 여성 도항자 수 역시 이 무렵부터 증가하기 시작했다. 일본 거주자가 1934년 말에는 제주도민의 1/5에 달했다. 오사카에서는 마을들과 일본 근대공장과의 경로가 확실해져 갔다. 당시 오사카는 경제의 급격한 신장에 필요한 노동력을 조선반도에서 오사카로 오는 도항자로 보충하는 국제도시였다. 식민지 체제가 확대되면서 사는 법을 찾아 도항하는 사람들 중 다수가 토목건축, 화물운반, 위생청소 등 장시간에다 가혹하고 불쾌하며 저임금인, 오늘날 3D라 불리는 하층노동에 취업했다.

오사카 시내에서 현재의 이쿠노구를 포함하는 당시 히가시나리구東成区에서는 도시계획사업의 본격적인 발전 속에서 시가지화가 진행되었다. 히가시나리에는 중소 공장이 집중되어, 당시 면직물 공장 및 비누 공장은 공장 수 및 생산액 모두 오사카시내에서 1위를 점했으며, 고무공장은 공장 수 오사카시 1위, 생산액 2위를 차지했다. 또한, 초 공장, 셀룰로이드 공장, 금속품 공장, 법랑 공장, 유리 공장, 우산 공장 등 영세공장도 많아 어디라 할 것 없이 직공이 부족했다. 이 부족 노동력을 메우고자 제주도 사람들이 오사카로 동원되게 되었다. 제주도를 비롯해 조선에서 온 사람들은 집주하게 되었다. 그 상태를 가리켜 오사카시 사회부 조사과는 1930년에 발행한 보고서에서 일본인 주인집이 조선인이 한 호에 군거하므로 임대하지 않는다는 거부 이유를 꼽았지만, 문제는 반대였다. 일본인의 거부가 있었던 까닭에 조선인들은 집주할 수밖에 없었다. 제2차 세계대전에 돌입하여 상황이 악화되는 와중에 도시에 있던 제주도 출신자들에게 있어서 '시골'인 제주도는 소개疎開처가 되었다.

1945년 해방을 맞이하자 제주도로의 이동은 고국으로의 귀환이 되어 1944년부터 1946년 사이에 제주도 인구는 약 5만 3천명이 증가했다. 1945년 8월 일본 패전에 이어 조선반도 북쪽은 소련, 남쪽은 미국 통치하에 놓였다. 한국 측에 위치한 제주도에서 일어난 제주4·3은 한국 역대 정권에서 반세기 가까이 정사에서 지워져 왔다. 한국이라는 국가의 정통성을 흔드는 것이었기 때문이다. 4·3을 가리키는 1948년 4월 3일, 남북분단으로 이어지는 남조선 단독선거에 대한 반대와 함께, 미군정, 경찰, 우익에 의한 횡포에 대한 항의의 뜻에서 도민 약 300명이 무장봉기를 결행했다. 이 항의행동은 무장대 마지막 한 명이 체포되는 1957년 4월까지 3만 명 가까운 도민이 희생되는 처참한 결말을 맞이했다. 나아가 1950년부터 3년 동안 남북 간의 같은 민족끼리의 전쟁인 6·25가 발발하여, 제주도는 공산주의자가 많은 섬으로 여겨져 탄압을 받아 왔다. 4·3사건 희생자 중 8할이 군경토벌대에 의한 것이라는 사실은 반세기 후인 1995년에 최초로 밝혀졌으나, 오늘날까지 계속되는 한국정부의 반공 국시國是에 따라 제주도 사람들은 오랫동안 정부로부터 탄압과 감시를 받아왔다.

이러한 상황 속에서 제주도민들은 정치적 이유로 일본에 밀항했다. 또한 식민지 시장경제 해체로 경제적 어려움에 빠진 제주도에서 생활을 위해 일본으로 도항하는 사람들도 있었다. 그중에는 이산된 가족과 함께 생활하기 위해 도항하는 케이스도 있었다. 해방 직후의 일본도항은 1945년 10월부터 시작되어 1946년에는 2만 명을 넘었다. 밀항자 수 자체는 1965년 한일조약 기준으로 적발건수가 급감한다. 하지만 한일국교 정상화에 의한 정규 루트 입국이 가능해진 후에도 그 루트로 도일하려면 절차가 번잡해 1980년대까지 밀항은 끊이지 않았다. 이러한 해방 후의 밀항에 의한 이동은 일본에서는 물론 한국 측에서도 '불법행위'로 간주되는, 비연속적인 처우를 받는 것이었다. 한편 해방 전부터 형성되어 온 생활권은 제주도민에게 연속적인 것이었다. 도일은 여러 사정에 의한 것이었으나, 무엇보다 '생활에 여유가 생기기 시작했다'고 체감하게 된 1980년대까지 사람들에게 있어서「밀항」이란 그 불법성을 묻기 이전에 경제적 사회적으로 선택할 수밖에 없었던 이동수단이었던 것이다.

1988년 서울올림픽을 거쳐 1989년 해외 도항 자유화 전후부터 사람들은 비행기를 타고 제주도에서 일본에 오게 되었다. 3개월의 친족방문비자, 15일의 관광비자를 이용해서 일거리를 하나 뛰고는 제주도로 돌아와, 다시 도일하는 식의 단기체재형 이동형태가 생겨났다. 해방 전에 형성된 제주도 출신자의 거주지와 취업형태가 해방 후 도항자 흡수로도 이어져, 이쿠노구는 재일 제주출신자의 최다거주구가 되어 왔다.

3) 외국적 고령자

전술한 역사적 경위를 보아도 현재 이쿠노구의 고령자층을 구성하는 주민은 일본 국적자뿐만은 아니다. 종래에 양적 조사를 실시할 때, 주민기본대장에서 조사대상자를 추출하는 경우 필연적으로 일본 국적자로 한정되어 왔다. 외국적 고령자에 관해 실시할 때는 관계 단체에 협력을 의뢰하거나 인적 네트워크를 구사하지 않는 한 조사가 어려웠다.

하지만 2012년「주민기본대장법 일부를 개정하는 법률」이 시행되면서 외국적 주민이 주민기본대장에 등록되게 되었다. 단, 이는 2009년 7월에「출입국관리 및 난민인정법 및 일본국과의 평화조약에 근거하여 일본 국적을 이탈한 자 등의 출입국에 관한 특례법 일부를 개정하는 등의 법률」(이하「개정입국관리법」)이 공포되고 2012년 7월에 시행되어, 외국인등록법이 폐지되고 새로이 재류관리제도가 창설된 것과 표리 일체였다. 즉 종전의 외국인등록증에서 재류카드와 주민표를 가지게 된 것이다. 이에 본 조사를 실시함에 있어서 이쿠노구에 협력을 의뢰하여 주민기본대장에서 무작위추출을 통해 일본 국적과 외국적 쌍방 주민을 조사대상으로 하는 것이 가능해졌다.

최근 일본 사회에 재주하는 외국적 고령자에 관한 연구가 늘고 있으나, 기존 연구에서 정리된 것으로는 재일코리안 고령자만을 대상으로 한 두 권(金正根·園田恭一·辛基秀, 1995; 庄谷玲子·中山徹, 1997)이 간행되어 있다. 일본국적 주민과의 비교연구는 文鐘聲과 三上洋의 논문(2009) 외에는 좁은 소견으로는 보지 못했다. 이 논문은 사회복지학적인 견지에서 이루어진 조사로, 사회학 영역에서의 비교연구는 전무하다. 이에 외국적 주민이 주민기본대장에 게재됨에 힘입어, 역사적으로 외국적 주민이 다수 거주해 온 이쿠노구의 협력을 얻어 본 조사를 실시하기로 했다. 무작위추출 결과, 외국적 주민 전원이 「한국·조선」적 자였던 점은 이 지역과 조선반도와의 역사를 반영한다 할 수 있겠다.

3. 양적조사

1) 조사개요

이하에서는 먼저 양적조사 방법 및 결과를 설명하겠다. 「이쿠노구 고령자의 생활과 건강에 관한 앙케이트 조사」의 조사설계와 조사항목 작성 및 검토, 조사, 집계, 분석에 이르는 일련의 과정은 오사카시립대학 문학부 사회학교실에서 이루어졌다. 조사 실시 기간은 2017년 9월부터 11월까지 약 2개월로, 주로 이쿠노구청 내 회의실을 조사 거점으로 하여 각 팀별로 2인 1조 방문면접조사를 진행했다.

표본추출: 이쿠노구 내 정정목町丁目 전 90 지점에서 30 지점을 확률비례추출(제1차

추출)하여 주민기본대장을 바탕으로 해당 정정목에서 65세 이상 84세까지의 외국적 주민을 포함한 주민 각 25명(합계 750명)을 등간격 추출했다.

조사방법: 사전예고 엽서를 우편 배부(일부는 편지 투함)한 뒤, 학생조사원이 2인 1조로 대상자 댁을 호별 방문하여 허가 받은 사람을 대상으로 타블렛tablet pc을 이용해서 면접조사를 실시했다. 1명당 조사시간은 약 40분에서 1시간 10분 정도였다. 또한 조사 개시 전에는 조사 의뢰문을 배부 및 낭독한 후 허가를 구했다. 대상자 회답 중 질문항목에서 벗어나는 이야기에 관해서는 노트에 기록했다. 앙케이트 종료 후 허가를 받은「재일在日」고령자 일부에 대해 후일 인터뷰 조사를 실시했다. 인터뷰 조사 시간은 1인당 약 2시간이었다.

회수상황: 계획표본 750명중 260명에게 회수, 이사 및 불명, 병환을 제외한 회수율은 41.4%였다. 외국적 고령자는 추출 수 165명 중 41명에게 회답, 회수율 24.8%였다. 추출대상자 중 외국적 고령자가 점하는 비율은 22.0%였으나, 실제로 회수한 대상자 중 외국적 고령자가 점하는 비율은 15.7%로, 외국적 고령자 회수율이 약간 낮았다. 본 조사에서는 외국적자가 모두 한국·조선적이었다. 또한 본고에서는 조사표에서 국적을 물은「한국적」,「조선적」,「원래 한국·조선적이었지만 일본적으로 귀화」에 대한 회답을「재일」카테고리로 묶어 분석했다.[2]

2) 분석과제

먼저 이쿠노구에 재주하는 일본인 고령자와 재일 고령자의 생활실태를 밝히기 위해 등가세대소득과 주 수입원을 분석하겠다. 등가세대소득을 통해 상대적 빈곤율을

---

[2] 또한 분석할 때에는 개인소득 및 등가세대소득을 모델로 투입했으나 특히 세대소득의 무회답률이 높았기 때문에 소득에 관해서는 다중대입법(multiple imputation)을 이용해서 추정을 실시한 값을 대입해서 분석을 수행했다. 다중대입법에 관해서는 高橋将宜·渡辺美智子(2017) 참조. 본 장에서는 세대소득과 개인소득의 결측값을 다중대입법으로 추계해서 분석에 사용했다. 추계 시에는 결측값이 없는 변수로서 성별, 연령, 학력, 민족을 독립변수로 이용했다.

계산할 수 있으며, 전국 평균과도 비교가 가능하다. 또 재일코리안은 사회보장제도로부터 배제된 역사가 있어, 오랫동안 연금을 수급할 권리를 갖지 못했다. 그 후 제도적으로는 개선되었지만 현재 실제로 재일 고령자의 노후 생활보장으로서 연금이 얼마나 뒷받침이 되고 있는가를 밝히는 것도 필요하겠다.

다음으로 사회적 네트워크에 관해서는 가족 네트워크율과 가족으로부터의 정서적 도움과 도구적 도움, 복지서비스 이용 상황을 검토하겠다. 고령자의 사회적 네트워크 전체에서 가족 비중이 높으리라는 점은 상상이 되지만, 일본인 고령자와 재일 고령자 간에 차이는 존재할까? 또한 가족 및 친족으로부터의 도움은 정서 면 및 물질 면을 합해서 충분한 상태일까? 재일 고령자는 일본인 고령자보다도 가족 및 친족으로부터 도움을 받고 있을까? 이상의 문제의식을 통해 특히 가족 네트워크 상황에 주목하겠다.

마지막으로 건강 면에 관해서는 우울경향 분석을 실시하겠다. 고령자 생활 상황 및 사회적 네트워크가 정신건강에 어떤 영향을 야기할까? 또 일본인 고령자와 재일 고령자 간에 차이가 나타날까? 이상과 같은 관심을 바탕으로 분석하겠다.

3) 기본통계량

이하에서는 본고에서 분석하는 변수와 기본통계량을 설명하겠다. 샘플은 유효회수 중에서 이하의 분석에 필요한 변수 모두에 회답한 239 케이스를 이용하겠다.

먼저 본고의 주요 관심과 관계된 변수부터 설명하겠다. 등가세대소득은 세대소득을 가족구성원 수로 조정한 값으로 1인당 소득을 나타낸다. 등가세대소득은 일본인 고령자 평균이 129.72만 엔이며, 재일 고령자는 101.55만 엔이었다.

주 수입원에 관해서는 본인이 일해서 얻은 수입. 배우자가 일해서 얻은 수입, 배우자 이외의 동거가족 수입을「가득수입」, 본인의 공적연금과 배우자의 공적연금을「연금」, 동거하지 않는 자녀로부터의 금전적 원조, 실업보험, 저금, 생활보호, 재일외국인 무연금 고령자에 대한 급부금, 기타를「기타」로 하는 3개 항목으로 나누었다.

표 1. 기본통계량

	일본인 고령자					재일 고령자				
	N	평균	표준편차	최소값	최대값	N	평균	표준편차	최소값	최대값
등가세대소득	206	129.72	88.36	28.35	530.33	33	101.55	75.99	28.35	433.01
연금 더미	206	0.67	0.47	0.00	1.00	33	0.27	0.45	0.00	1.00
가족 네트워크율	206	53.75	26.44	4.00	100.00	33	71.33	24.48	21.74	100.00
정서적 도움(가족)	206	1.16	1.09	0.00	5.00	33	1.12	1.08	0.00	4.00
도구적 도움(가족)	206	2.04	1.56	0.00	8.00	33	2.24	1.41	0.00	6.00
복지 서비스 이용	206	0.72	0.90	0.00	4.00	33	0.15	0.36	0.00	1.00
우울 경향	206	4.73	2.78	0.00	13.00	33	5.91	2.79	1.00	12.00
연령	206	74.45	5.33	63.00	85.00	33	72.97	6.08	65.00	84.00
여성 더미	206	0.48	0.50	0.00	1.00	33	0.48	0.51	0.00	1.00
유배우자 더미	206	0.55	0.50	0.00	1.00	33	0.58	0.50	0.00	1.00
세대원 수	206	2.15	1.27	1.00	9.00	33	2.27	1.35	1.00	7.00
자가 더미	206	0.63	0.48	0.00	1.00	33	0.73	0.45	0.00	1.00
거주연수	206	46.73	22.96	0.00	85.00	33	35.42	21.73	2.00	70.00
교육연수	206	11.61	2.24	9.00	16.00	33	10.79	1.93	9.00	16.00

주요 수입원 중「연금」이라 회답한 대상자가 점하는 비율은 일본인이 67%였던데 비해 재일은 27%였다.

가족 네트워크율은 세대원 수, 별거자녀 수, 별거형제 수, 평소 친하고 의지하는 이웃 수, 평소 친하고 의지하는 친구 수를 합계해서 대상자 네트워크 총수를 계산, 그중 가족이 점하는 비율을 계산한 것이다. 그 결과, 일본인 고령자는 가족 네트워크율이 평균 53.8%였던 것에 비해, 재일 고령자는 71.3%였다.

가족의 정서적 도움은 '당신의 걱정거리나 하소연을 들어주는 사람은 누구입니까'라는 질문에 대해 배우자, 동거 및 별거자녀, 형제, 기타 친척이라 회답한 것을 합계했으며, 가족의 도구적 도움은 '아프거나 다쳐서 누워 있을 때 보살펴주는 사람은 누구입니까', '금전적으로 어려울 때 도와주는 사람은 누구입니까', '주민회 공지回覧

板 및 우편물을 읽을 때 도와주는 사람은 누구입니까', '복지관련 상담 및 수속을 도와주는 사람은 누구입니까'라는 질문에 대해 상기와 같이 가족 및 친족이라 회답한 것을 합계했다.

재일 고령자의 사회적 네트워크는 일본인보다도 가족이 점하는 비중이 크지만, 한편으로는 가족의 정서적 도움은 일본인이 1.16, 재일이 1.12, 도구적 도움은 일본인 2.04, 재일 2.24로 큰 차이는 나타나지 않았다. 바꿔 말하면, 재일 고령자의 인간관계는 자기 가족으로 한정되는 경향이 있으나, 가족으로부터의 정서적 및 도구적 도움에 관해서는 일본인과 재일 고령자 사이에 큰 차이는 보이지 않는다.

또한 복지 서비스 이용에 관해서는 일본인이 0.72, 재일이 0.15로 큰 차이가 나타났다. 그러나 복지 서비스 이용은 거의 경로敬老 서비스에 편향되어, 다른 복지 서비스 이용 상황은 전반적으로 아주 낮다.

건강에 관해서는 '하루하루 생활에 만족한다', '하루하루의 기력이나 주변에 대한 흥미가 낮아졌다', '사는 것이 덧없다', '무료하다 느낄 때가 많다', '대체로 기분 좋게 지낼 수 있다'(역전 항목), '스스로가 무력하구나 느낄 때가 많다', '외출하거나 무언가 새로운 것을 하기보다도 집에 있고 싶다고 생각한다', '다른 것보다 우선 건망증이 걱정이다', '지금 살아있는 것이 멋진 일이라고 생각한다'(역전 항목), '살아있어도 소용이 없다는 생각이 들 때가 있다', '스스로 활력에 넘친다'(역전항목), '희망이 없다고 생각할 때가 있다', '주위사람이 본인보다 행복해 보인다', 이상 15개 항목의 합계를 단순 가산했다. 계산 결과, 우울척도 득점은 일본인이 평균 4.7, 재일은 5.9였다.

그 외로 분석 시에는 공변량으로서 연령, 여성 더미dummy, 유배우자 더미, 세대원 수, 자가 더미, 거주연수, 교육연수를 이용했다.[3] 이하에서는 소득상황, 사회적 네트워크, 복지 서비스 이용, 정신건강에 관해 더 상세히 분석하겠다.

---

3 더미dummy 변수는 어떠한 특정 조건이 존재하는지 여부에 따라 그 값이 1이나 0이 되는 변수를 말한다.

4) 소득상황

여기서는 간단하게 이쿠노구의 고령자 소득상황에 관해 소개하겠다. 후생노동성이 발표한『平成22年国民生活基礎調査(헤이세이22년 국민생활기초조사)』에 의한 연령계층별 상대적 빈곤율(등가 가처분소득의 중앙치 50%=빈곤선 미만 세대 비율)에 의하면, 2009년(헤이세이 21년)의 빈곤선은 125만 엔으로 상대적 빈곤율은 15.7%, 65세 이상 빈곤율은 19.1%였다.

최신조사인『平成28年国民生活基礎調査(헤이세이 28년 국민생활기초조사)』는 2015년(헤이세이 27년) 빈곤선은 122만 엔, 상대적 빈곤율은 15.6%로 나타났다. 65세 이상의 고령자 빈곤율은 공표되지 않았으나, 세대인원 1인당 평균소득금액은 212만 4천 엔이었다. 이쿠노구의 고령자를 대상으로 실시한 본 조사에서 가처분소득이 아니라 세금 및 보험료를 포함한 소득을 물었기 때문에, 조사로 얻은 세대소득을 세대원 수로 조정한 등가세대소득을 계산했다. 또한 세대소득에 회답한 케이스가 전체 257 중 201로, 결측 데이터가 56 케이스 있었던 까닭에 다중대입법을 이용해서 무회답 케이스의 소득을 추정했다.

이상의 절차를 거쳐 분석한 결과, 이쿠노구의 고령자 평균세대소득금액은 166만 엔, 등가평균소득금액은 123.6만 엔이었다. 2015년 기준으로 빈곤선 122만 엔을 적용했을 경우 이쿠노구 고령자 주민의 상대적 빈곤율은 56.0%, 재일 고령자의 경우는 상대적 빈곤율이 73.1%로, 매우 높은 빈곤율이다. 이쿠노구의 고령자는 전국평균과 비교해도 전체적으로 빈곤율이 높으며, 그중 재일 고령자의 경우는 빈곤율이 더욱 높음을 알 수 있다.

다음으로 조사에서 얻은 데이터로부터 등가세대소득을 종속변수로 한 중회귀분석multiple regression analysis에 따라 규정요인 검토를 실시했다. 〈표 2: 소득(대수치)을 종속변수로 한 중회귀분석 결과〉를 보면, 〈모델 1〉에서는 재일 더미, 여성 더미, 세대원 수에서 부負의 관련이 나타났다. 〈모델 2〉에서 교육연수를 투입하면 교육연수가 정正의 유의有意가 되고, 재일 더미 계수 값이 떨어져 유의하지 않아졌다. 이는 소득을 규정하는 요인이 교육연수이기 때문인데, 일본인보다 재일 고령자가 평균적으로 교육연수가 짧아〈모델 1〉에서 유의했다고 생각된다.

표 2. 소득(대수치)을 종속변수로 한 중회귀분석 결과

	Model 1	Model 2
(절편)	6.230 (0.522)***	5.549 (0.587)***
재일 더미	- 0.234 (0.108)*	- 0.192 (0.108)
연령	- 0.014 (0.007)*	- 0.011 (0.007)
여성 더미	- 0.384 (0.076)***	- 0.372 (0.076)***
유배우자 더미	- 0.121 (0.083)	- 0.143 (0.082)
세대원 수	- 0.178 (0.031)***	- 0.177 (0.031)***
자가 더미	0.132 (0.082)	0.099 (0.082)
교육연수		0.043 (0.017)*
R^2	0.253	0.272
Adj. R^2	0.234	0.250
Num. obs.	239	239

***$p < 0.001$, **$p < 0.01$, *$p < 0.05$

다음으로 주 수입원을「연금」이라 답한 경우를 종속변수로 한 로지스틱 회귀분석 logistic regresion을 실시했다. 분석결과를 보면 연령에서 정正의 유의有意, 재일 더미와 세대원 수에서 부否의 유의였다. 오즈비odds ratio를 계산하면 5.31로, 일본인은 재일보다도 주 수입원이 연금일 확률이 약 5.3배 높음을 알 수 있다. 이 점에서 재일 고령자의 경우는 이미 연금수급 권리가 있다고 해도, 연금을 지불할 수 없었거나 충분한 연금액이 아니기 때문에 현재도 취로를 계속하고 있을 가능성이 높다고 생각된다.

표 3. 연금을 종속변수로 한 로지스틱 회귀분석 결과

	연금
(절편)	- 6.488 (2.344)**
재일 더미	- 1.669 (0.449)***
연령	0.099 (0.028)***
여성 더미	0.291 (0.300)
유배우자 더미	0.478 (0.333)
세대원 수	- 0.402 (0.130)**
자가 더미	- 0.131 (0.331)
교육연수	0.041 (0.069)
AIC	292.791
BIC	320.603
Log Likelihood	- 138.396
Deviance	276.791
Num. obs.	239

***$p < 0.001$, **$p < 0.01$, *$p < 0.05$

5) 사회적 네트워크

네트워크 사이즈 중 가족이 점하는 비율(가족 네트워크율)과 가족의 정서적 도움 및 도구적 도움을 종속변수로 한 분석을 실시했다.

분석 결과, 〈모델 1〉의 가족 네트워크율에 관해서는 재일 더미가 정正의 유의有意, 〈모델 2〉의 정서적 도움(가족)에 관해서는 여성 더미, 유배우자 더미, 세대원 수, 교육연수가 정의 유의, 〈모델 3〉의 도구적 도움(가족)」에 관해서는 여성 더미, 유배우자 더미, 세대원 수가 정의 유의였다. 즉 재일 고령자는 일본인 고령자에 비해 네트워크 중 가족이 점하는 비율이 높은 반면, 재일 고령자가 가족으로부터 사회적인 도움을 일본인 고령자 이상으로 받고 있는 것은 아니라는 것이다.

표 4. 네트워크를 종속변수로 한 회귀분석 결과

	가족 네트워크율	정서적 도움 (가족)	도구적 도움 (가족)
(절편)	42.742 (31.928)	0.830 (1.201)	0.081 (1.649)
재일 더미	16.973 (5.043)***	- 0.038 (0.190)	0.174 (0.260)
연령	0.300 (0.324)	- 0.017 (0.012)	- 0.010 (0.017)
여성 더미	- 6.278 (3.666)	0.495 (0.138)***	0.799 (0.189)***
유배우자 더미	2.987 (3.832)	0.612 (0.144)***	1.007 (0.198)***
세대원 수	1.157 (1.535)	0.116 (0.058)*	0.284 (0.079)***
자가 더미	0.467 (3.817)	0.037 (0.144)	0.160 (0.197)
교육연수	- 0.784 (0.817)	0.076 (0.031)*	0.041 (0.042)
등가세대소득 (대수치)	- 0.781 (3.039)	- 0.032 (0.114)	0.128 (0.157)
R^2	0.082	0.207	0.260
Adj. R^2	0.050	0.179	0.234
Num. obs.	239	239	239

***$p < 0.001$, **$p < 0.01$, *$p < 0.05$

6) 복지 서비스 이용 상황

복지 서비스 이용 상황을 보면, 재일 더미가 부負의 유의有意였으며, 연령과 교육연수가 정正의 유의有意였다. 연령이 높을수록 복지 서비스를 이용하는 경향이 높은 것은 당연해 보이지만, 교육연수가 긴 편이 더욱 서비스를 이용하고 있는 것은 학력이 높을수록 서비스에 관한 정보를 더욱 입수하기 쉽기 때문이라 생각된다. 또 재일 고령자가 복지 서비스를 이용하고 있지 않은 배경에는 재일 고령자의 지역과의 유대나 지자체와의 심리적 거리의 소원함 등의 요인도 생각된다. 또 복지 서비스 중 이용도가 가장 높은 것은 경로 패스(역주: 경로우대 승차권)로, 특히 경로 패스 이용에서 일본인과 재일 고령자와의 차가 크다. 복지 서비스 이용은 경로 패스에 편중되어 있으며, 재일 고령자는 일본인보다도 공공 교통기관을 이용하는 기회가 매우 적거나 또는 제도에 관한 정보가 적기 때문에 이용하고 있지 않을 가능성이 있다.

표 5. 복지 서비스 이용을 종속변수로 한 회귀분석 결과

	복지서비스이용
(절편)	- 2.398 (0.998)*
재일 더미	- 0.497 (0.158)**
연령	0.042 (0.010)***
여성 더미	0.111 (0.115)
유배우자 더미	- 0.142 (0.120)
새대원 수	- 0.006 (0.048)
자가 더미	0.045 (0.119)
교육연수	0.052 (0.026)*
등가세대소득 (대수치)	- 0.123 (0.095)
R^2	0.150
Adj. R^2	0.121
Num. obs.	239

***$p < 0.001$, **$p < 0.01$, *$p < 0.05$

7) 정신건강

정신건강에 관해서는 노인성 우울척도를 이용해서 우울경향 분석을 실시했다. 독립변수인 우울 척도는 0점부터 7점까지를 '저', 8점부터 15점까지를 '고'로 한 두 값을 더미 변수로 로지스틱 회귀분석을 적용했다.

〈모델 1〉은 독립변수에 재일 더미 외 공변량으로서 연령, 여성 더미, 유배우자 더미, 세대원 수, 자가 더미, 교육연수를 투입한 모델이다. 결과는 재일 더미에서 정正의 유의有意였다. 이때 오즈비를 계산하면 2.72로, 재일 고령자는 일본인 고령자에 비해 2.7배 우울경향이 되기 쉬움을 알 수 있었다.

〈모델 2〉는 〈모델 1〉에 등가세대소득을 대수변환해서 투입했다. 결과는 등가세대소득에서 부否의 유의였으며, 재일 더미가 유의하지 않아졌다. 〈모델 3〉에서는 가족 네트워크율, 정서적 도움(가족), 도구적 도움(가족), 복지 서비스 이용 등 네트워크와

복지제도와의 관련에 관한 변수를 투입했다. 결과는 가족 네트워크율에서 정의 유의였지만, 가족의 정서적 및 도구적 도움, 복지 서비스 이용에서는 유의한 차이가 나타나지 않았다.

마지막으로 〈모델 4〉에서 재일 더미와 가족 네트워크율의 상호작용 항을 투입했는데, 계수 값은 그리 높지 않았으나(오즈비로 1.06배) 유의한 결과를 나타내어, 인간관계가 가족에 한정되어 있을수록 우울하기 쉬운 것은 재일 고령자의 경우 더 심화되는 경향이 있음을 알 수 있었다.

표 6. 노인성 우울을 종속변수로 한 로지스틱 회귀분석 결과

	Model 1	Model 2	Model 3	Model 4
(절편)	- 2.412 (2.800)	1.988 (3.504)	0.135 (3.645)	2.337 (3.701)
재일 더미	1.001 (0.451)*	0.886 (0.458)	0.600 (0.504)	- 3.464 (1.979)
연령	0.011 (0.033)	0.001 (0.034)	0.006 (0.038)	- 0.016 (0.036)
여성 더미	0.402 (0.360)	0.171 (0.375)	0.746 (0.430)	0.517 (0.409)
유배우자 더미	- 0.493 (0.398)	- 0.605 (0.406)	- 0.379 (0.456)	- 0.918 (0.444)*
세대원 수	- 0.231 (0.176)	- 0.392 (0.199)*	- 0.315 (0.203)	- 0.417 (0.205)*
자가 더미	- 0.174 (0.385)	- 0.114 (0.390)	0.039 (0.420)	- 0.027 (0.410)
교육연수	0.042 (0.086)	0.067 (0.087)	0.146 (0.096)	0.101 (0.092)
등가세대소득 (대수치)		- 0.758 (0.352)*	- 0.837 (0.367)*	- 0.862 (0.364)*
가족 네트워크율			0.022 (0.007)**	0.016 (0.008)*
정서적 도움 (가족)			- 0.243 (0.225)	
도구적 도움 (가족)			- 0.335 (0.182)	
복지 서비스 이용			- 0.277 (0.251)	
재일×가족 네트워크율				0.055 (0.024)*
AIC	225.939	223.000	213.029	210.385
BIC	253.751	254.288	258.223	248.626
Log Likelihood	- 104.970	- 102.500	- 93.514	- 94.193
Deviance	209.939	205.000	187.029	188.385
Num. obs.	239	239	239	239

***$p < 0.001$, **$p < 0.01$, *$p < 0.05$

8) 양적조사 요약

오사카시 이쿠노구의 고령자를 대상으로 한 조사분석에 의하면, 먼저 생활상황에 관해서는 일본인 고령자에 비해 재일 고령자 소득이 평균적으로 낮으며, 수입원 역시 연금 이외의 가득수입이나 그 외 수입이 많았다. 재일 고령자는 평균적으로 소득이 낮아 고령임에도 일을 계속하는 모습이 나타난다.

네트워크에 관해서는 재일 고령자는 일본인 고령자에 비해 가족 등의 긴밀한 친족 네트워크로 한정되어, 특히 이웃에 친한 사람이 적은 경향이 있다. 반면에 가족으로부터의 정서적 도움이나 도구적 도움에 관해서는 일본인 고령자와 큰 차이가 보이지 않으므로, 딱히 가족으로부터 세심한 도움을 받고 있지는 않은 것 같다. 행정복지 서비스 이용에 관해서도 일본인과는 큰 차이가 나타난다.

정신건강에 관해서는 우울경향에 대한 소득 요인이 큰데, 재일 고령자는 일본인보다도 평균적으로 소득이 낮기 때문에 그만큼 우울경향이 높게 나타난 듯하다. 유사하게 재일과 일본인 모두 네트워크가 친족 중심일수록 우울경향이 높으며 재일 고령자는 더욱 그 경향이 심화되는 효과가 있기 때문에, 특히 이웃 및 친구 등 가족 외 네트워크를 더욱 넓히기 위한 지원이 과제가 될 것이다.

4. 생활사 조사

본 연구에서는 양적조사와 병행해서 생활사 조사를 실시했다. 생활사 조사에 관해서는 양적조사 실시 시에 「한국·조선」적 사람 중 생활사 조사 허가를 받은 사람들을 대상으로 했다. 조사는 양적조사에 이어 2017년 11월부터 12월에 실시했으며, 1인당 약 2시간 정도 인터뷰를 실시했다. 인터뷰는 녹음하여 녹취한 뒤 대상자에게 내용을 확인받은 후 편집했다. 성명에 관해서는 대상자의 희망에 따르는 형태로 게재했다.

본 연구에서 생활사 조사를 실시한 7명 중 2명이 전라남도, 5명이 제주도가 본적인 사람들이며, 제1세대가 조선반도에서 일본으로 건너온 경위에 관한 이야기는 상술한 이쿠노구와 재오사카 코리안과의 관계를 개인사로 풀어내는 단서가 되는 것이었다. 또한 본인이 도일 제1세대인 경우는 3명인데, 각각 시기가 다르다. R씨는 조선해방/일본패전 전에 부모님 곁으로 갔으며, 나가오카長岡씨는 해방 후이자 제주도 4·3 후인 1950년 무렵에 도일했다. 나가오카씨는 삼촌의 양자가 되면서 해방 전에 일본으로 건너온 양부 곁으로 왔다. B씨는 1975년 결혼과 함께 도일했다. 다른 4명은 도일 제2세대로 출생지는 오사카이다. 국적에 관해서는 한국적이 6명, 조선적이 1명이었다.

양적조사로 밝혀진 논점과 관련해서 생활사 조사로부터 이끌어낸 제주도 네트워크, 독자적인 돌봄 네트워크, 제도적 한계와 과제 등 3가지를 개략적으로 정리하고자 한다.

1) 제주도 네트워크

이번 생활사 조사 과정에서 제주도가 본적인 김종렬金宗烈씨(1934년 오사카에서 태어남), 나가오카씨(1937년 제주에서 태어남), M씨(1952년 오사카에서 태어남)는 친인척 네트워크를 바탕으로 한 일상적인 관계가 생활의 기초임이 드러났다. 제주도는 조선반도부와 달리 남편 쪽과 아내 쪽 양쪽의 친족 네트워크를 유지하는 생활문화를 가진다. 김종렬씨와 M씨는 해방 전에 부모세대나 그 형제자매가 일본으로 이동해서 계속 거주함에 따라 일본에서의 관혼상제와 관련된 친교가 장기적으로 유지되어 왔다. 나가오카씨는 제주 4·3 이후에 일본에 단신으로 건너왔지만 해방 전에 오사카로 이동한 삼촌의 양자가 되었고, 결혼 후에는 아내 쪽의 친족 네트워크에도 속하게 되었다. 하지만 제주도가 본적인 사람들 모두가 유사하게 네트워크를 유지하고 있는 것은 아니다. 같은 제주도를 본적으로 하는 김영사金英士씨 경우는 이들 3명과는 다르다. 일본인 어머니는 제사에 아이들을 데려가지 않았으며, 김영사씨 본인이 어린 시절부터 친족 네트워크와는 소원하게 자라왔다. 중학교 졸업 후에는 부모님과 형제자매와도 소원하게 살아온 김영사씨는 개인으로서 관계를 단속적으로 만들어 오고 있으며, 현재는 택시회사에서 근무할 때 든 연금만으로 생활하고 있다.

2) 독자적인 돌봄 네트워크

이번 생활사 조사 과정에서 독자적인 돌봄 네트워크가 형성되어 있는 모습을 부분적으로 알 수 있었다. 1934년 오사카에서 태어난 김종렬씨는 이쿠노구에 있는 오카치야마御勝山 공원 남쪽에서 정기적으로 만남을 갖는 느슨한 돌봄 네트워크 속에 있다. 전에 장기를 두던 사람들 사이에서 생겨난 것이다.

> 가치야마 공원 있지? 요 쪽에. 남쪽에. 낮에 가 봐. 마작을 하고 그래. 원래는 지금부터 보자, 벌써 7년쯤 되려나? 7년 전까지는 그, 다 장기 두고 있었거든. 장기 두고 있었는데, 누가 그랬나? '여기서 마작 하면 되지 않나?' 하더니 바로 '아, 그럼 우리 집에 패 있는데' 하더니만, 나는, 그, ??? (주: 알아듣지 못한 부분) 있지? 그게 딱 좋거든. 상(역주: 한국어 '상'을 그대로 사용함)도 딸려 있고. 저기 뭐야, 저기 뭐야, 있잖아? 그랬더니 손재주 좋은 아저씨가 있어갖구, 그, 코난(역주: 공구 및 사무용품 전문 마트) 가 가지고선 각목 사와갖구 있지. 높이 재서 땅땅 땅땅 땅땅 하더니 눈 깜짝할 사이에 2대 만들어 버리는 거야. 의자도 다 사가지구. 그러더니 지금 5대야.

멤버들은 서로 집을 알며, 누군가가 입원하면 문병도 간다. 현재 25명으로 일본인이 6할, 재일코리안이 4할이다. 행정구역, 민족단체, 가족친족이 상이한, 서로의 필요에 의해 생겨난 네트워크이다.

3) 제도적 한계와 과제

역사적으로 외국적자가 많이 거주하는 이쿠노구에서는 지자체로서 다문화공생을
과제로 두고 고령자 사회복지 관련 대책마련에 힘써 왔다. 하지만 제도를 정비한다
해도 이용하는 사람들에게 거리감이 있다면 존재하지 않는 것과 다름없을 것이다.
이러한 모습을 R씨의 생활사를 통해 부분적으로 알 수 있었다.

전라남도 무안에서 1926년에 태어난 R씨는 딸과 동거한다. 연금은 없다. 이는 일
본 연금제도가 운용되면서 외국적자를 배제해 온 역사가 있어, 개정된 것은 1979년
국제인권조약비준과 1981년 난민조약비준에 따른 1982년 1월 1일 이후이기 때문이
다. 이에 따라 국민연금법상의 국적조항이 폐지되어, 외국적자도 국민연금 가입이
가능해졌다. 수급에 관해서는 여러 경과조치를 취했으나, 최종적으로 1982년 1월 1
일 시점에서 60세 이상의 외국적자는 자기 의지나 국적과 관계없이 무연금이 되고
말았다. R씨가 무연금이 된 것은 이러한 제도적 문제에 의한 것이다.

R씨는 매년 오전 6시에 일어나 자택과 근처 신호 사이를 왕복하고, 6시 30분에는
찻집에 모닝 세트를 먹으러 외출한다. 이에 관해 "세상과의 연결을 소홀히 하지 않
으려고"라고 R씨는 답했다. 아침을 함께 하는 사람들은 옛날부터 보아 온 사람들이
라 마음이 놓인다는 R씨는 "모르는데 가면, 어렵드라. 말도 조심해야 되이"라 말했
다. 그래서 데이케어에 관해 여쭈었더니 전에 다니던 시설에서의 다음과 같은 경험
을 이야기해 주었다.

거기 가보래서 갔더니, 앉자마자 "할머니 어디 사람이야?" "저 한국사람이요." "그래?"
눈도 안 맞추는 거야. 후세布施에 있는데. 잊을 수가 없지. 그러면 안 되거든. 남의 마음을
상처주면 안 돼. 절대 안 돼. 그, 옛날부터 우리 선배가 하는 말이 있다? 말은 조심해야 돼.
절대 자기한테 돌아온다구. 자기는 괜찮아도 자식 손자 생기면 꼴좋다~ 한다고. 겪어본 사
람이 그러더라구.

그 후 이 데이케어에는 다니지 않게 되었으며, 현재는 직원이 한국어로 인사도 해주는 데이케어를 다닌다. 이외에도 R씨는 재일대한기독교회KCC의 노인대학에 다니며 식사도 한다. KCC는 1934년에 생긴 재일본조선기독협회가 전신인 재일코리안 기독교 계열 조직으로, R씨가 다니는 곳은 이쿠노 교회이다. 이곳에 오면 한국 노래나 춤을 즐길 수 있다.

5. 맺음말

본고에서는 외국적 주민이 집주하는 오사카시 이쿠노구에서 실시한 고령자조사 결과를 바탕으로 특히 네트워크와 건강을 중심으로 분석했다. 먼저 생활 상황에 관해서는 일본인에 비해 재일 고령자 소득이 평균적으로 낮은데다, 수입원 역시 연금 이외의 가득수입 및 그 외 수입이 많음을 알 수 있었다. 네트워크에 관해서는 재일 고령자는 가족 등과의 밀접한 친족 네트워크로 한정된 경향이 나타난다. 또 복지 서비스 이용은 재일 고령자의 이용률이 낮음에도 불구하고, 한편으로는 가족으로부터의 정서적 및 도구적 도움에 관해서는 일본인 고령자와 큰 차이가 나타나지 않아, 재일 고령자에게 있어 가족적인 도움이 행정 및 복지 서비스를 대신하는 정도의 역할을 하고 있다고 보기 어렵다.

정신건강에 관해서는 재일 고령자가 일본인보다도 평균적으로 소득이 낮기 때문에 우울 경향이 높음이 시사되었다. 일반적으로 네트워크가 친족 중심일수록 우울 경향을 보이며 재일 고령자는 더욱 그 경향이 심화되는 효과가 있어, 특히 이웃이나 친구 등, 가족 외 네트워크를 어떻게 넓힐 지가 지역사회의 과제일 것이다.

상술한 샘플링 조사로 밝혀진 논점과 관련해서 생활사 조사를 통해 이끌어낸 것은 제주도 네트워크, 독자적인 돌봄 네트워크, 제도적 한계와 과제이다. 이번 조사를 하기 전에, 이쿠노구의 역사와 인구에 있어서의「한국·조선」적 비율을 바탕으로 민족단체와의 네트워크가 고령자의 일상생활에서 일정 정도 활용되고 있지 않을까 하는 가설을 세웠었다. 그러나 양적조사와 함께 생활사 조사에서도 입증이 어려웠다. 지자체가 제창하는 다문화공생을 위한 복지플랜을 바탕으로 하는 여러 대책들이 활용되고 있느냐 하면 그 역시 전혀 나타나지 않았다.

특히 눈여겨보고 싶은 부분은 지자체가 제공하는 복지 서비스가 활용되고 있지 않다는 점이다. 이번 조사에서 생활사를 이야기해주신 분들은 도일 1세대 또는 그 자식세대로 제주도의 관습적인 네트워크가 조선의 해방/일본의 패전 전부터 살아 숨 쉬는 생활공간을 살아왔다. 하지만 그다음 세대 이후가 이러한 네트워크에 친근감을 가질지는 명확치 않다. 일본에서 태어나고 자란 세대비율이 늘어나면서, 친족 네트워크에 어느 정도 관여하고 또 의미를 부여할지는 예측할 수 없다. 그렇다고 해서 일본인 대상을 기본으로 설계된 복지 서비스를 아무 위화감 없이 수급할지 역시 명확치 않다. 위화감이 없는 척을 할 가능성도 있을 것이다. 이번 조사대상자가 모두 납세자임을 고려하면, 공공정책이 에스니시티ethnicity에 관련된 편향을 포함하는 경우에는 정정할 필요가 있다 할 수 있다. 이번 생활사 조사에서 밝혀진 공원에서의 독자적 돌봄 네트워크의 존재를 이러한 제도의 결락缺落을 나타내는 것으로 파악할 수 있겠다. 앞으로 더욱 지역주민의 뿌리가 다양화될 것은 확실하며, 지자체로서 복지플랜의 미래상을 그려나가는 데에 본 조사는 귀중한 참고자료가 될 것이다.

(전은휘 옮김)

제11장

제주출신 재일동포 1세의 삶의 현장과 영면의 터전[1]
- 주검으로 귀향하는 「생장生葬」 사례를 중심으로 -

이인자

1. 이주자의 죽음

이 글에서는 이주 1세의 사후死後귀향에 대해 고찰하고자 한다. 이주자란 이문화異文化 속에서 사는 사람들이고, 그 인생 자체가 인간의 문화·사회의 다양한 측면을 날카롭게 비추어내고 있다고 할 수 있다. 태어나서 자란 환경에서 벗어나서 전혀 새로운 타향에 몸을 두면 언어와 생활양식이 다른 것은 알고 있어도, 자손들에게는 그 '이문화'가 '태어나서 자란 환경'이 되기 때문에, 부모·자식 간에 상상 이상의 격차가 생기는 점에 대해 당황하는 이주 1세가 많다. 사람은 종종 유언과 유서라는 형태로 자신의 사후死後 일에 관한 소원을 자손에게 부탁한다. 하지만 이국異國에서 죽음을 맞이하는 이주 1세의 경우 이주한 곳에서 태어나서 자란 자손들에게 부탁하기 때

---

1   이 글은 1993-97년까지 오사카 이쿠노구 쓰루하시(大阪生野区鶴橋)와 동경 아라카와구 미카와시마(荒川区三河島)에서 필드 조사한 내용을 바탕으로 쓴 박사 논문 「移住者の「故」とアイデンティティ ―在日済州道出身者の移住過程と葬送儀からみる「安住」の希求―」의 일부를 차용, 박사 논문 집필과 그 후의 기간인 1998년-2021년까지의 조사로 보완 번역한 것이다. 추가 조사에 관해서는 한국학중앙연구원 한국학진흥사업 해외한국학씨앗형사업의 지원을 받아 실현할 수 있었다.

문에, 상황이 복잡해지는 것을 쉽게 상상할 수 있다.

이 글에서는 토장土葬의 문화를 가진 재일동포 1세에 대해서,[2] 특히 한국에 있어서는 주변이라고 할 수 있는 제주도 출신자의 죽음과 삶에 대해 생각해보고 싶다. 여기서 거론하는 것은 화장火葬을 거부한 제주도 출신 여성이 일본에서 죽음을 맞이해, 시신인 채로 제주도까지 옮겨져 매장된 '생장生葬'에 관한 사례이다. 생장은 한국에서 보통 사용되는 말이 아니며, 나 자신도 제주도 사람들로부터 배운 용어이다. 언제부터 사용되었고 어떤 어원語源을 가지고 있는가는 분명하지 않지만, '화장火葬'하지 않고 매장하는 것을 강조한 조어라고 생각해도 좋을 것이다. 재일 제주도 출신자 및 제주도에 거주하는 사람들은 '화장' 하지 않고 시신을 일본에서 옮겨와 토장土葬하는 것을 가리켜 '생장'이라고 하고 있기 때문이다.[3]

생활문화 안에서 생장은 반드시 일반적인 풍습이라 하긴 어렵고 오히려 특수한 사례로 볼 수 있다. 그럼에도 불구하고 이 사례를 살펴보는 이유는 일반적이지 않은 사례야말로 생生과 사死를 이해하는데 있어 중요한 키가 숨겨져 있다고 생각하기 때문이다. 이 글에서는 우선 제주도 출신자들이 어떤 과정을 통해 일본에 정착하였으며, 이주지인 일본에 어떤 삶의 터전을 만들어갔는지를 구체적인 데이터와 함께 살펴본다. 또한 이주자로서 타향에서 살았던 사람들이 자신의 주검을 화장하지 않고 고향으로 이송하여 매장하는 생장을 둘러싸고, 거기에서는 도대체 무엇이 행하여지며 그 배후에서 어떠한 것들이 일어나고 있는가를, 실제로 생장에 동행했던 사적 견문을 바탕으로 재현해보자 한다. 그런 다음 마지막으로, 이주자라서 떠안는 '생'과 '사'를 둘러싼 몇 개의 문제에 대해서 생장과 관련 있는 범위에서 생각해보고 싶다. 이러한 고찰은 결코 재일동포 일부의 문제만이 아니라 현대의 도시사회에 사는,

---

2 재일동포에 관한 연구에 있어서 그들을 가리키는 명칭에는 「재일 한국인」, 「재일 조선인」, 「재일 한국·조선인」, 「재일 코리안」, 「조선인」, 「한국인」 등이 있다. 이 장에서는 「재일동포」라는 명칭을 골라, 현재 남쪽의 한국국적을 가지고 있는 사람, 원래의 조선적을 가지고 있는 사람 및 일본국적을 취득한 사람들을 총칭하는 용어로서 사용한다.

3 한국 본토에서는 사자(死者)에 입히는 옷, 화장, 관을 주지 않고, 죽은 채 상태에서 토장하는 것을 「생장」이라고 하는 지방도 있다.

고향을 상실해 가고 있는 많은 사람에게도 일맥상통하지 않을까 생각한다. 이 글은 1997년에 행해진 생장을 바탕으로 쓰인 것임을 다시 상기하길 바란다. 생장을 마친 2세·3세의 25년간의 모습을 염두에 두면서 이주자의 이주와 귀환 그리고 그들의 아이덴티티에 관해 논하고자 한다.

2. 이주하는 「생」

1) 고내리에서부터 아라카와荒川로

고내리는 한국 제주도의 북서부에 위치하는 인구 330명 정도(1997년 조사)의 작은 어촌이다. 화산이 해안 근처에서 분화한 토지이기 때문에 경작지가 부족하여 마을 대부분의 사람은 반농반어半農半漁 생활을 하고 있다. 현재는 애월읍에 속해있는 고내리는 외지 사람의 개발로 인해 반 정도의 인구가 고내리 외의 출신자가 살고 있다. 또한 반농반어의 생활이라고 보기 어려우며 외지에서 들어온 주민의 대부분은 관광객을 상대로 펜션과 카페 등을 경영하고 있다.

마을 자체의 규모는 일본을 왕복하면서 돈벌이를 하고 있던 1920년대에는 190세대였고 현재는 250세대 정도다(1997년). 일본에 거주하는 고내리 출신자는 재일본고내리친목회의 1990년도 명부에 따르면,[4] 기재돼 있는 것만 해도 300세대가 넘는다. 이주가 시작된 1920년대와 현재를 비교해보면 일본과 고내리 간에 세대수 역전 현상이 일어나고 있다.

친목회 기록에 따르면, 1917년에 고내리 출신의 한 청년이 처음으로 일본에 건너

---

4   이주한 지역의 지연을 기초로 해서 친목 단체가 조직되는 것은 극히 일반적인 현상이지만, 제주도 출신자에 의한 재일본친목회는 한국의 다른 지역 출신자들의 친목회와는 달리 마을이라는 매우 작은 지역 단위별로 조직되어 있다. 출신 고향별로 친목회가 만들어지는 배경에는 이주자 수의 많음과 마을 내 혼인 풍습에 의한 마을 사람끼리의 관계의 농밀함이 있다고 생각된다.

갔다. 당시 아라카와에 있던 방적 공장에 일자리를 얻었던 청년은 잇달아 고내리의 지인들을 불러들여, 아라카와에서 고내리 사람들의 생활이 시작되었다. 사람이 사람을 불러들여 1930년경에는 200여 명이 일본에 건너와 방적 공장, 고무공장, 제유製油 공장 등의 공원工員 이외에 토목하청, 하숙, 봉제가공, 가방 제조 등의 일을 하고 있었다. 돈벌이하러 건너오는 사람은 14세에서 20세 전후의 젊은 남녀였다. 그 후 서서히 일의 내용이 가방제조업 관계에 집중하게 된다. 일반적으로 제주도 출신자는 '가방의 ㅇㅇ리', '구두의 ㅇㅇ리', '물장사의 ㅇㅇ리'라고 불릴 정도로 마을별로 특정 직종에 종사하는 경향이 있는데, 고내리는 '가방의 고내리'였다. 아라카와의 고내리 출신자들은 같은 직업에 종사하며 또한 같은 장소(三河島·미카와시마)에서 생활하면서 착실하게 일본으로 이주를 추진하고 있었다.

실제로 고내리에서 1910년부터 1920년경 사이에 태어난 대부분의 사람이 일본에서 돈벌이 경험이 있다고 해도 좋을 정도다. 이렇게 돈벌이로 시작된 이주는 어떠한 형태로 발전하게 되었을까? 이하에서는 어느 한 집안의 일본 이주의 구체적 과정을 보기로 하자.[5]

2) 홍씨 집안洪家의 이주 궤적

고내리에는 특히 홍씨 가문이 많은데, 그들은 두 개 파로 나뉜다. 이 장에서 소개하는 홍씨 집안洪家은 족보에 따르면 현재 제37대에 이르고 있다.[6] 이 파의 홍씨 집안이 고내리에 살기 시작한 것은 조선왕조 정조 시대(1776~1800년)의 인물인 제28대의

---

5 집안은 동성동본의 일족을 나타내는 말. 보통은 하나의 종족 안에 복수의 파(派)가 포함되고, 각각 특정 인물을 그 파의 시조로 삼고 있다.

6 한국은 부부별성(別姓)이기 때문에 가족구성원의 성은 일치하지 않는다. 또 「ㅇ家」라는 호칭도 사용되지 않는다. 그러나 재일동포 사이에서는 일본의 가(家)제도와는 다른데도 불구하고 「ㅇ家」라고 표현하는 경우도 있다. 한국어로는 적당한 표현이 없기 때문에 이 장에서는 「홍씨 집안(洪家)」라고 표기하지만, 여기에서는 어디까지나 가부장의 성을 나타내는 것에 불과하며 그중에는 타성(他姓)의 부인들이 포함되어 있는 것에 주의해야 한다.

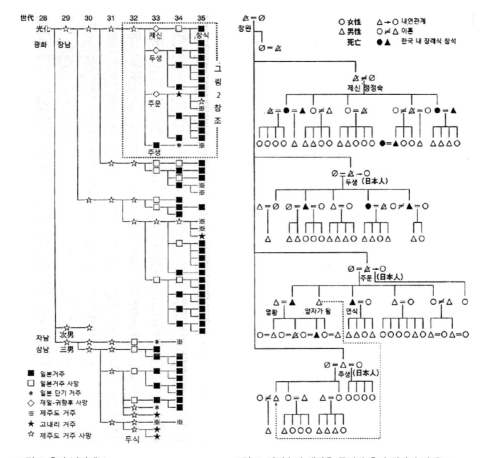

그림 1. 홍가 남자계보　　　　　　　그림 2. 정정숙씨 생장을 둘러싼 홍씨 집안의 가계도

광화光化(이하 인명은 모두 가명)로부터라고 한다.[7]

　〈그림 1〉과 〈그림 2〉는 광화 이후 남자의 계보를, 족보를 바탕으로 재구성한 가계도이다. 장남 계통은 두 아들(제30대)로부터 현재 제37대 자손까지 계속되고 있다. 그

7　원래 고내리에서 조금 산등성이에 있는 납읍(納邑)이라는 곳에서 태어난 광화(光化)는 고내리 여
　성과 결혼해 그대로 고내리 사람이 되었다. 홍씨 집안뿐만 아니라 마을의 여성과 결혼한 것이 고
　내리에 정착하는 계기가 된 사례는 많다.

중에서 현재 생존한 최고 세대의 인물은 일본에 사는 제33대 주생周生이다. 차남의 계통은 남자가 태어나지 않아 제30대로 계보가 끊어지고 말았다. 삼남은 장남과 배다른 형제로 부모·자식 정도로 나이 차가 많아, 삼남의 자손은 동 세대 안에서는 언제나 젊고 그 세대수도 장남 계통보다 짧다. 가계도 상에 나타난 광화의 남자 자손은 8세대 117명에 이른다. 그중 살아 있는 사람은 73명이며 그 80%에 해당하는 59명이 일본에서 살고 있다. 인터뷰조사에서 확인할 수 있었던 범위에서는 광화와 관계있는 여자 자손은 사망자를 포함해 모두 189명이며, 현재 일본에서 생활하고 있는 사람은 108명이었다. 이처럼 한 계보에 국한해서 보아도 실로 많은 사람이 일본에서 살고 있다는 것을 알 수 있으며 고내리에서는 결코 이 홍씨 집안만이 예외적인 것은 아니다.

홍씨 집안의 일본 이주의 역사는 친목회 기록에 따르면 1920년에 제32대의 한 사람(1903년생)이 처음으로 일본에 건너왔던 것에서 시작한다. 그 후 20년대를 통해서 제32대와 제33대에 속하는 세대가 속속 일본에 건너오게 된다. 홍주생洪周生 씨를 상대로 한 인터뷰조사에 따르면, 광화의 장남 계통에서는 제33대의 10명 전원이, 삼남 계통에서는 제32대 8명 중 6명이 2차대전 전부터 일본과 제주도를 왕래하면서 돈벌이 생활을 하고 있었다. 나이로 계산하면 1910년대부터 20년대에 태어난 젊은 사람들이다. 그들 중에는 제주도와 일본을 왕래하는 돈벌이 생활을 거듭하면서 일본을 생활 근거지로 삼는 사람들이 나타나기 시작했다. 특히 돈벌이를 반복하는 사이에 결혼 연령에 달했던 사람들이 돈벌이를 하는 곳에서 결혼하거나, 그러한 사이에 자녀들이 생겨 일본에 정착할 수밖에 없는 사례가 늘어났다. 예를 들면, 장남 계통의 제34대는 22명 중 20명이 일본에서 태어났다. 이러한 상황을 생각해 보면 현재 일본에서 사는 사람들이 압도적으로 많은 점은 전혀 놀랄만한 일이 아니다.

그러나 홍씨 집안의 일본 이주 과정은 순탄하다고는 할 수 없었다. 일본과 한국(조선)을 둘러싼 상황의 변화에 휘말렸기 때문이다. 일본의 전쟁과 패전 그리고 우리나라의 해방은 홍씨 집안뿐만 아니라 많은 재일동포의 생활에 변화를 초래했다. 전쟁이 격렬해짐에 따라 우선 가족 일부가 대피하기 위해 고향으로 돌아갔다. 전쟁이 끝났을 때에도 많은 사람이 사회 혼란을 피해, 막연히 안전하다고 느껴졌던 고향으로 되돌아갔다. 홍씨 집안도 전쟁 후에는 대부분 부인과 아이가 고내리로 돌아갔다. 그러나 남편들은 일본에 남아 있는 경우가 많았다. 일자리가 일본에 있었기 때문이다. 또한 일단은 고향에 돌아갔던 사람이라도 생활고로 인해 다시 일본으로 건너오려고 하는 사람도 적지 않았다. 생계의 터전이 일본이던 사람이 많았던 고내리는 일본에서 돌아온 사람들로 넘쳐나 혼란스러운 상태가 계속되고 있었기 때문이다. 더욱이 그러한 혼란에 박차를 가하듯이 많은 제주도민의 생명을 앗아간 4·3사건과 한국전쟁이 발발해 마을의 생활은 더욱 힘들어졌다. 그러한 상황을 배경으로 일본에서 태어나 일본 학교에서 교육받았던 세대인 제34대의 젊은이들은 빈곤한 마을 생활에서 벗어나 아버지가 있는 일본에 가기 위해「밀항」이라는 수단을 택하게 된다. 이런 도일渡日 방법은 일본의 패전으로 한일 양국 사이에 갑자기 '국경선'이 그어진 1945년부터 한일조약이 체결된 1965년까지 20년간 빈번하게 일어났다. '밀항'은 성공하는 예도 있지만 많은 사람들은 실패해 강제 송환되거나 몇 번이나 도전해 겨우겨우 성공하는 예가 많았다.

한일 국교가 정상화되지 않았던 20년간 이동의 부자유는 가족 형태에도 영향을 미쳤다. 그림2는 홍씨 집안의 일부에 관한 상세한 가계도이다. 이를 보면 창완昌完의 아들 4명 중 고향에 돌아가 있었던 기간에(1947년) 병사한 장남 제신濟信을 제외한 3명은 일본인 여성과 내연관계 혹은 혼인 관계를 맺고 있는 것을 알 수 있다. 이것은 가족이(부부가) 따로따로 생활하고 있는 기간이 얼마나 길었던 가를 말하고 있다. 처자가 제주도에 있는 남성과 결혼한 일본인 여성들의 말에 따르면, 아버지를 의지해 제주도에서부터 밀항해 온 자녀들의 방문으로 처음으로 남편에게 처자식이 있다는 것을 안 사람도 많았다고 한다. 한편 아버지와 남편이 있는 일본으로 가면 다시 가족이 하나가 될 수 있다고 기대해 위험을 무릅쓰고 일본으로 왔으나, 아버지와 남편이 도움이 되지 않는 현실에 직면해 어찌할 바를 모르는 모자도 많았다. 그러한 사람들에게 의지가 되었던 것은 같은 마을 출신의 친척들이었다.[8]

---

8   일본의 전쟁과 패전에 의한 혼란은 이처럼 많은 이산가족을 잉태시켰다. 밀항이라는 비합법 수단

1965년 한일 국교가 체결될 때까지 일본에 거주하는 것과 한국에 거주하는 것과의 경계선은 항상 유동적이었다. 고내리에 살고 있어도 언제 밀항에 성공해 일본으로 갈 수 있을지 모르고, 일본에 있어도 언제 고향으로 강제 송환될지 몰랐기 때문이다. 그러나 전후 20년 동안 계속되어 온 제주도에서 일본으로의 자유롭지 못한 이동(밀항)은 한일조약에 의해 마침표를 찍었다. 동시에 이러한 국교회복에 의해 제주도의 고내리 사람들과 재일 고내리 출신자와의 구분은 명확하게 고정되었다고 볼 수 있다.[9]

3) 아라카와荒川의 「고내리」

도쿄도東京都 아라카와구荒川区의 조반선常磐線 미카와시마三河島역, 야마노테선山手線 닛포리日暮里역, 니시닛포리西日暮里역 주변 일대는 일본에서도 유수의 재일 한국인 밀집 지역의 하나이며, 태평양전쟁 이전부터 많은 제주도 출신자가 밀집해서 거주하고 있다.[10] 그중에서도 고내리 출신자는 제주도의 다른 마을 출신자보다 눈에 띄게 많다. 내가 실제로 본 고내리친목회의 가장 오래된 명부에 따르면, 1965년에는 전 회원 중 아라카와구 거주가 78%였으며, 1996년에도 50%의 집주율集住率을 나타내

에 의해 가족의 재회도 부분적으로는 가능하게 됐지만, 나이가 가까운 형제라도 10년 이상 못 만나거나, 심하게는 아버지의 얼굴을 일본에 와서 겨우 알게 된 사람까지 있었다. 이주의 역사가 길어진 것도 있어 친척끼리면서도 혹은 같은 마을사람끼리이면서도 아라카와(荒川)에 와서 비로소 얼굴을 알게 된 경우도 많았다. 홍씨 집안의 경우도 처음으로 혹은 전후 다시 일본으로 건너온 시기가 각각 달랐기 때문에 가족과 가까운 친척끼리 오랜만에 재회하거나 고향에서는 소원했던 같은 마을 출신자와 일본에서 친교를 깊게 한다든지 하는 일이 빈번히 일어났다.

9   1970년경부터는 한국에 있는 친척을 일본에 초대하는 것이 가능해져 취로(就勞)의 자리가 적었던 고내리에서는 마을 사람들의 절반 이상이 3개월에서부터 6개월의 단기체류형 돈벌이를 경험했다. 이러한 형태의 친족 재회는 양측에 경제적인 이익을 가져다주었지만, 동시에 친족관계에 고용주와 피고용자라고 하는 새로운 관계를 형성하는 결과를 낳고 그로 인한 여러 가지 갈등이 생기게 되었다.

10 이즈미 세이이치(泉靖一)는 1950년 5월부터 아라카와에서 제주도 출신자에 대한 면접조사를 했다. 한국전쟁 발발(동년 6월)에 의해 4개월 가량 조사는 중단되었지만, 아라카와 주변으로 제주도 출신자 밀집거주 경향은 명확하게 드러나 있다(이즈미, 1966: 235-275).

고 있다. 오늘에 이르기까지 아라카와구의 미카와시마 부근에서 계속 사는 사람들은 가방제조업에 종사하는 사람이 많다. 동시에 그들은 친목회 행사에 적극적으로 참여하고 있었다. 그들은 또한 모임의 실질적 운영자 층이며, 세대로는 이주 1세 혹은 1세와 동등한 경험을 해 온 사람들과 그 가족이다.

아라카와 지역에는 고내리 이외 마을의 친목회도 몇 개 있지만 이주 1세가 감소함에 따라 거의 기능하지 않는 곳도 적지 않다. 고내리친목회는 다른 마을의 친목회에 비해 아직 결속력이 강하고, 많은 사람이 빈번히 접촉하면서 활동하고 있다. 그것을 가능하게 하는 요인으로 그들 사이에 맺어져 있는 중층적重層的이며 아주 가까운 형태의 네트워크를 들 수 있다. 고내리 출신자는 마을의 친목회뿐만 아니라 친척 모임, 국민학교 동창회, 같은 띠干支 모임, 동갑 모임 등 여러 모임에 중복해 속해 있었다. 회원 한 명 한 명이 고내리와 관계가 있는 어떠한 모임에 중복해서 소속되어 있으므로 친목회 회원에 관한 정보는 항상 전 회원에게 빠짐없이 전달되게 된다.

이러한 중층적인 네트워크 안에서 고내리 출신자는 매우 깊은 관계를 맺고 있었다. 예를 들면, 아라카와에 사는 친목회 사람들 간의 결혼을 통해 인척이 되는 경우가 적지 않았다. 인척 간에도 제사를 비롯한 집안 행사에 서로 참여하는 관계가 된다. 나아가 사업상 거래관계가 있거나, 민단(재일본대한민국민단)에서 임원 활동을 함께 하는 예도 드물지 않다. 주말에 고내리 출신자가 경영하는 한국음식점에 가면 대체로 뭔가 모임이 있어, 회식을 하는 고내리 출신자 그룹을 만날 수 있었다. 고내리 출신자는 말하자면 도쿄 아라카와라는 도시 안에서 시골의 마을사람들의 관계를 유지하면서 생활하고 있었다. 여기서 흥미로운 것은, 위에서 지적한 것처럼 친목회는 원래 고향의 고내리를 기반으로 한 모임이지만 실제로는 도쿄의 아라카와에서 그 관계가 처음 맺어졌거나, 보다 심화해갔다는 점이다. 고향의 고내리에서는 거의 왕래가 없었던 사람들, 혹은 일본에서 자라 고내리의 기억이 거의 없는 사람들까지도 아라카와에서는 같은 고향 사람으로 만나 긴밀한 관계를 형성했다. 그것은 이주지의 힘든 생활환경에서 살아남는 데 필요한 이주자의 지혜처럼 보였다. 왜냐하면, 그러한 농밀한 고향사람 간의 인간관계는 일본에 살면서 일본 사회와의 접촉과 알력을 최소화해

주기 때문이다. 또한 '밀항'으로 건너 온 사람들에게 그러한 고향마을 관계는 선택의 여지가 없는 것이었다. 그들은 신뢰할 수 있고 자신을 지켜주는 사람밖에 접할 수 없었다. 당연히 사는 장소(아라카와)도, 교류하는 사람(고내리 출신의 친척, 친우)도, 직업(가방 제조업)도 한정되어 있었다. 이처럼 같은 장소에 살고 같은 일을 하는 생활 속에서, 단지 같은 마을 출신이라는 의식 이상의 중층적重層的이며 긴밀한 관계를 맺어갔다. 그러면서 고내리 출신의 이주 1세들은 아라카와에「제2의 고내리」라고도 할 만한「제2의 고향」을 만들어냈다.[11]

3. 귀향하는 「死」

1) 생장을 소망하여

재일 제주도 출신자들이 생장을 하기 시작한 것은 그들이 일본에 돈벌이하러 건너오게 된 시기와 거의 겹친다고 볼 수 있다. 1934년(昭和 9년)에 일본인 지리학자인 마스다 이치지枡田一二가 제주도로 건너가는 배 안에서 시신을 운반하는 관을 목격하고 기록을 남겼다(枡田一二, 1986: 29). 그 기록에 따르면, 당시 돈벌이하러 간 사람들에게 있어서 뱃삯이 매우 비쌌음에도 불구하고 운행할 때는 매번 관이 있었다고 한다. 내가 고령의 재일동포 1세들에게 들었던 이야기도 마스다의 이 기록과 거의 일치하고 있다. 다만 당시 제주도를 오가는 배는 오사카大阪에서 출발하고 도착했기 때문에 도쿄 거주 재일동포의 경우 오사카까지 시신을 육지로 운반하지 않으면 안 되었기에 생장은 오사카보다 적었을 것이라고 볼 수 있다. 그러나 옛날이나 지금이나 변

---

11   「제2의 고내리」는 이주1세들의 주도 하에 만들어진 세계이다. 일본에서 태어난 이주2세들은 부모 세대와는 달리 일본과의 연결이 압도적으로 강하다. 그들의 다수는 일본 학교에 다니며, 그로 인해 동년배의 일본인과 친교를 맺고 있고 언어 면에서도 한국어를 배울 기회가 거의 없어 일본어가 모어(母語)가 되고 있다. 이들 2세들은 대부분 친목회에 참가하지 않고 있다.

함없는 사실은 생장을 치르기 위해서는 경제적인 여유와 실제로 돌봐줄 친척과 자손이 일본과 제주도 양쪽에 필요하다는 점이다. 그 점에서 생장이라는 형태의 장례 방법은 재일동포 사이에서도 꽤 특별한 사례라고 할 수 있다(枡田一二, 1986: 29). 하지만 생장은 제주도 출신자를 비롯한 재일동포의 '사는 방식과 죽는 방식'을 단적으로 명료하게 보여주는 귀중한 사례이다.[12] 이하, 홍씨 집안에서 행하여졌던 생장 사례를 구체적으로 살펴보자.

홍씨 집안 안에서 가장 연장자였던 정정숙鄭貞叔씨는 1997년 4월 90세로 사망했다 (그림2 참조). 남편과는 50년 전에 사별했으며, 가계도에서 알 수 있듯이 외아들도 10년 전에 사망했다. 외아들을 잃은 다음부터 정정숙씨가 의지해 왔던 것은 아라카와 근처에서 살고 있던 네 딸과 홍씨 집안의 여섯 조카였다. 그중에서도 사별한 남편의 두 번째 남동생의 차남인 연식延植을 전폭적으로 신뢰하고 있었다. 또한 고향 고내리에는 연식씨의 형 영환英煥씨가 살고 있어 고향 일은 모두 영환씨에게 일임하고 있었다. 자식을 잃은 정정숙씨에게 있어 조카들은 이른바 아들 대신의 존재였다. 정정숙씨 본인은 고령으로 직업을 갖고 있지 않았지만, 일본에 막 온 마을 사람들의 일자리를 알선해 주는 등 여러모로 고향 사람을 돌봐줬다고 전해진다. 자녀와 손자들에 둘러싸여, 친우와 친족들과의 교류를 즐기며, 고내리 출신자 네트워크에 의지하고 있던 정정숙씨는 아라카와에 있는 한 일본을 타국이라고 느끼는 일 없이 생활했다고 볼 수 있다.

정정숙씨는 반년간의 입원 생활 끝에 사망했다. 병원이 아라카와의 미카와시마역 근처였기에 친척들은 물론 지인들도 자주 병문안을 왔다. 입원하기 전부터 정정숙씨가 친척들에게 여러 번 부탁했던 것은 화장하지 않고 고향에 돌아가 남편의 옆에

---

12 고내리친목회의 과거의 회원 명부 10권에 기록되어 있는 도쿄 거주자는 766명이다. 그중 이미 사망한 사람은 129명이며, 무덤이 한국에 있는 사람은 26명이다. 그중 생장으로 한국에 옮겨져 매장된 사례가 5건, 죽기 전에 고향에 돌아가 사망해 그 땅에 매장된 사례가 7건이며, 14명은 화장한 유골을 한국의 무덤에 매장하였다. 회원 명부는 기본적으로 성인 남성의 기록이기 때문에 여성의 상황은 알 수 없다. 그러나 내가 알고 있는 것만 해도 1997년에 여성 2명이 생장으로 제주도에 매장되었다. 그렇지만 한국에 뼈를 묻거나 토장(土葬)하는 경우는 전체 비율로서는 극히 소수이다.

묻히고 싶다는 것으로, 즉「생장」이었다. 친척에게 부탁하는 것에 그치지 않고 반드시 고향에 묻힐 수 있도록 자신이 할 수 있는 준비도 소홀히 하지 않았다. 예를 들면, 일본에서 귀국하면 반드시 고내리 소재의 사찰을 방문하여, 사망한 아들의 공양뿐만 아니라 자기 자신의 사후 공양까지 부탁하며 불공을 올렸다. 입원하기 2개월 전, 고향에 있는 묘소의 벌초에 손자 창식昌植씨와 함께 참가했을 때도 창식씨와 동네 절에 가서 사후의 여러 가지 불공을 부탁하고 미리 불공비를 바쳤다.[13] 남은「생」에 대한 집착을 보이지 않고 오히려 사후 자신이 놓일 처지를 더 열심히 준비하는 것처럼 보였다.

정정숙씨가 사망했을 때, 생장을 약속한 유족들은 일본에서의 고별식은 생략하기로 했다. 미카와시마 장소를 빌려 친척만의 임시 밤샘을 하며 장례식 그 자체는 한국에 돌아가서 하기로 했다. 간소하게 지내겠다는 일본에서의 장례식은 간소하지 않았고 보통 일본인의 장례식처럼 치뤄졌다. 그보다 더 예를 갖춘 장례식을 한국의 제주도에서 치뤘다고 볼 수 있다. 상주는 손자 창식씨가 맡았고 생장을 위한 절차는 모두 연식씨가 했다. 또한 경제적인 면은 정정숙씨의 딸들이 부담했다.

2) 귀향하는「죽음」과 고향에서의「장례」

사망 후 3일째에 유족들은 생장을 위해 한국으로 향했다. 제주도에서는 사람이 죽으면 심방과 상의해 매장까지 일정을 정하는 택일을 한다. 정정숙씨의 장례는 제주도 출신 심방의 택일을 받아 8일째에 매장하는 것으로 되었다. 현재 한국에서는 삼

---

13 나는 정정숙씨의 라이프 히스토리를 충분히 알 수 없었다. 왜냐하면 그것이 90년이라는 긴 기간에 걸쳐져 있다는 것과 그녀의 가족과 친척이 모두 각각 곤란한 시대를 넘겨왔고, 그녀의 일생을 일관해서 알고 있는 사람이 없었기 때문이었다. 정정숙씨는 1945년 한국으로 귀국한 후 부산에서 일본으로 건너갈 기회를 몇 년이나 기다린 끝에 도일(渡日)에 성공했다. 영주권을 얻고 있는 자녀들의 보증에 의해 일본에서 정식 형태로 살 수 있게 되었던 것은 1974년의 일이다. 이미 환갑이 지난 나이였다. 미카와시마(三河島)에서 그녀와 친했다는 늙은 여자들에게 물어봐도, 정정숙씨가 남편과 사별한 뒤 혼자서 자녀를 키우고 있던 동안의 사정을 알 수 없었다.

일장이 통례로 되어 있다. 제주도에서는 조금 길어, 부모상의 경우에는 오일장이므로 정정숙씨의 8일장은 몹시 길다고 할 수 있다. 그런데도 손자 창식씨 가족, 딸 내외와 조카 3명이 일을 쉬면서 한국에서 장례와 매장에 참여했다. 일본에서 바쁘게 일하고 있는 사람은 좀처럼 흉내 낼 수 없는, 형식적인 면에서 철저하고 고풍스러운 장례식이라고 할 수 있다.

한국에서는 옛날부터 밖에서 죽음을 맞이하는 것(객사)을 두려워했다. 일본에서 매장을 위해 돌아오는 시신은 고내리 마을 사람들에게 있어서 객사로 간주되었다. 그 때문에 시신을 집 안에 들일 수 없었고, 마을 어귀에서 떨어진 공터에 텐트를 치고 시신을 안치하는 제단을 준비할 수밖에 없었다.

제주도에서는 죽은 사람을 근처의 밭이나 공터 등에 임시로 매장하는 토롱이라는 풍습이 있었다. 보통 일본에서 옮겨진 시신은 매장을 기다리는 동안 토롱을 한다. 일본에서 장례를 치르러 온 유족들에게는 받아들여지지 않아 옥신각신하는 원인도 되지만, 객사한 시신을 집안에 안치하는 일은 마을 사람에게 있어 납득하기 어려운 일이었다. 우연히도 고내리에서는 그해 정월부터 마을 사람이 8명이나 사망했다. 그로 인해 마을 사람들은 마을이 부정탔다면서 정월에 행하는 마을 축제도 하지 않았다. 그러한 사정을 알고 있는 마을에 살고 있던 조카 영환씨는 토롱을 제안했지만 정정숙씨의 딸들의 강한 반대로 토롱 대신에 마을에서 떨어진 공터에 텐트를 치고 제단을 만들었다. 제단 앞에서 도착한 날부터 매장일까지 3박 4일을 보내고 고인에 대한 의례가 이어졌다. 하루 세 번 식사를 올리고 끊임없이 향을 피우고, 나아가 유족은 밤에도 쉬지 않고 텐트 안에서 시신을 지켜봐야 했다. 4월 말이었지만 밤은 상당히 추웠다. 도쿄에서 온 유족들은 익숙하지 않은 곳에서 어려움이 많았지만 마을에 사는 홍씨 집안의 젊은 친척 3세대와 그 친구들의 도움으로 장례를 치를 수 있었다. 매장하는 날에는 무덤을 파거나 운구차로 운반하는 작업은 장의업자에 맡겼지만, 친척들과 마을 청년회원들을 합쳐서 약 50명이 매장지까지 와서 여러 가지 도움을 주었다.

마을에서는 지금도 보통 장의업자를 고용하지 않고 마을 사람끼리 서로 도와 장례식을 모두 치른다. 여기서 고내리에서 행해졌던 정정숙씨의 장례식과 마을에 살다가 죽은 사람의 장례식을 비교해보자. 정정숙씨가 죽은 같은 해 1월, 내가 고내리에서 조사를 하던 중에 홍씨 집안의 부인(그림1의 두식斗植씨 처)이 갑자기 사망해 장례식이 치뤄졌다. 매일 마을 사람들과 조문객으로 이웃집까지 빌리지 않으면 손님을 치를 수 없는 상황이었다. 홍씨 집안의 몇 안 되는 친척인 영환英煥씨 가족은 5일간 대부분 시간을 두식씨 집에서 보내고 있었다. 장례식이 끝나는 날까지 영환의 가족이 집에 돌아가는 것은 잠잘 때뿐이었고 그 이외의 시간은 식사까지 모두 두식씨 집에서 마쳤다. 밤샘부터 매장까지 친척도 마을 사람도 함께 식사하고, 밤에도 유족과 함께 보냈다. 마을의 젊은이들은 아침까지 집밖에서 카드놀이나 이야기를 하면서 날을 새웠고, 필요에 따라 장례식을 거들어 주었다. 매장일까지 24시간 마을이 깨어 있는 듯한 느낌이었다. 매회의 식사(철야를 하는 사람들이 먹는 야식도 포함해 하루 4회) 준비만으로도 큰일이었기에 마을 사람들의 도움이 절실했다. 야식만 해도 매번 50인분은 만들고 있었다. 더욱이 점심 이후는 저녁까지 조문하러 찾아온 사람들 모두에게 식사를 대접해야 했다.[14] 이 장례식의 조문객은 약 400명이 넘었고 그 접대를 위해 사용한 돼지만 8마리에 달했다.

그에 비해서 일본에서 고인이 되어 돌아온 정정숙씨와 그 유족들은 고향 마을 안에서 장례식을 치뤘지만 여러 면에서 마을 사람들의 장례식과는 달랐다. 그것은 정정숙씨도 그 유족들도 고향 고내리에서 살았던 것이 아니라 도쿄 아라카와의 고내리에서 살았기 때문이다. 정정숙씨의 귀향은 현재 고내리에 사는 사람들과의 관계를 추구해서 행해진 것이 아니었다. 사후死後의 장소와 사자死者끼리의 관계를 추구해서 돌아온 것이라 볼 수 있다. 그래서 조문객에 대한 대접도 사뭇 달랐다. 예를 들면, 조문객은 근처의 레스토랑에서 식사를 마치도록 했으며, 가능한 한 마을 사람들과 관계를 맺지 않으려 했다. 매장을 할 때 도와준 「며느리회」와 마을의 「청년회」에는 사례금 형식으로 기부금을 건네주었다. 마을 사람간의 관혼상제는 언제나 상

---

14 그 때문인지 마을의 여성들은 며느리들의 모임인 「며느리회」를 만들어 월 1회 친목의 장을 만들고 있다. 그리고 결혼, 장례식, 제사 등 행사가 있을 때에는 상부상조를 한다.

부상조로 이루어지고 있었지만, 일본에서 온 유족들은 그러한 호혜적 관계 형성은 불가능했기에 금전적으로 보답하는 형식을 취했다.

이렇듯 일본에서 일부러 시신을 옮겨와 행하는 생장이라는 장례는 여러 배려를 필요로 하기에 때로는 호사스러운 느낌을 준다. 그러나 실제로 고향에 도착하고 나서의 장례식 그 자체는 마을 및 친척과의 관계를 여러모로 신경쓰면서 하지 않으면 불협화음을 일으킬 수 있는 어려운 일이었다. 이는 장례식을 마을에서 치를 수 있도록 받아들인 마을 사람들도 마찬가지였다. 고인과 가까운 친척은 조카 영환씨 정도로, 고령인 그를 대신해서 장례식을 주관한 그의 아들 부부 입장에서 보면 상당히 먼 친척의 장례식을 치르는 것이었다. 더욱이 중요한 유족이 평소 왕래가 없는 딸이었던 점과 상주인 손자는 한국말도 한국의 풍습도 모르는 30세 동포 3세였다. 이러한 점은 상황을 한층 부자연스럽게 만들었다. 유족으로서는 익숙하지 않은 곳에서, 여러 가지 이유로 몹시 지내기가 편하다고는 할 수 없는 상황에 놓인 4일간이었다.

생장이 여러 가지 의미에서 매우 부담이 간다는 것을 알고 있는 이주 2세들 중에는 정정숙씨처럼 부모가 생장을 부탁해도 들어주지 못하고 화장하는 예도 드물지 않다. 그러면 그 대단한 생장―귀향하는「죽음」―을 가능하게 하는 조건은 도대체 어떤 것일까, 또한 어떠한 제반 상황 하에서, 어떠한 원망願望으로 생장은 실행되는 것일까.

4. 사후의 세계관

1) 토장土葬과 조상과 함께 추모되는 사후세계

정정숙씨가 생장에 집착했던 이유로 우선 화장에 대한 저항감을 들 수 있다. 한국과 일본에서 사후死後처리의 가장 큰 차이점은 일본에서는 시신을 주로 화장하는 것에 비해 한국에서는 주로 토장한다는 점이다. 현재 이미 국토의 1%가 묘지로 사용되고 있는 상황 속에서 한국 정부는 화장을 장려하는 정책을 펴고 있지만, 일반 시민들에게 화장의 문화를 침투시키는 것은 어려운 듯하다.[15]

재일 이주 1세들 사이에서는 일본의 풍습대로 화장하는 것을 어쩔 수 없다고 생각하는 사람이 많다. 화장하는 것을 거부하는 사람들이 토장을 할 수 있는 방법은 대체로 셋이다. 일본 안에서도 토장이 허용된 곳에 묘를 건립하거나, 노후를 한국에서 보내다 죽음을 맞이하거나, 그리고 생장이다. 화장을 거부하고 죽기 직전에 고향에 돌아가는 사례는 적다고는 해도 드문 이야기는 아니다. 그러한 예는 특히 배우자가 먼저 사망한 사람이 많다. 재일 1세의 화장에 대한 거부감은 토장 문화와 화장 문화가 다른 사후 세계관에 기원하는 것으로 생각한다. 화장을 거부하는 대부분의 사람은 뜨거운 불 속에서 태워지는 것이 무섭다고 한다. 한 번 죽은 육체가 불에 태워지는 것이 다시 살해되는 듯한 기분이 든다고도 말하고 있다. 또한 종래의 한국 사회에서 화장에 대한 이미지도 화장 거부에 큰 영향을 끼치고 있다. 한국에서 화장은 분골하여 산과 바다, 강 등에 뿌리는 것이 일반적이었다. 자연스럽게 묘를 따로 갖지 못한다. 그 때문에 화장은 묘를 관리해 줄 수 있는 자손들이 없는 사람들 사이에서 이루어졌다. 자손이 없다는 것은 결혼하기 전에 사망한 사람, 모르는 곳에서 객사한 사람 등을 연상시킨다. 화장은 박복한 사람이 어쩔 수 없이 하는 장례 방법이라고 생각하는 1세가 적지 않다. 그러나 재일동포 2세·3세들은 토장에 관한 이미지조차 모를 정도로 화장을 당연시 여긴다.

생장을 부탁하거나 그것을 받아들이는 사람에게 공통적인 생각은 일본에서는 오랫동안 무덤을 지킬 수 없다는 점이었다. 일본의 경우 묘지 계약은 대체로 30년이 기한이다. 기한이 안 되어도 자손들이 관리를 게을리 하면 바로 무연고 무덤이 된다. 한국에서는 족보에 고인의 묘의 위치를 기록하는 항목이 있을 정도로 묘는 언제까

---

15 김성호 외(1990)의 조사에 따르면, 화장에 대해서 응답자의 36.8%가 절대 반대, 38.4%가 화장제도도 상관없다고 대답하고, 22.5%가 잘 모르겠다고 답했다. 토장보다 화장이 좋다고 답한 사람은 약 2.4%였다. 최근에는 한국에서도 화장이 보편적인 장례절차로 보일 정도로 보급되었다.

지나 남는 것으로 인식되어 있다. 실제로 설이나 추석 때 행해지는 성묘는 10대代 전의 선조까지 거슬러 올라간다. 더욱이 매년 한 번은 종중 전체 선조의 묘제墓祭를 지내는 등 한국인에게 있어서 무덤은 반영구적이다. 그것은 생장을 부탁하는 재일동포 1세의 마음속에서도 마찬가지다. 그 생각은 때로 친족 공동묘지를 통해 읽어낼수 있다.

2) 친족 공동묘지

고향을 떠난 사람이 많은 제주도는 조상의 묘지 관리가 매우 심각한 문제였다. 어느 재일동포의 친족회 회의록에는 고향의 선조 무덤 정비를 위해 1950년에 모금해서 송금한 기록이 남아 있었다. 한일 국교가 없던 시대의 일이다. 또한 1965년 이후, 즉 한일 국교가 정상화 되면서 많은 사람이 고향을 방문해 조상의 묘지정비를 했다.

제주에서는 예로부터 고인의 무덤을 건립하는 데 풍수가 중시됐다. 그 때문에 고인의 매장지를 찾을 때 지관地官이 추천하는 곳이면 다른 선조의 무덤과 관계없이 결정했다. 그 결과, 선조의 무덤은 성묘가 하루에 끝나지 않을 정도로 흩어져 있었다. 이러한 상황은 제주도에 남아 일본에 사는 친척들의 몫까지 묘지관리를 해야 하는 사람들에게 큰 부담을 안겼다. 조상의 묘지를 찾지 못하는 동포들도 속출했다. 그래서 생각해낸 것이 큰 묘지를 사서 선조들의 묘를 그곳에 모으는 것이었다. 경제적 부담은 일본에 사는 사람들이 주로 맡았다. 그때의 조건은 고향에 있는 친척들이 재일동포 선조의 무덤도 관리하고, 그 대신 다소 먼 친척이라도 묘지를 자유롭게 사용해도 좋다는 것이었다. 후자의 조건에 관해서는 재일동포 쪽에서도 자진해서 의견을 냈다. 자신들의 선조만을 모아두어서는 결국엔 아무도 관리해주지 않게 되리라는 두려움이 있었기 때문이었다. 현재 고향에 사는 사람들이 친족 공동묘지를 이용함으로 인해 지속적으로 관리할 가능성이 높아진다고 여겼다. 고내리의 경우, 성姓마

다 있는 친족회 중에서 89%가 독자적인 친족 공동묘지를 소유하고 있다.[16]

홍씨 집안에서도 친족 공동묘지를 상당히 이른 시기부터 조성하고 있었다. 일본에서 무덤을 만들면 3대도 못가 무덤이 없어지거나 무연고 고인이 되어버리기 때문에 한국에 사는 친족과 함께 친족 공동묘지를 만들어 관리받자고 항상 주장해왔던 연식延植씨가 솔선해서 움직였다. 도쿄 거주 친척들에게 호소해서 친족 공동묘지의 자금을 모았다. 3천 평 규모의 장소를 찾아내 묘지조성을 한 것은 고내리에 사는 형 영환英煥씨였다. 일본에서 사망했지만 일본에 무덤을 만들지 않고 제주 친족 공동묘지에 무덤을 건립한 홍씨 집안 사람은 현시점에서 6명이다. 관리용 자금을 모아 저축한 이자로 매년 벌초와 묘제墓祭를 하고 있다. 무덤의 위치는 지면에 가계도를 쓴 것처럼 세대별로 되어 있다. 그 때문에 아직 건재한 사람을 위한 공간도 일목요연하게 알 수 있는 것이 특징이다. 선조뿐만 아니라 끝없이 이어지는 자손들의 위치까지 상상할 수 있다. 이 공동묘지는 그야말로 영속적인 시간을 가시화했다.

또한 한국에서는 자신들의 선조 중에서도 특히 중요한 역할을 한 선조—섬에서는 처음 섬에 들어온 입도조入島祖, 본토에서는 처음 마을에 들어온 입향조入鄕祖—에 대한 제사를 지낸다. 족보와 무덤이라는 장치를 통해서 선조와 자신의 연결을 확인한다. 성공한 재일동포 1세 중에는 이러한 입도조 무덤의 정비에도 열심이다. 그것은 무덤을 반영구적인 것으로 보는 그들의 의식을 나타내는 일례이다. 생장은 그러한 의식을 배경으로 고향의 영원한 무덤에 잠들고 싶다는 1세의 욕망에서 태어난 것일 수 있다.

---

16 이것은 다른 마을 출신자와 비교해 압도적으로 높은 수치이다. 재일 제주도 출신자 전체로 보면 친족 공동묘지를 고향에 만든 사람들은 아직 소수이다. 고내리 출신자의 경우, 도쿄에 모여 살고 있기 때문에 어딘가에 공동묘지를 만들었다는 정보가 유출되기 쉽고, 그것이 경쟁심을 자극하는 것도 있어 높은 소유율을 보이게 됐다고 생각된다.

5. 「고내리」에 살며 고내리에 잠들다

1) 귀향하는 「죽음」과 2세들

　재일 1세가 고향에 묻히고 싶어 할 때 2세들은 난감해 한다. 2세들은 일본에서 살아갈 것이 자명하기 때문이다. 앞으로도 자손이 한국에 돌아가 생활한다는 것은 생각하기 어렵다. 그래서 자손들이 매년 성묘하기를 기대한다면 일본에 묘지를 세우는 것이 타당한 선택이다. 부모가 생장을 유언으로 남겼지만 가까이에 두고 성묘하고 싶어 유언을 실행하지 않았다는 자손도 있었다.

　그러나 한편으로 이주 1세와 2세·3세와의 사이를 가로막는 여러 가지 면에서 나타나는 그들 간의 갭은 귀향하는 「죽음」을 만들어내는 또 하나의 요인이다. 생활에 쫓기고 있던 1세들은 자녀들에게 한국인으로서의 자기 모습―한국어가 일본어보다 자유롭고 한국의 습관에 익숙해서, 평소의 교류도 고향 사람이 대부분이고 특히 아라카와의 고내리 사람들은 도쿄에 있으면서도 고내리에 살고 있는 점 등등―을 제대로 가르쳐주지 않았다. 2세들은 어릴 때부터 뭔가 다른 것 같다고 생각하면서도 그것에 대해 깊이 생각하거나 원인을 깊이 생각하지 않는 경우가 많았다. 그러한 시기가 길어지면 두 세대 사이에 갭이 있지만 그리 민감하지 않게 된다. 예를 들면, 민단은 지금도 공식적인 모임에서는 한국어를 사용하고 있다. 놀랍게도 민단 주최의 성인식에서도 한국어로 식을 진행한다. 주인공인 신新성인 2세·3세는 말의 의미도 모르는 채 견디고 있었다. 이러한 장면은 평소 제사, 결혼식, 장례식 등 친척이 모이는 곳에서는 늘 있는 일이기에 신경 쓰이지 않는다고 한다. 즉, 2세·3세들은 1세가 자신들과는 다르다는 것을 여러 가지 생활 장면에서 어릴 때부터 피부로 느껴 자연스럽게 이해하고 있다.

　생장으로 아버지를 고향에 보낸 한 2세는 다음과 같이 말하고 있다.[17]

17　그는 40대 의사로, 종래 친목회에도 집의 제사에도 그다지 참석하지 않았다. 부친의 장례식이 끝

"일본에서 살고 있던 아버지는, 죽으면 화장하고 일본의 어딘가에 무덤을 만들어 뼈를 거두리라 생각하고 있었다. 그러나 갑자기 생장을 부탁받고 깜짝 놀랐다. 나로서는 다행이라는 느낌이 들었다. 일본에서 자신을 위해서 뭔가를 주장한 적이 없는 아버지가 죽은 후의 처리에 대해 주장을 갖고 있어 기뻤다. 일본에서 보통 사는 일본인과는 다른 점을 자신의 죽음의 처리방식을 통해 증명하고 있다는 느낌이 들어 멋있다고 생각했다. 아버지가 평범한 인생을 걸어온 사람이라면, '어떻게 자기 생각만 하는 이기주의자일까'라며 받아들이지 않았을지도 모르겠다. 그러나 밀항으로 일본에 건너와 가장 밑바닥 생활부터 현재를 쌓아 올린 그에게 어울리는 장례식이고, 그정도는 해주어도 당연하다는 생각이 들었다."

여기에 보이는 것은 아버지와 아들의 관계라기보다는 자신과는 다른 가치관을 가진 사람에 대한 관용 혹은 존중이다. 이 경우 2세는 화장과 무연고 고인이 되는 것에 대한 두려움이라는 구체적인 이유를 이해해서 생장 요구에 응한 것이 아니다. 또한 1세도 자신들이 가지고 있는 문화와 그것에 뿌리를 둔 원망願望을 2세·3세가 이해해 주는 것을 기대하고 있지 않다. 양자 간의 문화적 거리는 명확한 것이며, 서로 충분히 이해가 가는 행동은 성립하기 힘들다. 그러나 이해할 수도 극복할 수도 없는 차이가 있으므로 오히려 그 차이를 존중하려는 의식이 생긴 것은 아닐까.

재일 2세·3세의 1세에 대한 감정은 참으로 복잡하다. 관용과 존중의 감정과 동시에 저항과 혐오도 공존한다. 그러한 양면적인 감정은 같은 사람 안에서도 상황에 따라서 한쪽의 극極에 치닫곤 한다.[18] 일상에서는 1세의 방식에 등을 돌리는 일이 있었

난 후, 양친의 장례식을 마친 다른 2세들과 마찬가지로 친목회의 골프MT에 참가하고 있었다. 골프MT는 연 1회 있지만, 언제나 평일에 열리기 때문에 자영업과 같이 시간이 자유로운 직업에 종사하고 있는 회원이 아니면 좀처럼 참가하기 어렵다. 의사인 그가 평일에도 불구하고 참가했던 것은 장례식에서 신세를 진 친목회 사람들에게 예를 올리고 감사의 마음을 나타내기 위해서였다.

18　김찬정(金贊汀)은 2세·3세가 살아 있는 현실을 일본의 사회상황 하에서 설명하고 있다(金贊汀, 1977). 다음은 2세의 1세에 대한 양면적인 감정이 잘 나타나 있는 시의 일부분이다(尹惠林, 1981).
　　「내게 있어 『조국』은, 물 속의 태양.
　　손가락 사이로 스르르 도망가 버리네.
　　우리들이 이렇게도

다고 해도, 때에 따라 예를 들면, 저항과 혐오의 대상이 사라지는 「죽음」이라는 사건 앞에서는 상대의 일방적인 요구까지 받아들이는 너그러운 태도를 보인다. 1세들의 생장 소원에 대해 2세·3세가 이해할 수 없으면서도 그것을 들어주려고 하는 것은 바로 이러한 점에서 비롯된다. 역설적으로 들리겠지만 세대 간의 커다란 갭이 귀향하는 「죽음」을 실현시키는 동력일 수 있다.

또한 생장을 하는 2세·3세의 관용은 그들 앞에 뜻밖의 선물이 되어 나타난다. 그것은 사자를 위해 큰일을 해냈다는 스스로의 만족감과 더불어 친척과 친목회 사람들로부터 받는 효자로서의 높은 평가가 그렇다. 그러나 무엇보다도 주목할 만한 것은 지금까지 고향 고내리와는 무관하게 살아온 2세들 중에서 자신도 사후 공동묘지에 들어가고 싶다고 생각하는 사람들이 나온 점이다. 그러한 사람들은 단순히 그렇게 생각할 뿐만 아니라 성묘와 벌초를 위해 매년 고향을 방문하고 있다. 생장을 계기로 관념적인 존재였던 고향이 실생활의 일부로 편입되었다는 점에 주목할 필요가 있다. 사자의 귀향이 결과적으로 생자生者의 관계를 확대했을 뿐만 아니라 이주 1세의 전통적인 문화에 대한 이해도 넓혔다고 할 수 있다.

2) 영면의 장소 「고내리」

그런데 정정숙씨는 왜 고향에 시신인 채 돌아가는 것에 대해 저렇게까지 집착했던 것일까. 그녀는 아라카와에서 살기 위해 몇 번이나 「밀항」에 도전했다. 그런 정정숙씨가 죽음에 즈음해서 생장을 원하는 것은 무슨 의미일까. 거기에는 화장이나 무연고 고인에 대한 두려움 외에 뭔가가 있는 것은 아닐까.

괴로워 발버둥치고 있다고 하는데도
당신들은 아무런 노력도 하지 않고
평상복의 조선을 몸에 걸치고 있다.
그래서, 여러분,
나는 여러분이 싫습니다.」

아라카와의「제2의 고내리」에 관한 기술을 떠올려 보자. 정정숙씨가 생장을 원한 이유는 역시 제주도 출신 이주 1세의 생활 상황에 있다고 본다. 정정숙씨뿐만 아니라 이주 1세는「일본」과「도쿄」에서 생활을 추구했다기보다「아라카와에 있는 또 하나의 고내리」에서 생활을 추구했다고 할 수 있다. 그것은 일본 이주가 시작된 이래 고내리 출신자가 고생해서 만들어낸 세계였다. 그곳은 정정숙씨 같은 1세들이 무사히 살 수 있는 곳이었다. 앞에서 언급했듯이 제주도의 고내리보다 고내리 사람이 많은 아라카와는 생활환경 면에서도, 사람과의 교제 면에서도 현실의 고향보다 살기 좋고 아늑한 곳이었을지 모른다. 그러나 그것은 살아있기 때문에 만끽할 수 있는 환경이고 관계였다.

원래 고내리에서 일본으로 건너온 사람들의 가장 큰 목적은 더 좋은 생활을 위해 일을 하기 위해서였다. 그것을 가능하게 했던 것은 마을 사람들의 인간관계(다양한 재일동포 네트워크)였다. 그러나 그것은 건강하고 일할 수 있을 때야말로 의미가 있는 것이었다. 나이를 먹어 일할 수 없게 된 사람에게 일본은 임시 장소에 불과하다고 느끼게 한다고 했다. 일본에 와서 억척스럽게 일해 온 고령자 중에서 자신의 의지로 현역을 물러나 고향으로 돌아가는 사람이 나오는 것도, 또한 밀항으로 와서 아직 현역으로 열심히 일하고 있는 사람들의 입에서 나이를 먹으면 고향에 돌아가고 싶다는 말이 나오는 것도 그러한 사정을 말하고 있는 듯이 생각된다.

이러한 사람들이 인생의 마지막을 매듭지으려는 단계에서 스스로 납득할 수 있는 방법을 모색하는 것은 당연하다고 볼 수 있다. 정정숙씨에게 있어 생장이 바로 그러하다. 아마 그녀에게 있어, 그리고 생장을 원했던 1세에 있어 사후死後의 거처를 고내리에 구하는 것은 아라카와의 고내리에서 얻을 수 있었던 아늑한 관계를 사후에도 유지하려는 것이었으리라. 친족 공동묘지에서 친한 선조들과 함께 잠들며 한국의 전통적인 제사로 쉴 수 있는 그러한 편안한 사후의 모습을 추구하고 있었다. 그것은 아라카와의 고내리에서 살고 제주도의 고내리에서 잠든다는 것이다. 정정숙씨의 경우 고향 묘지에는 남편을 비롯해 기억에 남아 있는 선조들이 잠들고 있고, 무엇보다 사랑하는 아들도 거기에 있다.

1세의 사후를 담당하는 처지의 2세들에게 내가 질문하면 자신은 무덤은 필요 없다, 뼈를 부수어 어딘가에 뿌려달라는 사람이 많았다. 똑같은 말을 하는 사람은 1세 중에도 있었다. 숫자만을 문제로 삼는다면 토장을 추구하는 사람보다 많을지도 모른다. 그러한 현실을 생각하면 생장을 실현하기 위해서는 죽은 사람의 소원을 실행에 옮겨 주는 강력한 이해자가 필요하다. 정정숙씨의 예에서는 연식씨가 중요한 역할을 다하고 있었다. 연식씨는 정정숙씨 이외에 숙부인 주생周生 씨, 장인어른 내외로부터도 생장을 부탁받았다. 그들이 친아들도 아닌 연식씨에게 부탁하는 이유는 연식씨가 생장에 관해 긍정적으로 생각하고 있을 뿐만 아니라 연식씨 자신이 가장 적극적인 형태로 두 개의 고내리에 살아가려고 하는 것을 잘 알고 있기 때문이다.

연식씨는 친족 공동묘지의 건립을 추진했을 뿐 아니라 1996년에 고내리에 집을 지었다. 2층의 호화스러운 3세대 주택이다. 그중 2세대 몫에 영환씨 부부와 차남 가족이 살고 있고 1세대 몫은 연식씨가 귀국하면 사용할 수 있도록 평소에는 비워 놓았다. 어떤 이유인지 모르지만 일본에서 한국으로 돌아올 가능성도 염두에 두었다고 했다. 그런 생각을 하게 된 계기는 10년 전의 사업 실패였다. 연식씨가 경영하고 있던 가방회사는 순탄하게 업적을 늘려 생활에도 여유가 생겼다. 주위의 평가도 높았고 자연스럽게 민단 일과 고향과의 관계 만들기에도 열심이었다. 그러나 사업 실패로 일가족이 뿔뿔이 흩어져 생활하지 않으면 안 되는 상태로까지 떨어졌을 때, 일본은 앞으로 쭉 살아갈 곳이 아니라는 생각이 들었다고 했다. 연식씨는 그때 함께 일해 온 고내리 출신의 동료들까지도 자신에게 등을 돌리는 것을 보고 결심했다. 성공하면 고향에 자신이 지낼 수 있는 장소를 만들자고. 일본은 몸이 건강할 때 일하는 곳이고 성공했을 때는 아늑한 곳이지만, 늙거나 사업에 실패하거나 해서 힘이 없을 때는 어느 곳보다 괴로운 곳이라고 몸소 실감했다. 제주도의 고내리에는 연식씨와 비슷한 생각에서 현역에서 은퇴한 후 일본에서의 재산을 정리하고 고향으로 돌아온 사람도 있다. 그러나 귀향한 사람들은 장기간의 부재로 마을 생활에 녹아 들어가기 힘들었다. 단순히 고향에 돌아가 사는 것만으로는 마을 내의 인간관계에는 들어갈 수 없었다. 그러한 사정을 숙지하고 있었던 연식씨는 형을 위해서 집을 짓거나 친족 공동묘지를 만들어 선조의 무덤을 한곳에 모으는 작업을 솔선해서 해 왔다. 그는 마을의 결혼식과 장례식 등에 참가할 수 없어도 형을 통해 축의금을 전하고, 부조금을 냈다. 마을에 살고 있지 않지만, 마을 내 행사나 마을 사람들의 관혼상제를 챙기면서 마을 사람들의 네트워크를 유지했다.

연식씨의 이러한 노력에는 자신들의 세대뿐만 아니라 자손들에 대한 배려도 엿볼 수 있었다. 언젠가 자손 중에서 자기 뿌리를 찾으려고 하는 사람이 나타났을 때를 위해 일본 안에 무엇인가를 남기려고 해도 언제나 유동적일 수밖에 없는 재일동포에게는 무리가 있다. 그러나 고향에 무덤을 남겨 두면 그것이 가능해진다고 연식씨는 말한다.[19] 나아가 그는 이주자의 자손들이 고향에 돌아가기 위해서는 그곳에 누군가 친족이 남아 있지 않으면 안 된다고 했다. 그러기 위해서는 고향에 남은 사람들이 생활고로 떠나는 일이 없도록 성공한 재일동포가 고향 사람들의 생활에 도움이 되는 존재로 있어야 한다고 강조했다.

이렇게 보면 고향 고내리가 이주 1세에게 있어 얼마나 큰 존재인지 알 수 있다. 하지만 그「고향」은 1세가 더듬어 온 삶의 궤적의 연장선상에 있다. 1세 나름의 관념의 산물처럼도 보인다. 현재 고향에 사는 사람들에게 고내리와, 고향을 모르는 이주 2세·3세에 있어 고내리는 서로 다른 곳인지도 모른다. 생장은 실제 고향 고내리에서 치러지는 장례식이다. 거기에서는 각자 다른「고내리」가 서로 충돌한다. 그 충돌은 한편으로는 친척 간의 불편함과 반일 감정을 낳을 위험이 도사리고 있다. 다른 한편으로는 서로의「고내리」의 접점을 발견하는 쪽으로 이어져, 결과적으로 새로운 관계와 유대가 생기는 일도 있다. 예를 들면, 부모의 매장을 계기로 공동묘지의 향후 관리 운영에 관여하게 된 이주 2세가 지금까지 교류가 거의 없었던 고향의 친척들과 새로운 관계를 맺거나, 생장을 통해 자신도 사후에는 고향에 있는 친족 공동묘지에

---

19 재일동포 1세 중에는 자신의 이주 궤적을 자손에게 전하는 의도도 담아서 여러 가지로 궁리해 무덤을 건립하는 사람이 있다. 그러한 무덤에는 몇 백 년을 거슬러 올라간 시조로 불리는 사람부터 고인(故人)까지의 계통도와, 1세의 도일(渡日) 상황, 일본에서의 경력이라는 개인사 등을 기록한 묘비가 세워져 있다(李仁子, 1996).

들어가고 싶다고 생각한 2세·3세가 고향과의 교류를 시작하는 것이다. 그들은 생장을 매개로 지금까지 아무런 관계도 없었던 고향을 실생활의 일부로 편입하기 시작했다. 이렇게 생각한다면, 자신의 사후 안식처를 찾아서 고향으로 돌아온 사자死者들은 그 행위를 통해서 자손들에게 새로운 삶의 터전을 선물하고 떠났다고 볼 수 있지 않을까. 그러나 그것이 앞으로 어떻게 전개될 것인가 예상하는 것은 어렵다. 생장을 치른 2세·3세가 일본 생활 안에서 고향 고내리를 어떻게 편입시켜 가는지, 연식씨처럼 현역 때부터 귀향 준비를 하는 사람들은 정말로 귀향하는지, 귀향하면 2세·3세와의 관계는 어떻게 변화해 가는지, 그것들을 끝까지 지켜보는 데에는 아직 시간이 걸릴 것 같다.

6. 후기

고내리의 연구로 박사논문을 쓴지 20여 년이 훌쩍 지났다. 생장으로 귀향하시는 정 할머니를 따라 고내리에 갔던 때로부터 세면 25년이나 전의 일이다. 박사논문 집필 후에도 고내리친목회 회원들과의 교류는 이어졌다. 1월에 있는 친목회의 신년회, 각 집안의 신년회, 중요 연구협력자의 제사, 부인회 여행과 어버이날 모임, 2세·3세가 주축이 되어 만든 청년회의 바비큐 파티, 골프, 1940년생의 태양회 모임 등에 2000년부터 코로나로 모임을 못하게 된 2019년까지 참석하여 그들과 한 멤버인양 참석하였다. 나의 연구를 적극적으로 도와 주셨던 1930년대, 1940년대 태어난 1세 분 중에는 여전히 건강하신 분들도 많지만 돌아가신 분도 많다.

먼저 이 글에서 소개한 홍씨 집안을 보면, 일선에서 집안을 이끌어 왔던 분들이 돌아가시고 이제는 정 할머니의 손자가 집안 어르신을 모시고 매년 벌초를 하고 있다. 당시 두 살과 한 살이었던 아들은 대학생이 되었고 2019년까지 부부와 두 자녀가 벌초에 참여했다.[20] 2019년 가을에 벌초지에서 만난 대학생 아들은 1년에 한 번이긴 하지만 자기 뿌리가 어디에 있는지 극명하게 느끼고 가는 3박 4일이라고 했다. 25년 전과 비교하면 몇 분 어른들이 돌아가셔서 안 계신 점과 젊었던 사람들이 고령자로 어른이 된 점, 아이들이 청장년으로 성장한 점만 다를 뿐 벌초하는 순서, 벌초 후에 정해진 식당에서 한우를 구워먹는 모습은 변함이 없었다. 일본에 사는 친척들은 1년에한 번 벌초 귀국을 염두에 두고 가계를 꾸리고 있다고 했다.

자신이 절실하게 고향으로 돌아가고 싶은 마음이 있었고 1세들의 그런 마음을 헤아려 생장을 돌보았던 연식씨는 2009년 돌아가셨다. 그의 묘는 아라카와구 소재의 공영 묘지 안에 여느 일본인과 다르지 않은 석조 묘로 설치되었다. 유언으로 남기고 싶었지만 말하기도 전에 그의 희망 사항을 알던 가족은 고향에 묘지를 꾸미는 것에 반대했다. 그는 조용히 마지막 남은 시간을 보냈고 정 할머니처럼 원하는 것을 유언하지 못한 채 떠났다. 그의 마음을 헤아린 고향에 살던 형은(그분도 3년 전에 돌아가셨지만) 가족묘지 한 구석에 묘비를 세워 그를 기렸다. 그 묘비가 있는 것조차 부인과 네 아들은 모른다고 한다. 연식씨의 장례식에는 필자도 참석했다. 고내리친목회 사람만이 아니라 도쿄 아라카와 일대의 재일동포들이 모두 모인 듯이 많은 사람이 조문을 했다. 마을 친목회나 고향 방문 등에 소극적이었던 자녀들은 장례가 끝나고 친목회 모임 등에 오지 않았다. 또한 부인 역시 소속해 있던 마을 모임에 일절 모습을 나타내지 않게 되었다. 제사도 가족만이 하겠다고 했지만, 친척들의 반대에 부딪혀 가까운 친척만을 받아들여 제사를 지낸다. 참고로 네 명의 아들들은 정 할머니의 손자와 동년배이다. 연식씨의 고향에 대한 뜻과 자세는 정 할머니의 손자에게 이어진 듯 실천하고 있다.

고내리친목회도 3세들이 이끌어 가고 있다. 8월에 있는 바비큐 파티에는 150여 명의 회원 가족이 모여 동경 도내의 도시공원에서 하루를 보내고 있다. 박사논문 집필을 위해 집을 빌려 살면서 조사하던 시절에 비하면 여러모로 적어진 규모지만 친목

---

20 코로나 감염확대로 인해 2020년과 2021년 추석 전에 행하는 벌초에 일본 친척들은 참여하지 못했다.

회 결성 90년, 일본 도래 100년의 역사는 후손인 3세·4세들에게 각인된 것을 느낄 수 있다. 민족교육이며 민족적 아이덴티티를 중히 여기는 발언은 많지만, 재일동포들의 연속적 삶에 초점을 맞춘 연구와 발언은 많지 않은 듯하다. 앞으로 3세·4세가 이끌어 가는 고내리친목회 회원들과의 교류를 통해 나라를 떠나 다른 나라에서 터를 잡고 사는 사람들의 삶에 대해 그들의 시점에서 보고 고찰하면서 이주자가 이주지와 출신지를 가슴에 품고 사는 삶에 대해 더 이해하고자 한다.

제12장

제주도에 대한 자기 민족지와 학문적 생애사

유철인

나의 학문적 여정은 제주도 연구(유철인, 2021)와 구술생애사 연구(유철인, 2022)라는 두 갈래 길을 걸어온 것이다. 제주해녀의 물질에 관한 생애이야기(유철인, 1998a), 제주 4·3사건 관련 수형인 여성의 증언(유철인, 2002; 2004), 제주도에서 처음으로 국제여행사를 경영했던 여성 사업가의 생애사(유철인, 2015a; 2017)는 두 갈래 길이 한 지점에서 만난 것이다.

이 글에서는 제주도라는 섬에 살고 있는 육지 인류학자의 제주도에 대한 자기 민족지autoethnography(Ellis & Bochner, 2000: 739; Ellis et al., 2011)에 한정해서 나의 학문적 생애사를 이야기하고자 한다. 인류학자는 현장에 들어가 장기간 현지조사fieldwork를 해서 그곳의 문화를 이해한다. 제주도가 삶의 터전이자 연구의 대상인 내게는 현장에 들어가는 과정이 제주도 이주로 끝났기 때문에 인류학적 현지조사를 하고 있는지에 대한 걱정과 의문이 항상 들었다. 지금에 와서 돌이켜 보면, 문화를 이해하기 위해 인류학자 자신의 개인적 경험을 성찰·분석하는 '자기 민족지'의 개념은 이러한 걱정과 의문을 어느 정도 해소해 주었다고 본다. 자기 민족지의 형태가 아니더라도 인류학적 현지조사의 가장 중요한 조사 도구는 인류학자 자신이다. 인류학자는 현지에서 겪는 자신의 경험을 성찰하면서 현지인의 경험 세계를 들여다보게 된다. 그렇지만 내가 '제라한'('온전한' 혹은 '제대로 된'이라는 뜻의 제주어) 인류학적 현지조사를 했는지는 여전히 미심쩍다.

1. 도서성

삶의 터전인 제주도나 관광지인 제주도나 연구의 대상인 제주도나 이에 대한 이야기는 제주도가 섬이라는 데서 시작된다. 섬은 바다로 둘러싸인 일정한 규모의 땅이다. 1984년 2월 서울에서 제주도로 이주하자마자 내게 '육지'라는 말이 귀에 들어왔다. 제주사람들은 제주도를 제외한 한국사회를 육지라고 일컫는데, '육지'라는 어휘는 제주도(1995: 461)가 펴낸 『제주어사전』과 그 후 발간된 개정·증보판(제주특별자치도, 2009: 703)의 표제어로 실을 정도로 제주사회의 통속적인 용어folk term 혹은 일상적인 말이다. 『제주어사전』에서는 육지를 단순하게 "육지陸地"로 풀이했지만, 『개정·증보 제주어사전』은 "육지. 제주도에서 한반도 지역을 일컫는 말"이라고 풀이했다. 1520년에 제주로 유배 온 김정金淨이 쓴 「제주풍토록濟州風土錄」에 한반도 지역을 "陸地"로 표현한 것을 보면(김일우, 2021: 91), 제주도에서는 한반도 지역을 일컫는 '육지'라는 말을 오래 전부터 사용했다.

제주도에서 사용하는 '육지'라는 말의 의미에 초점을 맞추어 1980년대 중반 논문 두 편을 발표했다. 「일상생활과 도서성: 제주도 문화에 대한 인지인류학적 접근」(유철인, 1984)이라는 논문은 제16차 한국문화인류학회 전국대회(1984년 11월 2-3일)에서 「제주인의 생활세계에 있어서의 환경과 역사의 의미」라는 제목으로 발표한 것을 수정·보완한 것이다. 생활세계는 사람들 사이에 의사소통을 통해 의미적으로 엮어지는 일상생활의 영역이다. 이 논문에서는 제주사람의 생활세계를 제주/육지의 이분법과 도서성島嶼性에 대한 인지적 적응이라는 두 가지 측면에서 살펴보았다. 한동안 처음 만나는 제주사람 대부분이 내 고향을 물어, 그들과 나누었던 대화를 통해 제주와 육지의 이분법을 알게 되었다. 1984년에 어떤 월간지와 커피 제품을 사려고 했을 때, 제주도에 없는 물건은 육지에도 없다는 말을 들었다. 가게의 이러한 전략은 섬의 한계를 알면서도 인정하려 들지 않는 방식으로 도서성에 적응하고 있는 것으로 파악했다.

1960년대부터 감귤재배와 관광개발로 제주도가 육지와 보다 밀접하게 교류하게 되면서 제주도는 한국의 '주변사회'가 되었다. 「제주사람들의 문화적 정체감: 주변사회에 있어서의 적응방식」(유철인, 1986)이라는 논문은 세계평화교수협의회 제주지회 제4회 학술세미나(1985년 4월 20일)에서 「제주도와 육지부 간의 사회접합: 제주사회구조와 문화적 정체성」이라는 제목으로 발표하고, 제17차 한국문화인류학회 전국대회(1985년 10월 18-19일)에서 「제주도와 육지 간의 사회접합과 문화적 정체감」이라는 제목으로 발표한 것을 수정·보완한 것이다. 이 논문은 제주사람들이 주변사회의 한 적응전략으로 전통에 대한 강조를 통해 문화적 정체성을 강화하고 있다고 주장한다. 제주사람이라는 문화적 정체성은 어느 정도 고립성을 유지하던 섬에서 나타날 수 있는 배타성을 바탕으로 '육지사람'인 외부인과 구별 짓기를 통해 드러난다. 기본적으로 출생지로 제주사람을 구분하지만, 제주사람에 대한 명확한 규정은 없고 상황에 따른 인식만 있다. 따라서 육지에서 온 이주민과 관광객의 존재가 제주사람이라는 문화적 정체성을 형성하는데 매우 큰 영향을 미친다. 1980년대 중반에 들은 육지사람이라는 말은 2016년에 발간된 「제주 정착주민 실태조사 및 지원방안」이라는 연구보고서(이화진, 2016: 93-96)에도 등장한다.

1990년대에 들어 「해석인류학과 생애사: 제주사람들의 삶을 표현하기 위한 이론과 방법의 모색」(유철인, 1990)이라는 논문에서 제주사회에는 대면對面사회와 산업사회의 요소가 공존하고 있다는 주장을 했다. 대면사회는 '알음으로' 일이 되는 사회이며, 내부인과 외부인의 구분이 뚜렷하게 나타나는 사회이다. 우리 가족이 1984년 2월말 제주도로 이사 올 때 집을 구하기가 매우 어려웠다는 경험에서 빠르게 산업사회의 모습을 보이는 제주도이지만 섬이라는 사실 때문에 제주사람의 생활세계에 대면사회의 속성이 여전히 강하게 나타난다고 느꼈다. 적어도 2000년대 중반까지 제주도에서는 1월 말 '신구간新舊間'이라는 정해진 기간에 주로 이사를 했다. 신구간은 묵은해의 마지막 절기인 대한大寒 후 5일부터 새해의 첫 절기인 입춘立春 전 3일까지, 1월 말 약 1주일간을 가리킨다. 제주사람의 생활세계에 대면사회와 산업사회가 공존하면서 경쟁하고 있다는 이야기는 제주도濟州島가 행정구역상 도道로 승격된 지 45년이 된 1991년에 제주도청의 기관지인 『제주도』(통권 제91호)에 기고한 「제주사회의 변화(1946~1991년): 국가사회와 지역문화의 역동적 관계」라는 글에도 나온다.

　「제주사람들의 사회와 섬에 대한 관념: 인구이동과 제주사회」(유철인, 1992)라는 논문에서는 산업화 과정에서 나타나는 제주도와 육지 간의 인구이동과 제주도의 부속 도서와 제주도 간의 인구이동이 갖는 사회적 의미를 대면사회와 산업사회의 공존과 경쟁에서 찾았다. 육지사람의 이주·정착 과정은 대면사회인 제주사회의 통합을 심정적으로 또는 상징적으로 강화시켜 나간다. 반면에 부속 도서와 제주도 간의 인구이동은 부속 도서 마을의 통합을 약화시키고 있다. 부속 도서 주민의 이동에는 부속 도서 마을의 공동체 의식이라는 대면사회의 속성보다는 자원이용의 극대화라는 산업사회의 속성이 작용하고 있다. 이 논문은 제주국제협의회가 주최한 〈제주의 인간과 환경〉 심포지엄(1992년 6월 21-22일)에서 「인구이동과 제주사회」라는 제목으로 발표한 내용을 수정·보완한 것이다.

　도서환경에 대한 적응, 주변성에 대한 대응, 대면사회와 산업사회의 공존이라는 세 가지 측면이 제주사람의 생활세계의 핵심이 되면서 제주문화의 전통이 재창조되고 있다는 내용으로 제주도연구회(현 제주학회) 제11차 전국학술대회(1995년 12월 1일)에서 「제주문화의 연속과 변화와 재창조」라는 논문을 발표하면서 제주사람의 생활세계 내지 제주문화에 대한 인지인류학적 접근을 마무리했다. 이후에는 제주사람과 제주문화를 들여다보는 창窓으로 재일제주인, 제주4·3사건, 제주해녀 세 가지에 주목하기 시작했다.

2. 재일제주인

1995년부터 1997년까지 〈재일코리안의 사회적 네트워크와 문화 동태에 관한 비교사회학적 연구〉라는 일본 문부성 과학연구비 보조금(국제학술연구) 과제의 공동연구원으로 참여하여, 일본 오사카大阪와 도쿄東京의 재일동포에 대한 단기간 현지조사를 몇 차례 수행했다. 제주도 출신 재일동포들이 밀집해 살고 있어 "제주인 사회"(이문웅, 1998: 358)가 형성된 오사카시 이쿠노구生野区에서 했던 현지조사를 바탕으로 쓴 「'재일在日' 사회의 밀항자」(유철인, 1998b)라는 논문은 제주학회 제13차 전국학술발표대회(1997년 11월 14-15일)에서 「재일제주인의 생활: 밀항둥이에서 강제출국자까지」라는 제목으로 발표한 것을 수정·보완한 것이다.

「제주사람들의 생활세계에서의 '일본'」(유철인, 2000)이라는 논문은 제주대학교 동아시아연구소가 주최한 〈해외동포 사회의 현재와 미래〉라는 학술세미나(1998년 9월 11일)에서 「재일제주인과 제주도」라는 제목으로 발표하고 일본 도쿄에 있는 탐라연구회耽羅研究会가 주최한 제1회 제주도済州島연구 국제학술심포지움(1999년 8월 28-29일)에서 「제주사람들의 일본에서의 임시노동 경험」이라는 제목으로 발표한 것을 수정·보완한 것이다. 동아시아연구소 학술세미나에서 내 발표에 대해 토론을 맡았던 재제주 일본국총영사관 부영사는 일본에 재일코리안이 살고 있다는 사실을 모르는 일본사람이 많다면서, 본인의 경우 '밀항자'의 존재에 대해서는 내 발표를 듣고 처음알았다고 이야기했다. 일본어를 하지 못하는 나로서는 한국어가 가능한 밀항자를 대상으로 인터뷰를 했지만, 일본 속의 밀항자이기에 인터뷰를 할수록 일본어 구사능력이 재일제주인 연구에서 중요하다고 느꼈다. 일본 국제교류기금Japan Foundation의 지원을 받아 2010년 8월부터 1년간 일본의 도호쿠東北대학과 야마가타山形대학의 객원연구원으로 있었지만, 2011년 3월 11일 도호쿠 지방에서 발생한 동일본 대지진을 겪는 바람에 일본어 공부가 중단되면서 재일제주인의 연구는 더 이상 진전을 보지 못하고 말았다.

내가 재일제주인의 존재에 대해 처음으로 알게 된 계기는 제주도로 이주한 초기

에 있었다. 1984년 제주도로 이주한 직후 미국에 국제전화를 걸려고 했을 때 국제
자동전화의 접속번호를 문의하기 위해 114에 전화를 했다. 그러자 114 안내원은
'00181'로 시작하라고 응답했다. 지금은 국제자동전화의 접속번호가 여러 개 있지
만, 1984년 당시에는 001 하나였다. 81은 일본의 국가번호이다. 114 안내원은 제주도
에서 거는 국제전화라면 당연히 일본으로 거는 전화라고 생각한 모양이다.

　같은 해 미국에서 보낸 꽤 많은 양의 책을 소포로 받았다. 얼마 후 제주세무서에
서 국제소포물에 대한 관세를 내라고 연락이 왔다. 나는 유학시절에 보던 내 책 이외
에 다른 것을 받은 적이 없다고 대답했다. 그러자 세무서 직원은 '코끼리 밥통'이나
다른 어떤 것이라도 일본에서 받은 적이 없나 잘 생각해 보라고 한다. 당시 일제 코
끼리표 전기밥솥은 꽤 인기 품목이었다. 제주도에서 국제소포물을 받으면, 대개 일
본에 있는 가족이나 친척이 보내주는 것으로 생각하는 모양이다. 114 안내원의 대
꾸와 세무서 직원의 연락으로 제주사람들이 제주도 출신 재일동포와 매우 빈번하게
접촉하고 있다는 것을 알았다.

　일본 오사카에서 단기간 현지조사를 할 때 한 주요 정보제공자(제주시 삼양동 출신 밀
항자)는 내게 "당신이 제주사람이면 일본에 아는 사람이 있겠지만, 그렇지 못하니까
내가 도와준다."고 몇 번씩 이야기했다. 제주도와 일본을 잇는 사회적 네트워크는
제주사람들이 일제 강점기에 일본으로 이동하면서 시작되었다. 이러한 사회적 네트
워크를 통해 가구주나 부인까지도 가족을 떠나 일본으로 밀항을 하거나 일본에 거
주하는 가족이나 친척을 방문하여 일시적으로 일본에서 일을 했던 제주사람이 제법
있다. 제주도에 남아있는 가족과 친척으로 인해 제주도 출신 재일동포에게 제주도
는 여전히 중요한 생활세계의 일부가 되고 있다. 반대로 제주도에 살고 있는 제주사
람의 생활세계에는 가족이나 친척이 재일동포로 살고 있는 일본이 자리 잡고 있다.

3. 제주4·3사건

고향이 제주도가 아니고 제주4·3사건(4·3)이 일어난 당시에 태어나지도 않았던 내가 처음으로 4·3의 존재를 알게 되고, 4·3은 제주도에 여전히 살아 있다는 것을 피부로 느꼈던 때는 제주대학교 교수로 임용되던 1984년 봄이다. 그러나 제주4·3 사건 당시 도대체 무슨 일이 왜, 어떻게 일어났는지 그때 알았던 것은 물론 아니다. 나를 포함하여 30여 명이 그해 봄 제주대학교 교수로 채용되었다. 1월 중 임용에 필요한 서류를 냈지만, 3월 학기가 시작되어도 임용이 되지 않았다. 나를 비롯한 육지 출신 임용예정자들의 신원조회는 다 끝났는데, 제주 출신 몇 사람의 신원조회가 아직 끝나지 않았다는 것이다. 제주4·3사건이 제주사람에 대한 신원조회를 더디게 한다는 이야기를 그때 들었다. 다행히 3월말에 모든 임용예정자가 임용되었다.

제주4·3사건이 내게 보다 구체적으로 다가온 것은 '5공(제5공화국)'이 만든 작품이었다. 1985년 제주대학교 사회과학대학 학생회가 『아라문화』라는 학생회 잡지를 창간하면서, 미국 학자인 존 메릴(Merrill, 1980)의 4·3 논문의 '일부'를 게재하려다 당국에 사전 적발이 되었다. 내가 학생회장의 지도교수라서 그 문제를 상의하는 책임 있는 자리에 불려 나갔다. 학생회가 준비한 글은 메릴의 논문에서 앞뒤를 마구 잘라 저자의 의도와 상관없이 누가 몇 명을 죽였다는 것만 의도적으로 발췌한 것이었다.

제주4·3사건 자체를 다루는 것에 반대하던 당국과 협의하는 과정에서, 나는 메릴의 논문이 원래 1975년 하버드대학교 석사학위논문으로 쓴 것을 학술지에 게재한 것이므로 학술적 가치가 높은 논문이라고 강조했다. 또한 4·3은 언젠가 다루어야 할 제주의 역사이고 어차피 불거져 나온 문제이니, 학생들이 4·3에 대해 정확하게 인식할 필요가 있다고 이야기했다. 내 주장이 어느 정도 받아들여져, 학생회가 준비한 글을 싣지 않는 대신, 내가 책임을 지고 어떤 행태로든지 메릴의 논문에 관한 것을 학생회 잡지에 게재하기로 결론이 내려졌다. 메릴의 논문 전체를 번역할 생각도 했지만(그 후 논문 전체가 번역되어 나왔다. 노민영, 1988 참조), 나는 메릴의 논문을 소개하는 것(유철인, 1985)으로 끝을 맺고 말았다.

학생회 사건이 계기가 되어 나는 4·3에 대한 연구를 시작해야겠다고 생각했다. 과거 자체를 정확하게 파악하겠다는 것보다 지금 제주도에 사는 우리에게 4·3은 무엇을 던져주고 있는가를 알려는 '현재에서 과거를 찾는' 작업을 하려던 것이지만, 여러 사정으로 그때 4·3 연구를 시작하지 못하고 말았다. 1995년 5월부터 제주4·3 연구소 이사를 맡으면서 나는 4·3을 다시 만났다. 1995년 10월 21일 제주4·3연구소가 주최한 〈제주4·3 치유를 위한 도민토론회〉에서 「4·3의 현재적 의미와 새로운 역사 만들기로서의 "4·3공원"」이라는 제목의 발제를 했고, 한국문화인류학회 173차 월례발표회(1996년 10월 19일)에서는 「제주4·3의 현재적 의미와 제주사람들의 역사인식」이라는 제목으로 토론회 발표 때의 경험을 덧붙여서 발표했다. 토론회와 학술회의에서 구두로 발표했던 내용을 수정·보완하여 『문화인류학자의 자기 민족지 제주도』(유철인, 2021: 75-100)에 「4·3의 현재적 의미」라는 제목으로 실었다.

그 후 〈분단이후의 역사적 경험과 지역공동체의 변화: 제주도 지역을 중심으로〉라는 1997년도 한국학술진흥재단 자유공모과제의 공동연구원으로 참여하여, 조천읍에 있는 중산간 마을인 호미마을(가명)에서 네 명의 인류학자가 공동으로 4·3에 대해 현지조사를 했다. 제주학회 제14차 전국학술발표대회(1998년 11월 13-14일)에서 「시국 이전에 있던 것이 지금도 있는 것은 이 몸뚱이밖에 없다: 제주 4·3과 마을공동체」라는 제목으로 현지조사 결과의 일부를 개별로 발표했고, 공동으로 「제주 4·3의 경험과 마을공동체의 변화」(김성례·유철인·김은실·김창민·고창훈·김석준, 2001)라는 논문을 발표했다. 내가 제주학회에서 구두로 발표했던 내용을 수정·보완하여 『문화인류학자의 자기 민족지 제주도』(유철인, 2021: 101-116)에 「4·3과 마을공동체」라는 제목으로 실었다. 4·3 이후 호미마을의 공동체 복원과정은 역사적 경험의 서사화 과정을 통하여 4·3이 호미마을 사람들에게 아직까지 살아 있는 역사라는 것을 보여준다.

1998년은 4·3 50주년의 해로, 〈제주 4·3 제50주년 학술·문화사업추진위원회〉의 학술사업인 4·3으로 잃어버린 마을에 대한 조사에 참여하여, 「결론: 잃어버린 마을의 살아남은 사람들」(유철인, 1998c)을 집필했다. 잃어버린 한 마을의 이야기는 곧 잃어버린 다른 마을의 이야기가 되었다. 한 사람의 이야기는 다른 사람의 이야기와 같았다. 4 · 3으로 잃어버린 마을의 살아남은 사람들은 우리에게 50년 전의 과거가 현재까지 어떻게 살아있는지 생생하게 이야기해 주고 있다.

내가 4 · 3 증언채록팀 팀장이 되어 총 7명의 채록자가 4 · 3으로 인해 '수형' 생활을 했던 10명의 증언을 채록하여, 『무덤에서 살아나온 4 · 3 '수형자'들』(제주4 · 3연구소, 2002)이라는 증언집을 펴냈다. 증언집의 목적은 4 · 3 관련 '수형인'들이 4 · 3의 와중에 영문도 모른 채 검거되어 고문을 당하고, 죄목도 제대로 모른 상태에서 '불법적인' 군법회의를 거쳐 수형생활을 했다는 사실을 '증언'하려는 것이다.

제주4 · 3연구소에서 이 증언집을 펴낸 때는 1999년 12월 16일 국회에서 통과된 후 2000년 1월 12일 제정 · 공포된 「제주4 · 3사건 진상규명 및 희생자 명예회복에 관한 특별법」(이하 4 · 3특별법이라 함)에 따라 희생자 신고가 이미 이루어졌고, 제주4 · 3사건 진상보고서 작성기획단에서 보고서 작성을 위해 자료수집 및 증언채록이 한창 진행 중이던 때였다. 따라서 연구소에서 증언집을 출간한 목적은 국무총리가 위원장인 〈제주4 · 3사건 진상규명 및 희생자 명예회복 위원회〉에서 차후 희생자에 대한 심사가 이루어지고 진상보고서가 채택될 때 수형인도 '희생자'라는 것을 4 · 3의 '진실' 하나로 강력하게 제시하기 위한 것이다.

2003년 10월 15일 확정된 「제주4 · 3사건 진상조사보고서」에서는 제주4 · 3사건을 "1947년 3월 1일 경찰의 발포사건을 기점으로 하여, 경찰 · 서청[서북청년회]의 탄압에 대한 저항과 단선[단독선거] · 단정[단독정부] 반대를 기치로 1948년 4월 3일 남로당 제주도당 무장대가 무장봉기한 이래 1954년 9월 21일 한라산 금족지역이 전면 개방될 때까지 제주도에서 발생한 무장대와 토벌대 간의 무력충돌과 토벌대의 진압과정에서 수많은 주민들이 희생당한 사건"(제주4 · 3사건 진상규명 및 희생자 명예회복 위원회, 2003: 536)이라고 정의했다.

증언집에 실은 「강정순: 시집 잘못 간 죄가 내란죄?」(유철인, 2002)는 과거의 특정 사건과 경험에 대한 증언을 채록한다는 목적에 맞게 해석되어 시간적인 순서에 따라 강정순(1925년생)의 생애를 서술하면서 연구자(저자, 구술채록자)가 간단한 해설을 덧붙인 생애텍스트이다. 1948년 11월 강정순의 가족은 중산간 마을인 안덕면 동광리를 떠나 해안가 마을인 안덕면 화순리를 거쳐 제주시로 피난을 갔다. 제주시에서 첫 번째 남편의 첩이 밀고하여 그녀는 경찰에 잡혀간 후 군법회의에서 '내란죄'에 대해 '유죄' 판정을 받고 감옥살이를 했고, 집에 돌아온 후 두 번째 남편을 만나 아이를 낳고 살아 왔다. 그녀는 4·3의 와중에 자기에게 닥친 일을 시국 탓으로 돌리기보다는 "시집 잘못 간 탓"으로 돌렸다.

이미 발표된 강정순의 증언(유철인, 2002)을 생애사 연구의 핵심주제인 구술자의 주체성subjectivity과 서사전략에 초점을 두고 해석하여 「구술된 경험 읽기: 제주 4·3 관련 수형인 여성의 생애사」(유철인, 2004)를 발표했다. 2002년도 한국학술진흥재단 선도연구자 지원과제로 수행한 이 논문은 먼저 구술자의 목소리로 생애텍스트를 제시한 후, 저자(연구자, 구술채록자)가 생애텍스트에서 읽어낸 것을 해석의 바탕이 된 구술과 함께 서술했다. 그녀의 생애사에는 고문으로 병신이 된 몸이 아이를 낳은 몸으로 '변환되는 주체성'이 중요한 것으로 나타났다. 또한 그녀의 생애사는 무장대를 도와준 일이 없었다는 '서사적 진실narrative truth'(김성례, 2002: 52)이 그때를 경험한 구술자에게는 유일한 진실이라는 것을 보여 주었다. 강정순의 '내란죄'에 대한 유죄 판정이라는 당시의 사실적 진실factual truth은 4·3 당시 중산간 마을에 살았던 주민은 아무런 이유도 없이 모두 산쪽 무장대와 같은 취급을 받았다는 것을 말해 준다.

강정순을 비롯하여 내가 구술생애사 인터뷰를 한 양순자(유철인, 2006), 조명옥(유철인, 2010a), 이문자(유철인, 2010b) 등 여성 네 명의 생애사를 바탕으로, 제주4·3연구소와 제주4·3평화재단이 주최한 제주4·3 62주년 기념 국제심포지엄(2010년 10월 8-9일)에서 「4·3 경험에 대한 여성구술사적 접근」을 발표했다. 양순자(가명, 1925년생)는 약초를 캐며 살아온 생애이야기를 듣기 위해 인터뷰를 했으며, 조명옥(1922년생)과 이문자(1929년생)는 마을지 작성의 일환으로 전반적인 생애사를 듣기 위해 인터뷰를 했다. 이들은 모두 4·3 당시 결혼한 상태인 20대 여성으로 자신의 생애를 이야기하면서 4·3 때 일을 스스로 끄집어냈다. 제주대학교 평화연구소가 주최한 〈제주4·3과 여성에 관한 학문적 체계 수립〉을 위한 학술세미나(2013년 11월 1일)에서 「4·3 경험에 대한 여성 구술생애사」를 발표할 때에는 앞선 발표 때 다루었던 여성 네 명의 생애사뿐만 아니라 제주4·3연구소가 채록하여 펴낸〈제주4·3 구술자료 총서 5〉(제주4·3연구소, 2013)에 실린 여성 두 명(1923년생과 1926년생)의 구술자료까지 추가하여 논의했다.

제주4·3연구소가 주최한 제주 4·3 65주년 기념 학술대회(2013년 3월 29일)에서 발표한 후『4·3과 역사』(제12·13호 합본호)에 실은「대학생의 4·3 인식과 평화교육:〈제주4·3의 이해〉강좌에 대한 검토」(유철인, 2013)는 2008학년도 1학기부터 내가 제주대학교에서 온라인으로 개설해 온 4·3 강좌가 평화와 인권교육으로 자리매김 되고 있는지 수강생들의 토론을 통해 살펴보았다. 이 강좌는 제주4·3사건 진상조사보고서 작성기획단의 전문위원을 지냈던 박찬식 박사와 공동으로 개발했는데, 학습내용은「제주4·3사건 진상조사보고서」(제주4·3사건 진상규명 및 희생자 명예회복 위원회, 2003)를 바탕으로 작성되었다.

〈제주4·3의 이해〉강좌는 꽤 많은 학생들에게 4·3을 노출시키는 교양강의(일반선택 과목)로 정착되었지만, 학습내용을 진상조사보고서에 바탕을 둔 한계 때문에 4·3을 통한 평화와 인권교육은 제대로 달성되지 않았다. 양민학살을 4·3사건의 중심에 둔 4·3특별법에 따라 작성된 진상조사보고서 역시 주민희생에 초점을 둘 수밖에 없었다. 2008년 3월에 개관한 제주4·3평화기념관의 제1전시실 입구에는 〈4·3백비白碑〉가 놓여 있다. 백비는 어떤 까닭이 있어 글을 새기지 못한 비석을 말한다. 제주4·3은 봉기, 항쟁, 폭동, 사태, 사건 등 다양하게 불러왔는데, 아직까지도 올바른 역사적 이름을 얻지 못하고 있음을 보여주는 비석이다.

일본 에히메대학愛媛大学에서 열린〈냉전기 한국과 일본에서의 미국의 존재〉에 관한 제3회 연구회(2011년 6월 18일)에서는 미국 국립문서기록관리청이 소장하고 있는 4·3 관련 미육군통신대US Army Signal Corps의 사진과 4·3 당시 미고문관으로 제주도에서 근무했던 리치Leach 대위의 개인 소장 사진을 분석하여 발표했다. 제주4·3사건에 대한 나의 학문적 관심은 2015년 2월, 2년 임기 중 1년 만에 제주4·3연구소장을 스스로 그만두면서 사그라지고 말았다. 이는 내가 2006년부터 본격적으로 제주

해녀문화를 유네스코 인류무형문화유산 대표목록에 등재하는데 힘을 쏟은 탓도 컸다. 제주4·3연구소가 수행한 '제주4·3사건 1,000인 증언채록사업'으로 채록한 증언 중 일부를 제주4·3연구소장이던 내가 총괄하여 〈제주4·3증언총서〉 총 8권을 엮어 펴낸 작업으로 나의 4·3연구는 일단락을 맺었다. 〈제주4·3증언총서〉는 4·3 당시 지명을 기준으로 구술자의 4·3 당시 거주지 혹은 출생지에 따라 제주도 전역을 제주읍(2권), 애월·한림면, 대정·안덕면, 서귀·중문면, 남원·표선면, 구좌·성산면, 조천면으로 나누어 엮은 것이다(유철인, 2015b: 10).

4. 제주해녀

해녀는 공기 공급장치 없이 무자맥질하여 해산물을 채취하는 '물질'을 직업으로 하는 여성이다. 화산섬인 제주도의 자연적·지리적 환경은 어선어업이나 농업보다는 해녀어업에 더 유리한 여건을 제공한다. 나는 〈제주해녀의 생애사에 나타난 물질경험의 세계〉라는 1996년도 한국학술진흥재단 자유공모과제를 수행하면서부터 제주해녀에 대해 본격적으로 공부하기 시작했다. 여러 신체적인 제약으로 해녀의 물질을 물속 가까이에서 들여다보지 못하는 나로서는 인터뷰를 통해 해녀의 물질경험을 이해할 수밖에 없었다. 해녀연구를 시작했을 무렵, 마침 일본의 해녀인 '아마海女'를 연구하는 데이비드 플라스(미국 일리노이대학교 인류학과) 교수가 제주도를 방문했다. 1997년 5월 16일 그는 제주대학교 탐라문화연구소에서 「일본해녀의 기술적·환경적 적응: 후기 산업사회에서의 채집경제」라는 제목으로 강연을 했다. 강연 자료로 사용한 일본의 아마에 관한 비디오인 「환경에 대한 적응」의 해설판(데이비드 플라스, 1997)을 내가 번역하면서 해녀의 물질경험을 어느 정도 이해하게 되었다.

「물질하는 것도 머리싸움: 제주해녀의 생애이야기」(유철인, 1998a)는 1997년 4월 인터뷰 당시 서른두 살로 제주도의 성산포수협 관내에서 가장 젊은 상군 해녀인 김순자(가명)의 생애이야기이다. 물질을 새롭게 배우려는 사람이 별로 없어 30대 이하 젊은 해녀가 계속 줄어드는 상황에서 그녀는 어떻게 해녀가 되었는지 궁금했다. 1960년대 전후 물질을 시작한 제주해녀들은 보통 어린 시절에 '자연스럽게' 물질을 배워 결혼 전에 본격적으로 해녀생활을 시작했다. 김순자는 충남 서산에서 태어났으나, 그곳으로 바깥물질을 나온 제주해녀를 따라 어렸을 때 성산읍 온평리로 와서 제주해녀의 양녀로 자랐다. 그녀는 결혼 후 충남 서산 바다에서 물질을 시작했다고 말했는데, 구술채록자인 내가 물질경험에 초점을 맞추어 질문도 하면서 구술생애사 인터뷰가 진행되었다.

김순자는 물질이 해산물을 많이 채취하겠다는 욕심을 이겨내야 하는 자기와의 싸움이며, 해산물의 서식처와 바다 생태환경을 생각해서 작업해야 하는 머리싸움이라고 말했다. 그러면서 물질은 눈치껏 배우는 것이라 경험이 제일 중요하다고 덧붙였다. 그녀의 생애와 물질경험에 대한 이야기는 해녀라는 직업세계를 들여다볼 수 있는 훌륭한 길잡이가 되었다. 몸과 기술에 대한 문화적인 의미를 보여 주는 김순자의 생애이야기를 바탕으로 물질과 몸에 대한 여러 해녀의 인터뷰 내용을 추가하여, 「제주해녀의 몸과 기술에 대한 문화적 접근」이라는 제목으로 민속학회 주최 제3회 민속학 국제학술회의(1999년 9월 14-15일)에서 발표했다.

그 후 제주도여성특별위원회가 주최한 〈제주여성사정립연구를 위한 제3차 워크숍〉(2000년 11월 24일)에서 「제주해녀의 삶: 역사인류학적 과제」를 발표했다. 제주도여성특별위원회가 네 차례 진행된 워크숍 자료를 모아 발간하면서 내 발표문을 그대로 실었지만, 워크숍 발표문에는 초고에 해당하는 글이기에 저자의 허락 없이 인용하지 말기 바란다고 적었다(유철인, 2001: 91). 발표문에서는 그때까지의 제주해녀 연구를 살펴보면서 해녀에 대한 기초적인 연구가 부족하다고 지적했다. 인용한 출처가 없거나 통계가 정확하지 않은 것뿐만 아니라 어느 시대의 해녀에 대한 이야기인지 명확하게 밝히지 않아 제주해녀 연구의 역사성이 부족한 것으로 느꼈다. 발표문의 상당 부분을 수정·보완하여『문화인류학자의 자기 민족지 제주도』(유철인, 2021: 155-185)에「제주해녀의 역사」라는 제목으로 실었다.

「제주해녀의 역사」는 해녀라는 용어의 문제, 조선시대의 잠녀潛女, 일본 식민자본주의 아래 새롭게 등장한 해녀라는 직업집단, 그리고 1960년대 이후 제주해녀 집단의 변화를 살펴보았다. 조선시대 제주에서는 남성인 포작鮑作(浦作)이 전복을 채취하고 여성인 잠녀가 미역을 채취하여 공납貢納의 역役을 담당했는데, 18세기에 이르면 잠녀가 물질을 전담하게 된다. 19세기 말 제주해녀가 육지로 바깥물질을 나가기 이전 우리나라에는 해녀가 제주도에만 존재했다고 추측된다. 제주해녀가 물질을 할 때 입는 옷은 1970년대에 재래 해녀복인 '물옷'에서 개량 해녀복인 '고무옷'으로 바뀌었다. 제주도의 독특한 여성 직업집단인 해녀는 시대에 따라 삶의 조건과 양상이 다른 역사적 존재인 것이다.

〈제주 잠녀(해녀)의 해양문명사적 가치와 '잠녀학' 정립 가능성 모색: 문화비교론적 관점〉이라는 2001년도 한국학술진흥재단 인문학육성지원 과제를 수행하기 위해 2001년부터 2004년까지 몇 차례 실시한 일본의 아마海女(海士)에 대한 단기간 현지조사에 연구협력자로 참여했다(좌혜경 외, 2006: 4). 일본 아마에 대한 현지조사는 비교문화의 관점에서 공동체 정신과 지속가능한 발전이라는 제주해녀의 가치를 들여다 볼 수 있는 계기가 되었다.

2006년 6월 7일 해녀박물관 개관 기념 국제학술회의에서 「제주해녀: 무형문화유산과 지속가능한 발전」을 발표하면서, 내가 처음으로 유네스코 〈무형문화유산보호협약〉의 등재 제도인 인류무형문화유산 대표목록에 제주해녀(문화)를 등재하자는 제안을 했다. 유네스코 무형문화유산 보호협약은 2003년에 제정되어 2006년 4월부터 발효되었다. 내 제안의 핵심은 제주해녀의 물질기술과 생태환경에 관한 지식은 유네스코 협약에서 정의한 무형문화유산에 적합한 것이며, 제주해녀의 숫자가 줄어들고 있는 상황에서 물질이 지속가능한 발전의 가치를 보여주기 때문에 제주해녀(문화)는 유네스코 무형문화유산 보호협약에 의해 보호되어야 한다는 것이다.

2009년 제4회 해녀 국제학술심포지엄(6월 8-9일)에서 발표한 「해녀: 유네스코 무형문화유산 대표목록 신청 안案」에서는 제주해녀가 사라지면 '살아 있는 유산living heritage'인 제주해녀문화 자체와 해녀의 물질작업이 보여주고 있는 소중한 가치가 완전히 사라진다는 점을 강조했고, 제주해녀(문화)가 유네스코 대표목록 등재조건을 갖추어야 한다는 점을 지적했다. 내가 2009년 발표할 당시 제주해녀(문화)의 경우, 다섯 가지 등재조건 중 등재를 신청하는 무형유산은 국가목록에 등재되어 있어야 한다는 등재조건이 걸림돌이었다. 제주해녀(문화)는 당시「문화재보호법」상 무형문화재가 될 수 없었지만, 2011년 제주해녀가 문화재청〈무형문화재 예비목록〉에 포함되면서 유네스코 등재신청의 길이 열렸다. 예비목록은 국가무형문화재나 시도무형문화재로 지정되지 않은 무형문화재 목록으로 유네스코 등재를 염두에 두고 새롭게 만든 목록이다.

2012년 제주세계자연보전총회 프로그램의 하나로 제주학회와 제주특별자치도가 주최한〈유네스코 국제보호지역의 성공적 세계유산관리와 활용방안〉워크숍(9월 8일)에서「유네스코 무형문화유산 등재와 제주잠녀의 지속가능성」을 발표한 것을 시작으로 여러 국제학술회의에서 제주해녀(문화)의 유네스코 등재와 관련된 내용을 발표했다. 베트남 나트랑에서 개최된〈해양 및 도서문화의 보호와 증진〉에 관한 국제회의(2015년 1월 5-6일)에서「제주해녀문화의 보호조치」를 발표했고, 캐나다 퀘벡의 라발대학교에서 열린 캐나다민속학회 연례학술대회(2016년 5월 19-22일)에서「무형문화재와 무형문화유산 사이의 어중간한 상태: 한국의 '제주해녀문화' 신청서」를 발표했다.

베트남에서 발표한 제주해녀문화의 보호조치에 대한 논의는 인류무형문화유산 대표목록 등재기준의 하나를 충족시키기 위한 노력이었다. 유네스코 등재 신청서에는 해당 유산을 보호하고 증진할 수 있는 효과적인 보호조치를 설명해야 한다. 제주해녀문화 신청서에 대해 캐나다에서 발표한 내용은 한국의 무형문화재 제도와 유네스코 무형문화유산 협약의 차이에 주목하면서 신청서가 제주해녀문화를 어떻게 소개하고 있는지 논의했다. 2014년 3월 말과 2015년 3월 말 유네스코에 제주해녀문화 신청서를 제출할 당시 시행 중인 한국의「문화재보호법」에서 정의한 무형문화재는 2003년 유네스코 협약에서 정의한 무형문화유산의 일부만 포함하고 있었다. 2016년 3월부터 시행된 개정「문화재보호법」과「무형문화재 보전 및 진흥에 관한 법률」에서 이야기하는 무형문화재는 유네스코 협약의 무형문화유산의 개념을 담아내기는 했지만, 한국의 무형문화재 제도와 유네스코 무형문화유산 협약 사이에는 여전히 간

극이 존재하고 있다.

'제주해녀문화'는 2016년 11월 30일 유네스코 인류무형문화유산 대표목록에 등재되었다. 제주해녀문화가 유네스코에 등재된 이후에는 유네스코 등재로 대표되는 제주해녀의 유산화가 갖는 의미와 제주해녀문화의 가치에 대해 여러 국제학술회에서 발표했다. 제주시에서 열린 제2회 세계지방자치단체연합UCLG(United Cities and Local Governments) 세계문화정상회의(2017년 5월 10-13일)를 비롯하여, 홍콩에서 열린 홍콩과학기술대학교 남중국연구소 주최 〈아시아의 유산화〉 학술회의(2017년 10월 11-14일), 중국 베이징의 중국사회과학원에서 열린 제4회 한중 인문학포럼(2018년 10월 26-27일), 베이징사범대학교에서 개최된 〈무형문화유산 보호와 농촌진흥에 관한 국제심포지엄〉(2018년 12월 8-9일) 등에서 제주해녀의 유산화와 제주해녀문화의 가치를 발표했다.

제주해녀에 대한 나의 연구는 유네스코 대표목록 등재뿐만 아니라 제주해녀를 국가중요어업유산과 국가무형문화재에 등재하는 데에도 기여했다(유철인, 2015c; 유철인 외, 2016). 제주해녀문화는 「수산업법 시행령」에서 정의한 나잠어업裸潛漁業이라는 어업시스템에서 비롯된 무형문화유산이다. 나잠어업에 종사하는 제주해녀가 사라지면 제주해녀문화도 사라지므로 나잠어업의 지속과 제주해녀문화의 전승은 불가분한 관계라 하겠다. 이런 점에서 2015년 12월 '제주해녀어업'이 국가중요어업유산 제1호로 지정된 것은 큰 의미가 있다. 2016년 3월 시행된 개정 「문화재보호법」에 따라 해녀문화는 '농경·어로 등에 관한 전통지식'이라는 무형문화재에 해당되어, '해녀'는 2017년 5월 국가무형문화재 제132호가 되었다. 국가무형문화재 '해녀'는 제주해녀를 비롯하여 전국의 모든 해녀를 포함하되 특정 보유자나 보유단체를 인정하지 않았다.

제주해녀의 유산화 과정은 제주해녀의 수가 줄어들고 있는 상황에서 제주해녀어업과 제주해녀문화를 보존·전승하기 위한 수단의 하나이다. 유네스코 등재과정은 공동체 정신, 지속가능한 발전, 여성의 권리 등 제주해녀문화의 가치를 재발견하는 기회가 되었고, 유네스코 등재로 제주해녀의 자긍심이 높아졌다. 제주해녀의 유산화 과정, 유산화의 의미, 제주해녀문화의 가치 등에 대한 종합적인 논의는 제주특별자치도 해녀문화유산과와 제주연구원 제주학연구센터가 해녀양성교재로 만든『제주해녀 이해』에「제주해녀의 유산적 가치」(유철인, 2018)라는 제목으로 실렸으며, 이를 수정·보완하여 같은 제목으로『문화인류학자의 자기 민족지 제주도』(유철인, 2021: 211-237)에 실었다.

　제주해녀에 대한 학문적 관심에서 끝나지 않고 제주해녀문화를 유네스코에 등재하는데 힘쓴 과정은 몇 차례에 걸쳐 제주해녀에 대한 강의를 개발하는 것과 함께 진행되었다. 2006학년도 1학기에 내가 이러닝e-learning 강좌로 개설한「제주해녀와 에코페미니즘」은 제주대학교에서 최초로 개설된 제주도 지역관련 교과목이다. 2012학년도부터 이 강좌는「제주해녀의 이해」로 강좌명을 바꾸어 영어로 개설되었고, 2017년 11월 1일부터는 한국형 온라인 공개강좌K-MOOC로「유네스코 무형유산 제주해녀 이야기」가 운영되었다.

5. 제주학

　이 책의〈책을 펴내며〉에서 윤용택이 쓴 것처럼, "인류학 차원에서 본다면 제주섬을 다루는 제주학은 그것[인류학]의 일부이지만, 제주도의 자연, 인문, 사회분야를 아우르는 제주학의 관점에서 본다면 인류학은 그것[제주학]의 한 부분"이라 하겠다. 1985년부터 제주도연구회(현 제주학회)의 간사직을 맡아 제주도연구회 제1차 전국학술대회(1985년 11월 15-16일)를 개최하는데 힘을 보탠 이후, 미국 유학(1986년 8월-1990년 8월)에서 돌아와서 다시 간사직(1991-1992년)을 맡았다. 그 후에도 제주학회에서 편집위원장(1993-1996년), 부회장(2007-2010년), 회장(2013-2014년) 등을 맡아 활동했다.

　제주학회에 깊게 관여한 것뿐만 아니라 제주대학교 교수로 재직하는 동안 제주도 내 거의 유일한 인류학자로 지낸 시간이 많았기에 내가 관심을 가져온 제주사람의 생활세계, 재일제주인, 제주4·3사건, 제주해녀에 대한 연구 이외에 제주도에 관한 여러 가지 논문을 발표했다(이 책의〈유철인 약력과 연구업적〉참조). 제주방송인클럽이 주최한 〈제주지방학의 연구와 발전 방안〉에 관한 세미나(1996년 8월 30일)에서 구두로 발표한 「제주학으로서의 제주사회문화연구」는 수정·보완하여 「지역연구와 제주학: 제주문화연구의 현황과 과제」(유철인, 1996)라는 제목으로 제주학회 학회지에 게재했다. 이 논문에서는 사회과학으로서 제주학을 어떻게 설정할 것인지, 제주사회와 제주문화가 어떤 방식으로 연구되어 왔는지, 제주사회와 제주문화 연구가 제주학으로서 어떤 의미를 가지는지 살펴보았다. 그 후 제주대학교 탐라문화연구소가 주최한 〈석주명선생 탄생 103주년 기념 학술대회〉(2011년 10월 7-8일)에서 「석주명이 남긴 제주학의 과제」를 발표하기도 했지만, 제주학이 무엇인지 제주학의 이름으로 제주도를 어떻게 연구해야 하는지는 여전히 우리 모두의 숙제로 남아 있다.

유철인庾喆仁
약력과 연구업적

1. 약력

1956년 10월 25일   전라남도 광주시에서 출생

1) 학력

1975년 2월	경기고등학교 졸업
1979년 2월	서울대학교 인류학과 졸업
1983년 1월	미국 뉴욕주립대학교State University of New York at Binghamton
	인류학석사(M.A.)
1993년 10월	미국 일리노이대학교University of Illinois at Urbana-Champaign
	인류학박사(Ph.D.)

2) 경력

1979년~1981년	한국농촌경제연구원 농촌사회연구실 연구원
1982년	한국농촌경제연구원 농촌사회연구실 임시연구원
1983년	현대사회연구소 선임연구원대우
1983년	동덕여자대학교, 세종대학교, 서울대학교, 숙명여자대학교 강사

1983년~1984년	한국농촌경제연구원 농촌사회연구실 연구원
1984년~2000년	제주대학교 사회학과 전임강사~교수
1986년~1990년	풀브라이트Fulbright 대학원 학위과정 장학생
1991년~1994년	제주대학교 사회학과 학과장
1997년~2001년	제주대학교 박물관장
2000년~2022년	제주대학교 철학과 교수
2004년	미국 미시간대학교 인류학박물관 방문학자
2007년~2010년	『비교문화연구』(서울대학교 비교문화연구소) 편집위원장
2008년~2011년	『한국민족문화』(부산대학교 한국민족문화연구소) 편집위원
2009년~2010년	(사)한라산생태문화연구소 소장
2010년~2011년	일본 국제교류기금Japan Foundation 펠로우
2010년~2011년	일본 도호쿠東北대학 및 야마가타山形대학 객원연구원
2010년~2012년	*Korean Social Science Journal*(한국사회과학협의회) 편집위원
2013년~2015년	*Korea Journal*(유네스코 한국위원회) 편집위원
2014년	(사)제주4·3연구소 소장
2016년~2020년	*International Journal of Intangible Heritage*(국립민속박물관) 편집위원
2018년~2022년	*Journal of Global and Area Studies*(부경대학교 글로벌지역학연구소) 편집위원
2022년 2월 28일	제주대학교 철학과 교수 정년퇴임
2022년 3월~	제주대학교 명예교수

3) 학회활동

1993년~1996년	제주학회 편집위원장
1993년~현재	한국여성학회 평생회원
1996년~1998년	한국문화인류학회 연구위원장
2000년~2001년	역사문화학회 회장
2002년~2003년	재외한인학회 편집위원
2008년~2010년	한국국제이해교육학회 편집위원장
2010년	한국구술사학회 초대 편집위원장
2011년~2014년	한국문화인류학회 편집위원장
2012년~2013년	한국아메리카학회 지역이사
2013년~2014년	제주학회 회장
2015년~2016년	무형유산학회 초대 편집위원장

| 2015년~2016년 | 한국문화인류학회 회장 |
| 2017년 | 한국구술사학회 회장 |

4) 자문활동

1998년	제주세계섬문화축제조직위원회 전문위원
2000년~2001년	제주교육박물관 고증·자문위원
2001년~2003년	제주4·3사건진상규명및희생자명예회복실무위원회 위원
2002년	한국학술진흥재단「2002년 기초학문육성지원사업」
	인문사회 분과위원회 위원
2006년~2007년	한국학술진흥재단 사회과학단 분과전문위원(Program Manager)
2006년~2007년	제주4·3자료수집범도민운동본부 운영위원
2008년~2010년	제주특별자치도 여성특별위원회 부위원장
2014년~2016년	국립민속박물관 운영자문위원
2015년	한국연구재단 학술지발전위원회 전문평가단 위원
2015년~2016년	한식재단 한식정책자문단 자문위원
2015년~2016년	유네스코 무형문화유산보호협약 정부간위원회 대한민국 대표단 단원
2015년~2017년	제주특별자치도 농어업유산위원회 위원
2015년~2017년	제주여성가족연구원 연구자문위원
2015년~2017년	제주특별자치도 해녀문화보존및전승위원회 위원
2015년~2019년	제주특별자치도 제주해녀축제 추진위원
2015년~현재	유네스코 인간과생물권계획(MAB) 한국위원회 위원
2018년~현재	국가중요어업유산 자문위원회 위원
2019년~2021년	제주특별자치도 해녀문화보존및전승위원회 부위원장
2020년~2022년	제주여성가족연구원 연구자문위원

5) 포상

| 2020년 10월 12일 | 부총리 겸 교육부장관 표창장 |
| 2021년 12월 16일 | 제주특별자치도 문화상(학술 부문) |

2. 연구업적

1) 저서

1982 『한국농촌주민의 삶의 질』, 서울: 한국농촌경제연구원. (공저)
2021 『문화인류학자의 자기 민족지 제주도』, 서울: 민속원.
2021 『이주의 기억, 기억의 이주: 재미한인여성의 생애이야기』, 고양시: 학고방.
2022 『여성 구술생애사와 신세타령』, 서울: 민속원.

2) 번역서

2005 『인류학과 문화비평』, 조지 마커스·마이클 피셔 지음, 대우학술총서 574, 2006년도 대한민국학술원 우수학술도서, 서울: 아카넷.
(Marcus, George E. and Michael M. J. Fischer, *Anthropology as Cultural Critique: An Experimental Moment in the Human Sciences*, Chicago: The University of Chicago Press, 1986.)

3) 편저

1998 『낯선 곳에서 나를 만나다: 문화인류학 맛보기』, 서울: 일조각. (공편)
2006 『낯선 곳에서 나를 만나다』, 개정증보판, 서울: 일조각. (공편)

4) 박사학위논문

1993 Life histories of two Korean women who marry American GIs, 미국 일리노이대학교(어바나샴페인) 인류학 박사학위논문.

5) 논문

1978 「결혼부조를 통해서 본 한국농촌사회의 인간관계」, 『전국대학생 학술연구발표 논문집』 3: 9-27, 단국대학교.
1980 「참여관찰을 통해서 본 농촌주민의 삶의 질」, 『농촌경제』 3(1): 96-104, 한국농촌경제연구원. (공저)
1980 「농촌 청소년의 사회심리적 특성과 영농의지」, 『농촌경제』 3(4): 50-53. (공저)
1980 「현지조사에서의 연구자와 면접원과 농민」, 『한국문화인류학』 12: 115-142, 한국문화인류학회.

1981 「농촌가족구조의 가족유형론적 분석」,『농촌경제』4(2): 103-116.

1982 "Becoming a Farmer in Korea: The Background, Values, and Occupational Expectations of Rural Youth," *Journal of Rural Development* 5: 147-156, Korea Rural Economics Institute.

1982 "The Notion of Participant Observation in Peer Group Research",『한국문화인류학』14: 135-149.

1983 "Economic and Ecological Processes in Rural Korea: A Macro-Level Analysis," *Journal of Rural Development* 6: 59-75.

1984 「일상생활과 도서성: 제주도 문화에 대한 인지인류학적 접근」,『제주도연구』1: 119-144, 제주도연구회.

1986 「제주사람들의 문화적 정체감」,『탐라문화』5: 71-93, 제주대학교 탐라문화연구소.

1986 「한국사회에서의 도서와 육지간의 접합에 관한 연구: 제주도의 경우」,『논문집』(인문사회과학편) 23: 327-361, 제주대학교. (공저)

1990 「생애사와 신세타령: 자료와 텍스트의 문제」,『한국문화인류학』22: 301-308.

1990 「해석인류학과 생애사: 제주사람들의 삶을 표현하기 위한 이론과 방법의 모색」,『제주도연구』7: 105-117.

1991 "Tradition and Cultural Identity in Cheju Island, Korea,"『탐라문화』11: 191-205.

1991 "Storytelling among Korean Immigrants: The Interplay of Reality, Experience, and Expression," *Korea Journal* 31(2): 93-100, Korean National Commission for Unesco.

1992 「제주사람들의 사회와 섬에 대한 관념: 인구이동과 제주사회」,『제주도연구』9: 37-47.

1993 "'America' in the Lives of 'Western Princesses': The Life Histories of Korean Immigrant Women Who Married American GIs,"『미국학논집』24: 125-137, 한국아메리카학회.

1995 「제주도의 국제화·세계화에 대한 기초연구: 일본 북해도 및 중국 해남도와의 비교분석」,『제주도연구』12: 273-305. (공저)

1995 "Family and Prostitution in the Life Story of a Korean Woman Who Married an American Soldier," *Korean and Korean American Studies Bulletin* 6(2/3): 11-22, New Haven: East Rock Institute.

1996 「지역연구와 제주학: 제주문화연구의 현황과 과제」,『제주도연구』13: 33-52.

1996 「해방이후 충남 서산지역의 지방사: 역사적 담론에 대한 인류학적 접근」,『한국문화인류학』29(1): 245-311. (공저, 제1저자)

1996 「어쩔 수 없이 미군과 결혼하게 되었다: 생애이야기의 주제와 서술전략」,『한국문화인류학』29(2): 397-419.

1998 「제주도와 동아시아 도서간 협력과 대학의 역할」,『동아시아 연구논총』8: 271-293, 제주대학교 동아시아연구소. (공저)

1998 「물질하는 것도 머리싸움: 제주해녀의 생애이야기」,『한국문화인류학』31(1): 97-117.

1998 「생애사 연구방법: 자료의 수집과 텍스트의 해석」,『간호학탐구』7(1): 186-195, 연세대학교 간호정책연구소.

1999 「한국 가족/친족 연구의 쟁점: 도시중산층과 제주도의 가족/친족에 대한 연구를 중심으로」, 『가족과 문화』 11(1): 1-22, 한국가족학회. (공저)

2000 「충남 서산 지역의 전통만들기: 변화에 대한 문화적 대안」, 『지방사와 지방문화』 3(2): 187-212, 역사문화학회.

2000 「제주사람들의 생활세계에서의 '일본'」, 『한국문화인류학』 33(2): 361-378.

2000 「류큐(琉球)의 가계계승과 조상」, 『비교문화연구』 6(2): 317-342, 서울대학교 비교문화연구소.

2001 「제주 4·3의 경험과 마을공동체의 변화」, 『한국문화인류학』 34(1): 89-137. (공저)

2003 「구술자료의 채록과 해석: 구술자와 채록자의 상호작용」, 『한국예술종합학교 논문집』 6: 99-117, 한국예술종합학교.

2004 「구술된 경험 읽기: 제주 4·3 관련 수형인 여성의 생애사」, 『한국문화인류학』 37(1): 3-39.

2005 「공동거주의 의미와 한국가족의 변화」, 『가족과 문화』 17(1): 3-34. (공저)

2011 「구술생애사를 텍스트로 만들기: 제주해녀 고이화의 두 가지 텍스트 비교」, 『한국문화인류학』 44(2): 113-138.

2012 「일본 아마와 관광: '전통적' 잠수복인 이소기의 상징성」, 『일본학』 34: 183-211, 동국대학교 일본학연구소.

2013 「대학생의 4·3 인식과 평화교육: 〈제주 4·3의 이해〉 강좌에 대한 검토」, 『4·3과 역사』 제12·13호 합본호: 143-165, 제주 4·3연구소.

2017 「구술된 경험과 서사적 주체성: 여성 사업가의 구술생애사 읽기」, 『한국여성학』 33(3): 427-454, 한국여성학회.

2019 「재미한인 여성의 구술생애사: 무엇을 말하고 어떤 것을 듣나」, 『구술사연구』 10(2): 177-201, 한국구술사학회.

6) 책의 장

1995 「가정교육의 이상과 실천: 국제화와 가족」, 제주국제협의회 편, 『국제화 시대의 제주교육』, 서울: 도서출판 한울, pp.83-92. (공저, 제1저자)

1995 「제주사람들의 문화적 정체감」, 신행철 외, 『제주사회론』, 서울: 도서출판 한울, pp.375-397.

1997 「인구이동과 제주사회」, 제주국제협의회 편, 『제주의 인간과 환경』, 서울: 도서출판 오름, pp.145-157.

1998 「'재일(在日)' 사회의 밀항자」, 松峴 이광규교수 정년기념 논총간행위원회 편, 『한국인류학의 성과와 전망』, 서울: 집문당, pp.379-389.

1998 「지역연구와 제주학: 제주문화 연구의 현황과 과제」, 신행철 외, 『제주사회론 2』, 서울: 도서출판 한울, pp.13-27.

1998 「결론: 잃어버린 마을의 살아남은 사람들」, 제주 4·3 제50주년 학술·문화사업추진위원회 편, 『잃어버린 마을을 찾아서: 제주 4·3 유적지 기행』, 서울: 학민사, pp.317-325.

2000 「제주 세계섬문화축제의 방향과 전망」, 제주국제협의회 편, 『전환기 제주문화의 방향』, 서

울: 도서출판 오름, pp.151-162.

2001 「제주해녀의 삶: 역사인류학적 과제」, 『깨어나는 제주여성의 역사』, 제주여성사 자료총서 II: 워크숍 자료 모음, 제주시: 제주도/제주도여성특별위원회, pp.91-109.

2002 「이 증언집을 어떻게 읽을 것인가」, 제주4·3연구소 편, 『무덤에서 살아나온 4·3 '수형자'들』, 서울: 역사비평사, pp.8-17.

2002 「강정순: 시집 잘못 간 죄가 내란죄?」, 제주4·3연구소 편, 『무덤에서 살아나온 4·3 '수형자'들』, 서울: 역사비평사, pp.21-45.

2003 「변화하는 세계와 인류학」, 한국문화인류학회 편, 『처음 만나는 문화인류학』, 서울: 일조각, pp.279-292.

2004 「굴부르기제와 검은여제」, 유철인 외, 『인류학과 지방의 역사』, 대우학술총서 567, 2006년도 대한민국학술원 우수학술도서, 서울: 아카넷, pp.181-208.

2006 "Trans-Boundary Networks and Koreans in Japan: From the Perspective of Jeju Island, Korea," in *The Korean Diaspora and Strategies for Global Networks*, Kyoto, Japan: International Research Center for Japanese Studies, pp.237-245.

2006 "People and Culture," in *Jeju Island: History and Lives, Tourism and Citrus, Plant and Animals*, Cheju City: Educational Science Research Institute, Cheju National University, pp.13-32.

2007 「한국 전쟁 후 국제결혼의 증가와 입양이민」, 『북미주 한인의 역사(하)』, 과천시: 국사편찬위원회, pp.33-51.

2007 「사진을 매개로 한 커뮤니케이션」, 20세기민중생활사연구단 엮음, 『어제와 오늘 2: 한국민중 37인의 사진첩』, 서울: 눈빛출판사, pp.19-26.

2008 「지방사 연구와 인류학: 생애사 연구를 중심으로」, 역사문화학회 엮음, 『지방사연구 입문』, 서울: 민속원, pp.442-459.

2008 「한국인 인류학자의 북미 지역 연구」, 한국문화인류학회 엮음, 『문화인류학 반세기』, 2009년도 대한민국학술원 우수학술도서, 서울: 소화, pp.384-399.

2008 「문화 다양성과 문화이해교육」, 유네스코 아시아·태평양 국제이해교육원 엮음, 『다문화 사회와 국제이해교육』, 서울: 동녘, pp.147-165.

2011 「'육이오'를 증언하는 '가명'의 사람들」, 한국구술사학회 편, 『구술사로 읽는 한국전쟁』, 서울: 휴머니스트, pp.261-272.

2012 「인류학과 생애사」, 박기동 엮음, 『스포츠 인류학: 방법과 사례』, 파주시: 한국학술정보(주), pp.201-233.

2012 「済州の人々の生活世界における'日本'」, 津波高志 編, 『東アジアの間地方交流の過去と現在: 済州と沖縄/奄美を中心にして』, 東京: 彩流社, pp.107-121.

2012 「구술된 경험읽기: 제주 4·3 관련 수형인 여성의 생애사」, 이재경·윤택림·이나영 외, 『여성주의 역사쓰기: 구술사 연구방법』, 홍천군: 아르케, pp.189-219.

2013 「제주사람들의 생활세계에서의 '일본'」, 윤용택·이창익·쓰하 다카시 편, 『제주와 오키나와: 동아시아 지역간 이동과 교류』, 서울: 보고사, pp.279-295.

2015 「사실과 진실 사이에 놓인 이야기: 제주4·3 증언총서를 엮으며」, 제주4·3연구소 엮음, 『어떻게 형사가 검사를』, 제주4·3증언총서 제1권, 제주시: 제주4·3평화재단, pp.9-13.

2015 「제주도 해녀」, 윤원근 외, 『한국 어업유산의 가치』, 서울: 수산경제연구원 BOOKS, pp.61-99.

2015 「여성 사업가의 생애와 제주도 관광사업의 역사」, 이재경·유철인·나성은 외, 『'조국 근대화'의 젠더정치: 가족·노동·섹슈얼리티』, 2016년도 대한민국학술원 우수학술도서, 홍천군: 아르케, pp.153-178.

2018 "Narrative truth, personal healing and social truth: The Jeju April 3 incident in Korea," in Laura Formenti and Linden West (eds.), *Stories that make a difference: Exploring the collective, social and political potential of narratives in adult education research*, Lecce, Italy: Pensa MultiMedia, pp.62-68.

2018 「제주해녀의 유산적 가치」, 『제주해녀 이해』, 제주시: 제주특별자치도/제주학연구센터, pp.8-37.

2020 「제주도 생물권보전지역: 세계평화의 섬과 해녀문화」, MAB한국위원회·유네스코한국위원회 기획, 『생물권보전지역과 평화』, 원주시: MAB한국위원회 사무국, pp.19-36.

2020 「초기 재미한인 가족의 초국가적 삶: 메리 백 리(Mary Paik Lee)의 자서전 읽기」, 정은주 엮음, 『태평양을 넘어서: 글로벌 시대 재미한인의 삶과 활동』, 2021년 세종도서 학술부문 선정 도서, 고양시: 학고방, pp.23-49.

2021 "Jeju Island Biosphere Reserve, the Island of Peace and the Culture of Jeju Haenyeo (women divers)," in MAB National Committee of the Republic of Korea and Korean National Commission for UNESCO (eds.), *Biosphere Reserves and Peace*, Wonju, Korea: MAB National Committee of the Republic of Korea, pp.22-43.

2021 「재미한인의 다양성 읽기: 생애이야기 텍스트 리뷰」, 정은주 엮음, 『글로벌 시대 재미한인 연구: 이론적 리뷰와 새로운 방향의 모색』, 고양시: 학고방, pp.285-311.

7) 조사·연구보고

1979 『충북육우개발협회의 축산 및 부락개발사업 평가분석』, 한국농촌경제연구원. (공저)

1980 『영농후계자 육성방안』, 한국농촌경제연구원. (공저)

1982 『사회지표조사를 통한 남강농업종합개발사업평가』, 한국농촌경제연구원. (공저)

1983 『농촌인구이동에 관한 사회학적 연구』, 한국농촌경제연구원. (공저)

1991 「제주 근해 유인도 학술조사: 주민들의 생활」, 『제주유인도학술조사』, 제주문화방송주식회사/제주도, pp.271-284. (공저)

1993 「마을」, 『제주도지』 제2권, 제주도, pp.1253-1271.

1995 『환태평양시대 제주도의 세계화전략』, 제주도. (공저)

1996 「가족」, 『牛島誌』, 우도지편찬위원회, pp.176-192.

1997 『중국 요녕성 한인동포의 생활문화』, 국립민속박물관. (공저)

2001 『環東中国海におけるこつの周辺文化に関する研究: 沖縄と済州の'間地方'人類学の試み』、日本 文部省 科学研究費 補助金(1998-2000年度) 研究成果報告書. (공저)
2002 『일본 관서지역 한인동포의 생활문화』, 국립민속박물관. (공저)
2003 『미국 하와이지역 한인동포의 생활문화』, 국립민속박물관. (공저)
2004 『在日コリアンの社会的ネットワークと文化動態に関する比較社会学的研究』、日本 文部省 科学研究費(1995-1997年度) 国際学術研究 報告書. (공저)
2004 『함께 사는 세상 만들기』, 유네스코 아시아·태평양 국제이해교육원 편, 서울: 일조각. (공저)
2006 「약초할머니의 삶과 약초이야기」, 『한라산 이야기』, 한라산 총서 VII, 제주도/한라산생태문화연구소, pp.226-254.
2007 「사회구조와 마을조직」, 『덕수리 민속지』, 제주특별자치도/국립민속박물관, pp.42-76.
2007 「사회구조와 마을조직」, 『하도리 민속지』, 제주특별자치도/국립민속박물관, pp.43-96.
2008 『4·3 희생자 유해발굴사업 1단계(2006-2007) 최종보고서』, 제주4·3연구소. (공저, 연구책임자)
2009 「용암동굴과 마을사람들」, 『화산섬, 제주세계자연유산: 그 가치를 빛낸 선각자들』, 제주특별자치도/한라산생태문화연구소, pp.171-188.
2010 「생애사: "선흘 사람 고생 안 한 사람이 없지"」, 『유네스코 제주 세계자연유산마을, 선흘1리』, 제주특별자치도/제주역사문화진흥원, pp.126-134.
2010 「생애사: 역경 이겨낸 복 좋은 할머니 이야기」, 『유네스코 제주 세계자연유산마을, 선흘2리』, 제주특별자치도/제주역사문화진흥원, pp.130-139.
2013 『문화다양성 보호와 증진 전략수립 방안 연구』, 문화체육관광부. (공저)
2014 『주변국 유네스코 유산 등재 통합대응전략 연구』, 문화재청/유네스코한국위원회. (공저)
2015 『유네스코 인류무형유산 등재신청 잠정목록 선정연구』, 국립무형유산원. (공저)
2015 『한식문화 유네스코 인류무형문화유산 대표목록 등재 추진 마스터플랜 수립 연구』, 농림축산식품부. (공저)
2016 『제주해녀문화 중장기 발전방안 연구』, 한국문화관광연구원. (공저)
2016 『'해녀' 국가무형문화재 지정가치 조사』, 문화재청. (공저, 연구책임자)
2016 『국가중요어업유산 제주해녀어업 보전 및 활용 계획 수립연구』, 제주발전연구원. (공저)
2017 『2016 유네스코 유산 통합연구사업』, 문화재청/유네스코한국위원회. (공저)

8) 서평 및 논평

1985 「서평: 『濟州島研究』 제1집」, 『濟大新報』 8월 30일자.
1985 「논평: John Merrill, The Cheju-do Rebellion, *The Journal of Korean Studies* 2: 139-197, 1980」, 『我羅文化』 창간호: 162-168, 제주대학교 사회과학대학 학생회.
1995 「논평: 정신분열증 자녀를 돌보는 어머니의 경험에 관한 해석적 접근」, 『간호학탐구』 4(2): 120-123, 연세대학교 간호정책연구소.

2016 「구술생애사 인터뷰를 텍스트로 만들기:『안주의 땅을 찾아서: 재일제주인의 생활사 1』(재일제주인의 생활사를 기록하는 모임 엮음, 김경자 옮김, 선인, 2012)」,『구술사연구』7(1): 229-241, 한국구술사학회.

9) 사전 항목

2006 「신구간(新舊間)」,『한국세시풍속사전: 겨울편』, 국립민속박물관, pp.251-253.
2011 「굴부르기제」,『한국민속신앙사전: 가정신앙』, 국립민속박물관, pp.65-69.

10) 기고문

1984 「제주문화의 재조명: 인류학적 접근」,『제대신보』10월 2일자.
1991 「제주사회의 변화(1946-1991년): 국가사회와 지역문화의 역동적 관계」,『제주도』91: 52-57, 제주도.
2000 「제주문화의 연속과 변화」,『박물관 연보』제1집(1967-1999): 29-32, 제주대학교 박물관.
2002 「떨칠 수 없는 금기에 대한 유혹」,『월간 들숨날숨』3월호(통권 제35호): 26-28, 성 베네딕도회 왜관수도원.
2003 「시간의 상대적 인식론: 시간의 속도는 다르다」,『알바트로스』제29호: 14-16, 서강대학교 대외협력실 대외홍보과.
2006 "Sustainable Development and Ecofeminism: Lessons from Korea's Women Divers," *Sang Saeng: Living Together, Helping Each Other* 15: 38-39, Seoul: Asia-Pacific Centre of Education for International Understanding.
2007 「유족찾기ㆍ학살 암매장지 보존 중요」,『한라일보』4월 3일자.
2011 「대학원 같은 학부」, 서울대학교 인류학과 50년사 편집위원회 엮음,『서울대학교 인류학과 50년, 1961-2011』, 서울대학교 인류학과, pp.382-385.
2014 "Hardy Divers Gather Seafood from the Ocean Floor," *Koreana: Korean Culture & Arts* 28(2): 12-17, Seoul: Korea Foundation.
2014 「제주해녀문화 보존방안과 유네스코 등재」,『제주특별자치도』118: 159-165, 제주특별자치도.
2016 「바다를 건넌 제주 해녀의 복원」,『제주해녀: 역사의 고리를 연결하다』, 제주특별자치도/세계문화유산보존사업회, pp.122-125.
2016 「바다와 함께 한 제주해녀의 삶」,『제주』여름호(vol. 3): 34, 제주특별자치도.
2016 「제주 해녀와 김홍구의 좀녜」,『김홍구 사진집: 좀녜』, 서울: 아카이브 류가헌, pp.148-149.
2016 「제주해녀문화와 유네스코 무형문화유산」,『제주해녀문화』, 유네스코 인류무형문화유산 등재기념 국립무형유산원 특별전 전시안내 도록, 전주시: 국립무형유산원, pp.108-119.
2017 「제주 바다의 어멍 해녀, 그 옹골찬 생명력」,『여성신문』제1422호(1월 5일자).

2017 「해녀어업의 지속과 해녀문화의 전승」, 『어촌 어항 어장』 Vol. 4-1(통권 제115호): 97-101, 서울: 한국어촌어항협회.

2018 「유네스코 인류무형문화유산, 제주해녀문화」, 발행우표 스토리, 『월간 우표』 634: 7-9, 서울: (사)한국우취연합.

2020 「작품해설: 제주해녀항일운동과 제주4·3」, 『빗창』, 만화로 보는 민주화운동: 제주4·3, 민주화운동기념사업회 기획, 김홍모 만화, 파주시: 창비, pp.240-243.

11) 학술발표

1981 "Becoming a Farmer in Korea: The Background, Values, and Occupational Expectations of Rural Youth," The 12th International Conference on Rural Development and Retention of the Rural Population in the Countryside of Developing Countries, organized by the Institute for International Development and Co-operation, University of Ottawa, Ottawa, Canada, October 29-31.

1984 "A Study of Demographic, Economic, and Technological Interactions at the Farm Level in Korea," The Workshop on the Findings from Further Analyses of Fertility Impacts of Development Research Project Data, organized by the Population Council, Bangkok, Thailand, April 2-4. (공저)

1984 「제주인의 생활세계에 있어서의 환경과 역사의 의미」, 제16차 한국문화인류학회 전국대회, 용인민속촌, 11월 2-3일.

1985 「제주도와 육지부간의 사회접합: 제주사회구조와 문화적 정체성」, 세계평화교수협의회 제주지회 제4회 학술세미나, 제주시, 4월 20일.

1985 「제주도와 육지간의 사회접합과 문화적 정체감」, 제17차 한국문화인류학회 전국대회, 한양대학교, 10월 18-19일.

1987 "Tradition and Cultural Identity in Cheju Island, Korea," The 109th Annual Spring Meeting of American Ethnological Society, San Antonio, U.S.A., April 30-May 3.

1987 "Storytelling among Korean Immigrants," Anthropology Brown Bag Series, Department of Anthropology, University of Illinois at Urbana-Champaign, Urbana, U.S.A., November 5.

1987 "Storytelling among Korean Immigrants," The 86th Annual Meeting of the American Anthropological Association, Chicago, U.S.A., November 18-22.

1988 "Storytelling among Korean Immigrants: The Interplay of Reality, Experience, and Expression," The XIIth International Congress of Anthropological and Ethnological Sciences, Zagreb, Yugoslavia, July 24-31.

1990 「생애사와 신세타령: 자료와 텍스트의 문제」, 제22차 한국문화인류학회 전국대회, 서울대학교, 11월 16-17일.

1991 「지구촌, 한국, 제주도: 외래문화의 올바른 수용을 위한 제언」, 한국예총제주도지회 주최

〈외래퇴폐문화 추방운동을 위한 토론회〉, 제주시, 4월 6일.

1991 「제주의 마을: 비양도, 마라도, 가파도, 우도」, 제주도연구회 제48회 연구발표회, 제주대학교, 10월 5일.

1992 「인구이동과 제주사회」, 제주국제협의회 주최 〈제주의 인간과 환경〉 심포지엄, 제주시, 6월 21-22일.

1992 "'America' in the Lives of 'Western Princesses': The Life Histories of Korean Immigrant Women Who Married American GIs," The 27th International American Studies Seminar, organized by the American Studies Association of Korea, Cheju City, Korea, November 20-22.

1994 「순희의 생애 이야기에 나타난 가족: 국제결혼여성의 삶」, 서울대학교 비교문화연구소 제16회 콜로키움, 서울대학교, 4월 15일.

1994 「생애사 연구에 있어서의 사회의 역사와 개인의 삶의 문제」, 제26차 한국문화인류학회 전국대회, 영남대학교, 5월 27-28일.

1994 「생애이야기에 나타난 '국제결혼여성'의 삶」, 한국사회학회 1994년도 전기 사회학대회, 충남대학교, 6월 22-23일.

1994 「가정교육의 이상과 실천: 국제화와 가족」, 제주국제협의회 주최 〈국제화 시대의 제주교육〉 세미나, 제주시, 6월 24일. (공저, 제1저자)

1994 "Family and Prostitution in the Life Story of a Korean Woman Who Married an American Soldier," The 52nd Annual Convention of International Council of Psychologists, Lisbon, Portugal, July 10-14.

1995 「4·3의 현재적 의미와 새로운 역사 만들기로서의 '4·3 공원'」, 제주4·3연구소 주최 〈제주 4·3 치유를 위한 도민토론회〉, 제주시, 10월 21일.

1995 "Cultural and Historical Issues of International Marriage: Another Story of Koreans in the U.S.," The 25th Annual Conference of Koreans and Korean Americans, sponsored by the East Rock Institute and the Korean American Students of Yale, Yale University, New Haven, U.S.A., October 28.

1995 「제주문화의 연속과 변화와 재창조」, 제주도연구회 제11차 전국학술대회, 제주대학교, 12월 1일.

1995 「흔들리는 문화의 개념: 인류학에서의 포스트모더니즘」, 제주대학교 인문과학연구소 제2회 학술심포지엄, 제주대학교, 12월 5일.

1996 「지역의 전통 만들기: 변화에 대한 적응과 도전」, 제28차 한국문화인류학회 전국대회, 전북대학교, 5월 31일-6월 1일.

1996 「한라문화제의 성격과 주체: 역사적 평가와 담론 분석」, 한국민족예술인총연합 제주도지회 주최 제3차 정책심포지엄 〈바람직한 한라문화제를 위하여〉, 제주시, 7월 13일.

1996 「제주학으로서의 제주사회문화연구」, 제주방송인클럽 주최 〈제주지방학의 연구와 발전방안〉에 관한 세미나, 제주시, 8월 30일.

1996 「제주 4·3의 현재적 의미와 제주사람들의 역사인식」, 한국문화인류학회 173차 월례발표

회, 서강대학교, 10월 19일.

1997 "The Image and Reconstruction of the Homeland: The Life Story of a Korean Woman in the U.S.," The 2nd International Conference on Contemporary Diaspora, University of Tsukuba, Tsukuba, Japan, March 10-12.

1997 「남북한 사회통합: 일상성과 문화의 차원」, 제주대학교 동아시아연구소 주최 〈북한의 변화와 남북한 사회통합〉 학술세미나, 제주대학교, 5월 21일.

1997 「재일제주인의 생활: 밀항둥이에서 강제출국자까지」, 제주학회 제13차 전국학술발표대회, 제주대학교, 11월 14-15일.

1997 "Representation, Experience, and Identity: A Cheju *Haenyeo* and Her Diving," The 1st World Islands Conference for Ocean Solidarity toward the Second Ocean Renaissance, Cheju City, Korea, November 27-29. (공저, 제1저자)

1997 「지역사로서의 제주사 연구: 인류학적 접근」, 제주사정립사업추진협의회/제주도사연구회 주최 제1회 제주사 정립 학술심포지엄 〈탐라사 연구, 어떻게 할 것인가〉, 제주교육박물관, 12월 12-13일. (공저)

1998 "Beyond 'Tradition' in the Tradition-Modernity Dichotomy: Making Tradition and Local Identity in Sosan, Korea," The 4th Pacific and Asia Conference on Korean Studies, University of British Columbia, Vancouver, Canada, May 10-12.

1998 「재일제주인과 제주도」, 제주대학교 동아시아연구소 학술세미나 〈해외동포 사회의 현재와 미래〉, 제주대학교, 9월 11일.

1998 「시국 이전에 있던 것이 지금도 있는 것은 이 몸뚱이밖에 없다: 제주 4·3과 마을공동체」, 제주학회 제14차 전국학술발표대회, 제주대학교, 11월 13-14일.

1998 「오키나와 얀바루(山原) 지방의 가족과 친족의 개념: 야부(屋部) 마을의 키시모토(岸本)家의 사례」, 서울대학교 비교문화연구소 제6회 학술심포지움 〈琉球文化 현지답사 보고 (I)〉, 서울대학교, 12월 2일.

1999 「제주여성의 이미지와 실체: 내가 분석한 오늘의 제주여성」, (사) 전문직여성 제주클럽 주최 세미나 〈21세기, 제주여성이 나아갈 길〉, 제주도 학생문화원, 7월 3일.

1999 「제주사람들의 일본에서의 임시노동 경험」, 耽羅研究会 主催 第1回 済州島研究 国際学術シンポジウム, 放送大学, 千葉市, 日本, 8月 28-29日.

1999 「제주세계섬문화축제의 방향과 전망」, 제주국제협의회 제10회 학술회의, 제주시, 9월 10-11일.

1999 「제주해녀의 몸과 기술에 대한 문화적 접근」, 민속학회 주최 제3회 민속학 국제학술회의, 제주시, 9월 14-15일.

1999 「월드컵 문화와 문화월드컵: 제주월드컵의 성공적 개최를 위한 문화행사」, 2002년 월드컵 축구대회 문화시민운동 서귀포시협의회 주관 〈제주월드컵 문화행사를 위한 토론회〉, 서귀포시, 11월 10일.

1999 「아마미오오시마의 가계계승과 마을의 조상묘」, 서울대학교 비교문화연구소 제8회 학술심포지움 〈琉球文化 답사 보고 (II)〉, 서울대학교, 11월 29일.

1999 「생애사 연구방법: 자료의 수집과 텍스트의 해석」, 한국문화인류학회 제6차 워크숍 〈한국 문화연구의 방법론 모색: 구술사적 접근을 중심으로〉, 한국정신문화연구원, 12월 11일.

2000 「생애사: 자료, 텍스트, 연구방법」, 전남대학교 호남문화연구소 제2회 구술사 집담회, 전남 대학교, 10월 26일.

2000 「문화의 중심화에 대한 저항: '이케마 민족'의 '오토-리'」, 서울대학교 비교문화연구소 제11 회 학술심포지엄 〈琉球文化 답사 보고 (III)〉, 한국민속촌, 11월 13일.

2000 「제주해녀의 삶: 역사인류학적 과제」, 제주도여성특별위원회 주최 〈제주여성사정립연구를 위한 제3차 워크숍〉, 제주도청, 11월 24일.

2001 「지방지의 성격: Ethnography, Historiography, or Encyclopedia?」, 제1회 역사문화학회 워크 숍 〈지방지 편찬의 새로운 방향 모색〉, 제주도, 2월 2-3일.

2001 「구술된 기억으로서의 증언 채록과 해석」, 제20회 국사편찬위원회 사료조사위원회 학술회 의 〈근 · 현대 사료의 이해와 수집 · 활용 방안〉, 과천, 6월 8일.

2002 「일상생활사로 본 시간인식의 변화」, 한국문화인류학회 제8차 워크숍, 충북 괴산군, 1월 11일.

2002 「월드컵과 문화교류」, 서귀포시/월드컵문화시민운동중앙협의회/중앙일보 주최 D-100일 기 념 월드컵 개최도시 순회심포지엄 〈세계를 제주로, 제주를 세계로〉, 서귀포시청, 2월 27일.

2002 「월드컵과 지역문화」, 제주문화포럼 주최 〈월드컵 대회와 지역문화의 변동〉 심포지엄, 서 귀포시, 4월 27일.

2002 "Cultural Identity as Discourse: Natives, Migrants, and Visitors in Jeju Island, Korea," THE ISLANDS OF THE WORLD VII international conference, organized by International Small Islands Association, University of Prince Edward Island, Charlottetown, Canada, June 26-30.

2002 「꿈★은 이루어진다?: 월드컵 에너지와 도민역량」, 제주발전연구원 주최 〈포스트 월드컵, 제주의 기회와 과제〉 학술세미나, 제주시, 9월 16일.

2003 「제주 4 · 3 관련 수형인 여성의 생애사: 구술자료의 수집과 해석」, 제35차 한국문화인류학 회 전국대회, 전남대학교, 5월 30-31일.

2003 「구술사와 생애사: 구술자와 채록자의 상호작용」, 한국예술종합학교 한국예술연구소 주최 〈한국 근현대 예술사 증언채록 사업〉 제1차 워크숍, 6월 14일.

2003 「구술사/생애사 채록의 방법론」, 충남대학교 내포지역연구단 제9회 콜로키움, 7월 8일.

2003 "Insularity and Jeju International Free City: Lessons from Two Dutchmen, Hendrick Hamel and Guus Hiddink," 제주대학교 평화연구소/네덜란드 사회연구원 주최 〈하멜의 재발견: 제 주-네덜란드 협력〉 국제학술회의, 제주시, 8월 18일.

2004 "Trans-Boundary Networks and Koreans in Japan: From the Perspective of Jeju Island, Korea," The International Seminar on Korean Diaspora and Strategies for Global Networks, International Research Center for Japanese Studies, Kyoto, Japan, September 8-11.

2005 "Live-ware, Technology, and Ecofeminism: Lessons from Women Divers," The 9th International Interdisciplinary Congress on Women, Ewha Womans University, Seoul, Korea, June 19-24.

2005 「하와이 한인동포의 이주사와 생활문화」, 국립민속박물관/한국문화인류학회 주최 〈2005 광복60주년 기념 학술대회〉, 국립민속박물관, 9월 27일.

2005 "People and Culture of Jeju Island," The 1st International Conference for Globalization of Jeju, organized by Educational Science Research Institute, Cheju National University, Cheju City, Korea, October 17.

2005 "Creating and Presenting Oral Life Histories in Exhibitions," The ICOM-ICME (International Council of Museums-International Committee for Museums and Collections of Ethnography) Annual Meeting 2005, Nafplion, Greece, October 18-21.

2006 「제주도 평화문화의 가능성 모색: 제주해녀와 에코페미니즘을 중심으로」, 세계평화의섬범도민실천협의회 주최 〈세계평화의 섬 지정 1주년 기념 세미나〉, 제주시, 1월 27일.

2006 "Reading the Experience as Told: A Life History of the Korean Woman who Served the Sentence during Jeju April Third Uprising," The ESREA (European Society for Research on the Education of Adults) Life History and Biography Network: 2006 conference, Volos, Greece, March 2-5.

2006 "Jeju Haenyeo [Women Divers]: Their Intangible Cultural Heritage and Sustainable Development," International Conference Commemorating the Opening of Jeju Haenyeo Museum, organized by World Association for Island Studies, Cheju City, Korea, June 7-8.

2006 "A Life History of the Korean Woman who Served the Sentence during Jeju April Third Uprising," The 6th Peace Island Forum, organized by World Association for Island Studies, Seogwipo City, Korea, July 6-7.

2006 "Jeju Haenyeo's Diving as the Intangible Cultural Heritage," The World Congress of Korean Studies 2006, organized by the Academy of Korean Studies, Cheju National University, Cheju City, Korea, October 27-30.

2007 「자서전 소설과 민중생활사: 현기영의 『지상에 숟가락 하나』에 대한 해석」, 20세기민중생활사연구단 5차년도 제2차 워크숍, 통영시, 4월 27-28일.

2007 「제주4·3희생자 유해발굴」, 민간인 집단희생 관련 유해발굴조사단 주최 〈한국전쟁 전후 민간인 집단희생 관련 '07년 유해 발굴 워크숍〉, 충북 청원군, 6월 8-9일.

2007 「제주해녀와 일본의 아마: 지속가능한 발전과 에코페미니즘」, 한국국제이해교육학회/아태국제이해교육원 주최 〈제8회 국제이해교육 학술대회〉, 경상대학교 통영캠퍼스, 11월 10-11일.

2008 「제주지역 문화강좌의 정체성과 다양성」, 제주대학교 교육과학연구소 주최 〈제주지역 문화강좌의 발전적 방안 모색을 위한 워크숍〉, 제주시, 2월 15일.

2008 「한국민중의 삶과 몸」, 20세기민중생활사연구단 6차년도 제2차 워크숍 〈한권으로 엮어낼 민중생활사〉, 영남대학교 박물관, 3월 7-8일.

2008 "Women Divers in Korea and Japan: Sustainable Development and Intangible Cultural Heritage," The 18th Annual Conference of Japan Association for International Education, University of Toyama, Toyama, Japan, June 14-15.

2008 「유물에서 경험으로, 전시에서 유물로: 21세기 박물관의 역할 전략 모색」, 국립민속박물관/
경북박물관협의회 주최 〈2009 경북민속문화의 해 및 경상북도박물관협의회 발족기념 학술
대회〉, 영남대학교, 6월 26-27일.

2008 "Jeju Haenyeo and Japanese Ama: Education for sustainable development with a cultural
heritage," Islands of the World X, organized by International Small Islands Association,
Seogwipo City, Korea, August 25-29.

2008 「문화비교와 문화유산을 통한 지속가능발전교육: 제주해녀와 일본아마」, 유네스코한국위
원회 주최 〈지속가능발전교육 워크숍〉, 한양대학교, 9월 20일.

2009 「로컬리티와 인류학: 지역학, 해석인류학, 지방사, 생애사」, 부산대학교 한국민족문화연구
소 HK연구단 제2회 기획 콜로키움, 부산대학교, 3월 11일.

2009 "Haenyeo [Women Divers]: Proposal for Inscription on the Representative List of the
Intangible Cultural Heritage of Humanity," The 4th International Symposium on Haenyeo,
organized by the Society for Jeju Studies, Jeju City, Korea, June 8-9.

2009 "Historical Memory and the Museum for Peace: Jeju April 3 Peace Memorial Hall, Jeju Island,
Korea," ICOM-ICME 2009 Seoul Conference, Seoul, Korea, October 19-21.

2009 「해녀연구의 과제」, 목포대학교 도서문화연구소 주최 〈연구자 네트워크 구축을 위한 해양
문화학 학술대회〉, 목포대학교, 10월 22-23일.

2010 「인류학과 생애사」, 제9회 한국스포츠인류학회 학술대회, 강원대학교, 6월 4-5일.

2010 「구술생애사를 텍스트로 만들기: 제주 해녀 고이화의 2개의 텍스트 비교」, 2010년 한국구술
사학회 하계학술대회, 전북대학교, 6월 18-19일.

2010 「4·3 경험에 대한 여성구술사적 접근」, 제주4·3연구소/제주4·3평화재단 주최 〈제주
4·3 62주년 기념 국제심포지엄〉, 제주대학교, 10월 8-9일.

2010 "UNESCO's Intangible Cultural Heritage and the sustainability of Jeju Haenyeo," The 5th
International Symposium on Haenyeo, organized by the Society for Jeju Studies, Jeju City,
Korea, October 11.

2011 "Reading the Photos of Jeju 4·3: US Army Signal Corps Photos and Advisor Captain Leach's
Photo Album," 〈冷戰期日韓におけるアメリカの存在〉 第3回 硏究会, 愛媛大学, 松山市, 日
本, 6月18日.

2011 「済州島における日本の意味: 島嶼性(insularity)に関する再考」, 琉球大学〈人の移動と21世紀
のグローバル社会〉シンポジウム, 那覇市, 日本, 7月9-10日.

2011 「韓国・済州島と日本:〈在日〉と出稼ぎ」, 山形大学地域教育文化学部, 山形市, 日本, 7月27日.

2011 「유네스코 무형문화유산과 제주해녀의 지속가능성」, 제주특별자치도의회 여성특별위원회
주최 〈해녀문화 세계화 방안 토론회〉, 9월 23일.

2011 「석주명이 남긴 제주학의 과제」, 제주대학교 탐라문화연구소 주최 〈석주명선생 탄생 103주
년 기념 학술대회〉, 제주대학교/서귀포시청, 10월 7-8일.

2011 「동일본 대지진과 지속가능발전 교육」, 국제이해교육학회 제12차 국제이해교육 학술대회,

서울대학교, 11월 12-13일.

2011 「관광과 유네스코 무형문화유산: 제주해녀와 일본아마의 지속가능성」, 동국대학교 일본학연구소 제45회 국제학술심포지엄, 동국대학교, 12월 17일.

2012 「텍스트와 인터뷰 사이: 인류학의 구술(생애)사 연구」, 2012년 한국구술사학회 하계학술대회, 국립민속박물관, 6월 8일.

2012 「일본 아마(海女)와 관광: 아마고야(海女小屋) 체험」, 목포대학교 도서문화연구원/여수지역사회연구소/전남대학교 지역사회발전연구소 주최 〈제3회 전국해양문화학자대회〉, 전남대학교 여수캠퍼스, 8월 2-4일.

2012 "How can the UNESCO Convention contribute to safeguard the intangible cultural heritage? The case of Jeju jamnyeo or haenyeo," IUCN (International Union for Conservation of Nature) World Conservation Congress Jeju 2012, Workshop on Successful Management and Utilization of World Heritage in UNESCO International Protected Areas, organized by the Society for Jeju Studies and Jeju Special Self-Governing Province, ICC Jeju, Seogwipo City, Korea, September 8.

2012 「구술생애사 글쓰기: 인터뷰와 텍스트 사이」, 이화여자대학교 한국여성연구원 제17회 젠더와 기억 포럼, 이화여자대학교, 9월 21일.

2013 「대학생의 4·3 인식과 평화교육: 〈제주4·3의 이해〉 이러닝 강좌에 대한 검토」, 제주4·3연구소 주최 〈제주4·3 65주년 기념 학술대회: 제주4·3의 현재와 미래〉, 제주시, 3월 29일.

2013 「4·3 경험에 대한 여성 구술생애사」, 제주대학교 평화연구소 주최 〈제주4·3과 여성에 관한 학문적 체계수립을 위한 학술세미나〉, 제주대학교, 11월 1일.

2013 「구술된 기억을 기록하기: 생애사 텍스트를 중심으로」, 2013년 한국문화인류학회 가을학술대회, 덕성여자대학교, 11월 22-23일.

2014 「海女文化の素晴らしさ」, 海女文化シンポジウム実行委員会主催 〈海女文化シンポジウム〉, 三重県総合博物館, 津市, 日本, 3月1-2日.

2014 "Gendered Experiences and/or Narratives: Life Histories of Two Women in Jeju Island, Korea," Women's Worlds Congress 2014, University of Hyderabad, Hyderabad, India, August 17-22. (공저, 제1저자)

2014 "Safeguarding Measures for the Culture of Jeju Haenyeo: Past, Current and Proposed," Jeju Haenyeo [Women Divers] International Workshop, organized by Jeju Sea Grant of Jeju National University and the Society for Jeju Studies, Jeju City, Korea, October 17-18.

2015 "The Culture of Jeju Haenyeo (Women Divers) and its Safeguarding Measures," International Conference on the Safeguarding and Promoting of Sea and Island Culture of Vietnam, organized by the Viet Nam National Institute of Culture and Arts Studies, Nha Trang City, Vietnam, January 5-6.

2015 "Narrative Truth, Personal Healing and Social Truth: The oral testimonies of prison inmates during Jeju April 3 Incident in Korea," ESREA Life History and Biography Network Annual

Conference, Cinisello Balsamo, Italy, March 5-8.

2015 「제주해녀와 유네스코 무형문화유산」, 순천향대학교 인문과학연구소 2015학년도 제1차 콜로키움, 순천향대학교, 5월 21일.

2015 "Women's Experiences during Jeju April 3 Incident in Korea," International Seminar on Interpreting Memories, Reconstructing Histories: Women's Experiences and Feminist Oral History, organized by Korean Women's Institute, Ewha Womans University, Seoul, Korea, May 22.

2015 「전형과 경향, 그리고 원형과 전형」, 무형유산학회 2015 가을 정기학술대회, 전북대학교, 11월 14일.

2015 「유네스코 무형문화유산과 제주해녀문화」, 한국국제이해교육학회 제104회 월례발표회, 유네스코 아시아태평양국제이해교육원, 12월 19일

2016 「제주해녀문화의 지속과 변화: 살아있는 유산과 전형 유지」, 2016 무형유산학회 춘계학술대회, 중앙대학교, 4월 16일.

2016 "The predicament and challenges for Korean cultural anthropology: From the perspective of anthropologists in non-anthropology departments," IUAES (International Union of Anthropological and Ethnological Sciences) Inter-Congress, Dubrovnik, Croatia, May 4-9.

2016 "Betwixt and between intangible cultural heritage and intangible cultural property: The Korea's nomination file of 'Culture of Jeju Haenyeo (Women Divers)'," International Conference on Intangible Cultural Heritage: 10 Years after the Entry into Force of the UNESCO Convention, Folklore Studies Association of Canada Annual Conference, Laval University, Quebec City, Canada, May 19-22.

2016 "Plan for Haenyeo Museum: Living cultural and fisheries heritage," 2016 International Conference on the Culture of Jeju Haenyeo [Women Divers], organized by the Korean Society for Cultural Anthropology and the Society for Jeju Studies, Jeju City, Korea, July 15-16.

2016 "The Sustainability of Jeju Haenyeo and their Culture," International Symposium on the Culture of Jeju Haenyeo and Sustainable Development, organized by Korea Cultural Heritage Foundation, Seoul, Korea, October 14.

2017 「해녀어업 보존발전 방안: 무형유산의 관점」, 해양수산부 주최 〈해녀어업 보존발전 포럼〉, 서울, 2월 23일.

2017 「탈 것의 인류학적 접근」, 국제전기자동차엑스포추진단/한라산생태문화연구소 주최 〈말과 제주와 미래산업〉, 제주국제컨벤션센터, 서귀포시, 3월 23일.

2017 「제주해녀문화: 유네스코 등재의 의미와 앞으로의 과제」, 제주특별자치도의회 정책토론회, 제주시, 4월 27일.

2017 "Lessons from inscription of the culture of Jeju haenyeo on the UNESCO's list," The 2nd UCLG (United Cities and Local Governments) Culture Summit, Jeju City, Korea, May 10-13.

2017 「제주해녀문화의 가치와 유네스코 등재의 의미」, 제2회 UCLG 세계문화정상회의, 제주시, 5

월 10-13일.

2017 「전통문화인 해녀어업의 전승 방안」, 한국농어촌유산학회 2017년 학술발표회, 서울, 6월 9일.

2017 「재미한인의 대표성과 다양성」, 재외동포재단/재외한인학회 주최 〈2017 세계한인학술대회〉, 서울, 6월 27-29일.

2017 "Measures for the transmission of haenyeo fisheries as a traditional culture," The 4th Conference of ERAHS (East Asia Research Association for Agricultural Heritage Systems), Huzhou City, China, July 11-14.

2017 "The heritization of the culture of Jeju haenyeo (women divers) in Korea," Conference on Heritage Making in Asia: Conservation in Action, organized by South China Research Center, The Hong Kong University of Science and Technology, Hong Kong, October 11-14.

2017 "The heritization of Jeju haenyeo [women divers]: ICH and GIAHS," 2017 International Conference on the Culture of Jeju Haenyeo [Women Divers], organized by the Korean Oral History Association and the Society for Jeju Studies, Jeju City, Korea, November 30-December 1.

2018 「제주와 오키나와: 도서성의 개념과 비교연구의 관점」, 2018년도 전북대학교 문화다양성연구소 학술대회, 전북대학교, 2월 13일.

2018 「여성 구술생애사 연구의 회고와 전망: Autoethnography」, 한국문화인류학회 60주년 기념 학술대회, 서울대학교, 6월 8-9일.

2018 "Who's on First? Multi-stakeholders participation for the sustainability of Jeju Haenyeo Fisheries System," The 5th Conference of ERAHS, Wakayama, Japan, August 26-29.

2018 "The heritization of Jeju haenyeo (women divers): ICH and GIAHS," The 4th China-Korea Humanities Forum, organized by Chinese Academy of Social Sciences, Beijing, China, October 26-27.

2018 "The heritization and revitalization of the culture of Jeju haenyeo (women divers) in Korea," The International Symposium on Intangible Cultural Heritage Safeguarding and Rural Revitalization in One Belt and One Road Countries, Beijing Normal University, Beijing, China, December 8-9.

2018 "The heritization of the culture of Jeju haenyeo (women divers) in Korea: Inscription and revitalization," 2018 IMACO (International Mask Arts Culture Organization) International Symposium, Andong City, Korea, December 11-12.

2018 「제주도와 일본: 도서성, '재일', 해녀의 바깥물질」, 일본 도서코뮤니티학회(島嶼コミュニティ学会) 2018 제주특별연구대회, 제주대학교, 12월 15일.

2019 「제주해녀문화의 유산화: 유네스코 등재」, 한국문화재재단 주최 〈2019 무형문화재 전승자 역량강화 워크숍〉, 통영시, 5월 30일.

2019 "Insularity or Cultural Identity: Natives and Migrants in Jeju Island, Korea," IUAES 2019 Inter-Congress: World Solidarities, Adam Mickiewicz University, Poznan, Poland, August 27-31.

2019 "Descendants of the Goddess of the Sea, Jeju Haenyeo (Women Divers) in Korea: Diving

Work and a Shamanistic Ritual," 2019 Expert Meeting for Building Network on Maritime ICH, organized by ICHCAP (International Information and Networking Centre for Intangible Cultural Heritage in the Asia-Pacific Region), Hoi An, Vietnam, November 21-22.

2019 「제주해녀의 유산화와 재활성화」, 제주학연구센터 주최 〈제주해녀문화 학술대회〉, 제주시, 11월 29일.

2020 "Immigrants and Seasonal Labor Away from Home: Jeju and Japan from Local, Global, and Transnational Perspectives," The 7th Trans Pacific International Conference on New Perspectives in Global and Area Studies, organized by the Institute for Global and Area Studies, Pukyong National University, Busan Metropolitan City, Korea, February 20.

2021 "Peace between People and Nature: The culture of Jeju haenyeo (women divers)," Side Event on Biosphere Reserves and Peace, The 33rd session of the International Coordinating Council of the Man and the Biosphere Programme (MAB-ICC), Online, September 16.

2021 "Food and Suul as Intangible Cultural Heritage," 2021 World Suul Conference, organized by Korea Suul Institute and California Suul Institute, Korea University, Seoul, Korea, November 25.

2021 「우리 엄마는 유네스코 등재된 사람: 제주해녀문화의 가치 재활성화」, 제주특별자치도의회/한국유네스코협회연맹 주최 〈유네스코 인류무형문화유산 등재 성과 검토: 제주해녀문화의 현황과 과제〉 학술대회, 제주시, 12월 16일.

12) 연구비

1985 「한국사회에서의 도서와 육지간의 접합에 관한 연구: 제주도의 경우」, 아산사회복지사업재단 연구과제. (공동연구원)

1987 "Korean Immigrants in Chicago, U.S.A.," 미국 일리노이대학교 인류학과 하계조사 연구비 과제.

1989 "Life histories of two Korean women who marry American GIs," 미국 일리노이대학교 대학원 박사학위논문 지원과제.

1991 「미군과 국제결혼한 한국여성의 신세타령: 생애사 연구」, 한국학술진흥재단 자유공모과제.

1991 「번역연구: *Anthropology as Cultural Critique* (G. E. Marcus & M. M. J. Fischer, 1986)」, 대우재단 번역연구 지원과제.

1994~95 「해방이후 충남 서산지역의 지방사: 역사적 담론에 대한 인류학적 접근」, 한국학술진흥재단 자유공모과제. (공동연구의 연구책임자).

1995~97 「在日コリアンの社会的ネットワークと文化動態に関する比較社会学的研究」, 日本 文部省 科学研究費 補助金(国際学術研究). (공동연구원)

1996 「제주도와 동아시아 도서간 협력과 대학의 역할」, 제주대학교 발전기금 학술연구비 연구과제. (공동연구원)

1996	「제주해녀의 생애사에 나타난 물질경험의 세계」, 한국학술진흥재단 자유공모과제.
1997	「지방사와 인류학」, 대우재단 공동연구과제. (공동연구원)
1997	「분단이후의 역사적 경험과 지역공동체의 변화: 제주도 지역을 중심으로」, 한국학술진흥재단 자유공모과제. (공동연구원)
1997~98	「가족/친족 구조의 해체와 재구성」, 한국학술진흥재단 인문·사회과학분야 중점영역 연구과제. (공동연구원)
1997~98	「韓国·済州島出身者の国際的ネットワークに関する学際的研究」, 日本 サントリー文化財団 研究助成費. (공동연구의 연구책임자)
1998~00	「環東中国海におけるこつの周辺文化に関する研究: 沖縄と済州の'間地方'人類学の試み」, 日本 文部省 科学研究費 補助金. (공동연구원)
1999~00	「서남해 도서·연안지역 무형문화자원 개발과 활용방안 연구」, 한국학술진흥재단 대학부설연구소 지원과제, 목포대학교 도서문화연구소. (공동연구원)
2002	「제주 4·3 관련 수형인 여성의 생애사」, 한국학술진흥재단 선도연구자 지원과제.
2004	「민족지 자료의 재현과 커뮤니케이션」, 제주대학교 교원성과지원사업 장기국외연수 지원과제.
2005	「제주사람들의 삶과 문화: 인류학적 접근」, 아산사회복지재단 저술지원과제.
2005~07	「가까운 옛날: 민중생활사의 기록과 해석」, 한국학술진흥재단 인문사회분야지원 토대 연구과제. (공동연구원)
2006	「몸 기술과 해녀도구: 제주해녀의 생애사」, 제주대학교 학술연구지원사업 연구과제.
2009	「일본 아마(海女)와 관광」, 한국연구재단 기초연구과제지원(인문사회분야) 과제.
2013~14	「여성 구술생애사를 통해 본 한국의 근대: 분단·개발·탈식민의 경험과 기억」, 한국연구재단 기초연구지원 인문사회 토대연구사업 과제. (공동연구원)
2016~18	「재미한인 차세대의 다양성 및 초국가적 관계와 활동에 대한 연구」, 한국학중앙연구원 (한국학진흥사업단) 해외한인연구사업 지원과제. (공동연구원)
2018	「재미한인 여성의 구술생애사」, 제주대학교 교원성과지원사업 연구교수 지원과제.

강만길, 1967, 「別瓦窯考-朝鮮時代의 製瓦業 발전」, 『사학지』 1, 23-34, 단국사학회.

강만익, 2013, 「제1절 자연환경 특색」, 제주특별자치도문화원연합회, 『애월읍 역사문화지』, 제주특별자치도문화원연합회, 16-51.

고은솔·정상철, 2018, 「'제주해녀문화'의 지속가능한 발전과 유산경영」, 『예술경영연구』 45, 317-341.

고제량·김호선·문윤숙·이혜영, 2016, 『마을에서 시작하는 생태관광』, 한국생태관광협회.

고시홍, 1984, 「제주문단사」, 『제주문학』 13, 239-275.

고영자, 2014, 「민간신앙」, 『제주생활문화100년』, 제주문화원, 492-547.

_____, 2018, 「제7장 문화 제1절 칠성통문화」, 『일도1동 역사문화지』, 제주특별자치도문화원연합회.

국립제주박물관, 2001, 『제주의 역사와 문화』, 국립제주박물관.

국토교통부 국토지리정보원, 2012, 『한국지리지-제주특별자치도-』.

김경주, 2009, 「고고학으로 본 탐라-2000년대 발굴조사 성과를 중심으로-」, 『섬, 흙, 기억의 고리-지난 10년간의 발굴 기록-』, 국립제주박물관, 166-177.

_____, 2016, 「考古資料로 살펴 본 元과 濟州」, 『탐라문화』 52, 129-160.

김규호, 2015, 「문화유산의 재해석과 관광자원화」, 『문화정책논총』 29(2), 312-330.

김기흥·이애란·정혜진, 2008, 『골목을 걷다-이야기가 있는 동네 기행』, 이매진.

김동전, 1993, 「문헌적 고찰」, 『제주목 관아지』, 제주대학교박물관·제주시, 31-46.

김상헌, 1992, 『南槎錄』, 김희동 역, 영가문화사.

김석종, 2008, 『포구의 악동들』, 한라일보사.

김성례, 2002, 「여성주의 구술사의 방법론적 성찰」, 『한국문화인류학』 35(2), 31-64, 한국문화인류학회.

김성례·유철인·김은실·김창민·고창훈·김석준, 2001, 「제주 4·3의 경험과 마을공동체의 변화」, 『한국문화인류학』 34(1), 89-137.

김성호·이두순·박석두·박찬남, 1990, 「산지소유와 묘지제도 연구」, 한국농촌경제연구원.

김세용·최봉문·김현수·이재준·조영태·김은희·최석환, 2013, 「우리나라 마을만들기의 앞으로의 방향」, 『도시정보』 371, 3-20.

김수열, 2017, 『물에서 온 편지』, 도서출판 삶창.

김수희, 2007, 「일제시대 남해안어장에서 제주해녀의 어장이용과 그 갈등 양상」, 『지역과 역사』 21, 297-322.

김영권 외, 2008, 『병원미생물학』, 수문사.

김영돈, 1974, 「50年代 濟州文壇漫步(1)」, 『濟州文學』 3, 114-115.

김윤식, 1996, 『續陰晴史』, 金益洙 譯, 濟州文化院.

김일우, 1998, 「高麗時代 耽羅의 地方編制 시기와 그 單位의 형태」, 『한국사학보』 5, 263-308, 고려사학회.

_____, 2007, 「고려시대와 조선초기 濟州島 지역의 행정단위 변천」, 『한국중세사연구』 23, 283-319, 한국중세사학회.

_____, 2021, 「조선전기 金淨 著 「濟州風土錄」의 수록내용 성격과 가치」, 『史叢』 103, 75-103, 고려대학교 역사연구소.

김종혁, 2004, 「[옛길을 따라] 역사에서 '길'이란 무엇인가」, 『역사비평』 통권 68호, 331-345.

김창민, 1993, 「환금작물경제에 대한 일상적 형태의 농민저항: 제주도의 넉동배기」, 『제주도연구』 10, 67-97, 제주도연구회.

_____, 2002, 「이장 선출과 취임식에 나타난 제주도 마을의 정치과정」, 『한국문화인류학』 35(2), 203-231, 한국문화인류학회.

김춘동, 1995, 『농촌사회의 변동과 정치적 과정』, 경북대학교 출판부.

김충영, 2009, 「수원 화성 옛길의 변화 특성분석 및 보전방안 연구」, 경원대학교 대학원 도시계획학박사학위논문.

김태일, 2015, 「제주시 원도심의 문화자원 활용을 통한 지역재생의 방향」, 『문화자원론과 지역학』, 제4회 제주학국제학술심포지엄 자료집, 195-211.

김혜원, 2001, 「한국의 선거에서 나타난 지역주의에 관한 연구: 13대, 14대, 15대 대선을 중심으로」, 이화여자대학교 정책과학대학원 석사학위논문.

김희진·최막중, 2016, 「문화특화지역의 상업적 젠트리피케이션 과정과 장소성 인식 변화의 특성」, 『국토계획』 51(3), 97-112.

노민영 엮음, 1988, 『잠들지 않는 남도』, 온누리.

대한역법연구소 편, 1981, 『原本 影印版 新增參贊秘傳 天機大要』, 대지문화사.

데이비드 플라스 (Plath, David W.), 1997, 「환경에 대한 적응: 일본해녀의 경우」, 유철인 역, 『탐라문화』 18, 499-507, 제주대학교 탐라문화연구소.
("Lessons from the *Ama*," Study Guide: Fit Surroundings, Richmond: Media Production Group, Institute for Education on Japan, Earlham College, 1993)

도도로키 히로시, 2000, 『일본인의 영남대로 답사기-옛지도 따라 옛길 걷기』, 한울.

문무병, 1990, 「제주도 도깨비당 연구」, 『탐라문화』 10, 193-234.

문순보, 2004, 「한국 지역주의 선거의 원인과 기원 그리고 그 심화과정」, 『사회연구』 7, 207-243, 한국사회조사연구소.

문태수, 1995, 「시·군 귀속 마을총유재산 환원」, 『제주도 지방의정』 4, 199-204, 제주도지방의정연구소.

민현석·송지영, 2009, 『옛길의 가치규명 및 옛길 가꾸기 기본방향 연구-서울 도시 사대문 안을 중심으로』, 서울시정개발연구원.

박진영, 1989, 「마른내길 가로경관 구성에 관한 연구」, 한양대학교 석사학위논문.

배기동, 2009, 「세계의 고고학과 한반도」, 국립제주박물관 편, 『유적과 유물을 통해 본 제주의 역사와 문화』, 서경문화사, 27-43.

백영경, 2017, 「커먼즈와 복지」, 『환경사회학연구 ECO』 21(1), 111-143.

부만근, 1975, 『光復濟州30年』, 文潮社.

북제주군, 1998, 『북제주군의 문화유적』.

석주명, 1968, 『제주도수필-제주도의 자연과 인문-』, 보진재.

신용하, 2001, 「탐라국 건국의 신연구-탐라사 연구의 새로운 시점-」, 『탐라국의 여명을 찾아서』, 제주사정립사업추진위원회, 9-56.

신현준, 2015, 「오래된 서울에서 진정한 도시 동네(authentic village) 만들기의 곤란」, 『도시연구』 14, 7-41.

안영화 외, 2001, 「제주도 주변해역에서 발생하는 해양사고의 유형과 원인에 관한 연구」, 『제주대 해양과환경연구논문집』 25, 20-30.

안재호, 2012, 「묘역식 지석묘의 출현과 사회상-한반도 남부의 청동기시대 생계와 묘제의 지역상-」, 『호서고고학』 26, 39-73.

안중기, 2006, 「한라산 하천의 자연적 특성」, 『한라산의 하천-한라산총서 Ⅷ-』, 제주도·한라산생태문화연구소, 17-42.

안중근, 2011, 「유권자들의 이념 성향과 정당 투표」, 한양대학교 석사학위논문.

애월읍(涯月邑), 1997, 『邑誌』.

엄상근, 2013, 『제주시 원도심 도시재생 전략 연구』, 제주발전연구원.

양상호, 2011, 「구한말 제주읍성의 도로체계에 대한 연구」, 『건축역사연구』 제20권 6호(통권79호), 169-184.

양종렬, 1993, 「제주도 지석묘에 대한 일고찰」, 영남대학교 대학원 석사학위논문.

양중해, 1998, 「桂鎔默 선생과 제주도」, 『濟州文學』 31, 26-37.

양진건, 2011, 『제주유배길에서 추사를 만나다』, 푸른역사.

염미경, 2007, 「지역개발과 주민이해의 정치」, 『한국사회학』 41(3), 1-31.

오승호, 2012, 「주택소유여부와 투표행태」, 서강대학교 석사학위논문.

유철인, 1984, 「일상생활과 도서성: 제주도 문화에 대한 인지인류학적 접근」, 『제주도연구』 1, 119-144, 제주도연구회.

_____, 1985, 「논평: John Merrill, The Cheju-do Rebellion, *The Journal of Korean Studies* 2: 139-197, 1980」, 『아라문화』 1, 162-168, 제주대학교 사회과학대학 학생회.

_____, 1986, 「제주사람들의 문화적 정체감」, 『탐라문화』 5, 71-93.

_____, 1990, 「해석인류학과 생애사: 제주사람들의 삶을 표현하기 위한 이론과 방법의 모색」, 『제주

도연구』7, 105-117.

_____, 1992, 「제주사람들의 사회와 섬에 대한 관념: 인구이동과 제주사회」, 『제주도연구』9, 37-47.

_____, 1996, 「지역연구와 제주학: 제주문화연구의 현황과 과제」, 『제주도연구』13, 33-52.

_____, 1998a, 「물질하는 것도 머리싸움: 제주해녀의 생애이야기」, 『한국문화인류학』31(1), 97-117.

_____, 1998b, 「'재일(在日)' 사회의 밀항자」, 松峴 이광규교수 정년기념 논총간행위원회 편, 『한국 인류학의 성과와 전망』, 집문당, 379-389.

_____, 1998c, 「결론: 잃어버린 마을의 살아남은 사람들」, 제주 4·3 제50주년 학술·문화사업추진위원회 편, 『잃어버린 마을을 찾아서: 제주 4·3 유적지 기행』, 학민사, 317-325.

_____, 2000, 「제주사람들의 생활세계에서의 '일본'」, 『한국문화인류학』33(2), 361-378.

_____, 2001, 「제주해녀의 삶: 역사인류학적 과제」, 『깨어나는 제주여성의 역사』, 제주여성사 자료총서 II: 워크숍 자료 모음, 제주도·제주도여성특별위원회, 91-109.

_____, 2002, 「강정순: 시집 잘못 간 죄가 내란죄?」, 제주4·3연구소 편, 『무덤에서 살아나온 4·3 '수형자'들』, 역사비평사, 21-45.

_____, 2004, 「구술된 경험 읽기: 제주 4·3 관련 수형인 여성의 생애사」, 『한국문화인류학』37(1), 3-39.

_____, 2006, 「약초할머니의 삶과 약초이야기」, 『한라산 이야기』, 한라산 총서 VII, 제주도·한라산생태문화연구소, 226-254.

_____, 2010a, 「생애사: "선흘 사람 고생 안 한 사람이 없지"」, 『유네스코 제주 세계자연유산마을, 선흘1리』, 제주특별자치도·제주역사문화진흥원, 126-134.

_____, 2010b, 「생애사: 역경 이겨낸 복 좋은 할머니 이야기」, 『유네스코 제주 세계자연유산마을, 선흘2리』, 제주특별자치도·제주역사문화진흥원, 130-139.

_____, 2013, 「대학생의 4·3 인식과 평화교육: 〈제주4·3의 이해〉 강좌에 대한 검토」, 『4·3과 역사』 제12·13호 합본호, 143-165, 제주4·3연구소.

_____, 2015a, 「여성 사업가의 생애와 제주도 관광사업의 역사」, 이재경·유철인·나성은 외, 『조국 근대화'의 젠더정치: 가족·노동·섹슈얼리티』, 아르케, 153-178.

_____, 2015b, 「사실과 진실 사이에 놓인 이야기: 제주4·3 증언총서를 엮으며」, 제주4·3연구소 엮음, 『어떻게 형사가 검사를』, 제주4·3증언총서 제1권, 제주4·3평화재단, 9-13.

_____, 2015c, 「제주도 해녀」, 윤원근 외, 『한국 어업유산의 가치』, 수산경제연구원 BOOKS, 61-99.

_____, 2017, 「구술된 경험과 서사적 주체성: 여성 사업가의 구술생애사 읽기」, 『한국여성학』33(3), 427-454, 한국여성학회.

_____, 2018, 「제주해녀의 유산적 가치」, 『제주해녀 이해』, 제주특별자치도·제주학연구센터, 8-37.

_____, 2021, 『문화인류학자의 자기 민족지 제주도』, 민속원.

_____, 2022, 『여성 구술생애사와 신세타령』, 민속원.

유철인 외, 2016, 「해녀' 국가무형문화재 지정가치 조사보고서」, 문화재청.

윤덕경, 2011, 「한국의 지방선거에 있어서 젊은 유권자층의 투표행태에 관한 연구」, 충북대학교 행정대학원 석사학위논문.

윤봉택, 2006, 「13세기 濟州妙蓮社板 〈金光明經文句〉의 事實 照明」, 『탐라문화』29, 193-230, 제주대

학교 탐라문화연구소.

윤용택, 2014, 「제주인 의식과 정체성」, 『제주생활문화 100년』, 제주문화원.

이문웅, 1998, 「재일(在日) 제주인 사회에 있어서의 지연과 혈연」, 『한국인류학의 성과와 전망』, 집
    문당, 355-378.

이병희, 2009, 『고려시기 사원경제 연구』, 경인문화사.

이상묵, 2011, 「유권자들의 투표결정 요인에 관한 연구」, 한양대학교 언론정보대학원 석사학위논
    문.

이서현·고영철, 2017, 「유네스코 세계유산 관련 자치지방정부의 PR커뮤니케이션 전략」, 『언론과학
    연구』 17(4), 200-241.

이승주·이현숙·서종철, 2012, 「생태관광 정보 표준화를 위한 생태관광 스토리텔링 유형분류」, 『한국
    지역지리학회지』 18(1), 1-16.

이영문, 1993, 「전남지방 지석묘 사회의 영역권과 구조에 대한 검토」, 『선사와 고대』 5, 41-69.

이영문·신경숙, 2014, 『고인돌, 세상과 소통하다(세계유산 화순 고인돌 이야기)』, 지성사.

이은주, 1989, 「제주도 무의에 나타난 질병개념」, 『논문집』 13, 61-81, 제주간호보건전문대학.

이재창, 1993, 『한국불교사원경제연구』, 불교시대사.

이즈미 세이치(泉靖一), 1999, 『濟州島』, 홍성목 역, 제주우당도서관. (『済州島』, 東京大学出版会,
    1966)

이증, 2001, 『南槎日錄』, 김익수 역, 제주문화원.

이창기, 1991, 「제주도의 제사분할」, 崔在錫教授停年退任記念論叢 『韓國의 社會와 歷史』, 一志社.

이청규, 1985, 「제주도 지석묘연구(Ⅰ)-북제주군 애월읍 광령리 지석묘군-」, 『탐라문화』 4, 25-74.

_____, 1995, 『제주도 고고학 연구』, 학연문화사.

이호경, 2008, 「고려시대 막새기와의 제작기법 연구」, 단국대학교 석사학위논문.

이화진, 2016, 「제주 정착주민 실태조사 및 지원방안」, 연구보고서 2016-02, 제주여성가족연구원.

임진숙 외, 2009, 「제주도내 급성설사질환 유발원인 세균의 분리현황 및 특성분석」, 『환경자원연구
    원보』 2, 273-282, 제주특별자치도 환경자원연구원.

장주근, 1992, 『제주도 영등굿』, 열화당.

전승창, 2004, 「조선 관요의 분포와 운영체계 연구」, 『미술사연구』 18, 3-30, 미술사연구회.

전영준, 2004a, 「朝鮮初期 新都 建設과 僧匠-崇禮門上樑墨書銘을 중심으로-」, 『불교사연구』 4·5합
    집, 175-206, 중앙승가대학 불교사학연구소.

_____, 2004b, 「高麗時代 供役僧 研究」, 동국대학교 박사학위논문.

_____, 2005, 「高麗後期 供役僧과 寺院의 造營組織」, 『한국사학보』 20, 81-108, 고려사학회.

_____, 2012, 「조선전기 제주지역의 製紙手工業 존재 확인을 위한 試論」, 『인문학연구』 12(복간호),
    227-247, 제주대학교 인문과학연구소.

_____, 2014, 「조선 전기 別瓦窯의 설치와 財政 運營」, 『藏書閣』 31, 236-261, 한국학중앙연구원.

_____, 2015, 「삼별초의 항파두리 토성 입거와 전략적 활용」, 『역사민속학』 47, 193-220, 한국역사민
    속학회.

정광중, 2002, 「탐라시대의 지리적 환경과 주민들의 생활기반」, 『초등교육연구』 7, 35-59.

_____, 2004, 「제주지방-과거와 현재」, 『한국지리지-전라·제주편-』, 국토지리정보원, 525-536.

_____, 2005, 「제1절 외도동의 자연환경과 특성」, 『외도동 향토지』, 외도동향토지편찬위원회, 43-71.

_____, 2010, 「제1절 자연환경의 여러 특성」, 『성산읍 역사문화지』, 한국문화원연합회 제주특별자치도지회, 14-38.

정영신, 2017, 「커먼즈와 커뮤니티 관계의 역사적 변동: 제주도 선흘리 마을과 선흘곶-동백동산 관계를 사례로」, 『로컬리티 인문학』 17, 119-163.

제주4·3사건 진상규명 및 희생자 명예회복 위원회, 2003, 「제주4·3사건 진상조사보고서」.

제주4·3연구소 (편), 2002, 『무덤에서 살아나온 4·3 '수형자'들』, 역사비평사.

_____, 2013, 『다시 하귀중학원을 기억하며』, 제주4·3 구술자료 총서 5, 한울.

제주고고학연구소, 2014, 「제주 항파두리 항몽유적 발굴조사 학술자문회의 자료집」.

_____, 2015, 「이도1동 숙박시설 부지 내 문화재 발굴조사 자문회의 자료집」.

제주기상청, 1993, 『제주기후요람 1961-1990』.

제주대학교박물관, 1992, 『法華寺址』, 제주대학교박물관 조사보고 제10집.

_____, 1993, 「濟州牧官衙址」, 제주대학교박물관 조사보고 제12집.

_____, 1998, 『제주목 관아지』.

_____, 2000, 『水精寺址』.

제주도, 1995, 『제주어사전』.

_____, 1997, 『제주민속유적』.

_____, 1999, 『제주의 물, 용천수』.

제주도·제주동양문화연구소, 1999, 『濟州島 磨崖銘』.

제주문화예술재단, 2004, 『제주의 폐사지-제주 불교유적 조사보고서』.

_____, 2007, 『元堂寺址』, 불탑사(옛 원당사지) 5층석탑 문화유적 발굴조사보고서.

제주문화원, 2005, 『譯註 增補耽羅誌』.

제주발전연구원·제주학연구센터, 2015, 『제주성 일대 옛길의 가치규명 및 보존 활용을 위한 기본방향연구』.

제주상공회의소, 1974, 『제주상공명람』.

_____, 1980, 『제주상공명람』.

_____, 1995, 『사진으로 본 제주상의 60년』.

제주시, 2005, 『濟州市五十年史』, 상·하권.

제주시·제주문화원, 1996, 『濟州市 옛 地名』.

제주시·제주역사문화진흥원, 2015, 『濟州城-제주성총서 사진·지도』.

제주전통문화연구소, 2008-2009, 『제주신당조사』.

제주지방기상청, 2003, 『제주도 기후특성집』.

제주특별자치도, 2008, 『제주문화예술60년사(4)』.

_____, 2009, 『개정·증보 제주어사전』.

조명철, 1998, 「계용묵선생의 표징비를 세우며」, 『濟州文學』 31, 14-18.

조혜정, 1999, 『한국의 여성과 남성』, 文學과 知性社.

조형근, 2014, 「고려시대 六窯의 성격과 운영」, 제주대학교 석사학위논문.

좌혜경 외, 2006, 『제주해녀와 일본의 아마』, 민속원.

진성기, 1997, 『제주도민속』, 제주민속연구소.

_____, 2008, 『복을 비는 사람들』, 디딤돌.

진양교, 2000, 「길 그리고 우리의 문화」, 월간 『환경과 조경』 제141호, 104-107.

최열, 2012, 『옛 그림 따라 걷는 제주길』, 서해문집.

최영호, 2001, 「高麗時代 寺院手工業의 發展基盤과 그 운영」, 『국사관논총』 95, 153-184, 국사편찬위
      원회.

최재석, 1983, 『韓國 家族制度史 硏究』, 一志社.

최재인, 2012, 「지역개발사업과 경제투표」, 서울대학교 석사학위논문.

최현, 2017, 「마을만들기와 공동자원의 지속가능성」, 『환경사회학연구 ECO』 21(1), 41-69.

최현 외, 2016, 『공동자원의 섬 제주 1: 땅, 물, 바람』, 진인진.

하순애, 2003, 「제주도 민간신앙의 구조와 변화상」, 조성윤·이상철·하순애, 『제주지역 민간신앙의 구조
      와 변용』, 백산서당.

한국예술문화단체총연합회 제주지부, 1988, 『濟州文化藝術白書』.

한기문, 1998, 『高麗寺院의 構造와 機能』, 민족사.

한정훈, 2010, 「기장지역 옛길의 역사적 변천」, 『지방사와 지방문화』 13권 1호, 7-43.

현용준, 1965, 「濟州島 巫俗의 疾病觀」, 『제주도』 21, 102-113.

_____, 1982, 「濟州島 巫神의 形成」, 『탐라문화』 1, 1-25, 제주대학교 탐라문화연구소.

_____, 1985, 『済州島 巫俗の研究』, 東京: 第一書房.

_____, 2013, 『제주도 마을신앙』, 제주대학교 탐라문화연구소.

현용준·최길성·장주근, 1974, 「제2장 무속」, 『한국민속종합조사보고서』(제주도편), 문화공보부 문화
      재관리국, 87-125.

현홍준·서용건·고계성, 2010, 「문화유산으로서 제주해녀의 관광자원 선택속성, 영향인식 차이에 관
      한 연구-관광객과 지역주민 간 비교를 중심으로」, 『탐라문화』 37, 481-515.

홍덕화, 2018, 「생태적 복지 커먼즈의 이상과 현실」, 『환경사회학연구 ECO』 22(1), 243-276.

홍만선, 1986, 『국역 산림경제』, 민족문화추진회 역, 민족문화문고간행회.

홍영의, 2012, 「개경 고려궁성 출토 명문기와의 유형과 窯場」, 『개경 고려궁성 남북공동 발굴조사 보
      고서』 I, 국립문화재연구소.

황경수, 2004, 『제주교통사소고』, 도서출판 온누리.

泉 靖一, 1972, 『泉靖一著作集 1 : フィールド·ワークの記録(1)』, 読売新聞社.

江口孝保, 1915, 「濟州島 出稼 海女」, 『朝鮮彙報』 3, 166-170.

金賛汀, 1977, 『祖国を知らない世代: 在日朝鮮人二·三世の現実』, 田畑書店.

金正根·園田恭一·辛基秀 編, 1995, 『在日韓国·朝鮮人の健康·生活·意識―人口集団の生態と動態をめ
      ぐって―』, 明石書店.

小泉 格, 2007, 「氣候變動と文明の盛衰」, 『地學雜誌』 116.

濟洲島廳, 1937,『(昭和12年) 濟州島勢要覽』.

佐藤信行, 1972,「編者あとがき」,『泉靖一著作集 1：フィールド・ワークの記録(1)』, 読売新聞社.

庄谷怜子・中山徹, 1997,『高齢在日韓国・朝鮮人―大阪における「在日」の生活構造と高齢福祉の課題』, 御茶の水書房.

高橋将宜・渡辺美智子, 2017,『欠測データ処理―Rによる単一代入法と多重代入法―』, 共立出版.

竹田旦, 1984,「韓国における祖先祭祀の分割について」,『民俗学論』, 24.

_____, 1990,『祖先祭祀と死霊結婚―日韓比較民俗学の試み―』, 人文書院.

朝鮮總督府, 1929,『生活狀態調査(其二)』, 濟州道(調査資料 第29輯).

津波高志, 2001,「済州島における祖先祭祀の分割―中山村と海村の二つの事例報告―」,『環東中国海における二つの周辺文化に関する研究―沖縄と済州の'間地方'人類学の試み―』, 平成10～12年度科学研究補助金基盤研究(A)(2)研究成果報告書.

_____, 2004,「済州島―海村における家族―世帯構成と夫婦関係を中心に―」, 佐藤康行・木佐木哲朗・清水浩昭 編,『変貌する東アジアの家族』, 早稲田大学出版部.

釜山商業會議所, 1930,『濟州島とその經濟』(일본 山口大學圖書館 소장).

桝田一二, 1986,『地域社会の発展と町づくり』, シードプラニング.

文鐘聲・三上洋, 2009,「地域在住日本人高齢者と在日コリアン高齢者の転倒要因の比較」,『日本老年医学会雑誌』46巻 3号, 232-238.

尹恵林, 1981,「一世なんか大嫌い」, 金達寿・姜在彦 編,『手記―在日朝鮮人』, 龍渓書舎.

李仁子, 1996,「異文化における移住者のアイデンティティ表現の重層性: 在日韓国・朝鮮人の墓をめぐって」,『民族学研究』61(3), 93-422.

Bailey, F. G., 1969, *Stratagems and Spoils: A Social Anthropology of Politics*, Schocken Books.

Bräsel, Sylvia, 2014, Fräulein Marie Antoinette Son(n)tag (1838 - 1922), Eine deutsche Pionierin mit interkulturellem Background am koreanischen Kaiserhof.
(독일 베를린 한국문화원, https://kulturkorea.org/de/magazin, 접근일: 2021.12.05)

Cho, Haejoang, 1979, An Ethnographic Study of a Female Diver's Village in Korea: Focused on the Sexual Division of Labor, Unpublished PhD dissertation, University of California at Los Angeles.

Collins, John F., 2011, "Culture, Content, and the Enclosure of Human Being: UNESCO's "Intangible" Heritage in the New Millennium," *Radical History Review*, 109, 121-135.

Ellis, Carolyn and Arthur P. Bochner, 2000, "Autoethnography, personal narrative, reflexivity: Researcher as subject," in Norman K. Denzin and Yvonna S. Lincoln (eds.), *The Handbook of Qualitative Research*, 2nd ed., Sage, pp.733-768.

Ellis, Carolyn, Tony E. Adams and Arthur P. Bochner, 2011, "Autoethnography: An overview," *Historical Social Research* 36(4), 273-290.

González, Alonso P., 2014, "From a given to a construct: Heritage as a commons," *Cultural Studies*, 28(3), 359-390.

_____, 2015, "Conceptualizing cultural heritage as a common," in P. F. Biehl et al.

(eds.), *Identity and Heritage*, Cham, Switzerland: Springer, pp. 27-35.

González, Pablo Alonso, Alfredo Macías Vázquez, and Jesús Fernández Fernández, 2017, "Governance Structures for the Heritage Commons: La Ponte-Ecomuséu-Ecomuseum of Santo Adriano, Spain," in Peter G. Gould and K. Anne Pyburn (eds.), *Collision or Collaboration*, Cham, Switzerland: Springer, pp. 153-170.

Harvey, D. C., 2001, "Heritage pasts and heritage presents: Temporality, meaning and the scope of heritage studies," *International Journal of Heritage Studies*, 7(4), 319-338.

_____, 2008, "The history of heritage," in Brian Graham and Peter Howard (eds), *The Ashgate Research Companion to Heritage and Identity*, Ashgate eBOOK, pp. 19-36.

Hobsbawm, Eric, and Terence Ranger (eds.), 2012, *The Invention of Tradition*, Cambridge University Press.

Leblon, Anaïs, 2013, "A policy of intangible cultural heritage between local constraints and international standards: 'The cultural space of the *yaaral* and the *degal*'," in Regina F. Bendix, Aditya Eggert, Arnika Peselmann (eds.), *Heritage Regimes and the State*, Universitätsverlag Göttingen, pp. 97-117.

Merrill, John, 1980, "The Cheju-do rebellion," *The Journal of Korean Studies* 2, 139-197.

Vazquez, Alfredo, and Pablo Alonso González, 2016, "Knowledge economy and the commons: A theoretical and political approach to post-neoliberal common governance," *Review of Radical Political Economics*, 48(1), 140-157.

<자료>

『經國大典』.

『高麗史』.

『高麗史節要』.

『南溟小乘』(林悌, 1578).

『南槎錄』(金尙憲, 1601~1602).

『南遷錄』(金聲久, 1676).

『南宦博物』(李衡祥, 1704).

『東國輿地勝覽』(1481).

『東文選』.

『牧隱文藁』.

『新增東國輿地勝覽』(1530).

『濟州郡邑誌』.

『濟州邑誌』.

『濟州風土錄』(金淨, 1521).

『朝鮮王朝實錄』.

『增補耽羅誌』(담수계 편, 1953).

『冲庵集』.

『耽羅紀年』(金錫翼, 1918).

『耽羅巡歷圖』(李衡祥, 1702).

『耽羅志』(李元鎭, 1653).

『耽羅誌草本』(李源祚).

『海東地圖』.

『健入洞誌』, 건입동마을회, 2008.

『경향신문』「서울 새 풍속도-명동」, 1971년 8월 5일.

『동아일보』 1920년 4월 22일, 5월 5일, 6월 1일, 1924년 4월 28일, 1932년 4월 23일, 1946년 12월 21일.

『동양수산신문』 1931년 3월 25일, 1937년 12월 15일.

『매일신보』 1913년 5월 27일, 6월 19일, 8월 31일, 1920년 7월 12일, 1921년 2월 26일, 1925년 1월
        21일, 1월 31일.

『부산일보』 1915년 4월 24일, 4월 25일, 5월 1일, 1917년 4월 18일, 1918년 2월 21일, 4월 20일.

『사진으로 보는 20세기 제주시』, 제주시, 2003.

『삼도2동』, 향토지발간추진위원회, 2003.

『시사매거진』「제주시 원도심 칠성로에 다시 불을 밝힐 '도시재생 스타트업'」, 2021년 6월 25일.

「식품위생법시행령」, 시행 1962. 6. 12, 시행 1989. 7. 11, 시행 1992. 12. 21.

『月刊濟州』「茶房街」, 1969년 2월호.

『조선신문』 1925년 3월 1일.

『조선일보』 1923년 5월 10일, 5월 14일, 1932년 4월 26일, 1961년 5월 29일.

『조선총독부 관보』 1936년 12월 22일, 1937년 3월 31일.

『전화번호부 업종편』, 한국통신 제주본부, 1988.

「제주도어업조합 규약」(해녀박물관 소장).

「제주도해녀어업조합 연혁」(해녀박물관 소장).

「제주도 해녀 입어문제 경과」(해녀박물관 소장).

「(제주도어업)조합의 개요」(해녀박물관 소장).

『濟州道誌』, 제주특별자치도, 2006.

『제주성지-보존·관리 및 활용계획』, 제주시·제주역사문화진흥원, 2013.

『濟州市의 옛터』, 제주시·제주대학교박물관, 1996.

『제주시통계연보』, 각 연도(1962-1999).

『제주신보』, 「남궁다방, 은성다방」, 1955년 3월 30일.

_____, 「대원상회」, 1955년 12월 28일.

_____, 「별무리」, 1953년 12월 18일.

_____, 「양주계의 대왕-비호부란듸, 계명부란듸」, 1953년 12월 19일.

_____, 「유흥음화는 저멀리」, 1961년 7월 7일.

_____, 「칠성다방(북두칠성 상징) 광고」, 1947년 6월 6일.

_____, 「카페-신천지」(광고), 1947년 8월 6일.

_____, 「헤메이는 다방어족」, 1955년 3월 15일.

_____, 「호남부란듸」, 1953년 12월 23일.

『제주연감』, 제주연감사, 1977.

『제주환경일보』 2020년 12월 30일
 (http://www.newsje.com/news/articleView.html?idxno=231220).

『한국기후편람』, 중앙기상대, 1985.

『황성신문』「구옥상전(3면 광고)」, 1901년 6월 19일.

『日本大百科全書』第二版, 小学館, 1997.

걷기여행길 종합안내포털 (http://www.koreatrails.or.kr/).

구글 위성사진 (https://www.google.com/maps/place/).

국립제주박물관 탐라실 소장유물검색 (http://jeju.museum.go.kr/_prog/collection/index).

네이버 위성사진 (https://map.naver.com).

에이바우트커피(http://a-boutcoffee.com/story, 접근일: 2021.11.11).

위키백과 (http://ko.wikipedia.org/).

한국학중앙연구원, 『향토문화전자대전 디지털제주시문화대전』 (http://jeju.grandculture.net).

C-ration (https://en.wikipedia.org/wiki/C-ration, 접근일: 2021.12.05).

http://webzine.jejuhub.org/?프로젝트=선흘곶-사회적협동조합.

찾아보기

인류학과 제주학의 시선으로
제주도를 읽다

초판 1쇄 발행 2022년 3월 30일

엮은이 윤용택 · 정광중 · 강경희
글쓴이 윤용택 · 정광중 · 전영준 · 박찬식 · 오영주 · 강경희 · 백영경 · 김창민
　　　　 쓰하 다카시 · 가와노 에이지 · 이지치 노리코 · 이인자 · 유철인
옮긴이 강경희 · 전은휘
펴낸이 홍종화

편집·디자인 오경희 · 조정화 · 오성현 · 신나래
　　　　　　 박선주 · 이효진 · 정성희
관리 박정대 · 임재필

펴낸곳 민속원
창업 홍기원
출판등록 제1990-000045호
주소 서울시 마포구 토정로 25길 41(대흥동 337-25)
전화 02) 804-3320, 805-3320, 806-3320(代)
팩스 02) 802-3346
이메일 minsok1@chollian.net, minsokwon@naver.com
홈페이지 www.minsokwon.com

ISBN 978-89-285-1721-3
SET　978-89-285-0359-9 94380

ⓒ 윤용택 · 정광중 · 강경희, 2022
ⓒ 민속원, 2022, Printed in Seoul, Korea

저작권법에 의해 한국 내에서 보호를 받는 저작물이므로 무단전재와 복제를 금합니다.
이 책 내용의 전부 또는 일부를 이용하려면 반드시 저작권자와 민속원의 서면동의를 받아야 합니다.